The Rise of
Silla・Kaya Society &
It's Socio-political
Development

新羅・伽耶社会の起源と成長

李 盛 周
Lee Sung Joo

木村 光一 編訳
原 久仁子 共訳

雄山閣

序　文

　新羅・伽耶社会の長期的な変動過程に対する研究は、あまりに大きな課題であることから、当初の目標ではありませんでした。筆者がまっさきに関心をもって学んだことは原三国時代土器の問題でした。はじめは土器の物的特性をより明確に定義して、その製作過程を解明することが目標でしたが、しだいに土器生産の社会背景へと関心が移ってゆきました。実際、金海礼安里、慶州朝陽洞、釜山老圃洞などの遺跡を発掘した研究者の方々の編年作業は、当時、資料的にさらなる補完が可能でも必要でもありませんでした。そのため土器研究のありふれたテーマである型式分類や編年よりも、土器製作技法の復原を含めて、生産・分配の組織やそのレベルに対する研究に意欲をもって取り組んだのであります。

　それ以後、原三国あるいは新羅・伽耶土器に対する性格のいくつかを具体的に述べることのできる機会が与えられました。1991年度に韓国古代史論叢の紙面をいただいて、土器生産システムの変動に対する仮説的な提案をすることができましたし、1993年度に嶺南考古学会から与えられた発表機会を通じ、4～6世紀における洛東江東岸様式土器分布の変動を総合的に検討することができました。そして、何度か国立文化財研究所の姜烱台先生とともに行った土器の産地推定分析研究は、いまだ満足すべき成果には至らなかったのですが、筆者の思考領域を広げることができるきっかけとなりました。筆者にとって何よりも重要であった学問的な経験は、先般の5年間にわたる蔚山地域の発掘および地表調査作業でした。とりわけ中山里と茶雲洞遺跡の発掘が契機となってひとつの地域における物質文化の変動について、それなりの見通しをもつことができるようになり、研究対象も古墳の構造や鉄器資料へと拡大することができました。崔夢龍先生、盧泰敦先生のご配慮で、92年度の韓国上古史学会の発表文と93年度の韓国古代史論叢の論文を、発掘現場で書くことになったのですが、それは新羅・伽耶地域の政治体の形成と成長に対する勉強ができる機会となりました。とにもかくにもこれを契機に、環境という文脈、古墳群の類型と分布、鉄器文化の拡散の過程などにテーマを強いて拡大して、欲張ってみたものが本

書なのです。

　新羅・伽耶社会の変動に対する従来の研究では、特定の単位社会を中心に、その規模が大きくなり組織が複雑化する過程だけで説明する方法が大勢ではなかったかと思います。文献の記録の上でみると、統合と成長の主体が新羅であるために、斯盧国あるいは新羅中心の成長が、新羅・伽耶社会のシステム全体の変動と同一視されてきたのです。そして、社会の変動に対する進化論的モデルは、そのような説明方法を長期にわたり正当化してきたのです。一方で考古学の立場からは、特定地域に開発が集中してその地域の考古学的調査が数多く行われるうちに、考古資料上の中心地が歴史の中心地と誤認された面もあったのです。もちろん社会の統合と成長における中心の存在を考えないわけにはいきません。しかし周辺あるいは地方の存在や影響、またはそれとの関係が無視されてもよいということにはなりません。誰もが認めることではありますが、新羅は慶州盆地とその外郭程度を統合した斯盧国から出発したとみなされています。したがっておそくとも三国時代初期までは、対等な相互独立的な諸政治体が複数存在していた状況を否定することはできません。このような状態のなか、新羅を中心に統合レベルを上げていった過程が想定されます。この過程を説明するのに新羅中心の成長としてだけみれば、そのほかの地域の相対的な独立性や、中央と諸地域の関係、諸地域からの影響力などは無視されるほかはありません。結局のところ、新羅・伽耶総体としての歴史の過程にアプローチするのに、単位社会中心で変動を説明する作業は限界があるのです。そこで、この研究では、単位社会のあいだの関係に注目しようと思うのです。つまり、弁韓・辰韓の国の形成から、新羅・伽耶社会の成長と統合、中央集権化した新羅としての発展を、単位それ自体よりも諸単位のあいだの関係が変化してゆく過程として説明しようと思うのです。

　事実、新羅・伽耶社会の起源と成長に対する基本構想は、近年英米の社会考古学諸研究を学ぶなかで準備されたと思います。特にヨーロッパの先史時代研究から導き出されたり試みられたりした理論や方法論から受けた影響は大きなものでした。政治権力の空間分布に対するアプローチ、政治体の成長に対するpeer-polity interaction—対等な国家間の相互作用—あるいはcluster interactionモデル、社会の変形過程に対する構造主義-マルクシズム的解釈、システム内部における中心地と周辺との相互作用に対する巨視的な分析などがそうです。誰であれ、理論的な学習と思考を始めるなかで、自身の理論的立場や選択

の根拠がはたして自身のものとなっているのか、自身の問題として適したものなのか、それが必要なことなのか、現代的な考え方の方がもっと正しいのか、ということに対し、悩んでみたことでしょう。こういったときには、不当な心理的理由による独断的な、あるいは極端な判断を警戒しなくてはならず、より積極的な自己規定、批判、反省をしなければならないのだと信じています。筆者が近年の考古学的理論と解釈に接するなかで感じることがあるとすれば、それはこのようなことになります。私たち韓国における歴史考古学研究において、理論的な思考を展開させるのに、一般論を指向する理論の適用や物質主義‐機械論的解釈よりも、諸地域の歴史的な文脈を慎重に考慮するアプローチの仕方が重要であるという点、そして理論的なモデルの構成と選択にあたり、歴史認識あるいは歴史学的課題に対する自覚が先立たなければならないという点です。

　本書は、筆者の学位論文をほとんど修正することなく刊行したものです。見直せば、ぎこちなく不完全な部分だけが目につくにもかかわらず、出版しようという厚かましさは自覚しつつも、勇気を出しました。筆者の生まれついた怠慢と能力のために、補完することもできず、いくら訂正してみても拙作から自由になることもできず、自覚したからといって時間だけをのばすこともできません。また、本書は、筆者が手をつけてきたいくつかの研究テーマを総合したものではありませんが、どの問題もきちんと解明、論証することができず、散漫な主張の羅列にとどまってしまいました。鉄器の分析や古墳群の類型と分布に対する分析も、断片的なレベルにとどまってしまいました。とりわけ諸政治体個々の関係や、単位政治体の内部組織に対する検討から、意味のある遺物の分布を分析しなくてはならないとは考えたのですが、将来の課題として残さざるを得ませんでした。土器を通じたアプローチも、そのような立場からでした。筆者が発掘してきた芋浦里、県洞、多富洞、中山里、加音丁洞、茶雲洞などの遺跡だけでも、古墳と生活遺跡の土器群を製作技術‐器種構成によって分類して、その長期にわたる変化を観察しなくてはならないという思いは、かなり前から切実なものでしたが、この研究では、ほとんど断片的な検討のみで満足しなくてはなりませんでした。特に土器生産システムによる製作技術の伝統の持続・変化・交替の過程の問題は、製作技法の緻密な観察と、その時間的・空間的な分布に対する体系的な検討が必要であると長い間感じてきましたが、実践はむずかしいものでした。そこで、新羅・伽耶土器の産地推定分析による生産・分配組織の再構成の問題は、今後是非追究してみたい分野です。

この学位論文は、崔夢龍先生に指導していただきました。常に筆者に自由な思索の機会と研究課題を与えてくださり、長所を伸ばしてくださることによって、短所について反省するようにしてくださいました。任孝宰先生は、研究の進捗が滞るたびに、勇気が出るような激励をいただき、簡潔な方向設定により突破口を開いてくださいました。池健吉、盧泰敦両先生の愛情のこもった指導をうけることで、多くの論理の飛躍を減らすことができ、おそらくお二方の先生の粘り強い関心がなかったとすれば、論文は完成することができなかったでしょう。草稿として提出した論文は散漫であって、分量だけ多く、まったく体系的ではありませんでした。初めから終わりまで忍耐をもって論文の論理構成から用語の使用にいたるまでお世話いただいたのが李鮮馥先生です。筆者が初めて考古学に入門したときに、新羅・伽耶土器の研究へと導いてくださった故金元龍先生、そして筆者の発掘現場ごとに指導を惜しまなかった故金基雄先生の学恩は、一生記憶されるべきものです。機会があるごとに教えていただき、激励していただいた尹容鎮、韓炳三、趙由典先生、筆者に特別ご配慮をいただき、学業を支援していただいた沈奉謹、李基東、李白圭、朱甫暾、崔盛洛、李熙濬、李清圭、姜炯台、申叔静、安在晧の各先生の学恩にも深甚な感謝をささげたいと思います。そして、もっとも近くで教えを受けた林永珍、秋淵植、朴淳発、李相吉先生の援助は忘れることができません。

　昌原大学校博物館に在職していた7年は、筆者の学問人生において重要な成長期であり、もっともいきいきとした時期として記憶されるべきものです。在職期間中、朴東百、李栄奭、趙槙基、朴哲鉉の四名の先生方を館長としてお仕えしてきたのですが、この方々がお示しくださった信頼と愛情には、常に感謝の気持ちをもっています。そして、筆者の現場でいつも情感のこもった援助をいただいた李宏址学芸官に感謝を捧げたいと思います。博物館の中や発掘現場で苦楽を共にして、筆者にはいつも大きな力となってきた金亨坤、崔憲燮、兪炳一、金奭周、朴文洙、金錫煥、張京淑、文栢成ほか、同僚の方々に深い愛情と感謝を憶えます。

　そして、出版に値しない文章ですが、それを気軽に出版していただいた学研文化社の権赫宰社長に感謝の意を捧げます。

　おわりに、私的なことではありますが、筆者が考古学に入門したことも、新羅・伽耶社会に関心をもつようになったことも、けっして偶然のことではありません。特に筆者に対して考古学を勉強するよう要求したわけではないのです

が、厳父の学問に対する情熱と問題意識は、筆者が進路を選択するのに大きな影響を与えました。そして、学者特有の勤勉・誠実・禁欲的な生活は、筆者にはとても見習うことのできない目標のようでもありますが、いつも生活の刺激剤となりました。これまでに筆者が成した学業の成果が、多少でもあれば、それはすべて父母の功績としてみなすべきものです。

　　1998年6月

　　　　　　　　　　　　　　　　　　　　　　　　　　　　著　者

目　次

I　はじめに
　1　研究の目的 ………………………………………………………………… 13
　2　研究方法およびその手順 ………………………………………………… 18

II　政治体の起源
　1　鉄生産と政治権力の成長 ………………………………………………… 29
　2　鉄器生産システムの形成過程 …………………………………………… 35
　　（1）鉄器遺物群の段階的変化……………………………………………… 35
　　（2）弁辰韓地域の鉄器の特徴 …………………………………………… 41
　　（3）鉄生産技術の復原 …………………………………………………… 54
　　（4）鉄素材生産と鉄器生産システム …………………………………… 61
　3　鉄器文化の受容と政治体の形成 ………………………………………… 70
　　（1）鉄器文化受容の文脈 ………………………………………………… 70
　　（2）弁韓・辰韓政治体の形成に対する検討 …………………………… 80

III　政治体の形態と変動
　1　政治体に対する考古学からのアプローチ ……………………………… 89
　2　嶺南地方の環境の特徴 …………………………………………………… 93
　　（1）地　形 ………………………………………………………………… 94
　　（2）重要資源の分布 ……………………………………………………… 97
　　（3）交通路 ………………………………………………………………… 101
　3　墳墓（古墳）群の類型と展開 …………………………………………… 105
　　（1）墳墓（古墳）群の類型設定………………………………………… 106
　　（2）墳墓（古墳）群類型の展開過程 …………………………………… 107
　　（3）古墳群類型の地域の展開…………………………………………… 122
　4　古墳（群）の階層化と分布の変動 ……………………………………… 131
　　（1）古墳（群）変動の時期区分………………………………………… 132
　　（2）古墳の階層化過程 …………………………………………………… 137

　　　　（3）古墳分布のあり方の変化 …………………………………146
　　5　古墳群の展開と政治体の変動 …………………………………154
　　　　（1）政治体の内部統合と領域 ………………………………154
　　　　（2）政治体の内部組織と変動 ………………………………167
　　　　（3）政治体間の階層化と統合 ………………………………174

Ⅳ　単位政治体の成長と生産システムの統合
　　1　土器生産の政治経済的関連性 …………………………………183
　　2　土器生産システムの認識 ………………………………………188
　　　　（1）原料粘土の物理化学－鉱物学的性質 …………………188
　　　　（2）生産システムによる器種構成 …………………………202
　　　　（3）製作技術の伝統と生産システム ………………………205
　　　　（4）土器生産システムの定義 ………………………………208
　　3　土器生産システムの交替と統合 ………………………………210
　　　　（1）土器生産システムの交替過程 …………………………210
　　　　（2）土器生産の一元化に向けた統合 ………………………221
　　4　政治権力の成長と専業生産としての統合 ……………………227

Ⅴ　政治体の階層化・統合と生産システムの組織化
　　1　土器様式の分布と生産・分配システムの組織化 ……………233
　　2　4世紀代における土器様式の分布と生産システム …………237
　　　　（1）4世紀代における土器様式の成立 ……………………237
　　　　（2）4世紀代における土器流通の問題と地域様式の希薄化 …247
　　3　5・6世紀代における土器様式の分布と生産システムの組織化 …253
　　　　（1）政治体の土器様式と生産システムの組織化 …………253
　　　　（2）特定の政治体様式の拡散と生産システムの分化 ……261
　　4　政治体の階層化・統合による生産システムの組織化 ………276

Ⅵ　結　語
　　　　（1）新羅・伽耶　政治体の起源 ……………………………288
　　　　（2）政治体の形態とその変動 ………………………………290
　　　　（3）政治権力による生産の社会的統合 ……………………293

（4）生産システムの組織化を通じてみた中央集権化の一断面‥‥‥‥295

引用文献・参考文献 ‥‥‥‥‥‥‥‥‥‥‥‥‥‥‥‥‥‥‥‥‥‥‥299

索　引 ‥‥‥‥‥‥‥‥‥‥‥‥‥‥‥‥‥‥‥‥‥‥‥‥‥‥‥‥‥345

訳者あとがき ‥‥‥‥‥‥‥‥‥‥‥‥‥‥‥‥‥‥‥‥‥‥‥‥‥‥351

図版目次

図2-1	漢代の鉄製農工具 ‥‥‥‥‥‥‥‥‥‥‥‥‥‥‥‥‥‥‥	44
図2-2	楽浪古墳出土の鉄製農工具および容器類 ‥‥‥‥‥‥‥‥‥	45
図2-3	漢代北方地域鉄製農工具 ‥‥‥‥‥‥‥‥‥‥‥‥‥‥‥‥	46
図2-4	朝鮮半島南部鉄製農工具の段階的変化（1） ‥‥‥‥‥‥‥	47
図2-5	朝鮮半島南部鉄製農工具の段階的変化（2） ‥‥‥‥‥‥‥	48
図2-6	楽浪古墳出土の鉄製武器 ‥‥‥‥‥‥‥‥‥‥‥‥‥‥‥‥	50
図2-7	北方地域と朝鮮半島南部鉄製武器の展開過程の対比（1）	
	（鉄剣の場合） ‥‥‥‥‥‥‥‥‥‥‥‥‥‥‥‥‥‥‥‥	51
図2-8	北方地域と朝鮮半島南部鉄製武器の展開過程の対比（2）	
	（鉄矛類の場合） ‥‥‥‥‥‥‥‥‥‥‥‥‥‥‥‥‥‥‥	52
図2-9	中国戦国時代および漢代の鉄素材范と鉄素材 ‥‥‥‥‥‥‥	63
図2-10	日本九州弥生時代鉄素材類 ‥‥‥‥‥‥‥‥‥‥‥‥‥‥‥	64
図2-11	板状鉄斧から鉄鋌へ ‥‥‥‥‥‥‥‥‥‥‥‥‥‥‥‥‥‥	67
図2-12	慶州舎羅里130号板状鉄斧の副葬状況 ‥‥‥‥‥‥‥‥‥‥	69
図2-13	燕の遼東進出以後、周辺首長墓の副葬状況と鉄器流入 ‥‥‥	77
図2-14	青銅器時代集落類型の変化 ‥‥‥‥‥‥‥‥‥‥‥‥‥‥‥	81
図3-1	嶺南地方の主要盆地の分布 ‥‥‥‥‥‥‥‥‥‥‥‥‥‥‥	95
図3-2	嶺南地方の主要な鉄鉱産地と交通路 ‥‥‥‥‥‥‥‥‥‥‥	99
図3-3	遺構分布図1　昌原茶戸里古墳群 ‥‥‥‥‥‥‥‥‥‥‥‥	110

図3-4	遺構分布図2	金海良洞里古墳群・釜山福泉洞古墳群	112
図3-5	遺構分布図3	高霊池山洞古墳群・慶山林堂洞古墳群	114
図3-6	遺構配置図1	釜山老圃洞古墳群・釜山七山洞古墳群	115
図3-7	遺構配置図2	陝川苧浦里A地区古墳群	116
図3-8	周溝木棺墓配置状態　蔚山茶雲洞遺跡		117
図3-9	遺構分布図4	安東水谷2洞古墳群(鳩岩洞類型)・陝川磻渓堤古墳群	118
図3-10	遺構分布図5	陝川倉里古墳群	119
図3-11	遺構分布図6	大邱伏賢洞古墳群	120
図3-12	後期古墳群への転換と小型群集墳の発生（陝川鳳渓里古墳群）		136
図3-13	金海地域前期古墳の墓壙規模と階層		139
図3-14	金海地域前期古墳の墓壙規模別遺構数の分布		139
図3-15	陝川地域前期古墳の墓壙規模と階層		142
図3-16	陝川地域前期古墳の墓壙規模別遺構数の分布		142
図3-17	陝川地域後期古墳の墓壙規模の分布と階層（1）		143
図3-18	陝川地域後期古墳の墓壙規模の分布と階層（2）		143
図3-19	陝川地域後期古墳の墓壙規模別遺構数の分布（1）		144
図3-20	陝川地域後期古墳の墓壙規模別遺構数の分布（2）		144
図3-21	前期・後期古墳群の階層化の対比		145
図3-22	咸安地域の前期古墳群の分布		149
図3-23	咸安地域の後期古墳群の分布		150
図3-24	蔚山地域の前期古墳群の分布		152
図3-25	蔚山地域の後期古墳群の分布		153
図3-26	蔚山下垈遺跡の時期別遺構配置		157
図3-27	3世紀後半～4世紀初の大型墓の分布と政治体の領域		160
図3-28	中心的古墳群形成と政治体の領域の推定（5世紀初）		162
図3-29	遺物様式の分布と新羅・伽耶の領域区分の問題（5世紀後半）		163
図3-30	6世紀末　新羅・伽耶政治体権力の空間的構図と個々の政治体の領域		164
図3-31	1～2世紀の墳墓群の類型と政治体の内部組織		168
図3-32	2世紀後半の墳墓群の類型と政治体の内部組織		169
図3-33	3～4世紀の古墳群類型と政治体の内部組織		170
図3-34	5世紀代の古墳群類型と政治体の内部組織		171
図4-1	無文土器・赤色土器・軟質陶器・硬質陶器の化学的性質の比較（1）		193

図4-2　無文土器 - 赤色土器 - 軟質陶器 - 硬質陶器の化学的性質の比較(2) …193
図4-3　赤色土器 - 軟質陶器 - 硬質陶器別胎土に混入された1mm以上の粒子含有量分布 …197
図4-4　赤色土器 - 軟質陶器 - 硬質陶器別胎土に混入された1mm以下の粒子含有量分布 …198
図4-5　赤色土器 - 軟質陶器 - 硬質陶器別胎土に混入された非可塑性粒子の面積あたりのパーセント …198
図4-6　赤色土器・軟質陶器・硬質陶器別胎土の鉱物学的性質 …200
図4-7　主成分分析（PCA）による試料全体の分布とA・B・C・D群の分類 …215
図4-8　主成分分析（PCA）と非線形図示法（NLM）による試料全体の分布とA・B・C・D群の分類 …216
図4-9　主成分分析（PCA）によるA・B群の分類 …217
図4-10　線形判別式分析（LDA）によるA・B群の分類 …218
図4-11　線形判別式分析（LDA）によるC・D群の分類 …218
図4-12　主成分分析（PCA）によるC・D群の分類 …219
図4-13　3世紀後半の土器生産システム - 製作技術伝統 - 器種構成の関係 …224
図4-14　4世紀代の土器生産システム - 製作技術伝統 - 器種構成の関係 …224
図4-15　5世紀代の土器生産システム …224
図5-1　3世紀後半〜4世紀初の墳墓副葬用硬質陶器の器種構成と分布状況 …239
図5-2　嶺南諸地域の硬質陶器　炉形器台 - 高杯形器台の発生と展開 …242
図5-3　嶺南地方東南部の硬質陶器高杯発生過程 …244
図5-4　嶺南地方西南部の硬質陶器高杯発生過程 …245
図5-5　嶺南地方4世紀前半代の土器様式の地域的分布 …246
図5-6　4世紀中〜後半頃の咸安地域様式と金海地域様式土器の流通状況 …248
図5-7　4世紀末〜5世紀初の嶺南諸地域の土器様式の分布 …251
図5-8　5世紀〜6世紀前半の各政治体別生産システムの組織化による二段透孔高杯の器形定型化の過程 …254
図5-9　各中心的古墳群副葬土器器形のヴァリエイションの縮小過程 …255
図5-10　5世紀中葉を前後する各政治体中心的古墳群に埋納された土器の様式 …262
図5-11　線形判別式分析（SLD）による慶州・慶山・大邱地域の土器様式相互識別 …265
図5-12　線形判別式分析（SLD）による慶州・金海・昌寧地域の土器様式相互識別

図5-13	線形判別式分析（SLD）による昌寧・金海・安東地域の土器様式相互識別と慶州・釜山・漆谷地域土器への応用	266, 267
図5-14	慶州系様式土器の洛東江東岸への拡散	272
図5-15	局地的生産システムで生産された5世紀後半〜6世紀前半土器様式の分布	277

表 目 次

表2-1	鉄器の化学成分分析および顕微鏡調査結果	57
表2-2	釜山福泉洞古墳鉄器分析値	58
表3-1	墳墓(古墳)群の類型設定（1）・（2）	108
表3-2	墳墓(古墳)群の類型設定（3）・（4）	109
表3-3	前・後期古墳の様相の対比	137
表3-4	洛東江両岸古墳群の類型別展開と造営集団の階層	172
表3-5	各地域の古墳群分布と階層	173
表4-1	化学分析の概要	191
表4-2	Al_2O_3 - SiO_2 - $RxOy$ の分子数比（$Al_2O_3 = 1.00$）	192
表4-3	Ign. loss - 還元度指数	192
表4-4	試料目録	196
表4-5	土器の器種・生産システム別比率	203
表4-6	土器生産システムの分類と特徴	210
表4-7	蔚山中山里遺跡出土土器群の分類	212
表4-8	3世紀後半〜5世紀代の土器生産システム	223
表4-9	土器生産システムの統合と一元化の過程	226
表5-1	図5-15の遺跡名と出典	276

I　はじめに

1　研究の目的

　この研究の目的は、紀元前1世紀頃から紀元後6世紀までの嶺南地方〈ほぼ現在の大韓民国慶尚南北道に重なる〉における考古資料の分析を通じて、新羅・伽耶社会の起源と成長について説明することである。

　歴史学界と考古学界で通用する時代区分にしたがえば、本研究が対象とする時期は三韓時代あるいは原三国時代と三国時代に該当し、辰韓・弁韓社会と新羅・伽耶社会を包括することになる。これまでのほとんどの研究が、弁辰韓社会と新羅・伽耶社会を時期的に区分して新羅の領域と伽耶の領域空間を分離する、という問題を重要視してきた。そして斯盧国や狗邪国の建国の時期とか、新羅・伽耶の形成時期、また伽耶連盟体と新羅の領域などを、文献や考古資料で定義しようとしたのであった。

　新羅や○○伽耶と呼ばれる政治体が、もちろん弁辰韓の小国よりも規模の大きな地域統合と政治組織をもつレベルだったという点は認められる。しかし、二つの時代を分離して定義することができるほど、時代の性格について充分な理解に到達していたとは考えがたいようだ。三国が明瞭な領域をもって分立していた状態以前とそれ以後を区分しなくてはならない、ということが、時代区分を必要とするようである。そこで用いられる名称の問題や時代区分の境界、時代性の定義などの問題が、議論の対象となってきた［李賢恵：1993a］。本研究でも両時代を区分することそれ自体については特に異議をはさむものではない。ただし、新たな時代が展開する指標としてきた遺物複合体 complex の出現および分布の変化が最近の発掘資料に対する検討を通じて1世紀ほど年代を上げられたので、三韓段階の年代の上限も紀元前1世紀代に引き上げる必要があると考える。

　本研究で重要な前提としたいのは、弁辰韓の小国から新羅・伽耶といった政治体へと、連続的な成長過程を経てきたという事実である。新羅と伽耶という政治体の名称が、弁辰韓小国の、いくつかの国名のうち、斯盧国、狗邪国など

に由来し、弁・辰韓諸国が連続的な成長過程を経て新羅という古代国家や高霊の大伽耶となったという事実を否定することができないとすれば、弁韓・辰韓社会は、新羅・伽耶社会の原初形態だとしても無理はない。本研究では、両時代の区分を問題にするよりも、連続的な成長過程に重きをおくことにしたい。

　辰韓と弁韓、あるいは新羅と伽耶が、種族または文化のうえで区分される可能性をまったく排除することはできないだろう。本研究のように、政治体を定義してそのあいだの関係について検討する際、辰韓・弁韓あるいは新羅・伽耶をひとつの政治的実体として認めることはむずかしいだろう。特に4～5世紀の嶺南地方を、新羅でなければ伽耶連盟体だとする2分論は、文献上でも立証が困難である。新羅が成長して、周辺の政治体に政治的影響力を行使しながら統合してゆくために、その残りの領域は伽耶あるいは伽耶連盟体として曖昧に認識されてきたようだ。もちろん特定の政治体を中心に統合されるのではあるが、ある時期の嶺南地方では2分・3分された権力の空間的構図が認められることもあるだろう。しかしながら、新羅と伽耶連盟体の領域を分離する問題は、必ずしも先に解決すべき作業である必要は無く、つぎの段階の説明へと導いてゆくのに障害となりもする。

　本研究で検討しようとする期間、嶺南地方ではいくつか相互独立した政治体が分立し成長しつつ、新羅によって、中央集権化された単一政治体に統合される［李盛周：1992a，1993］。もちろんいくつかの政治体のうちに、どのような政治体のまとまりが存在し緊密な政治経済的相互作用をもたらしたのかという点、そして特定の政治体の相対的優位に基づく統合や、それによる政治秩序が存在したのかという疑問点も考えられる。しかし、特定の政治体同士の緊密な関係や統合を、これから述べる全体のなかの一部分であって、前提としておくことにしよう。

　本研究の主題のように、辰韓・弁韓を経て新羅・伽耶社会への成長と、中央集権化された新羅の古代国家成立過程は、国家形成論または社会発展段階論という名称で研究されてきた［金哲埈：1964　李基白：1976　李基白・李基東：1982　李鍾旭：1989　金廷鶴：1982　金泰植：1990］。しかし、文献記録のみに頼る研究は史料の制約のため限界を抱えている。たとえば辰韓・弁韓社会はもちろんのこと、新羅・伽耶社会もある時期においていくつかの独立・半独立的な政治体で構成されていたのだが、『三国史記』はそのうち、古代国家へ成長した新羅社会の過程だけを伝えている。そして文献史学の社会発展段階論においては、

特定単位の政治体内部の成長過程を中心に検討するにとどまり、いくつかの政治体の相互作用による成長過程は、適切に扱えていない［李盛周：1995a］。

　新羅・伽耶社会の起源と成長を検討しようとすると、中心となる史料は『後漢書』、『三国志 魏書 東夷伝』と『三国史記』であり、そのほかに6世紀代を前後する金石文資料がある。そのなかでも『三国史記』の初期の記録は信憑性が問題視されるので、文献に基づく研究は、『三国志 魏書 東夷伝』の記録と、法興王代の律令頒布を前後する時期である6世紀前半の金石文資料に、大きく依存する傾向がある。3世紀頃を中心にした三韓小国の状態と成長についての研究[1]と、6世紀前後の新羅中央政府と地方制度の組織化［李鍾旭：1974，1982　朱甫暾：1979　権悳永：1985　李仁哲：1989　李文基：1990］、集落構造の研究［李宇泰：1981　朱甫暾：1986，1992］に集中しているようだ。しかし両方の時期を結びつけてその過程の説明を試みようとするのであれば、文献資料だけでは不足で、考古資料に依存せざるをえないだろう。

　この間、発掘調査を通じて、新羅・伽耶に関する多くの考古資料の収集に大きな進展がみられ、研究の成果も質量ともに多大な成長を遂げたという事実は認められるところである。しかし、新羅・伽耶の起源と変動過程に対する考古学的アプローチが、それほど成功を収めたとはいえない。歴史学から提起された研究課題を充分に認識して、文献史学の限界を補完しようとする歴史考古学的研究は未だ不十分なのが実情である。これまで、歴史考古学的アプローチは、遺物の分類と編年、系統論に関心を傾けて、社会の実体についての認識とか、その変動過程についての適切な説明をすることができなかった。一部の歴史考古学研究では、任意に設定した物質文化変動の画期に、文献上の史実をそのままあてはめるという、素朴なレベルの推論が反復されもした。

　歴史考古学の研究方向を設定して考古学的調査研究活動の課題を付与するためには、単純な学説史や発見史ではない、批判的かつ自己反省を伴った研究史の視点が必要である［任孝宰：1982　李鮮馥：1988，1992　崔夢龍：1989，1993　申叔静：1993　李盛周：1995b］。

　これまでの歴史考古学の研究を検討してみると、まず、系統論的な関心と伝播論、移住‐征服説の問題をあげることができる。系統論的な研究は日本帝国主義時代の考古学者の関心に由来すると考えられる［西川：1970a，1970b，1970c　申叔静：1993，1994　李盛周：1995b］。その後、わが国〈韓国〉の学界では日本帝国主義時代の考古学研究のうち、ひたすら植民地主義の観点だけを批

判し、一方で民族主義的系統論は無批判に受容し、民族文化起源論に大きな関心をはらって、伝播論的征服‐移住の仮説として、朝鮮半島における物質文化変動を解釈してきた。

　わが国考古学界の伝播論的解釈の大部分が、住民の移住‐征服仮説を前提にしている［崔盛洛：1995 177頁］。単純な伝播論が考古資料の解釈に適用されると、社会文化システムの変動を、住民の移住‐交替あるいは、いわゆる支配集団の移住‐征服として解釈して説明する方式をとるようになるのだが、国家形成のような長期にわたる社会変動過程を支配集団の征服という出来事としてきめつけてしまうこともあった。住民移住説は、朝鮮半島の社会には内在的な変動要因がなくて、停滞したものであるがために、常に社会変動は新たな文化をもつ移住者の働きによるものとしてみなされることになる［李鮮馥：1991］。

　歴史考古学によくみられる研究のパターンは物質文化変動の画期を設定して、それを歴史上の出来事に結びつける方式である。たとえば土壙木棺墓→土壙木槨墓→積石木槨墓という墓制の段階的変遷は、それぞれ北方から順に、朝鮮半島東南部に定着した移民あるいは征服民がもたらした［崔秉鉉：1991a］。前期瓦質土器→後期瓦質土器→陶質土器という土器の形態ならびに製作技法の変遷は、漢による郡県の設置、前漢の滅亡、楽浪郡の消滅という歴史上の出来事に由来し、洛東江東西岸様式の分立という土器様式の分布の変化も、高句麗の南征という事件から直接的に派生したものとして取り扱い、考古学的な事件のように描写した［申敬澈：1982, 1986a, 1989a　全玉年：1988　安在晧・宋桂鉉：1986］。このような考古資料の解釈を通じて、百済、新羅、伽耶の国家形成のすべてがみな北方民族の征服により成し遂げられたものだと主張する［崔秉鉉：1991a　申敬澈：1992a］。複合社会という社会システムの形成過程が征服という事件によりすべて説明できるのならば、環境的、社会・経済的要因による説明は不必要になってしまう。

　伝播論的説明方式の弊害は、それ自体の誤謬にあるというよりも、内部的・外部的要因をいっしょにして、社会・文化システムの変動を適切に説明できなくしていることである。社会文化変動要因のうち条件により変化するものを考古資料から確認して、その変動する様子を観察しようとする作業、すなわち適切な考古資料の分析と論証の試み自体を不必要にしているのである。伝播論的移住‐征服説が、民族文化の起源の研究あるいは民族の形成過程の研究にのみ適用されるとしても、そのことはけっして適切な解釈の枠のなかでなされたも

のと認めることはできないだろう［李鮮馥：1991 63頁］。

歴史考古学研究におけるもうひとつの問題点は、遺物中心の研究パターンと理論的解釈についての無関心である。考古資料と当時の人間の行為との関連性がほとんど検討されないまま、遺物を研究してゆけば、歴史的事実についても理解できるという見方が、当然のようになされてきたのではないだろうか。遺物それ自体の分析を重要視し、遺物の型式分類が考古学研究の基本的手順だという認識が問題視されるわけではないものの、型式学的方法が、資料分析の手段としてよりも、考古学上の知識の追求への絶対的な方法として受けとめられたために問題となる。型式分類というものが考古学上の知識を構築するのに重要な手順だとは考えるが、それは研究を実行するのに必要なテクニックに過ぎず、それ自体が研究の目的になることはありえないのである［崔夢龍：1993］。このような類いの警告は、数限りなくされてきたところであるが［Hill&Evans：1972 Vierra：1982 Adams & Adams：1991 pp.157-168］、それにもかかわらず何ら理論的・方法論的前提もない型式学的研究が、くりかえし行われているようだ。

本研究の目的は、新羅・伽耶の政治体の起源と成長過程を考古資料の分析により説明することにあるが、つぎのように三つのテーマに分けて研究を進めてみようと思う。

一つ目は、辰韓・弁韓の政治体の形成過程についての説明である。本研究では、三韓小国の形成を単位社会が統合され政治体の規模が大きくなる過程としてだけでは理解せず、単位社会を統合する政治権力の本質が変化する過程に注目し説明してみようと思う。そして、変化の要因についても、鉄器文化をもつ古朝鮮系住民の南下によって弁辰韓諸国が形成されたという従来の単純な移住‐伝播論的解釈や、製鉄‐製陶技術の受容がおのずから社会の政治経済的な成長を導いたという説明を批判した。その代わりに、弁辰韓社会の技術革新の受容、政治権力の成長、内部組織の複雑化は、巨視的にはシステム内部における文明の拠点との不均等な相互作用の結果として説明することにした。その相互作用の本質と結果をよくみせてくれている鉄・鉄器生産システムの受容、拡大、組織化の要因と過程を検討することで、辰韓・弁韓の政治体の起源と成長について、説明しようとした。

二つ目に、政治体の規模、内部組織、そしてその時期的な変動過程についての説明である。まず、政治体の形成に空間的な枠組を提供して、その間の相互

作用を引き出した要因として、この地域の環境的な特性について検討した。そして、嶺南地方の古墳群の類型とその階層化した分布のあり方、時期的あるいは地域的な展開過程を分析し、政治体の規模や内部組織、政治体間の階層化と統合などの過程についての問題を検討してみた。

三つ目に、社会的生産の統合と組織化の過程についての検討から、政治体の内部統合と分化の過程、特定の政治体を中心に統合される過程を理解してみようとした。まず土器生産システムに注目し、たがいに異なる生産システムの存在を定義した。そして政治体の成長にしたがって、専業化のレベルが異なる生産システムが一元的に統合される過程を検討して、空間的な範囲を異にする生産分配システムがひとつの政治体を中心に組織化されたり、政治体の境界を越えて拡大したりする過程などを分析した。政治体内‐政治体間の社会的な生産の統合と組織化の過程を検討することで、特定政治体を中心に統合され中央集権化される過程の一断面を説明しようとした。

2　研究方法およびその手順

嶺南地方の政治体に対する認識の拠り所としては、辰韓・弁韓24ヶ国の存在についての『三国志 魏書 東夷伝』の記録が、もっとも古くて信頼性があると受けとめられてきた。そこから三韓の政治単位の特徴を、国の規模（人口）と構成単位に関する『三国志』の叙述に基づいて理解しようと相当な努力をはらった研究成果が蓄積されている［李賢恵：1984　金貞培：1986　權五栄：1996］。3世紀代を前後する時期については、文献資料に基づき弁辰韓の政治体の様相を描写してみることはできるものの、それ以前の単位政治体が形成される過程と要因については説明がむずかしくなる。

三韓の単位政治体については、いくつかの自然村が集まって単位社会を構成し、その単位の中心が邑であり［權五栄：1995a］、さらに多数の邑の集団とそのなかで相対的に中心機能をもつ国邑により構成されたものとほぼ認識されている［李賢恵：1984　104-105頁］。しかし、国邑が下位単位である邑を完全に統合するほどの、中心的な政治権力をもっていたのか、そして国邑の支配権力が政治的・軍事的・経済的に多機能にわたるものであったのかについては、疑問をさしはさむことができるだろう。『三国志 魏書 東夷伝』の記録のとおりだとすれば、政治的な意思決定における国邑の階層上の相対的な優位性や、それ

を中心とした政治単位の構成は疑う余地がないが、はじめから国邑が支配的な位置で統合を果たしたということは認めがたいようだ。

　文献上でもこの時期の単位政治体の規模は、万余戸から六～七百戸にいたるまで均一ではなかったことが明らかである。通常、三韓の単位政治体はそれ以前の段階に比べて下位単位を連結結合する範囲が大きくなるものと想定される。しかし青銅器時代にも農耕集落が形成されていて、集落間のネットワークを形成した政治体の存在を認めることができるのではないだろうか。そうであれば、青銅器時代の単位政治体と比較して、三韓段階の政治体には、はたしてどのような変化が生じたのかについて検討する必要がある。単に政治体の規模の拡大のみでないならば、根本的な相違点は政治権力の本質と関連するのではないだろうか。そこで本研究では単位を統合する政治権力の変化に注目しようと思う。つまり、国邑が支配的な権力をもって、下位構成単位である邑や自然村を完全に統合する過程［李賢恵：1984］、そして国邑の支配権力が社会内のいくつかの機能を収斂させ組織化する過程について説明してみようと思う［李賢恵：1976, 1984 141-162頁　権五栄：1995b］。

　当然、社会に質的な変化をもたらす要因とその時期についての問題と関連して、遺物複合体complexの変化に注目する。土壙木棺墓群の集団化［林孝沢：1993a, 1993b　李盛周：1995a］、独自の鉄生産［李南珪：1993a, 1993b］、灰陶系陶質土器類の生産［李盛周：1991］、漢式遺物の登場と武器全般の鉄製化の現象などが出現する時期に注目して、それを新たな時代の展開と関連させてきた［金元龍：1986 128-130頁］。よく鉄器文化とされる新たな遺物複合体のなかで、重要な技術的要素、すなわち鉄生産／鉄器製作技術と灰陶系陶質土器は、中国中原文明の地域から拡散して朝鮮半島南部社会に受容されたものである。しかしこのような新技術の出現を、北方から移住した人々がもちこんだものであり、この流移民が新たな社会を建設したとする説明で決着させることはできない。一方で、遺物の変化に技術的な要素を見出し、その新技術が連続的でありおのずから社会文化変動をもたらしたという説明も適切でない。

　青銅器時代から三韓段階にいたるまでの朝鮮半島南部における社会文化変動は、伝播‐移住をはじめとする外来の要因によってのみ説明することはできず、人口増加、生産力の増大のような内部的要因によるだけでも説明できるものではない。実際のところ、外部的／内部的要因の区分は必要ないと考える。文明の中心地からの影響を排除してしまうと、朝鮮半島南部にいわゆる鉄器文化が

登場する原因を説明することができなくなり、朝鮮半島南部の歴史的‐環境的文脈における自主・主体的な取り組みの過程や選択的受容の側面を無視するならば、中国中原文化がそのままでは移植されず変形した理由を理解することができなくなる。

　考古学が多様な地域的相互作用のモデル［Schortman & Urban：1987, 1992］に関心をはらう理由も、社会の変動を単位社会の内部での変動過程とその要因のみで説明することができないためではないだろうか。たとえば技術の伝播、資源の交易、威信財の分配などのような人間（集団）の相互作用は、単位社会内部でなされるものではなくて、単位社会間のネットワークをもって成し遂げられるものである。

　弁辰韓の諸政治体は外部の影響なしに、独力で成長してきたということはできない。製鉄・製陶という技術革新の拡散と受容、政治体制の模倣、威信財分配と交易などが朝鮮半島南部における政治体の成長の重要な契機となったことはもちろんであり、このような変化は、中原文明の中心地と、周辺地域に属する朝鮮半島南部の政治体間の不均等な相互作用をうけて生じたのである。特に考古学的に紀元前1世紀代からの物質文化の変動が注目される理由は、紀元前2世紀末に、中原文明の拠点である漢の郡県が遼東と朝鮮半島西北部にまで拡大設置されたことで、文明の拠点と弁辰韓政治体が比較的近接することになり、この時点から相互作用が強く進行したためである。

　この時期に入って考古資料の上にみられる顕著な変化は、鉄器・陶器・漆器・農工具など、新たな技術要素である。このような技術要素が、朝鮮半島南部に受容されつつ、この地域の社会・経済的な変化を引き起こしたものと考えられる。とりわけ鉄・鉄器生産技術のような技術革新は、政治体の変動にあたり重要なポイントとして作用するということができる。しかし当時の歴史的な文脈において、他の社会経済的条件によって変化する要素との関連が適切に分析されなければ、妥当な説明になりがたい。鉄器生産技術がそのままおのずから鉄製農工具や鉄製実用武器の大量生産をもたらして、生産力の増大と社会的葛藤を拡大・深化させたとする皮相的な説明は適切ではない。むしろ製鉄技術の受容や鉄生産拡大の過程を政治経済的な要因として説明しなければならないであろう。

　三韓の単位政治体の形成を、それを社会規模の拡大と階層化が深化する過程でのみ理解するよりは、下位単位を統合する政治権力の本質が変化する過程と

して注目する必要がある。巨視的に見て、相互作用のシステム内部でいわゆる鉄器文化が朝鮮半島南部に受容される筋道や、鉄器生産システムの組織化と生産量の拡大をもたらす政治経済的要因を分析すると、三韓小国の政治権力が変化する過程についても適切な理解をえることができるだろう。

　つぎに、政治体の規模ならびに内部組織とその変動について、検討することにしよう。われわれが弁辰韓小国の規模と内部組織を推論する際、『三国志 魏書 東夷伝』の記録に頼るところが大きい。後代の文献資料である『三国史記』の記録は新羅中心でのみ叙述されていることもあり、個々の政治体の形態と変動については、適切な推論が困難である。個々の政治体には独自の成長過程もあり、政治体間の階層化・統合過程を通じてその規模や内部組織は継続的に変化するのであろうが、これに関する文献記録上からのアプローチはむずかしい。そこで本研究では文献記録の代わりとなりうる資料として、最初に地形をはじめとする嶺南地方の環境、二つ目に階層化した古墳（群）の分布類型を分析してみた。

　嶺南地方で政治体が形成されて成長する過程には、いくつかの特徴的な様相を観察することができるのだが、それはこの地域の環境と関連して検討される必要があると考えられる。本研究では嶺南地方の地形と資源の分布が、この地域の政治体の領域空間やその分布を規制して、政治体間の相互作用と統合を導いたのであろうという前提のもとで、その関連性を検討してみた。まず嶺南地方自体それほど広い領域ではないにもかかわらず、他の地域よりかなり遅い時期まで多数の政治体が共存していたという点、社会の複合の度合いに比べて政治権力の領域空間は狭小だという点で、各政治体は小規模な領域のなかで資源を効率的に開発しコントロールしたとみることがきるが［権鶴洙：1992］、このことは小盆地で構成される嶺南の地形と深い関連があるのではないだろうか［李盛周：1993b］。

　そして政治体間の階層化や統合が地域的に展開する過程が、地形上の通路や資源の分布と関連する可能性について検討してみた。これまでの考古資料の分布からみると、嶺南地方内でも特定の一部地域がまず成長して、残りの地域の成長は相対的に遅滞していたという事実が認められる。このような成長の地域差が、諸政治体間に不平等関係をもたらす契機となりえる。環境的な要因だけでこのような不均等な成長を説明しえないだろうが、それとの関係は検討する必要があるであろう。同様に、政治体間における技術革新・様式・イデオロギー

などの拡散、交易、政治体の統合などのような相互作用は、一定の方向性と通路に沿って伝来したものとみられる。特に中央集権化の過程のなかで、特定の政治体の統合過程においてもこのような方向性とそれに伴う領域に留意する必要があるようだ［李熙濬：1996c　朴天秀：1997］。距離に応じて同心円状に拡散する領域を設定することが困難のは、この統合過程の結果に政治体の相互作用を引き起こす環境要因があるためだと理解することができる。結局、地形をはじめとする嶺南地方の環境的特徴は、この地域の政治体の形成と成長に対し空間的な枠組みを提供するもののようであり、政治体間の相互作用を一定の方向と範囲へと導くものとみられる。そこで、嶺南地方の地形、資源の分布、交通路の形態などを分析して政治体の形成ならびに成長との関係を考えてみることにしたのである。

　考古資料の分布から、政治体の形態を認識しようとするならば、まず単位政治体の権力が及ぶ領域空間を定義して、内部の意思決定がどの程度のレベルで階層化されたのかを探ってみなければならない。政治体のもつ空間の規模を定義する方法としては、中心地からの権力が及ぶ領域を予測するモデルが提案されている［Renfrew：1975　Renfrew & Level：1979］。政治体内部の階層化された組織を理解するためには、集落がどのくらい階層化された分布を示すのかを探ってみる必要があるので、集落類型の分析が試みられてきた。特に社会進化の過程について述べようとするとき、階層化された集落の分布類型は、内部の階層化レベルの尺度として認識されてきたためである[2]。

　本研究の対象とする時代、嶺南地方における住居遺跡に関する考古学的調査資料は、きわめて断片的である。発掘調査が集落の全範囲にわたっている資料がほとんどなく、そのうえ地域的あるいは時期的に限定された資料のため、相対的な比較が困難である。これに比べ墳墓（古墳）についての発掘調査は、少なくとも一部では地域的‐時期的に比較分析できるほど量的にも豊富なほうである。また封土墳の存在と、盗掘などで露わになった遺物による地表調査からだけでも、遺跡の性格をある程度把握できるものである。実際、集落遺跡についての調査資料をもってしては、どのような空間的レベルにおいても適切な分布パターンを認知することはむずかしい。しかし、古墳（群）の分布密度自体が朝鮮半島のどの地域よりも高く、発掘調査資料も多数蓄積されていることから、嶺南地方で政治体の規模や内部組織をとらえようとするならば、古墳（群）の分布パターンに対する分析を試みる価値があるだろう［金龍星：1989　李盛

周：1993b]。

　これまでの墳墓（古墳）に対する研究は、埋葬施設と副葬品の型式分類と編年の問題にのみ関心を集中させてきたため、墳墓（古墳）の資料からみた社会の研究は相対的に貧弱なものである。本研究では、まず古墳群の属性のうち、立地、埋葬施設の分布、群集の仕方、埋葬施設からみた被葬者の階層などを分析し、古墳群の類型を設定して、各古墳群類型が時間的空間的に展開する様相を検討してみた。そして単位古墳群の造営集団内・単位政治体内、造営集団間・単位地域内政治体間の階層化の様相を検討してみた。

　本研究の対象とする時代において、個々の墳墓（古墳）間に階層差がみられない墳墓（古墳）群はない。紀元前1世紀代より形成されたとみられる昌原茶戸里墳墓群から、造営集団内部の階層化が観察でき［崔鍾圭：1991 142-144頁］、それは先行する時代の墳墓群から進行してきたものである［権五栄：1996］。階層化の程度がきわめて弱い場合においても、被葬者の性別・年齢・社会的地位に基づく階層化とその分化があって、こうした事実は人骨がよく残っている金海礼安里古墳群の分析を通じても立証される［武末：1992］。本研究では個々の古墳群内部の階層化が進行する過程と、古墳群間の階層化が発生する過程とのあいだには、非常に密接な関係があることを前提にして、古墳群内‐古墳群間の階層化を比較してみた。

　単位政治体領域内で中心的古墳群から小型群集墳にいたるまで、古墳群の階層化は単位社会内の諸集団の階層化が反映していて、古墳群内の階層化は、その構成員のあいだの階層化と関連する点を、常識的なレベルでも認めることができるだろう。実際、新羅・伽耶の古墳は、最上位の王墓から小型墓にいたるまでいくつかの等級に分類されて、その等級の組み合わせによってさらにいくつかの等級の古墳群に分けられる［崔鍾圭：1991］。特に古墳の副葬品の種類と量で表現される一律的な格差が、身分（古新羅の骨品）［Pearson・Lee・Koh・Underhill：1989］、官位等級［朴普鉉：1992a］、職業的機能［朴普鉉：1995 81-109頁］、軍事組織［李仁哲：1994］などを反映すると、主張されてきた。本研究では古墳のヴァリエイションから被葬者の社会的機能や地位・役割等を直接的に推論することよりも社会内の一般的な階層を分析しようとするのだが、古墳の階層化と多様性をあわせて、それが不平等のみを反映すると単純化させる意図はない。単に、集団とその構成員の階層化に問題の範囲を絞ることで、政治権力の分布および階層化を理解するためである。つまり、古墳群内‐古墳群間の

空間的分布類型を分析して、包括的な意味で社会の階層化を定義してみることにしよう。

　最近関心を集めている古墳の階層化についての分析は、金工品のような選別された副葬品を対象として、個々の古墳を比較分析する傾向がある。とりわけ5世紀代からは、洛東江以東の政治秩序［李盛周：1993b 147-153頁］は、考古資料のうえに定型化されたかたち［李熙濬：1996c］であらわれるので、威信財の所有関係から何らかの体制［朴普鉉：1995］が存在したことを見出すことができて、それは新羅の地方支配方式として理解［李漢祥：1994］されてもいる。しかしこういった研究では古墳群自体を分析するよりも、選別された古墳を対象としており、さまざまな地域レベルにおいて、古墳ならびに古墳群の類型や分布状況を適切に分析することができない。したがって、本研究のような全体的な様相についてのアプローチが先行されなければならないが、それによってこそ個々の古墳や個々の副葬品の分布について、政治制度と関連させて下された解釈も意味をもつことができると考えられる。

　『三国志 魏書 東夷伝』の記録のうえでは辰韓・弁韓の単位政治体内部に中心的役割を果たす国邑のような存在を認めることができるが、単位政治体を構成する下位集団間では特別な階層化がないものとされている。また、個々の政治体間の、規模の違いについて記録されているが、政治体の統合や階層化については言及していないので、こういった政治体が等質的だったということを想定するのに、大きな無理をきたさないだろう。まさにこのような形態の政治体から出発して、単位政治体の成長、そのあいだの階層化と統合などの過程が、複雑に進行するだろうということを前提にすることができる。単位政治体に注目するならば、その成長を何段階かの過程として考えることができる。まずは国邑が周辺の邑を統合した小国の状態から、そのつぎに諸小国中、特定の何ヶ国かが政治権力空間を拡大させ、さらに大きな規模の領域をもつようになった状態が単位政治体である。そして、いくつかの政治体をたばねるなかで中心的な政治体の影響力が増大して、政治的秩序が形成されたのである。最終的には新羅によって嶺南地方のすべての政治体が統合され、ひとつの中央集権化された古代国家が形成されたのである。

　最後に社会的生産が結合されて組織化される過程を通じて、単位政治体の内部統合と成長、そして中央集権化の過程の一断面を検討しようと思う。経済的な支配権力は、生産と分配をコントロールする力に由来する。このような経済

的な権力は、それなくして支配者は階層や支配構造を維持できないので、この権力は他のどんな権力関係に比べても重要性をもっている。そのため、経済現象のいくつかの側面は、社会の進化を研究するのに、重要な、条件により変化する要素あるいは指標として取り扱われてきた。たとえば生産の専業化は、生産効率の増大という経済現象でのみ考えるよりも、政治権力による労働力の組織化や生産と分配のコントロールなどと関連させて考える、ということを重要視してきた。生産物の分配・交易と関連するいくつかの経済行為がどんな類型に分類されても、そうした分配・交易の類型も一定の社会統合と組織化のレベルと関連していたとみるのである。

　本研究で注目する土器の生産と分配の問題においても同様である。そこで、かつて何人かの研究者は土器生産の問題を、製作技術の類型、社会的労働組織、分配範囲、政治権力の介入、社会進化のレベルなどと関連させて分析してきた。たとえば土器生産様式 (mode of ceramic production) のような概念は、土器生産の社会との関連に注目する研究上の観点から導き出されている [van der Leeuw：1977　Peacock：1981　Rice：1987 pp.183-191]。

　嶺南地方の古墳群には土製容器類を多量に副葬する埋葬儀礼の伝統があった。これまでの多くの研究では、土器を古墳編年の資料として利用したり、あるいは文化単位を認識する材料と考えられたりしてきた。反面、考古資料として、土器が特定の社会的文脈のなかで生産・分配されたという視点から検討されることはほとんどなかった。陶質土器の地域色、瓦質土器文化期などのように、社会的な関連性には特別な意味をもたない用語が土器遺物群を概念化するのに使用されてきた。

　嶺南地方の土器は特定の時期に、非常に興味深い土器様式の地域分布をみせている。この点に注目して土器様式の分布を政治権力と関連させて論議した研究があったが、土器の生産と分配という行為が、政治経済的な条件により変化する要素として定義し分析されてきたことはなかった。たとえば歴史学的に析出された政治体の領域が、土器様式の分布範囲と一致するという類いの主張とか、土器の生産と分配について、何の前提もなく漠然と土器様式の類似度が政治体相互作用の強弱を反映するという程度の解釈がすべてであった。

　本研究では土器についての究極的な研究目的は、どのような方式であれ、当時の社会についての理解に到達することであり、考古資料としての土器は当時の社会内部の必要から生産され分配された結果が、分布と形態として残ってい

るものだという前提から出発している。こういった視点から土器資料を分析して解釈するときに必要な概念的装置として、土器生産システムを定義した。新羅・伽耶において土器生産システムは3種類に分類することができるとみているのだが、これが製作者の性格、政治権力との関係、労働の組織化、標準化の程度、製作技術の伝統、土器の用途ならびに使用の社会的文脈などから、はたしてどのような特徴をもっていたのかということが重要な問題となるであろう。

3種類に分類した生産システムを、本研究では専業的土器生産システム・半専業的土器生産システム・非専業的土器生産システムと命名して、各自の特徴を理解しようとした。まず、肉眼による観察を通じ、各生産システムにより生産されたと仮定した土器試料を分析し、胎土の化学的・鉱物学的な性質、焼成技術などの特徴についての定義を試みた。そして、さらに製作技術の伝統、生産された土器の器種構成と出土状態などから、それぞれ特徴化できるかどうかも検討してみた。こういった特徴化を通じ、土器生産の諸過程から各生産システムをより深く理解することで、各生産システムからどのような性格の土器が生産されたかを見分けることができるだろう。

土器生産システムの特徴化とは、前段階の作業を経て、土器の生産と分配と使用からつぎのような二つの事実を認めることができるのではないのかと思う。まず、一つの単位社会内では3種類のたがいに異なる生産システムで生産・分配された三つの土器群が存在しうる。つまり、たがいに異なる性格をもつ製作者（集団）により、たがいに異なる工程で生産され、たがいに異なる領域に分配された3種類の土器群があるということである。つぎに、各生産システムで生産された土器群は厳密には区分できないが、たがいに異なる用途に使用されて、ひとつの単位社会内でたがいに異なる領域で消費されていた。このような基本前提に基づいて、本研究から究極的に説明しようとするのは、生産システムの通時的な変動過程である。

生産システムという視点から新羅・伽耶の土器の変遷を検討してみれば、一方で土器生産はより専業化してそのレベルが上がる過程として、もう一方ではその分配が一元化する過程として展開することが予想できる。そしてこのような土器生産・分配のシステムの変動は、政治体の進化あるいは政治権力の成長過程と関連させてみざるをえないだろう。そこで土器生産システムの変動を社会的生産が政治権力の成長とともにどのように専業化し、またどのように専業化した生産として統合されていったかを検討してみた。何故なら、それは政治

権力の成長という単位社会内部の、地域差的な部分と機能的な要素を統合する過程にまず認められるためである。その結果、社会内部における土器の生産と分配が、政治権力によってコントロールされていたという点と、専業化の過程が単位政治体の内部統合という政治体の成長なしでは説明がむずかしい点を指摘できた。

　本研究では、最後に土器様式の分布を分析して生産システムがどのように組織化されたのかを検討した。そしてその組織化の過程を単位政治体の成長・政治体の階層化・政治体の統合という新羅・伽耶社会全般の変動過程と関連させて説明してみた。よくわれわれが陶質土器とよぶ副葬用土器様式の分布をもって、政治体の領域だとか相互作用を直接的に推論することができるという見方を、本研究では批判的に検討した。もしも、土器様式の分布や類似の度合いが政治体の領域や相互作用と関連があるという点を主張しようとすれば、政治体が様式的側面で土器生産システムを組織して一定空間で分配をコントロールしていたという事実から、まず論証しなければならない。そして、つぎに政治体の相互作用が土器様式の相互作用に反映していたという前提の妥当性を論証しなければならないだろう。

　特に、5～6世紀代の嶺南地方の土器は、非常に興味深い様式の分布をみせている。しかし土器様式の地域的な分布を分析して直接的に政治体の領域とか相互関係性を推論したりすることには無理がある。それよりも土器生産システムと分配組織を復元することが先決問題である。そうしてから政治権力がそのような生産と分配をどのようにコントロールしていたのかを検討してこそ、政治体間の相互作用を推論できるのである。5～6世紀代の嶺南地方では多量の副葬用土器を生産して古墳に埋納する埋葬儀礼があり、この土器は専業化した生産システムで生産・分配されたのである。このような前提にたった土器生産と分配の範囲、生産システムにしたがって維持され消滅する器種や様式などを分析してみて、はじめてそういった生産システムを管理して生産と分配を組織化する政治権力の領域とその相互作用を推論してみることができるだろう。

　一定の時期になると各政治体内部の統合にしたがって、いくつかの生産と分配の機能も支配権力によって統合され組織化される［李盛周：1993 176-207頁］[3]。そのために、単位政治体を中心に社会内土器生産が専業的生産システムに統合されつつ各政治体の中心的古墳群に埋納された土器群が、各政治体固有の様式であるということができるほどの特徴があらわれるのを観察できるのではない

だろうか。そこで、諸政治体の専業的生産システム間の相互作用がより力強くおこり、特定政治体の土器様式が周辺政治体に拡散して土器様式の類似性が生ずるのであろう。ひとつの政治体の支配権力によって統合された専業的生産システムは、政治体の規模が大きくなるにしたがって、または一部政治体が統合されるにしたがって、生産システム内部の分化が生じうるであろう。その場合、必ず支配権力によってコントロールされなければならないような生産システムを除けば、政治体内の下位構成単位に生産システムが分化してゆく現象も予測できるだろう。このように、政治体内部で生産システムが分化するにしたがってあらわれうる土器様式分布の変化についても検討してみようと思う。

原注

(1) 代表的なものに、李賢恵：1984，権五栄：1996 のような研究がある。
(2) たとえば、Wright & Johnson：1975 Johnson：1978, 1982。
(3) 筆者はこのような過程を、貢納生産様式（tributary mode of production）の強化過程だと述べたことがある。

II 政治体の起源

1 鉄生産と政治権力の成長

　この章では、新羅・伽耶社会の原初形態である辰韓・弁韓の政治体の起源と形成過程について説明を試みようと思う。

　三韓の小国に先立つ青銅器時代からも、規模と組織がどれくらいのレベルであれ政治体が形成されていたであろう。すでに成熟した農耕段階に入った朝鮮半島南部では、大・小規模の農耕集落が形成されていたことが、いくつかの集落遺跡に対する調査を通じて確認されている。最近ではこういった農耕集落間における、経済的・政治的・イデオロギー上のネットワークの形成について検討されており［金鍾一：1994　権五栄：1996］、支石墓における群集の仕方と副葬品のうえでの階層やその地域的な分布についての分析を通じて、単位社会内部の階層化を立証しようとする試み［李栄文：1993］もある。

　三韓の小国の形成に関して、多くの研究者たちは青銅器時代の単位集団がより大きな規模で統合された状態だと考えてきたようである。たとえば斯盧国のような小国は少なくとも6つの村落社会（支石墓を築造していた時期の単位社会）が統合されたものとみられ［李鍾旭：1982　48-56頁］、狗邪国は9つの村落（小国以前の単位社会）が統合されて形成されたものとして説明される［金泰植：1990］。さらに初期農耕集落の発生から、いくつかの集落を統合した青銅器時代の村落の形成、村落を統合した三韓の国へと、引き続き統合規模を拡大させてゆく過程が検討されることもあった［権五栄：1996　224頁］。

　そうだとすれば、単位社会空間の規模も拡大して内部の階層化もはるかに深まることが想定されるが、両段階における社会階層化の違いをきちんと指摘する研究はほとんどないようだ。最近になされた墳墓（群）に対する分析研究をみても、統合規模が拡大して内部の階層化が深まる過程がはっきりと解明されていないようだ［李栄文：1989　崔鍾圭：1991］。三韓の小国とは、以前とは規模と組織が異なる社会段階の成立だと想定しつつも、実際には社会の進化または変形という意味での相違点を、適切に指摘できずにいる。そこには単位社会

の規模とかあるいは社会内部の階層化という側面において、三韓社会以前と以後が本質的に違わないのかどうかという問題が、当然提起されるだろう。

　政治体空間の規模とそのなかの人口、または社会単位内での階層化の程度といった社会の外形上の特徴は、社会の進化を記述するのに、より客観的な尺度だとみなされてきた。しかし社会内部の物質的基礎、政治権力の根源と行使の仕方、統合理念の方式などのような社会の質的特徴は、必ずしも社会の外形上の規模やレベルと相応しないということが、このところ、社会進化を検討した考古学者たちによって指摘されている［Earle：1987，1989，1994　Yoffee：1993］。端的にいえば、三韓段階以前と以後において、社会の物質的基礎あるいは権力行使の過程をコントロールする政治権力の本質などに大きな違いがあったとしても、社会統合の規模に違いがあらわれないという点である。農耕集落の形成の時点から、三韓政治体を構成するようになる下位単位とそれを結びつけるネットワークもすでに形成されていた可能性があるとすれば、三韓小国の成立はいかに多くの下位集落を統合したかという問題でなく、これをどんな方式で統合したのかが問題だと考えられる。

　辰韓・弁韓小国の実体に対する認識の根拠は、もちろん『三国志』の記録により提供される。まずは政治体の規模について。大きなものは四～五千家、小さなものは六～七百家であり、規模によって首長の名称もいくつかの等級による差別があったことが知られる。このありさまは、文献記録上の下限とみなされる3世紀前半を含む、それ以前のある一時点の様相であり、したがって一連の変動過程のなかの一段階として認識するのが妥当である。結局、三韓の政治体は一定の規模と内部組織をもつ実体だと定義することはむずかしいが、つぎのような概念化は可能であるようだ。つまり同時期に、ひとつの国として認識できるほどの領域と境界が存在したであろうという点と、自然的集落‐村落‐国邑内部で階層化された組織をもっていたという点が認められる。そして国邑は単位政治体内の中心地として経済的・政治的そしてイデオロギーの上でも統合機能をたゆまず強化していったであろうし、特にそれまでの社会に比べ専業化した生産の比重がはるかに高まっていったであろう。

　以上のように、弁辰韓の政治体というものを理解することができれば、その形成過程を単位社会の規模が拡大する過程として説明することよりも、政治体内部の下位の構成集団と社会内部のいくつかの機能を統合して組織化する、その政治権力の成長過程に注目する必要がある。

つぎに問題となるのは、三韓政治体の形成要因についてである。現在まで政治体の形成要因に関しては、いわゆる鉄器文化、農業生産力、移民集団などが多く推定されてきた［李鍾旭：1982 56-65頁　李賢恵：1984 70-98頁，1990　金泰植：1993 27-35頁　李在賢：1995］。このなかでももっとも注目されてきたのは、北方より南下してきた移民集団だと考えられてきたのではないだろうか。北方からの、いわゆる流移民が、鉄器文化という経済的に優越した技術と、政治理念のうえで社会を統合できる経験あるいはその能力を所持して南下し、朝鮮半島南部の文化変動の主役となった[1]と推定されてきた。

一方、新たに流入した鉄器文化が朝鮮半島南部において連続的な社会文化変動を誘発したとする考え方では、鉄器文化が入ってくることで鉄製農工具が大量生産され、農業生産力が増大するとともに余剰生産物もふえて、所有関係の不平等、社会的な階層化現象も深まったとよく説明がなされる［李賢恵：1990］。そして社会内部と社会単位のあいだの葛藤も増大し、それを、軍事力を動員することで解決したと推定しつつ、その過程を反映するものが武器の鉄製化と生産増加だとしている［李賢恵：1984 114-120頁］。しかし考古資料のうえで最初に流入し使用された鉄器というものが、生産道具として使用されたとは考えがたいだけでなく、鉄器の流入で生産力が増加したかどうか、あるいは社会的葛藤が深まったのかどうかについて、直接証拠をつかむことはいまだむずかしい状況にある。鉄器使用の最初の段階を経てしだいに農工具や武器生産が拡大したが、速いペースで鉄器生産が拡大した根拠を、農耕の発達とか戦争の頻発にもとめることは、どちらかといえばむずかしい。むしろ、政治権力の成長が労働を社会的に組織化できるようになり、鉄生産を可能にして生産が拡大し、農耕具と武器類の製作が増えていったのではないだろうか。そうだとすれば、鉄器生産の拡大が政治体の成長を促してきたという推定は、原因と結果があべこべの説明になるだろう。鉄器生産技術が鉄製農工具や鉄製実用武器の大量生産をもたらし生産力の増大と社会的葛藤を拡大し深めていったという皮相的な理解を超えて、鉄生産の拡大過程を政治経済的な要因で説明すべきである。

紀元前1世紀頃、朝鮮半島南部の考古資料からは、二つの顕著な変化を観察できる。一つ目はこの時期に土壙木棺墓が集団化しはじめる点であり［林孝沢：1993a，李盛周：1995a］、二つ目はこの頃から鉄器を自ら製作しはじめたという点である［李南珪：1993a，1993b］。新しく分離・造営された墳墓群のなかには、後に新羅・伽耶の政治体の中心的古墳群へと展開するものがあり［李盛周：

1993b 184頁]、この時期を三韓段階［権五栄：1995a］、あるいは早期伽耶のはじまりとみる見解［林孝沢：1993a, 1993b］に同意して、三韓政治体の出発点とみなそうと思う。この時期、遺物の組成上の変化で目を引くのは多様化した鉄製武器と農工具、そして漢式の遺物である。よくわれわれが鉄器文化だとするものは、鉄器のみならず灰陶系陶質土器類をも含み、この手の物質文化要素は、中国中原文明の中心地から拡散し、朝鮮半島南部で受容されたものである。灰陶の技術は1世紀ほど遅れて受容されたが、中原文明の拠点が、楽浪というかたちで朝鮮半島西北部へと拡大して設置されたことを契機として、鉄器、灰陶、漢式遺物など中原式の物質文化要素が朝鮮半島南部へ流入しはじめたという点は否定しがたい。

　三韓段階に朝鮮半島南部で新しく登場する鉄器や灰陶製作技術は、外部の影響抜きでは理解できないであろう。また、朝鮮半島南部の政治体は自然発生した一次国家ではない。文明から技術・経済的な影響を受けて、その政治システムの模倣や変容を通じて形成された二次国家である。しかし、単純な移住 - 伝播論が正当化されるものでもない。よく、鉄器を共伴する細形銅剣遺物複合体が弁辰韓へと拡散する現象が、古朝鮮の遺民の集団的移住［崔秉鉉：1991b 56頁　朴淳発：1995］と解釈されるが、技術の伝播・分配・交易など多様な地域的相互作用の可能性［崔夢龍：1983, 1985　李賢恵：1987］は、きちんと検討されてはいない。そこで政治体の形成過程についての説明も、発達した鉄器文化の所有者集団が移住してきて小国を建設したなどというようになった。しかし新たな遺物複合体があらわれる現象を、北方からの移住民がもちこんできたものだとして、この移住民が新たな社会を建設したものとして説明をきりあげることはできないだろう。こういった説明が歴史的事実を述べているとしても、移住 - 征服仮説や単純な伝播論が、朝鮮半島南部の社会文化変動について、何かを説明したのだとは思えない。

　実際、朝鮮半島南部の社会文化変動を、外部の影響を排除して、内部的な要因と過程というものでのみで説明することはむずかしい。新たな物質文化の要素がこの地域で独自に発展してきたものだとは決していえないからである。また、遺物の変化において、技術的要素にのみ注目して、新技術が連続して自動的に社会文化変動をもたらしたという説明も適切でない。製鉄・製陶のような新技術が導入され、社会・経済的に何らかの構造変化をもたらしたという論理は、一般的にあてはめることが困難であり、この技術革新が、何らかの社会・

経済的な文脈のなかで採択され、どのように変形されるのかどうかを検討してこそ、技術が社会進化に果たす役割も議論できるだろう［Carneiro：1974］。

　青銅器時代から三韓の小国の成立まで、朝鮮半島南部の社会文化変動は、伝播‐移住をはじめとする外来的な要因によるだけでは説明できず、また人口増加、生産力の増大のような内的要因によるものだけで説明できるものでもない。実際に、外部的・内部的要因の区分は必要ないように思う。一方で三韓の小国の成立まで、文明の中心地からの影響がなかったとしたら、朝鮮半島南部にいわゆる鉄器文化が登場する原因を説明することはできなくなり、朝鮮半島南部の歴史的‐環境的文脈において独自の過程や選択的受容の側面が無視されるとすれば、中原文化がそのまま移植されたのではなく変形して受容され、また、その受容が遅滞する理由も理解することができなくなる。中原文明中心地の拡大過程の延長で、紀元前2世紀末に朝鮮半島西北部に楽浪郡が設置された。これにより周辺部である朝鮮半島南部も、ようやく文明の拠点と密接に相互作用をもつようになり、この地域の政治体も巨視的にみて相互作用システム内にとりこまれた。このときの周辺部の変化として、朝鮮半島南部の社会変動を理解するとすれば、より生産的な代案になりうる［李盛周：1996c］。つまり、朝鮮半島南部での独自の成長過程と、政治‐経済‐イデオロギー上の文脈において、いわゆる鉄器文化の受容を説明でき、その影響で社会文化変動を理解することができるためである。

　三韓の小国の形成過程は、必ずしも単位社会の統合規模が拡大する過程や、社会内部の階層化が深まる過程のみでは描くことはできない。『三国志　魏書東夷伝』で描写される三韓の小国は、その領域空間内の下位単位を完全に統合し組織化した状態とは考えがたい。したがって、三韓段階の政治体は、そういった統合レベルを高める過渡期にある社会とみなすことができる。下位集落がゆるやかながらも結合して形成された政治体は、青銅器時代でもその存在が認められるのだろう。そうだとすれば三韓の小国形成以前と以後の変化の本質的な部分は、下位単位を組織する原理またはそれを統合する政治権力の本質にあるのではないだろうか。こういった統合への権力が持続的に成長して、結局新羅・伽耶政治体の成立に帰結したのだということができる。

　ここでは、中原文明の拡大と拠点の設置により形成された、巨視的にみたシステム内から、文明の中心地と周辺の政治体の相互作用という視点で、弁辰韓政治体の内部統合を行う政治権力が成長する過程を説明してみようと思う。そ

のためには、まず、鉄器製作の段階的な変遷と、辰韓・弁韓の鉄・鉄器生産の特徴を分析し、この地域の鉄器生産システムの組織化と、生産量の拡大をもたらした政治経済的な要因について、検討してみることにする。このような検討を通じて、辰韓・弁韓の鉄生産は、実用的な農工具と武器類の需要がしだいに増加することにしたがって拡大したものではなく、鉄素材類をはじめとする非実用的な墳墓埋納用鉄製武器を労働集約的に大量生産しつつ鉄生産が増加したことを、考古資料のうえで確認できた。

　朝鮮半島南部に最初に流入した鉄器は鋳造鉄斧と鉄鑿という、きわめて限定された種類と量にすぎない。その出土状況が既存の墳墓に埋納された青銅遺物複合体の一部を構成するにすぎないという点も、留意しておかなければならない。まさにこの時期を前後して、中原文明の拠点が朝鮮半島西北部まで拡大設置されたのである。こういった事実を総合してみると、最初の流入鉄器は文明の拠点と周辺地域の政治‐経済‐イデオロギー上の相互作用と関連させて検討する必要を提起せざるをえない［李盛周：1995a］。これ以後の朝鮮半島南部での陶器および鉄・鉄器生産をはじめとする新技術の出現を、単純に伝播論的な見方で解釈するよりも、新技術の受容と生産システムの組織化を可能としてきた政治経済的な要因についての説明が必要であろう。

　比較的短期間の鉄器流入段階を経て、弁辰韓では、中原やその拠点（楽浪）とは別の独自の鉄器が生産され、この時期から独力で鉄生産を行っていた可能性が提起されるのは当然だろう。以後、鉄生産が顕著に拡大する現象は否定しがたい。先に述べたように、鉄生産が自身の需要のために増加するということよりも、対外交易用、あるいは墳墓埋納用鉄器の生産に集中したのであれば、これに対する説明が必要である。鉄生産技術の受容と生産量の拡大は政治権力の成長によって可能となり、政治権力は社会的に生産を組織してコントロールすることで成長するようになる。鉄生産の政治経済的要因と政治体の成長において、鉄生産の役割はたがいに緊密にかみあっているという点を、本研究の基本的な前提として採用することにしよう。

2　鉄器生産システムの形成過程

（1）鉄器遺物群の段階的変化

　朝鮮半島南部にはじめて鉄器が流入した時期から、鉄器遺物の組成の変化を諸地域ごとにいくつかの段階に分けて説明しつつ、鉄器生産の発展過程を検討して辰韓・弁韓の鉄・鉄器生産の特徴を理解してみようと思う。

　独力で鉄・鉄器を生産する技術を発明し発展させてきた地域でなければ、鉄器は製作しても鉄は生産できない時期が存在した。つまり最初の鉄器流入期以後、かなり長いあいだ鉄素材を輸入して鉄器を生産していた段階を経て、鉄を生産できる段階に到達するのである。ところで最近考古資料が比較的多く収集された辰韓・弁韓においては、鉄器流入期から鉄生産の段階に到達する期間が非常に短かった可能性がある。

　周知のように鉄は一段劣った金属とされてきた。鉄器使用の初期段階においては、青銅器のような儀器や武器としては製作されないのが一般的であった。弁辰韓も鉄器使用の初期段階ではそれまであった石製・木製の実用農工具を鉄器化する比重が高く、それゆえ鉄器製作技術を伝播させたもとの土地とは異なる形式の生産用具が製作されたことがみてとれる。ただし、農具よりは工具が多く製作され、剣と矛を中心にした一部武器の鉄器化も早くから進行していた点を、弁辰韓の鉄器使用の特徴として指摘することができる。他の何よりも辰韓・弁韓鉄器生産の特徴ということができるのは、鉄の中間素材と非実用的な武器の大量生産・墳墓への埋納という現象である。そして、かなり遅い段階にいたるまで装飾性の強い武器を多量に製作し、首長の墳墓に大量埋納するため利用した点も重要な特徴として指摘することができる。

　以上のような弁辰韓の鉄生産と鉄器製作の特徴が、政治体の起源および成長と関連し、意味するところが何であるのか、検討する必要がある。伝播した鉄生産と鉄器製作技術が、おのずから他の生産技術の発展をもたらし、政治体の成長を促したと説明することは適切でない。そこでまず、墳墓埋納用の鉄器を多量に生産するようになることで、生産が刺激されたという事実、つまり首長墓に非実用的な鉄器が大量埋納される現象から、当時の鉄生産が政治体の支配者の権力により組織化された可能性について、推論してみようと思う。そして、

どの地域よりも鉄素材の生産に力を注いできたという事実に基づいて、楽浪のような文明の拠点との鉄を媒介にした相互作用について検討してみようと思う。

　これまで鉄器の段階的発展過程についての研究では、ほぼ2段階（4つの画期に細分できる［崔鍾圭：1993 105-145頁］）、3段階［李南珪：1993a］、あるいは4段階の設定［宋桂鉉：1994］を基本にしている。ここでは、鉄器生産システムの受容過程という面から検討するが、三段階の叙述［李南珪：1993a］が適しているのでこれを採用して、最近の資料を付け加えて述べてみようと思う。

① 第1段階（紀元前1世紀以前）

　遼東と朝鮮半島西北の一部地域に、戦国末、燕国の勢力が拡張し、その拠点が設置される。朝鮮半島で最初の鉄器の拡散は、そうした歴史的なできごとが契機となった［尹武炳：1976］。これによって拠点で鉄生産システムが成立することとなり、そこから周辺地域へと鉄器が拡散する初期段階が第1段階と設定され、時期は戦国末から漢の初めだったということができる。まず、朝鮮半島西北部に波及して半島西南部へも少量流入するのだが、広くみてこの段階には朝鮮半島のみならず遼東・遼北、吉林などでもよく似た様相がみられるものの、朝鮮半島東南部だけは、この段階に該当する鉄器遺物の報告がない。

　燕の鉄器文化が波及し、朝鮮半島西北部から鉄器の使用が始まると［鄭白雲：1958　西谷：1967, 1970］、何種類かに限られた農工具のみが発見される。ほぼこの時期の鉄器生産は、清川江以北の遼東、つまり燕の拠点の直轄地に限定されるとみている。清川江以北の遼東からでのみ鉄製武器の発見例が認められ、残りの地域では依然として銅剣、銅鉾、銅戈が主な武器の種類であり、細文鏡や青銅製儀器が製作される。機能的に多様化した燕国の鉄器のうちで、農工具のみが鉄器として製作されただけであった。

　清川江以北では、この段階の鉄器は明刀銭とともに出土するが、遼寧地方の蓮花堡遺跡［王増新：1964］、寬甸遺跡［許玉林：1980］、高麗寨遺跡［東亜考古学会：1929 57-61頁］をはじめとして、渭原龍淵洞遺跡［藤田：1934］、寧辺細竹里遺跡［金永祐：1964］などで発見された遺物をその例としてあげることができる。しかし、この遺跡のうち生活遺跡に属する場合には、おおかた時期幅があるので、報告者は戦国末〜漢の初めと推定するのが普通である。鍬として使用されたいくつかの形式の鋳造鉄斧（鉄钁）と、鉄鑿（鉄錘）、鉄鎬、鉄鋤、鉄鉋、鉄包丁、鉄鎌などの工具と、鉄矛、鉄刀などの武器が出土する。もちろ

ん、燕国の鉄器文化が清川江以北まで拡散する歴史的な契機が、燕国総帥秦開の古朝鮮経略だと考えて、第1段階の上限年代を紀元前3世紀初頃とみることで、以後の鉄器文化の編年や流れを無理なく理解することができるであろう。

朝鮮半島東北部の戊山虎谷遺跡と会寧五洞遺跡など、集落遺跡で確認される鉄製遺物の年代を紀元前7世紀にまで引き上げる見解［黄基徳：1993a　李柄善：1967］もあって、燕国の鉄器文化とは系譜を異にするとしてシベリア沿海州の鉄器文化と関連づけ、年代の上限を引き上げる見解［金貞培：1977］もある。しかし、鉄器の形式が遼東の戦国系鉄器と異ならないだけでなく、最近の黒龍江流域の出現期鉄器に関する年代測定資料［譚英杰・越虹光：1993］と比較しても成立しがたい主張であるようだ。

ここであげた遺跡から出土した鉄包丁あるいは鋳造鉄斧は第1段階と類似するかもしれないが、鍛造鉄器の形式をみると、むしろこの鉄器遺物複合体は、在地の鉄器生産システムが成立する第2段階以後とみなくてはならないようだ。

朝鮮半島西北部と咸興では土壙墓、土壙石槨墓から細形銅剣とともに鉄器が出土する。咸興梨花洞の土壙墓［朴晋煜：1974］、鳳山松山里ソルメ谷の土壙石槨墓［黄基徳：1963］、白川石山里土壙墓［黄基徳：1974］などからは鋳造鉄斧が1点ずつ出土した。北朝鮮の学者たちはこの地域で細形銅剣が出土した土壙墓のはじまりを、紀元前5世紀まで引き上げてみているものの、細形銅剣‐鋳造鉄斧‐土壙墓の遺物複合体は遼東でも紀元前3世紀以前に遡らせることはむずかしい。

最後に朝鮮半島西南部地方の忠清・全羅地域の初期鉄器時代は、北部よりも相対的に遅い時期からはじまるのではないかと考えられる。正式に発掘調査がなされて確実な遺構の性格が明らかになったわけではないが、土壙墓あるいは土壙木棺墓系統の遺構から細形銅剣とともに鉄器が出土している。主に鋳造鉄斧と鉄鑿が共伴し、その基本形は朝鮮半島北部で発見される農工具の形態にしたがっている。この地域に鉄器が流入しはじめるのは、細形銅剣文化が完全に成熟した段階に到達するときからだと推測される。唐津素素里［李健茂：1991］、扶余合松里［李健茂：1990］、長水南陽里［池健吉：1990］など、細形銅剣‐細文鏡と共伴する鉄器類は、北部の土壙墓と比べて鉄鑿が加わる点が異なり、清川江以北のように石包丁が鉄器化されないという点に違いがある。現在までの資料では、この地域の鉄器使用開始時期は、北部と比べ若干遅れた時期となる紀元前2世紀末頃からだと考えるのが安全なようであり、西北部の木槨墓と関

連した鉄器文化が波及する紀元前1世紀初が下限であるようだ。

② 第2段階（紀元前1世紀～紀元後1世紀）

　鉄製農工具の他に、鉄製武器をそれ自身で生産する段階である。遼東と楽浪などの中原文明の拠点だけでなく、朝鮮半島の諸地域をはじめとする周辺地域でも鉄器が製作される段階とすることができる。弁辰韓をはじめとする諸地域で、主に墳墓からの出土品として鉄器遺物複合体は確認されるが、生活遺跡で発見される鉄器もある。第2段階にあたる諸地域の鉄器遺物群を検討してみると、鉄製農工具のみならず鉄製武器の諸形式が整備されてゆくことがわかる。

　武器の場合、既存の銅剣・銅矛・銅戈に代わって鉄剣・鉄矛・鉄戈が製作されて、しだいに各鉄器の装飾性や機能性が追加され細分されていく過程をみることができる。農工具の代表である鉄斧の場合、鋳造鉄斧・鍛造鉄斧・板状鉄斧・小型鍛造鉄斧などに細分される。刀剣類においては鉄剣・小型環頭刀・長剣などに分化する。また、この時期になると新たに鉄製馬具が登場して、鉄包丁が姿を消す代わりに鉄鎌の使用が普遍化する。

　この時期に朝鮮半島のなかでは三つの地域に分かれて鉄器文化が展開し、吉林省と鴨緑江中流にも独自の鉄器文化の展開が予想される。まず朝鮮半島西北部では、おおむね木槨墓が築造されていた時期にあたるが、平壌市貞柏洞［朝鮮社会科学院：1978］、大安市台城里［朝鮮考古民俗研究所：1959b 11-69頁］〈平安南道〉、殷栗郡雲城里［李淳鎮：1974］、載寧郡富徳里［李淳鎮：1963］、安岳郡伏獅里［田疇農：1963］〈以上、黄海南道〉、銀坡郡葛峴里［朝鮮考古民俗研究所：1958, 1959a 30-35頁］〈黄海北道〉などの遺跡と、永興郡所羅里遺跡［朴晋煜：1974 170-173頁］〈咸鏡南道〉などで発見された。大同郡上里［梅原・藤田：1947 34-35頁］〈平安南道〉、黄洲郡黒橋里［梅原・藤田：1947 30-32頁］〈黄海北道〉などの出土遺物もこの段階にあたる。この地域の木槨墓では、細形銅剣が依然として出土するが、細文鏡がみられず、小型灰色丸胴壺と植木鉢形土器など容器類とともに車馬具と銅鏃などが共伴する。この段階の早い時期には細形銅剣をはじめとする青銅製武器が出土する一方で、あとになると鉄製農工具が多数副葬されて、鉄製長剣も出現する。

　豆満江流域では、戊山虎谷遺跡と会寧五洞遺跡など集落遺跡から確認される。ほぼ第1段階にあたる清川江以北の鉄製農工具組合せの伝統を保ちつつ、楽浪設置以後の鉄器製作技術がさらに多く生産し普及させた鉄器だったのではない

かと思う。鋳造と鍛造の鉄斧、鉄鎌、鉄包丁、鉄錐、釣針など5～6種類ほどの鉄製農工具が発見されて、鉄製武器がみられなくなったことは、この地域で墳墓遺跡が調査されていないためだとみられる。

嶺南地方を中心にする朝鮮半島南部では、細形銅剣の最後の段階と理解される。土壙木棺墓という墓制と、形式的に遅れた細形銅剣をはじめとする青銅製武器とともに、鉄製武器と農工具が出土するのだが、しだいに鉄製品の比率が高くなる。特にこの時期には漢鏡をはじめとする漢式の遺物が共伴することもあり、馬具も出土する。ただし、朝鮮半島西北部で多く出土する車馬具が、この地域ではきわめて限られている点に違いがある。この時期にあたる遺跡として、昌原茶戸里［李健茂ほか：1989，1991，1993］、金海良洞里［韓国文化財研：1989］、慶州入室里［小泉・梅原・藤田：1925 30-74頁］・同九政洞［金元龍：1952］・同朝陽洞［崔鍾圭：1983a］、大邱坪里洞［尹容鎮：1981a］などの土壙木棺墓の築かれた遺跡が代表的であろうが、三千浦勒島［釜山大学校博物館：1989］、光州新昌里［金元龍：1964　趙現鍾・張斉根：1992］、釜山福泉洞莱城遺跡［宋桂鉉・河仁秀：1990 38-45頁］のように生活遺跡でも鉄器が出土した事実が報告されており、特に新昌里遺跡と勒島遺跡は墳墓群を伴っていることに重要な意味があると考える。嶺南地方において第2段階の上限を第1段階の下限と一致させて、青銅製武器の完全な消滅と鉄製品への置き換えを下限に定めるならば、それは紀元後1世紀の中葉ほどにおくことができるようだ。

漢江流域のいわゆる中島式土器文化は、この第2段階の鉄器文化の時期から始まったものとみられるが、鉄器を伴出する遺構として、この段階に帰属するということができるほどのものはいまだ確かでない状況である。特に漢江流域でこの時期に属する墳墓遺跡はまったく発見されておらず、いくつかの集落遺跡の時期的位置づけについては、研究者によって大幅に異なる年代観が提示［安徳任：1987　朴淳発：1989　李弘鍾：1991　李相吉：1992］[2]されている。結局、紀元後1世紀以前にあたる初期鉄器時代の、漢江流域の鉄器の様相は、現段階では限りなく不透明な状態だといってもよい［朴淳発：1993］。

③ **第3段階（2世紀以後）**

北朝鮮の考古学界では、朝鮮半島西北部で同穴合葬木槨墳が出現する時点を、貞柏洞2号墳（高常賢墓）［朝鮮社会科学院考古民俗研：1983］を嚆矢として、紀元を前後する時期ととらえている［黄基徳・朴晋煜・鄭燦永：1971 75-80頁］。楽

浪で墓制の変遷が木槨墓から木槨墳へ一律に変化したと推定する図式的な理解は、受け入れがたい主張だと思う。重要なことは、この同穴合葬木槨墳から多量の漢式遺物がみつかったという事実であるが、時期的な違いよりも輸入された漢代の遺物を多量に副葬する被葬者の帰属を問題としなければならないようだ。漢式遺物がすべて輸入されたものではないのなら、漢代の生産システムが楽浪に受容された可能性も考えてみないわけにはいかない。そうならば、その生産システムに朝鮮半島南部のような周辺地域でも影響を受けた可能性もあるだろう。

　第3段階は、北朝鮮側では漢代の遺物が直接流入したケースが増えて、土着の鉄器文化も、漢代の発達した鉄器文化を限定的ではあるが、受容展開させてゆく時期として理解できるだろう。

　漢江流域でも独自の鉄器製作が発展するが、数例にしかならないものの、鉄製農工具が集落遺跡で確認される。嶺南地方では青銅製武器類が完全に消滅し、鉄製武器と農工具を中心に独自の鉄器文化が定着する段階である。朝鮮半島西北部に比べ、墳墓に複数の鉄剣、鉄矛、鉄鏃類を副葬するようになり、時間の経過とともに大型墓に埋納される鉄製武器と鉄素材は増加する。この第3段階初期でも、依然として土壙木棺墓が墓制の主流をなすが、楽浪の木槨墓の影響と、それを在地が模倣することにより、土壙木槨墓へ発展するようになる。

　朝鮮半島西北部では、紀元1世紀以後にあたる貞栢洞、貞梧洞、石巌里などの土壙木槨墓（単葬）と、木槨墳（同穴合葬木槨墳）から出土した遺物が、この時期に属するだろう。武器としての鉄製長剣と戟、環頭大刀、素環頭大刀、鉄矛類などが、多様に副葬される一方、鉄製短剣はほぼ消滅する。農工具としての鋳造鉄斧の存在を確認することがむずかしく、鍛造鉄斧が大・小一対ずつ副葬される例が多く、刀子と鑿、鉄鎌などが出土する。

　漢江流域では、1世紀以降3世紀までにあたる墳墓遺跡は、ほとんど発見されたことがない。その代わりに漢江流域では何ヶ所か集落遺跡が発見される。絶対年代を決定するには若干の問題点があるが、この第3段階に属する遺跡がほとんどだろう。このうち鉄器が出土する遺跡としては、楊平郡大心里遺跡［韓国国立文化財管理局：1974 173-282頁］、春川中島遺跡［李健茂ほか：1980　池健吉・韓永熙：1982］、中原郡荷川里F地区遺跡［尹容鎮：1984］、加平郡梨谷里遺跡［崔茂蔵：1979］と、馬場里遺跡、渼沙里遺跡などがある。

　このうち、梨谷里遺跡と馬場里遺跡は冶鉄遺跡として紹介されているが、遺

構については詳しいことはわからない状況である。この遺跡から出土した鉄器のうちで初期鉄器時代の延長線上に位置するような資料は大心里遺跡と荷川里F地区遺跡出土品であり、中島遺跡の鑿頭式鉄鏃と梨谷里遺跡の三角鉄鏃、両翼形鉄鏃などは、年代を引き上げるのはむずかしい。

嶺南地方で細形銅剣が消滅して鉄製武器と農工具に代わる時期は、楽浪よりはやや遅れ、1世紀中葉以後とみられる [李清圭：1982]。嶺南地方では、この時期にあたる遺跡はほぼ大部分が墳墓遺跡である。もちろん、貝塚にもこの時期にあたる文化層が多いだろうと想定されるが、出土した鉄器遺物と関連させて論議することは困難な点があり、省略することにする。この時期にあたる鉄製武器類としては、鉄剣、素環頭大刀、鉄矛、無茎鉄鏃などがあり、農工具として多様な鋳造・鍛造鉄斧、鉄鑿、タビ、熊手鍬などがある。楽浪の鉄器の影響を排除できないが、第2段階までに受容した鉄器製作技術を基盤として、独自に発展してきた過程がよりいっそう明瞭である。楽浪に多い鉄製長剣の存在が知られず、細形銅剣の形態を継承した鉄剣類が大きく発展したという定義とか [李清圭：1989][3]、鉄矛類がしだいに細長化した板状鉄矛の形態へ発展したという点において、楽浪の鉄器文化とは異なる方向へと発展していったことがわかる。

（2）弁辰韓地域の鉄器の特徴

朝鮮半島南部で最初に発見された鉄器は、戦国時代末期に中原文明の拠点から流入した鋳造鉄斧と鉄鑿だということができるが、その根源地は遼東と鴨緑江中流域で、この時期を鉄器使用の第1段階として設定することができる。この第1段階に鉄生産‐鉄器製作技術が流入した可能性は低い。しかし、第2段階では鋳造と鍛造のふたつの技術による鉄器がともにみられ、大部分が独自形式の鉄器である点から、鉄器製作はもちろんのこと、鉄生産自体も行っていた可能性が予測される。そして第2段階では、弁辰韓地域でも鉄生産‐鉄器製作技術を受容して、生産システムが組織化されていたことがわかる。

弁辰韓地域で紀元前後の時期にあらわれた鉄器の形式は、茶戸里遺跡の副葬品に代表される。これは紀元前1世紀代に朝鮮半島西北部の木槨墓で発見されたものと、ほぼ類似する形式が多いということができる。もちろん、朝鮮半島南部の鋳造鉄斧、板状鉄斧[4]、鉄製タビは朝鮮半島西北部では発見例がほとんどないので、弁辰韓の独自性としてみることができるが、大小一対で埋納さ

れる鋳造鉄斧、鉄剣、戦国系の鉄矛、銅矛系鉄矛、鋳造鉄斧模倣系鍛造鉄斧などは、朝鮮半島西北部との関連性を排除しては、朝鮮半島南部でその出現の経緯を説明することは困難である［李南珪：1993］。

　まず、鉄製農工具の形式でみたとき、楽浪の鉄器類は、戦国系鋳造鉄器類から脱却して新たな形式へと発展している。楽浪の周辺地域だと考えられる茂山虎谷遺跡の鉄製農工具には鋳造鉄斧と鉄鎌がみられるが、戦国系と推測される鋳造鉄斧と鉄包丁が共存している。もちろんたがいに時期的に異なる遺物がいっしょになったとも考えられるが、鉄器生産の周辺地域のあり方として理解することは、とりあえず正しくないと思っている。戦国時代晩期に中国中原文明の拠点から周辺地域に鉄器が普及するにあたって、きわめて限定された種類の鋳造鉄器（鉄钁とされる鋳造鉄鍬、鉄鑿、鉄鎌など）のみが流入する。しかし、このつぎの段階、すなわち製鉄あるいは鉄器製作技術が拡散する段階については、ほとんどはっきりしないままである。おおむね遼寧省西豊県西岔溝遺跡と、吉林省楡樹県老河深遺跡のような例が第２段階に該当するであろうと推測されるが、報告資料が疎略で、詳しい内容を知ることがむずかしい状況である。楡樹県老河深遺跡の鉄製農工具の形式は、漢代のそれと類似性をみせるようだ。

　燕末〜秦初の時期に遼北、吉林、そして朝鮮半島西北部には、どのようなかたちであれ、製鉄‐鉄器製作の生産システムが形成されていたと考えられる。紀元前１世紀代のどの時点で朝鮮半島南部でも鉄生産がはじめられたかを考えると、それは遼東地方あるいは朝鮮半島西北部の、製鉄工人またはその生産システムが流入したとみることは当然である。しかし起源となるところの状況が、未だ明らかでない状態であるので、詳しいことはわからない。ただし、朝鮮半島西北部の木槨墓から発見された紀元前１世紀代の鉄器資料とは比較が可能なので、この地域からの生産システムの流入を推測することとする。

　楽浪の墳墓には、漢代の鉄器が流入し埋納されていた。楽浪に流入した漢代の鉄器は日用品に属する鉄製農工具もあったが、大部分が長剣、環頭大刀、装飾大刀、戟という高級武器類である。もちろん、漢から流入したと推測される遺物が、朝鮮半島西北部における在地の鉄器生産に影響をあたえざるをえないので、こういった遺物が楽浪それ自体で製作された可能性も完全に排除することはできないようだ。しかし、楽浪の在地で生産された鉄器と中原の漢代の鉄器とは、一定の違いがある。とりわけ、中原の鞏県鉄生溝、洛陽焼溝漢墓、河北省満城漢墓などから発見された漢代の鉄製農工具を楽浪の鉄器と比べてみる

と、その相違点を指摘することはむずかしくない。これと同じく楽浪鉄器の地域性の起源は、陶器の在地的な性格とともに戦国時代にさかのぼる［西谷：1966　李盛周：1997　高久：1997］。

鉄製武器においても、楽浪の早い時期の木槨墓から出土した鉄剣は、漢代の鉄剣の系統ではなく細形銅剣が鉄器化したものだということができる。長剣や環頭大刀とは別に、さらに下位の階層の墳墓に埋納された鉄矛の場合も、やはり既存の銅矛を模倣した製品ではなく、渭原龍淵洞遺跡出土鉄矛のような戦国系鉄矛の後続形式であって、漢代の鉄矛の系統だとは考えがたい。つまり、朝鮮半島西北部の鉄器は、早い時期ほど、そして下位階層の遺物あるいは日用品になるほど、漢の系統ではなく戦国系鉄器の形式を備えているとみなして構わないようだ［高久：1992a］。

戦国時代の晩期、遼東にまで中原文明の拠点が拡大するにしたがい、遼北～吉林～朝鮮半島西北部など、拠点により近い周辺地域には製鉄‐鉄器製作技術が受容されて、生産システムもある程度のレベルにまで組織化されていたようだ。そしてこうした諸地域では、戦国系技術と生産システムを受け入れて、独自に変容させて発展させていったのではないだろうか。ところで、前漢中期には朝鮮半島西北部まで辺郡が設置されたのであり、製鉄技術と鉄器生産システムは、朝鮮半島南部まで受容された。この過程をおおよそ理解するためには、諸地域で鉄器生産システムと製鉄技術を受容するようになる特殊な歴史的文脈について、考慮すべき必要がある。

たとえば農業経営の方式や農耕環境の状況が異なる場合、鉄製農工具は別の仕方で展開するのであろう。頻繁に戦争状態になった地域と、社会的な葛藤を武力で解決する必要がない地域では、鉄製武器の形態とその展開過程が異なることは、充分に予想される。文明の拠点の周辺地域として、遼北～吉林の北方地域と朝鮮半島南部の鉄製武器類が独自に生産された過程および発展の様相はよい対比をなしている［村上：1994b］。鉄剣を独自に製作する経緯において、北方地域の場合は、在来の銅剣の柄と把頭が中原鉄製長剣の形式と結びついて実用的な鉄製長剣としての銅柄鉄剣が登場した。それに比べ朝鮮半島南部の木柄鉄剣と銅柄鉄剣は、在来の銅剣を鉄器化したもので、実用性が疑わしいのである。

北方地域で最初に製作された銅柄鉄剣は、西豊県西岔溝から出土した前漢代と推測される遺物であり［孫守道：1960］、この地域の細形銅剣柄の特徴であっ

44　Ⅱ　政治体の起源

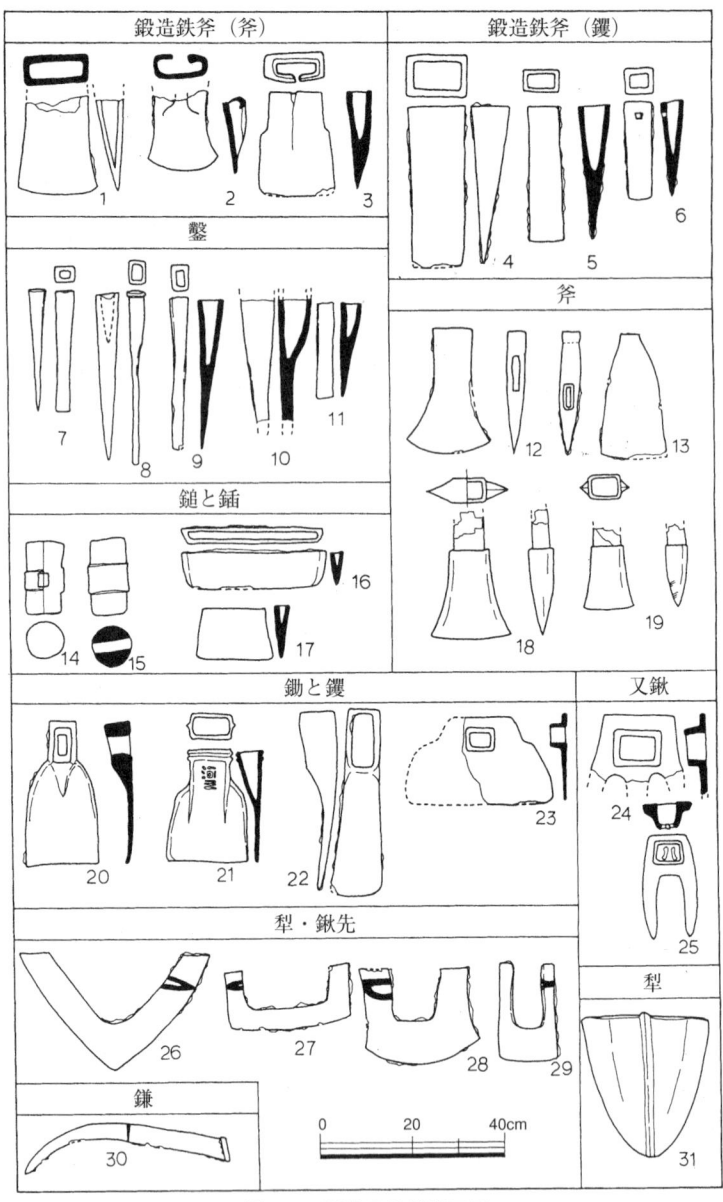

図 2-1　漢代の鉄製農工具

1・2・4・6・14・16・20〜23・25・29 鞏県鉄生溝，8・9 満城漢墓，
10・11・17 朝陽袁台子城址，12・13・24・26・27 洛陽焼溝漢墓，5・7・15 河北定県

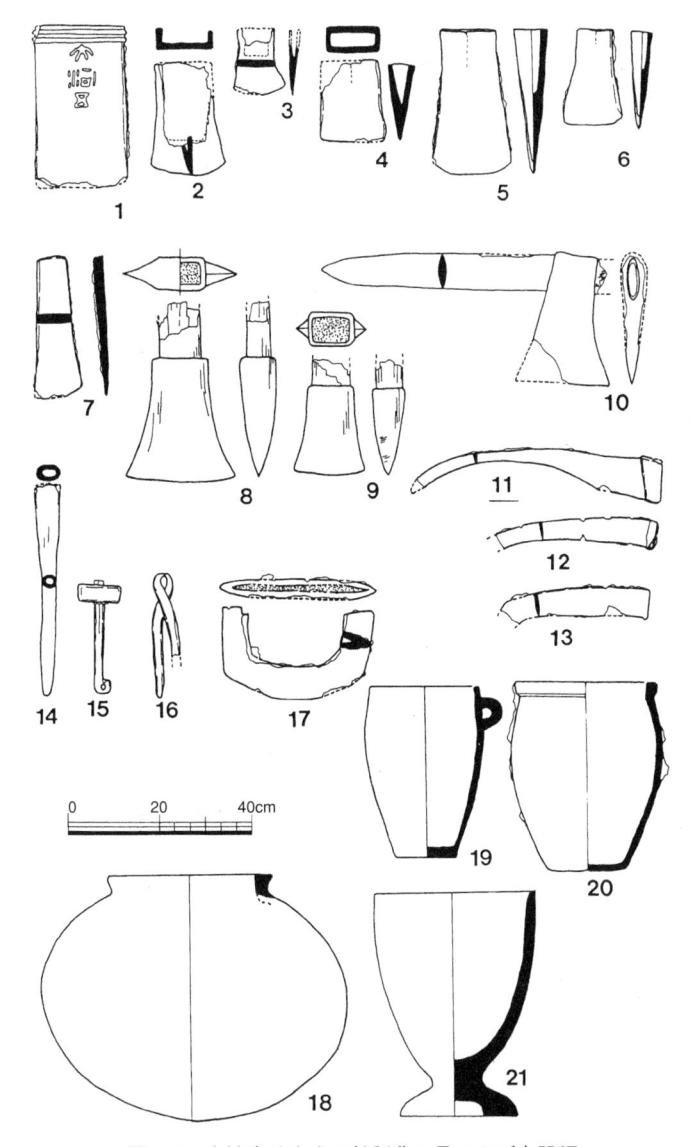

図 2-2　楽浪古墳出土の鉄製農工具および容器類
　1 平壌趙王部落，2・3 上里，4 北四里2号，5・6・13 台城里10号，
　7 葛峴里，8・9・10 石巖里9号，11 雲城里3号，12 台城里9号，
14 貞柏洞84号，15・16 貞柏洞62号，17 雲城里2号，18・21 貞柏洞8号，
19 台城里11号，20 石巖里219号

46　Ⅱ　政治体の起源

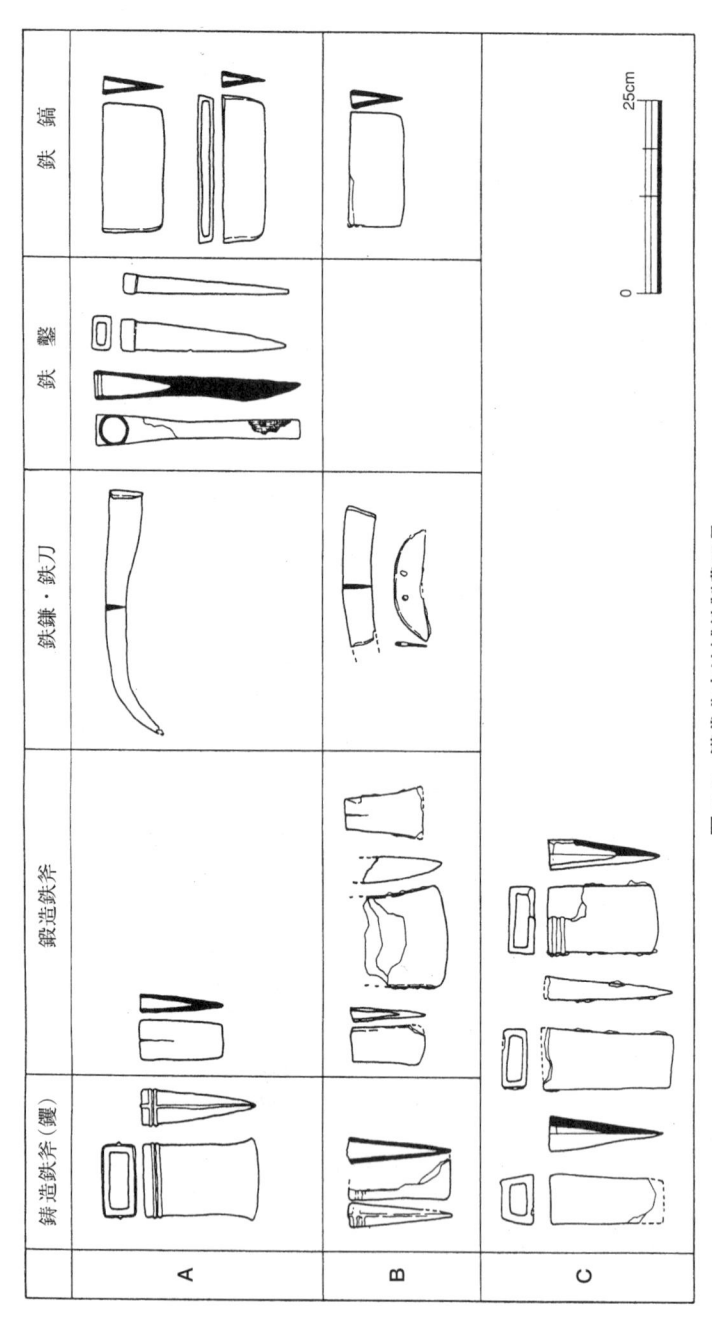

図 2-3　漢代北方地域鉄製農工具
A 吉林楡樹老河深，B 豆満江流域茂山虎谷遺跡，C 永興所羅里土城址

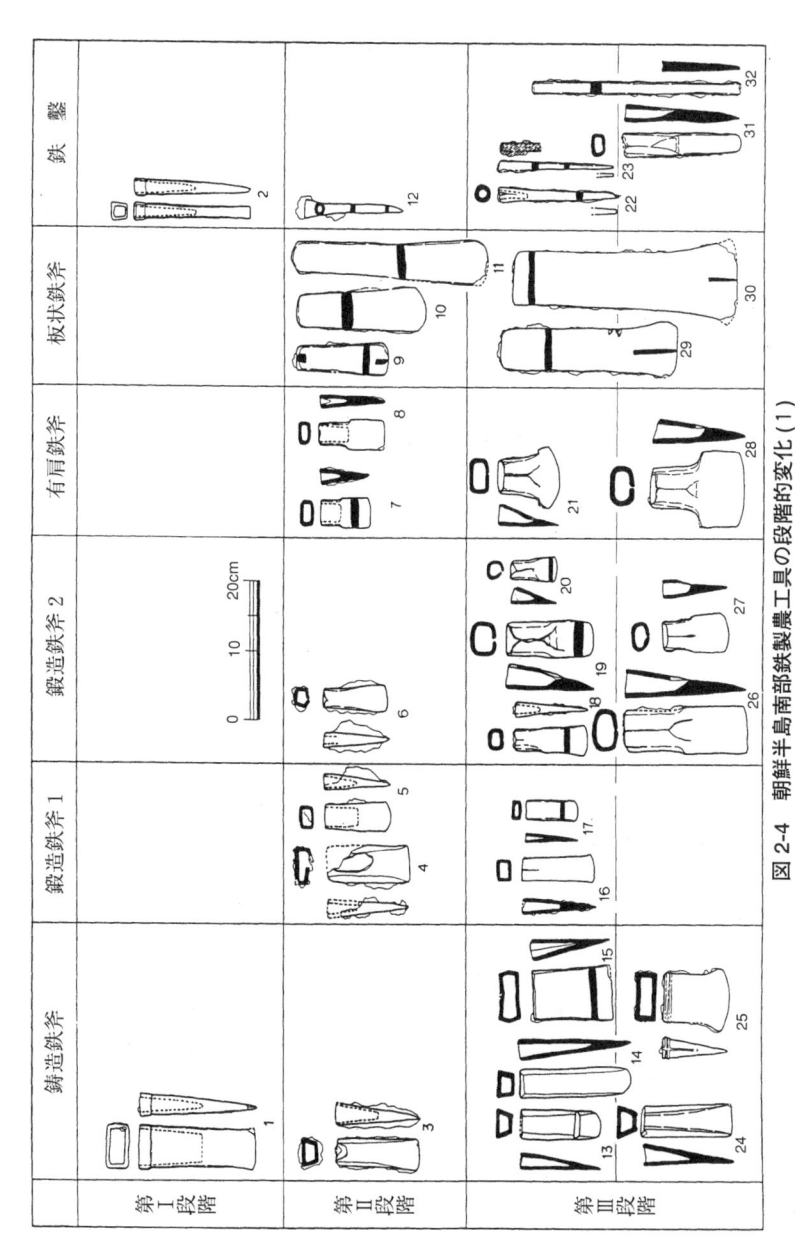

図2-4 朝鮮半島南部鉄製農工具の段階的変化（1）

1・2 扶餘合松里、3・4・6 茶戸里32号、5・8 茶戸里42号、7 茶戸里35号、9～11 茶戸里40号、12 茶戸里29号、13・17・19 八達洞9号、14 荷川里F地区、15・16・18 良洞里2号、20・21 八達洞11号、22・23 龍潭洞古墳、24 老圃洞33号、25 苧浦里40号、26～29・31・32 大成洞29号、30 大坪里探集

48　Ⅱ　政治体の起源

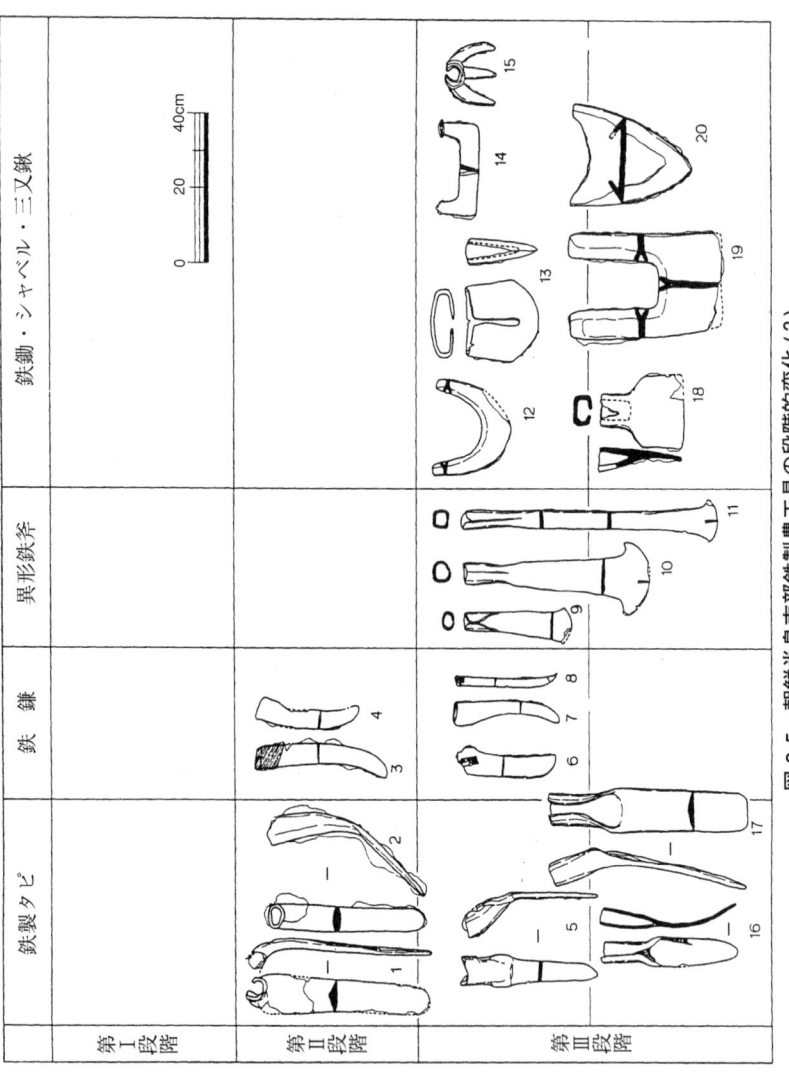

図2-5　朝鮮半島南部鉄製農工具の段階的変化（2）

1 茶戸里23号, 2 茶戸里31号, 3 茶戸里32号, 4 茶戸里43号, 5 良洞里9号, 6 良洞里2号, 7・16 八達洞9号, 8 良洞里4号, 9 良洞里14号, 10 良洞里8号, 11 荷川里2号, 12 荷川里F地区, 13 郡谷里貝塚, 14・15 石村洞葺石封土墳, 17 大坪里採集, 18・19 夢村土城, 20 九宜洞

た触角式柄に、長剣の形式を合わせたものである。こういった長剣が製作されることは、さらに別の柄の形式にみられるように、河北省燕下都から発見された鉄製長剣と桃氏剣の系統を組み合わせて模倣した結果ではないかと思う。

北方地域における、西岔溝遺跡のつぎの段階と推定される鉄製長剣の様相は、楡樹県老河深遺跡［吉林省文物考古研：1987］に求めることができる。老河深遺跡では触角式銅柄が消滅してみられないだけでなく、漢代鉄剣の影響を受けているようだ。つまり、長剣と短剣の分化とともに在来の銅柄鉄剣以外にも柄まで鉄製化する現象が認められる［林孝沢：1993］のである。北方地域の場合、鉄製武器の製作は最初の段階から実用性が強くて、漢代の発達した武器体制を早くから受容して発展させていったものとみることができるであろう。

朝鮮半島南部の鉄製武器類の出現‐展開過程は、北方地域と対照をなしている。鉄製武器製作の段階は在来の銅剣を鉄器化したにもかかわらず、実用的な武器としての効果はおちるほかはない。良洞里55号（東義大調査）から出土した銅柄鉄剣の年代を2世紀前半に位置づけて、それを、儀器的性格をもつものとして規定した見解［林孝沢：1993a］を参考にすれば、遅くとも第3段階の初めまでは、朝鮮半島南部の鉄剣が実用的な武器だとみることはむずかしい。弁辰韓の刀剣類においては、3世紀初めに登場する環頭大刀［林孝沢：1993a］から実用武器としての価値を認めることができるであろう。

朝鮮半島南部で、三韓時代の重要な武器体制は、鉄剣‐鉄矛‐鉄鏃が中心となり、3世紀代に入り環頭大刀が加わる。このうちもっとも多様な形式をみせて、そのうえ多量に製作され副葬された武器は、歩兵戦用の鉄矛[5]ではないだろうか。鉄剣の製作自体が、実用武器としての効果が疑わしく、鉄鏃の形式も、3世紀中葉頃になり、比較的鋭利な有茎鏃があらわれるまでは、殺傷効果を大きく期待することができなかった無茎式柳葉形鉄鏃しか製作されなかった。これに比べ、鉄矛の発達は実戦でもっとも比重が高い武器として考えざるをえない。

北方地域と朝鮮半島南部は、最初の鉄矛の形式とその展開過程においても対比すべき様相をみせる。ただし、北方地域の鉄矛や朝鮮半島南部で最初の鉄矛が出現するきっかけは、類似するようだ。西豊県西岔溝遺跡から出土した鉄矛類は、戦国時代晩期にこの地域で分配されたものとみられる鉄矛類を模倣して、自ら製作したものと信じられる。すなわち燕下都44号、22号の鉄矛類に由来する渭原龍淵洞出土品のようなものが、直接的なモデルとなったのであろう［石

図 2-6　楽浪古墳出土の鉄製武器

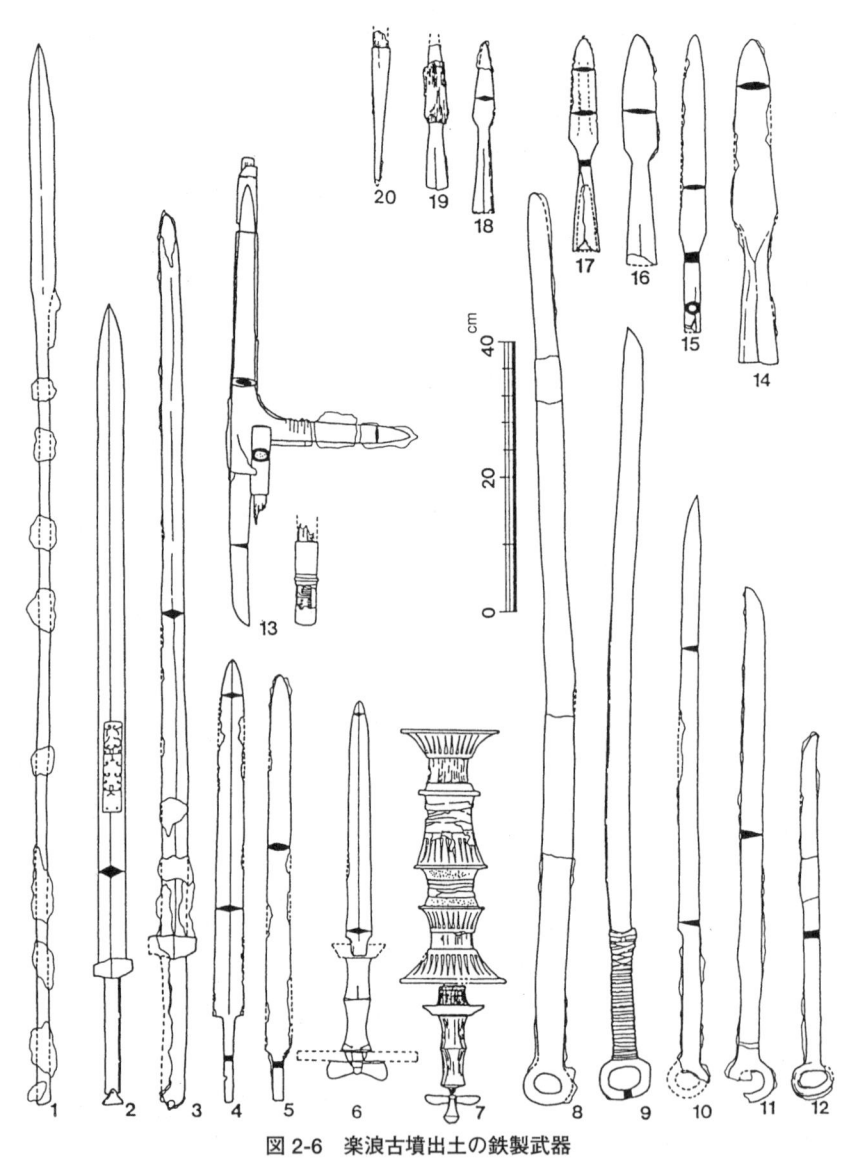

1 台城里13号，2・9・13 石巌里9号，3 雲城里カメマル1号，4・17 上里，5・15 葛峴里，
6・7 伝平壌付近出土，8 貞柏洞67号，9 道済里50号，10 伏獅里マンアム洞2号，
11 貞柏洞62号，12・14 貞柏洞81号，16 貞柏洞84号，18 台城里15号，19・20 台城里10号

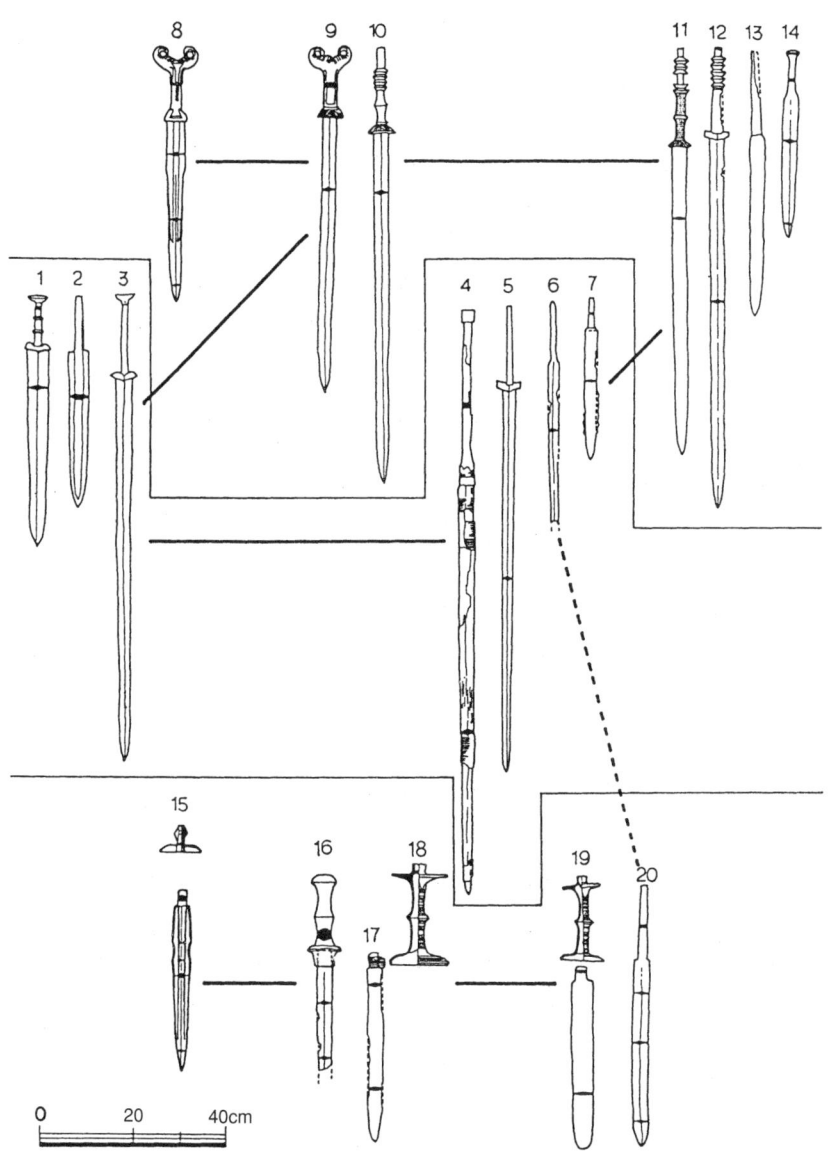

図 2-7　北方地域と朝鮮半島南部鉄製武器の展開過程の対比(1)
（鉄剣の場合。1・2・8・15 は銅剣，残りは鉄剣）

1・2・3 燕下都44号，4 広州漢墓，5・6・7 満城1号漢墓，8 悟拉家遺跡，
9・10 西岔溝遺跡，11・12・13・14 楡樹老河深中層，15 扶余合松里，16 茶戸里1号
17 茶戸里18号，18 良洞里20号，19 良洞里52号，20 良洞里4号

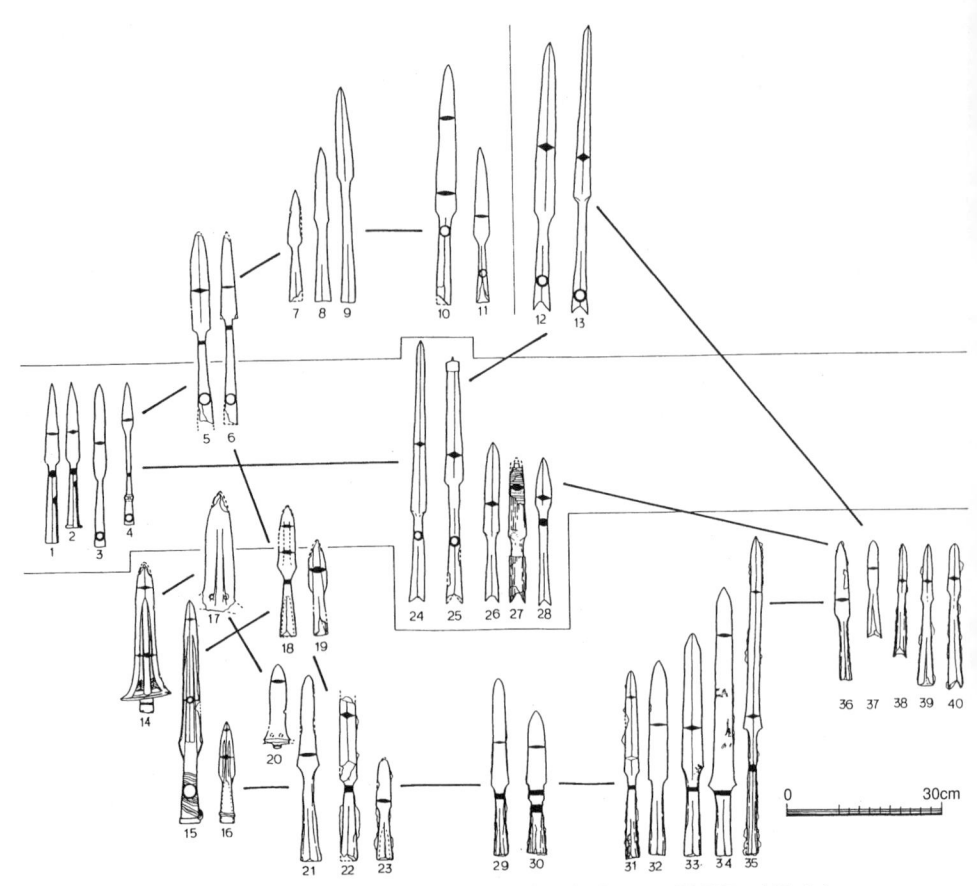

図 2-8　北方地域と朝鮮半島南部鉄製武器の展開過程の対比(2)
(鉄矛類の場合)

1・2 燕下都21号遺址，3・4 燕下都44号墓，5・6 龍淵洞，7～9 西豊県西岔溝，
10～13 楡樹老河深中層，14・15 九政洞，16 黒橋里，17 細竹里，18 上里，19 所羅里，
20 茶戸里1号，21 茶戸里30号，22 茶戸里18号，23 茶戸里36号，24・26 資興漢墓，
25 洛陽焼溝漢墓，27・28 広州漢墓，29・30 良洞里7号，31・35 老圃洞21号，
32 八達洞7号，33 八達洞2号，34 八達洞9号，36 礼安里112号，37 礼安里74号，
38 礼安里79号，39 礼安里150号，40 礼安里110号

永士：1982　河北文管所：1975　河北文物研：1993］。つぎの段階の北方地域の鉄矛類は、楡樹県老河深遺跡出土品のようなものだとみなしたいが、ほぼ前漢代と推測される鉄矛類には在来の戦国系鉄矛もあるものの、両漢代の発達した鉄矛の形態を早くから受け継いでいる。

　これに比べ朝鮮半島南部の鉄矛類の系譜については、比較的複雑な推測がなされた。まず戦国系鉄矛の影響、二つ目に朝鮮半島南部にこの時期まで残っていた銅矛の二つの形式が鉄器化された可能性、そして三つ目に平安南道の大同郡上里〈咸鏡南道〉、永興郡所羅里土城出土品のような短い銅矛系鉄矛の影響などを考えてみることができた。ところで、三つ目の製作の経緯は、相互間の年代差がない点から影響関係を考える可能性は相対的に低いようだ。特に袋部と矛身の間を断面長方形に作る方式は、鉄矛の要素だとすることができるので、銅矛を鉄器化したとしても戦国系鉄矛の影響を排除できない。

　さて、興味深い点は、第2段階以後の弁辰韓鉄矛の展開過程である。第2段階に完成した鉄矛の形式は、北方地域のように、より効果的な形態の武器として発展したり、漢代鉄矛の形式を受容したりしたものではなく徹底して在地的な発展を示し、3世紀前半頃になると極度に細長化して蕨手形装飾が付くなど、儀器化されてゆく傾向がある。結局こういった傾向は3世紀末頃、漢代鉄矛または北方系鉄矛の登場とともに発達した実用鉄矛としだいに置き換わってゆく過程のなかで消滅するが、三韓段階には鉄矛の発達が実用武器化の傾向のみではないという推測を可能にさせている。

　第2段階からの、鉄の弁辰韓それ自身での生産を立証するには、この段階のはじめまで年代の上がる製鉄炉の存在が確認されなければならない。しかし、鋳造鉄器と鍛造鉄器がともに生産されていた点、そしてこの鉄器の形式が独自のものだという点から、独自の鉄生産までも推測させるのである。もちろん西北韓の初期木槨墓出土品と比較される形式も多い。武器類のなかで細形銅剣を鉄器化した鉄剣、それに銅矛系鉄矛などがそうであり、鋳造鉄斧形鍛造鉄斧大小のセット、長方形鍛造鉄斧大小のセットなどがそうである。しかしながら、弁辰韓の初期鉄器として在地にあらわれたと認められる鉄器は、農工具に顕著にあらわれている。これは、在来の石あるいは木でできた農工具を鉄器化したものとすることができる。

　こうした点を考慮すると、朝鮮半島で最初の段階の農工具鉄器化は、在地的な農耕、農業経営方式、手工業を変革させる役割を担ったものではなく、それ

により作業効率を高める役割を果たしたものと考えられる。よく、三韓社会のはじまりは、北方からの住民が大挙移住して、社会全般に技術革新が達成され、連鎖的に諸般の生産技術の発展をなした段階として考えられてきた。しかし製鉄‐鉄器製作工人の流入により鉄器製作が始まったものと認定できるが、鉄器の形式自体の流入というよりは、在地的な形式の木・石でできた農工具に対する鉄器化の比重が高いのではないかと、私は考えている。とりわけ第2段階では鉄製農具より鉄製工具が多様化するので、伐採、木材加工作業を通じて木製の道具が多く使用されていたとみられる。木製農具の先端部分を鉄器化したシャベル、鋤、熊手鍬などは、第3段階初めからひとつずつ登場している。このような鉄器類は楽浪の鉄製農具を模倣して製作したものと思われる。1～3世紀のほぼ全期間、漢代の鉄製農工具の影響は、きわめて限定的である。少なくとも朝鮮半島南部で、漢代の発達した鉄製農工具が登場するのは4世紀以降ではないかと考えている。

　中国中原文明の拠点が遼東と朝鮮半島西北部に拡大設置されると、中原の鉄器生産システムがそこに移植された。以後、この地域は中原の発達した鉄器生産技術の影響を一部受けることもあるが、独自に展開してゆく様相がみられるようだ。この受容過程は、諸地域の歴史的‐環境的文脈にしたがって選択的な受容過程を経るのだが、弁辰韓も同様である。辰韓、弁韓は、遼東と朝鮮半島西北部を経て入ってきた鉄器製作の伝統を受容して、在地の生産道具を鉄器化したようだ。武器類において戦国系鉄矛類の影響もみられるが在地の銅剣と銅矛を鉄器化したようだ。漢代の高級鉄製武器類が流入する楽浪や、漢代鉄器類の影響を早くに受ける遼北～吉林とも、これは別の様相である。辰韓、弁韓はこのような初期段階の鉄器製作を経ながら、外部の影響をあまり受けずに、自ら鉄器の生産を展開させたようだ。3世紀頃の蔚山中山里［李盛周：1992b］と下垈遺跡［金栄珉：1994］の首長墓では、実用鉄製武器は1～2点が副葬されるのみで、多量に埋納される鉄器は、装飾性が強い儀器的な武器類である。農工具の遅れた発展、武器類にあらわれた非実用性、多量の鉄器副葬などが、この地域の鉄器生産の特徴である。

（3）鉄生産技術の復原

　これまで韓国・北朝鮮双方の学界において、初期鉄器時代と三韓時代にあたる遺跡出土の鉄製遺物を分析した事例は、それほど多くない。初期鉄器時代に

あたる遺物の分析は、主に北朝鮮の学界でなされてきた。茂山虎谷遺跡、寧辺細竹里遺跡の上層をはじめとして、雲城里、魯南里、豊清里、土城里、深貴里などから出土した遺物を北朝鮮の学界では分析した［チェ サンジュン：1966 黄基徳・キム ソプヨン：1983］ことがある。韓国の学界では、分析した鉄製遺物のなかで、慶州九政洞遺跡と光州新昌里遺跡などの出土品が初期鉄器段階にあたり［尹東錫・申璟煥：1982a］、ほとんどの分析資料が三国時代にあたる［尹東錫：1989　申璟煥1982］[6]。

北朝鮮の学界では、初期鉄器時代のはじまりを紀元前7世紀にまで引き上げてみている［黄基徳：1963a　リ ビョンソン：1967］。こうした年代は中国の初期鉄器時代のはじまりよりもかえって早いものであり、不確実な資料を根拠にした年代に基づくものであるので、もちろん受け入れることのむずかしいものである［李南珪：1992，1993a］。したがって、紀元前6世紀以前にあたる初期鉄器段階より塊錬鉄と銑鉄を同時に生産していたという北朝鮮の学界の主張は、資料上の証拠がほとんどない話である。北朝鮮の学界における鉄器の冶金学的分析によれば、遅くとも第2段階の鉄器使用時期からは、灰鋳鉄、可鍛鋳鉄など鋳鉄製品や鋳鉄脱炭鋼や焼鈍工程を経た鋼鉄が製作された事実を報告しているようだ。

金属学的な分析に基づき、朝鮮半島最初の鉄生産と鉄器製作技術の受容について李南圭教授は、初期鉄器時代から前漢代の発達した製鉄技術が楽浪を通じて流入したものであろうと、かつて説明したことがある。そして、はじめから鋳鉄と鋼鉄が同時に製作され、とりわけ鋼鉄は塊錬鉄を滲炭させて製作した漢代の百錬製品が主流であって、馬場里出土品のような銑鉄系脱炭鋼も一部で使用されただろうと推定した［李南圭：1982］。実際のところ、この研究で分析資料に用いた鉄製品の年代の問題によって、鉄器流入最初の段階の状況については、いまだに不透明な状態である。

韓国側で最初の鉄器生産段階に、どのような技術が、どのような過程で流入したのかという問題は、いまだにきちんと説明されておらず、楽浪の製鉄技術というものも、いまだによくわからないままである。実は、こうした疑問点が解明されてこそはじめて、鉄器の生産が農耕のような別の生産技術に与えた影響とか、本研究でふれようとする生産システムならびに社会における労働の組織化のような問題も、取り扱うことができると考える。

ここでは、現在までに行われた鉄器に対する金属学的分析と、それに基づく

生産工程の復原研究をもって、朝鮮半島南部の鉄器生産初期段階の生産システムについての推論の根拠にしたい。

ところで、最近に至るまで、韓国側では初期鉄器段階にあたる遺跡がごくまれであるばかりでなく、鉄器の出土例も多くない。そのなかで4点の遺物が分析されたことがあるのだが、その結果はつぎのようである［尹東錫・申璟煥：1982a］。

慶州九政洞遺跡出土の鋳造鉄斧と新昌里遺跡出土鉄片は、亜共晶白鋳鉄に該当する。介在物が多量に散在していて、pearlite‐cementite〈フェライトとセメンタイトの層状組織またはセメンタイトのみの組織〉状態である。そのうち九政洞の鉄斧の場合は、白鋳鉄で鋳造した後、刃部のみを高温で焼き鈍して炭素を黒鉛化したという点が注目される。

九政洞で出土した他の鉄鑿と板状鉄斧は、塊錬鉄〈不純物を除いた状態の鉄の塊〉を鍛錬して作ったものである。鉄鑿は完全な ferrite〈フェライト、強磁性の鉄酸化化合物〉組織であるが、製品の内部と外部の結晶粒度が異なっている。内部では粒度が大きいのに対して、表面は激しい反復鍛打により粒子が微細になって滲炭による pearlite 組織が形成されている。板状鉄斧は、ferrite‐pearlite 組織に、特に刃部が反復鍛打を受けて粒子が非常に微細化したことがわかる。

以上のような分析資料のほかに、後代に属する漢江流域の住居址出土品［李南圭：1982　尹東錫・申璟煥：1981］、南海岸貝塚遺跡出土品［申璟煥：1982　尹東錫・申璟煥：1982b］、土壙墓遺跡出土品［尹東錫・申璟煥：1982a］などが分析された。製鉄遺構が発見された馬場里遺跡［金元龍：1971］をはじめとした漢江流域の住居遺跡が、一時、紀元前1～2世紀まで年代がさかのぼるものと推定されたが、最近になってその時期的な位置づけが修正された。南海岸の貝塚遺跡の大部分は、長期間にわたって堆積したものであるので、出土遺物は層位によって三国時代までの広い時間幅をもちうる。土壙墓の出土品として分析された試料のほとんどはもちろん三韓段階に属するだろうが、一部の遺物は三国時代にまで下がるだろう。

三国時代にまで及ぶ鉄製遺物の科学的分析結果のうち、いくつか注目される事項としては、三韓段階でも、初期鉄器時代と同じように塊錬鉄を滲炭、反復鍛打するとか、銑鉄を脱炭させ必要な金属組織をもつ製品を生産したことはもちろんのこと、銑鉄を脱炭して鋼を製造したり、鋳造鉄器を製作したりするの

表2-1 鉄器の化学成分分析および顕微鏡調査結果

地域区分		遺跡名	種類	化学成分					顕微鏡調査結果
				C	Si	Mn	P	S	
鍛造	馬韓	中島	鉄鏃 (HD-3-1)	0.20	0.94	0.01	0.151	–	Ferrite 生地に Pearlite 残存。鍛錬作業後空気中で冷却した組織。(HMV 116.109)
		馬場里	鉄片 (HF-1-1)	0.92	0.23	0.94	–	0.019	水焼入組織であるが、Austenite が残留。鍛錬作業によって強化された組織。(HMV 252.250)
		郡谷里	刀子 (NH-2)	–	–	–	–	–	Bainite 焼入組織
	弁韓	城山	スラグ (GP-1-3)	T.Fe 1.12	FeO 1.57	SiO_2 70.0	Al_2O_3 16.7	CaO	鍛冶
		熊川	鉄鏃 (GP-4-3)	0.44	0.67	–	0.05	0.01	刃部は Martensite 焼入組織 (HMV 730) であり、他の部分は Pearlite 組織で結晶粒度がNo.12で非常に微細。
		三東洞	鉄剣 (GS-56-1)	0.31	–	–	–	0.007	Ferrite 生地に付着して Pearlite 残存。塊錬鉄の反復鍛錬組織。
			鉄斧 (GS-43-1)	0.12	0.02	0.02	0.014	0.002	Ferrite 生地に Pearlite，炒鋼の鍛錬組織
	辰韓	九政洞	鉄斧 (Gt-1-3)	0.60	0.25	0.04	0.051	0.009	Pearlite 生地に Ferrite 残存し、スラグ形大型介在物存在。(HMV 202.226)
鋳造	馬韓	大心里	鉄斧 (#1)	3.66	5.05	0.83	0.22	0.16	亜共晶鋳鉄
		新昌里	鉄斧 (JO-1-1)	3.05	0.45	–	0.246	0.035	亜共晶白鋳鉄 Cementite (HMV 930) Pearlite (HMV 280)
	弁韓	城山	鉄片 (GP-1-2)	3.09	0.23	0.16	0.035	0.04	亜共晶白鋳鉄 Cementite (HMV 730) Pearlite (HMV 315)
		熊川	鉄斧 (GP-4-1)	4.75	0.35	0.08	0.126	0.082	亜共晶白鋳鉄 炒晶 Cementite と共晶 Ledeburete
	辰韓	隍城洞	鉄塊 (GH-41)	2.52	0.37	0.04	0.367	0.046	0.047%Ti 木炭による還元および熔融滲炭組織

(申璟煥：1995から転載)

(訳注)
・Austenite；炭素を最大2.1%含む固溶体。Ni、Mnを多量に含むことにより蜂の巣状の結晶をなす。
・Bainite；Austenite 化した鋼を一定温度で焼入れする際にえられる組織。通常の焼き戻しより粘り強い組織をもつ。

表 2-2　釜山福泉洞古墳鉄器分析値

遺　　構	種類	試料No.	鋼種	化学分析値 (%)					備　考
				C	Si	Mn	P	S	
11号墳　石槨墓	矛	GB-1-1	塊錬鋼	0.51	0.62	0.10	0.008	0.003	86-3
11号墳　石槨墓	斧	GB-1-4	塊錬鋼	0.18	0.12	tr.	0.007	0.002	86-6
1号古墳　竪穴式石室	鋌	GB-3-1	炒鋼	0.85	0.49	tr.	0.157	0.032	腐食激しい
1号古墳　竪穴式石室	鋌	GB-3-2	炒鋼	-	-	-	-	-	

（尹東錫：1989から転載）

に水焼入れ（quenching）する技術が普及したということである。もちろん、朝鮮半島で鉄器使用開始期から鉄生産が行われたとはいいがたいが、在地でも鉄生産と鉄器製作が可能であった第2段階（遅くとも紀元前1世紀中葉以後）からは鍛造鉄器と鋳造鉄器がともに製作され使用されていた点が、大きな特徴だということができる。

　この鍛造鉄器と鋳造鉄器という2種類の鉄器は中国の初期鉄器時代においても工程のうえで分離されていた。鍛造鉄器は簡単な還元法によって生産された原料である塊錬鉄から製作され、鋳造鉄器は溶融法によって得た生鉄で製作されたものである。鉄生産の面から述べれば、前者が、生産効率が劣って製作工程に長い時間を要するのに比べ、後者は施設、原料、労働力さえ多量に投入すれば、生産効率が高く短い時間で多量の鉄原料を得ることができる。それぞれの工程で生産された製品の機能性について述べるならば、前者が比較的強靭な鉄製武器と工具に使用できる鋼鉄であるのに対し、後者はもろくて壊れやすい鋳鉄になるという点は、よく知られている事実である。

　中国の製鉄史においては戦国時代晩期までこういった2種類の工程は、それぞれ技術的な補完と発展が行われてきた。つまり、春秋時代晩期に塊錬鉄を反復鍛打しながら滲炭させた塊錬滲炭鋼が開発され、戦国時代晩期には生鉄から炭素含有量を減らし機能性を向上させた可鍛鋳鉄と鋳鉄脱炭鋼が発明されたのである。しかし鉄原料を生産する効率を高め製品の機能性を向上させる根本的な技術の問題は、前漢初めになるまで解決できなかった。鉄生産の効率が高い生鉄を原料として機能性が高い、鋼鉄を生産する工法が前漢初めまでは開発が困難であったのだが、こうした技術的限界を克服させてくれたものがまさに炒鋼[訳注1]であり、ほぼ前漢中期、紀元前1世紀を前後する時期に発明された[7]。

三韓段階までの鉄器を分析した研究成果によって、朝鮮半島南部の製鉄技術を復原するならば、つぎのようになる。

　一つ目に、この段階まで、韓国側の鍛造鉄器は、竪炉（pit furnace）で還元された塊錬鉄を原料にして、加熱と鍛打を繰り返し製作された。加熱工程中で滲炭の効果を得ることもでき、鍛打を繰り返して緻密な組織をもつようになったのだが、なかには百錬鋼に近いものもある。こういった成形鍛造のあとに水で冷やして鋼の材質をより高める熱処理をしたものもある［申璟煥：1982, 1993, 1995］。（熊川貝塚出土鉄鏃と郡谷里貝塚の鉄刀子の場合：しかしこれは4世紀以後の製品の可能性がある。）

　二つ目に、鋳造鉄器の場合、Shaft形炉で溶融した銑鉄をそのまま鋳造した白鋳鉄が大部分であるので、脆い性質をもつのであろう［申璟煥：1982, 1995］。

　三つ目に、楽浪では、石巌里9号の鉄刀子と小鉄塊にみられたように漢代の炒鋼法が、すでに紹介されたものと考えられる。朝鮮半島南部では昌原三東洞3号石棺形石槨墓出土板状鉄斧が炒鋼法によって製造されていた［申璟煥・李南圭：1995］。

　分析された鉄器の資料に基づく上記のような三韓時代の製鉄技術の復原にも、実のところ分析試料の年代問題において若干の検討が必要である。前に、熱処理した鋼鉄とした熊川貝塚の鉄鏃と郡谷里貝塚の刀子は、三韓時代に属さない可能性が高い。前者の試料が出土した熊川貝塚は、中心年代を4世紀以後とみざるをえないだろうし、後者の試料は郡谷里貝塚V期の層から出土したので［崔盛洛：1993 200-205頁］、3世紀末頃以降とみることが正しいのではないかと思う。そして炒鋼製品においても、石巌里9号墳の鉄器は必ずしも朝鮮半島西北部在地の生産品とみなければならない理由はなく、三東洞3号石槨［安春培：1984 206-211頁］の場合、年代を推定できるだけの資料が共伴しなかったが、同一遺跡内の同じ性格の遺構の年代でみても、試料に用いられた板状鉄斧自体の形式でみても4世紀前半以前まで年代を上げることはむずかしい。

　遺跡全体の古墳編年が体系化された中山里古墳群から出土した鍛造鉄斧のみを試料に選んで、2世紀初めから6世紀までの資料を分析した研究結果によれば、4世紀初めからの鉄生産と鉄器製作の大きな変化が想定されている。つまり、中山里古墳群の鍛造鉄斧は、4世紀代に入ると炭素の含有量が増加して、水焼入のような熱処理技術でmartensite〈針状〉組織が形成されるとして、鉄生産の工程上、高温加炭の製鉄炉と低温焼戻しtemperingの鍛冶炉が分離し

ていたことを想定している［金寿起：1993］。

　これまで、鉄製遺物の金属学的分析を通じた生産技術の復原研究について、簡単に検討した。朝鮮半島南部では、最初の鉄生産‐鉄器製作段階（第2段階）から鋳造技術と鍛造技術がともに入ってきて、鋳造鉄器は白鋳鉄を主として生産していたし、鍛造鉄器は塊錬鉄を原料として加熱炉で鍛打‐加熱を反復することで低炭素鋼と中炭素鋼(訳注2)の鉄製品を製造していた。鍛造鉄器のなかには無数に反復鍛打を繰り返して白錬鉄のような組織をもつものもあるが、水焼入れのような特別な熱処理技術が導入されたかどうかについては、よくわからない。

　そうだとすれば、このような製鉄技術の起源をどこにおくのかということが問題となる。現在までの資料でみる限り、遅くとも3世紀までは、前漢の発達した製鉄技術と生産システムは受容されていなかったという推測が可能である。つまり、炒鋼法による鉄生産工程が導入されたことを証明することがむずかしく、また鉄素材生産‐成形鍛造‐熱処理工程など、高度に分化した作業が組織化された生産システムの受容については直接的な証拠がない。そのために、第1段階の使用時期はもちろん、以後の三韓段階まで、朝鮮半島南部の製鉄技術は、戦国時代晩期の遼東と朝鮮半島西北部に入ってきた製鉄技術が受容され、それ自体で発展したものだと［申璟煥：1995 46頁］考えられる。

　朝鮮半島における初期鉄器段階の年代の上限が、はたしてどの時期までさかのぼることができるかは、いまだ断言しがたいが、戦国時代末（紀元前3世紀前半）に朝鮮半島西北部からはじまり、朝鮮半島南部へと徐々に拡散したとみるのが、現在の資料としてはもっとも安定した年代観であろう。戦国時代晩期に、中国の鉄器製作技術は塊錬鉄と銑鉄を生産して、これを素材として適切な金属組織をえるための加工法も承知しているレベルにあった。塊錬鉄を素材にこれを滲炭‐鍛打して塊錬鋼を作り、百錬鉄を素材に焼鈍処理をして展性鋳鉄を生産していた。朝鮮半島の鉄器開始時期に属する細竹里遺跡や虎谷遺跡から出土した鉄器を金属学的に分析してみた結果［チェ サンジュン：1966］、そうした戦国時代晩期の製鉄技術を確認することができた。よくわれわれは戦国時代晩期に流入した鉄器を鋳造の農具だけだったと考えるが、少なくとも茂山虎谷遺跡の鉄器のなかには鍛造鉄器が混じっている。筆者も、茂山虎谷遺跡の鉄器のなかに漢代の鉄器として分類できるものが混じっており、第2段階の遺跡として位置づけるが、他の鉄製品は戦国系であることに言及したことがある。

戦国晩期に遼東と朝鮮半島西北部に流入した製鉄技術は、その当時の燕の製鉄技術とそれほど違わないという点を念頭におけば、鋳造鉄器・鍛造鉄器が共存する朝鮮半島南部の製鉄技術の起源を、戦国系のものとしても無理はないであろう。

(4) 鉄素材生産と鉄器生産システム

現在までの金属学的分析資料をもってしては、朝鮮半島南部の炒鋼法の導入を4世紀前半以前にさかのぼらせることはむずかしい。何故なら、炒鋼法で製造された遺物のなかでもっとも早い時期になる資料が、昌原三東洞3号石槨出土の板状鉄斧だからである。蔚山中山里古墳群出土の鍛造鉄斧についての分析結果も、4世紀前半代のある重要な変化を示唆している。興味深い点は、よくわれわれが鉄素材として取り扱っている4世紀代以降の板状鉄斧は、炒鋼法により製造されたというのである。

中国での鉄素材の生産は戦国時代からその様相を知ることができる。登封県陽城製鉄遺跡では各種の棒状あるいは板状の鉄素材范と鉄素材が出土した［河南省文物研：1991］。このように専門的に鉄素材を生産するようになったのは戦国時代中期からであるが、それは戦国時代初期に鋳鉄に脱炭技術が開発されたことで可能になったのである［李京華：1993］。こうした鉄素材の生産は漢代に入ってさらに発展するようになるのだが、前漢中期以降は中国中原の各郡で鉄生産を主導するようになって、ここで生産された各種の鉄素材が大量に周辺の郡へ供給されたとされている。鉄器の各種類ごとに規格化された鋳鉄脱炭の鉄素材が、中原の鉄生産の中心地で製作され、広域に供給されて、鉄生産が行われることのなかった辺郡では、これを材料に鍛冶工房で各種の鉄器を製作したというのである［李京華：1993］。

日本の九州では、弥生時代の鍛冶炉遺構がかなり多く調査されたが、こうした考古学的証拠に基づいて、日本での鉄器それ自体の製作を弥生前期末〜中期初とみる見解［橋口：1983］が提出されているのが実情である。このような鉄器製作関連遺跡で出土した用途不明の鉄片をいくつかの種類に分けて、鉄素材だと主張［中村幸史郎：1982　川越：1993a 206-302頁］されているが、不定形や三角形のような鉄片は、鍛冶工程中の副産物ないしは廃棄物だとされている［村上恭通：1994a］。比較的定型性をもつ鉄素材は、形態においても中原・河南の鉄素材と似ていて、中国漢代の鉄素材のような鋳鉄脱炭組織をもつものが比

較的早い時期の鍛冶遺跡である福岡赤井手遺跡で確認され［大沢：1984，1993］、中原の鉄素材の流通問題が論議された。つまりそれは、漢王朝が鉄官を設置して鉄生産を独占したことで、周辺の郡国や朝鮮半島をはじめとする異姓王侯国は鉄生産を禁止されて、中原の余剰鉄器および鉄素材が供給されたためにあらわれた現象だというのである［李京華：1994a］。

　戦国時代晩期に、ごくわずかのうちに普及した鋳造鉄器の流通問題とは別に、鉄素材の流通問題は、東アジアの生産システムの編成および組織化と関連して、非常に重大な問題が提起される。はたして前漢中期に設置された鉄官が、全国的な普及能力をもっていて、周辺の鉄生産ならびに鉄器製作を全面的にコントロールしていたのだろうか、という点については若干の疑問が残る。最近増加している朝鮮半島南部の製鉄に関する考古資料でみると、朝鮮半島の場合、漢代の鉄素材が全面的に供給され、在地では鍛冶のみを行ったとみるには懐疑的にならざるをえない。何よりも、朝鮮半島南部で鉄生産と鉄器製作の遺跡に関する資料が確実に得られてこそ解決する問題であろうが、古墳に副葬された鉄器の出土のあり方だけでも、三韓時代の朝鮮半島南部での鉄生産が飛躍的に成長した証拠となると考えられる。

　慶州隍城洞製鉄遺跡の調査者たちは、この遺跡では遅くとも2世紀前半代から、近隣の精錬所で製作した鉄塊を利用して大規模な溶解‐鍛冶作業を行っていたと推定しており［隍城洞遺跡発掘調査団：1991　孫明助：1997］、鎮川石帳里遺跡では精錬‐溶融した銑鉄による鋳鉄や鍛冶など一連の工程がひとつの作業場で行われていたことが確認された［申鍾煥：1996］。このようなレベルの生産システムが、いつから形成され組織化されることができたのだろうかという問題は重要である。歴史記録にも出ているが『三国志 魏書 東夷伝 韓（弁辰）』の条の、弁辰韓の鉄素材を楽浪・帯方二郡と倭から買いにきたという記録のように、三韓段階の鉄生産量は相当なレベルに達していたとみてもよいだろう。

　以上のような考古学的な証拠と冶金学的分析試料に基づいて、朝鮮半島とその周辺の諸地域の鉄生産・鉄器製作と関連した生産システムの問題を検討してみると、つぎのようになる。

　最初に漢代鉄官の設置と関連し、東アジアの諸地域は、その直接的なコントロールあるいは影響を受けた地域と、そうではない地域に分けて考える必要がある。たとえば、鉄生産について漢王朝の直接統制を受けた地域があったとしたら、それは楽浪のような辺郡の場合にあたるものであり、その他の地域は相

2 鉄器生産システムの形成過程　63

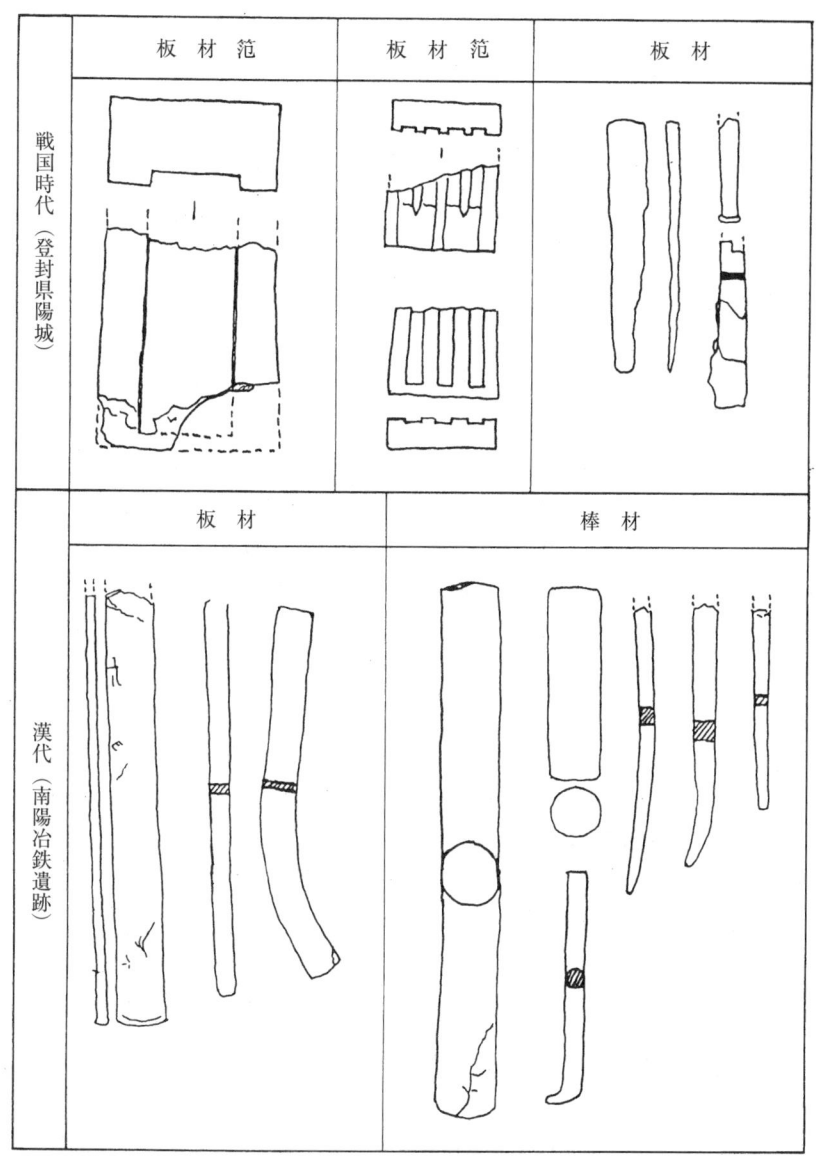

	板材范	板材范	板材
戦国時代（登封県陽城）			

板材	棒材
漢代（南陽冶鉄遺跡）	

図 2-9　中国戦国時代および漢代の鉄素材范と鉄素材［李京華：1993　より］

64　Ⅱ　政治体の起源

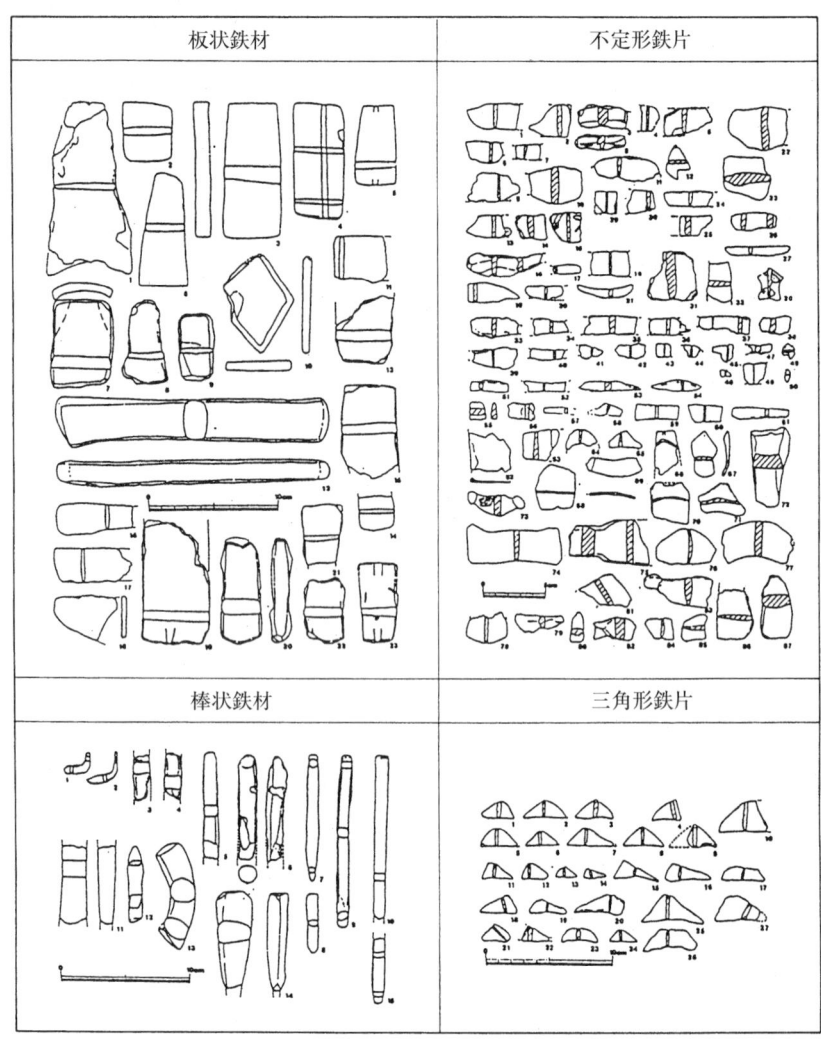

図2-10　日本九州弥生時代鉄素材類［川越：1993　より］

対的に自律性をもっていただろう。中原の鉄生産の中心地から鉄素材の供給がされていたというなら、それは漢代鉄官の直接統制を受けた地域と、鉄生産能力をもてなかったかあるいは生産量がきわめて制限された地域に限られていたのだろう。こうした面からみると楽浪は漢王朝の鉄生産コントロールのもとで中原の鉄素材に依存せざるをえず、不足する部分は他地域から供給をうけなけ

ればならない状況にあるという、暫定的な結論に到達することができる。これに比べ鉄生産能力がない地域または精錬技術をもてなかった地域は、やはり漢や他の鉄生産地から鉄素材の供給を受けなければならなかったのである。

　日本の場合、鉄器の使用過程と関連して、朝鮮半島と比較してみたとき、非常に緩やかに増加する現象を観察することができる。もちろん、鉄器の普及あるいは占有率のような側面からも考慮できるが、磨製石器が入れ替わってゆく過程が重要で、検討する必要があり、この過程が時間的・空間的にゆるやかに進行する様相として描写できると考える［松井：1982　川越：1984］。北部九州においても、鉄器生産は鉄器流入期→鉄器生産期→鉄生産期の過程が、一定の時期幅をもって段階的に進行したと考えられる。日本における在地の鉄器生産開始時期について完全な意見の一致はないが、弥生時代と古墳時代初期のあいだに進行した鉄器の普及過程というものは、鉄素材の需要と供給に関する均衡の問題が存在するなかで進行したとみてもよいだろう。もちろん、はじめから無限の需要が存在したとみることもむずかしく、需要‐供給についての古典経済学的な原理を適用することもできないようだが、弥生時代において鉄器が普及したことで、開墾、農耕作業など農業経営の方法に鉄器が占める比重を高く評価している［都出：1967　川越：1979a, 1993 313-318頁、橋口：1983, 1987］。しかし、弥生時代中期後半と後期においては、鉄器の不足から、流入した鋳造鉄斧の再加工品のようなものが多く使用されたとされるが、このような現象は北部九州に限定される現象ではなく、沿海州を含む東アジア周辺地域に共通した現象だと指摘［村上恭通：1992］されている。

　朝鮮半島南部は、九州とは異なり、流入した鉄素材で鉄器を製作した段階が非常に不透明で、場合によってはそうした段階がなかったという推測が可能であるかもしれない。換言すれば、朝鮮半島の場合、文明の拠点と権威の象徴としての意味をもった相互作用を通じて流入した鉄器が首長墓に埋納された短い段階を経て、鉄生産と鉄器製作が同時に飛躍的に成長した可能性があるのである。このような推論が可能ならば、楽浪は中原の鉄素材の供給が不足する場合、朝鮮半島南部で生産された鉄に依存しなければならないだろうし、日本においてはそれ自体の社会経済的成長と変化による鉄原料需要の増加を、漢王朝の下賜のみでは解決できなかっただろう。

　この点を考慮し、筆者は朝鮮半島南部において鉄生産、すなわち鉄素材の生産と供給に関し2段階の画期を認定しようと考える。

第1段階は、朝鮮半島南部のそれ自体の需要を超えて、漢の郡県の需要とその生産に刺激を受けて、はじめて鉄素材を生産するようになった、開始の段階である。この第1段階の期間中、鉄生産は生産技術および生産施設の限界によって、相当に労働集約的な生産を行っていたとみられる。漢代の鞏県鉄生溝遺跡の鉄器を分析した資料によれば、大多数の鉄器が鋳鉄脱炭系の素材で製作され、炒鋼製の素材も19.2％を占めて［趙青雲・李京華・韓汝玢・丘亮輝・柯俊：1985］いたとされる。しかし、前にも指摘したように、三韓の鉄生産は、戦国時代の製鉄技術に起源をもつものであり、また、『三国志 魏書 東夷伝 韓（弁辰）』条の記述のように、朝鮮半島南部の鉄素材が精製された板状鉄斧の形式であったならば、それは生産効率の低い塊錬鋼材である可能性が高い。

　第2段階の鉄素材生産は、漢代の炒鋼法のような生産技術の革新によって、より効率的に大量の鉄生産が行われるようになる段階として想定したい。これ以後大量の鉄素材を広域に供給できるようになったと信じる。日本でしだいに増加していった鉄原料に対する需要を充足させることができたことも、朝鮮半島南部の技術革新による鉄の生産量拡大を通じて可能になったと考える。三韓時代、朝鮮半島南部と九州のあいだの、物質文化の分布から推論される相互作用が比較的日常的であって、人間（集団）の頻繁な往来を反映したのであれば［柳田：1992］、大成洞遺跡にみられるいわゆる倭系遺物の増加は、政治エリートたちのあいだの相互作用として解釈されなければならないだろう。そういった点で4世紀代に鉄を媒介にした交易についての問題提起［東：1991］は考慮してみるに足る価値があるようだ。しかし、漢代の炒鋼法のような発達した鉄生産技術の導入が、いつから認められるのかは不明なままである。現在の分析資料では、4世紀をさかのぼらせることはできない。今後、その前段階の鉄素材が分析されれば、時期的に上がる方向で修正される可能性がある。

　古墳に埋納された鉄鋌に関して、それが鉄素材あるいは鉄の原料だという点については、一般的にそう信じられている。そして当時、鉄が富の象徴となりえて、鉄という資源のコントロールが重要な政治経済的権力の掌握を意味したという点については、見解の一致するところである。古墳に埋納される状況については、埋葬儀礼を行うために特別に製作されたもの［松本：1975］であるのか、そうでなければ実用品をそのまま入れたものであるのか[8]、また副葬の意味が何であるのか[9]について、見解の相違がある。

　だから、当時の社会の政治経済的文脈において、そして埋葬儀礼の象徴性に

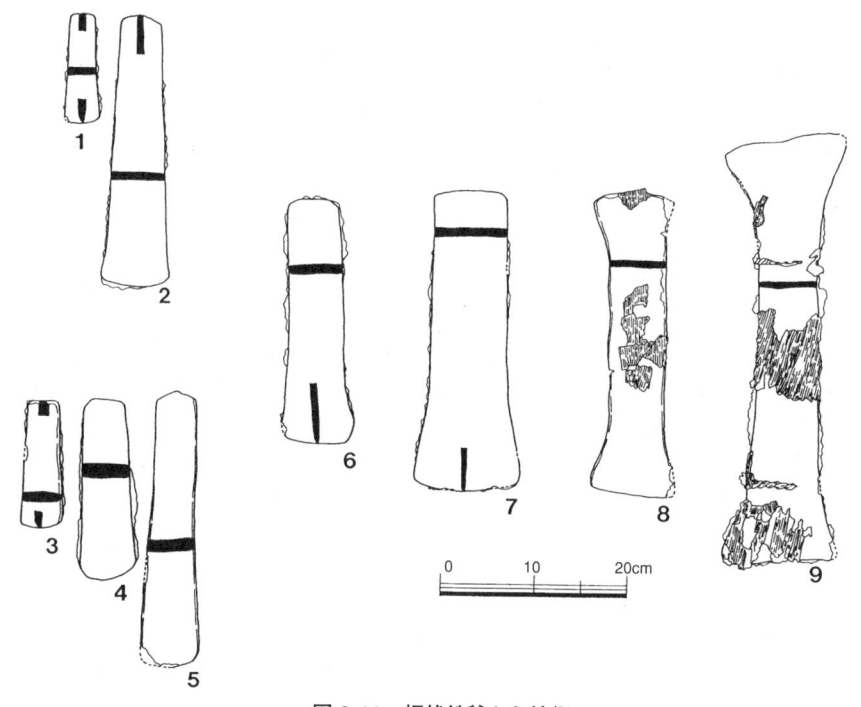

2　鉄器生産システムの形成過程　67

図 2-11　板状鉄斧から鉄鋌へ
1・2 三千浦勒島遺跡、3〜5 昌原茶戸里遺跡、6 金海大成洞29号、
7 昌原三東洞3号石槨、8 慶州月城路가6号、9 釜山福泉洞21-22号

おいて、鉄鋌副葬がもつ意味を解釈するためには、つぎの二種類の方向からの考察が必要である。一つ目はまず、その形態上の変遷と製造技術の変化についての問題が解明されなければならない。二つ目には鉄鋌の埋葬儀礼がいつからはじまって、どのような変遷をたどったのかということに対して、検討する必要がある。

　鉄鋌は、大きさや厚みなどにおいては相当多様性をみせるものの、それが比較的定型化した形態をとるようになった時期がはたしていつごろなのかといえば、4世紀後半を過ぎるものではないようだ。鉄鋌の出現以前の段階に、鉄鋌の機能を果たしていたものが板状鉄斧だという点［大沢・山本：1977　門田：1987］については、総じて異論はない。しかし、朝鮮半島南部で最古の板状鉄斧が出土したときの状況からも、その例を鉄素材として認めるのは困難である。昌原茶戸里1号の場合、木製の柄が装着された状態で出土しており、三千浦勒

島遺跡のような生活遺跡でも出土しているためである。このような初期段階の板状鉄斧は、形態上からいってもそうであるが、装着法からいっても、木製品加工用の扁平偏刃磨製石斧の代わりとなる実用工具だと推論でき、袋状鉄斧があらわれて実用性を失うようになったという見解は妥当［川越：1993］なようだ。

　結局、ある時点から板状鉄斧は工具としての機能を失い、ある程度形態のみを維持したまま鉄素材として使用されたのであろう。最近までの資料から、鉄素材への転化の時点を良洞里162号の板状鉄斧に置いて、この古墳の年代によって2世紀後半頃のことと推測している［宋桂鉉：1995］。この時点からは、副葬状態からして変化があり、10枚単位で埋納されるのだといい、鉄素材の変遷過程は、この良洞里162号から235号、大成洞29号、三東洞3号石槨までの板状鉄器から、福泉洞21・22号の鉄鋌へと変化をたどるのだという［宋桂鉉：1995］のである。

　最近、鉄素材としての板状鉄斧が出現する時期について、再考を要する資料が発見された。すなわち、鉄素材としての板状鉄斧、ならびにそれと関連した埋葬儀礼と副葬状態の起源が、良洞里162号よりも明らかに先行すると考えられる資料が調査されたのである。その慶州舎羅里130号木棺墓では、埋葬施設の床面に板状鉄斧を7列に、全部で70枚以上を敷いていて、調査者たちは、2世紀初を前後する時期と慎重に年代を推測［嶺南埋蔵文化財研究院：1996a　河真鎬朴貞花・李在興：1996］している。もちろん、仿製鏡や土器など、年代を推定できる資料に対する検討が行われなければならないだろうが、良洞里162号よりは一段階先行する時期とみて無理がないだろう。

　かつて、福岡県小郡市三沢字花舂遺跡出土の板状鉄斧に対する冶金学的分析資料が、日本で提出されたことがある。これによれば、化学分析値で、0.69〜0.86％炭素を含んだ中炭素鋼であって、金属組織の観察と断面硬度の測定値からは、その鉄器が熱処理をしていないもので、工具ではなく鉄鋌である［大沢・山本：1977］と述べられている。朝鮮半島南部で出土した板状鉄斧のなかで、金属学的分析を行ったうちでもっとも早い時期のものは、紀元前1世紀末頃とみられる慶州九政洞出土の板状鉄斧であろう。分析者の見解によれば、この板状鉄斧は塊錬鉄で製作されたもので、刃斧をさらに多く反復鍛打して結晶粒度がはるかに緻密だという点から推測して、それが工具であったことを示唆［尹東錫・申璟煥：1982a］している。

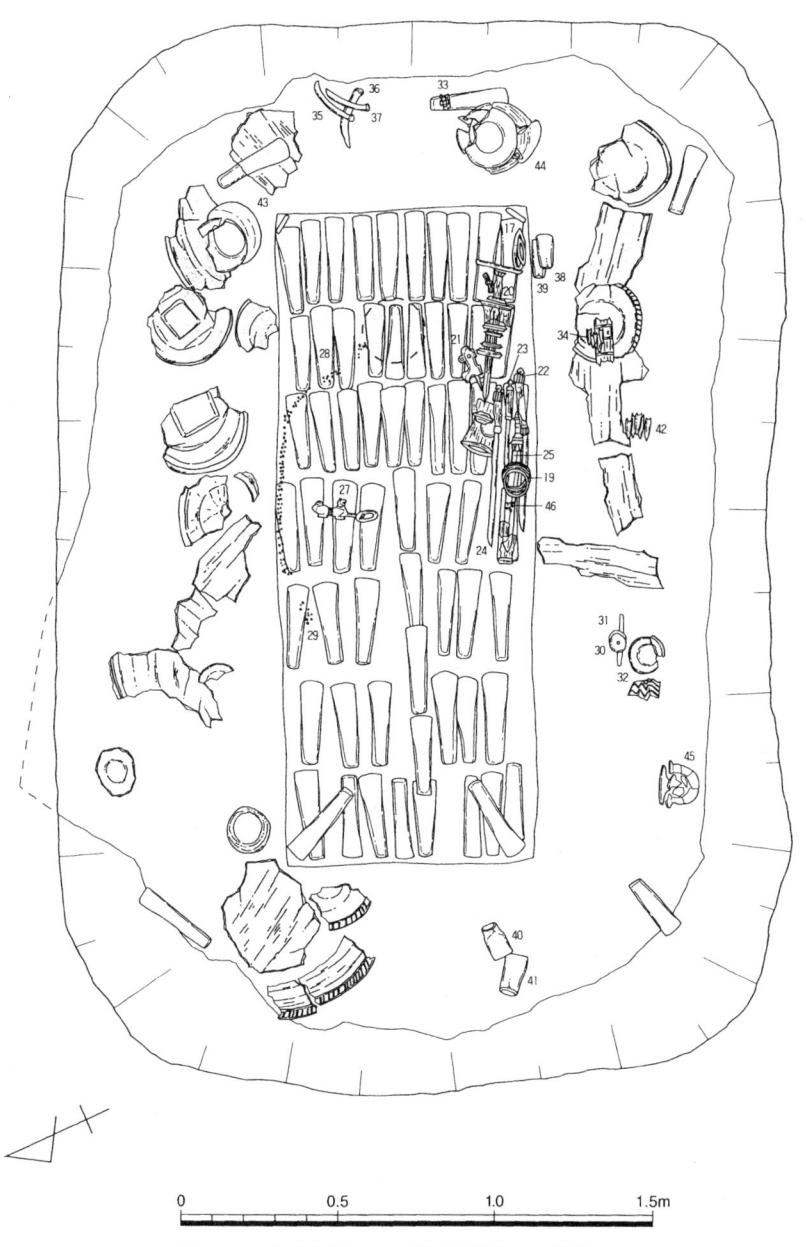

2 鉄器生産システムの形成過程 69

図 2-12 慶州舎羅里130号板状鉄斧の副葬状況

それ以後の資料で、分析された板状鉄斧形鉄素材は、4世紀中葉頃に位置づけられる三東洞3号石槨の出土品であるが、溶融した鋼を脱炭した炒鋼製であって、反復鍛錬されていたという［申瓆煥：1995］。結局、炒鋼法による鉄素材の生産は4世紀中葉頃であるようなのだが、九政洞の板状鉄斧から三東洞例に至るまでのあいだで分析された鉄素材が皆無であるため、実際に炒鋼による鉄素材生産開始の時点がいつであったのか把握しがたい。しかし、5世紀後半に属する福泉洞1号（東亜大発掘資料）で出土した鉄鋌に対する分析結果は、その鉄器が炒鋼を熱間鍛造した後、空気中で冷却させた組織であることを示している［尹東錫：1989 89-90頁］。

　日本への鉄素材の流入と関連し、非常に興味深い報告がある。日本では、考古資料から、また鉄滓などに対する金属学的な分析からみて、独力で鉄器を製作するようになった後でも、長期にわたって鉄を生産できなかったために、その間、外部から鉄原料の供給を受けたという前提から出発する。九州で最初に在地で鉄器製作が行われるようになった時期は、弥生時代中期末とみられるのだが(10)、この時期の鍛冶工房から出土した鉄素材は、鋳鉄脱炭系だと考えられるといい、炒鋼による鉄素材の搬入は4世紀中葉頃と推定される［大沢：1984，1993］というのである。この点は、単に九州へ鉄素材が流入した経路の問題だけでなく、東アジアの鉄素材の流通や、鉄器生産システムについて、重要な示唆を投げかけている。もっと直截的に表現するなら、日本の九州における鉄器製作の初期段階には、漢王朝から分配された鉄素材により多く依存する。しかし朝鮮半島南部で炒鋼法の採用のような技術革新が達成されて生産システムの組織化が行われるやいなや、鉄原料の輸入経路が切り替わった可能性を物語っているものではないかと考えられる。

3　鉄器文化の受容と政治体の形成

（1）鉄器文化受容の文脈

　われわれがよく鉄器文化とよんでいるものは、鉄器とタタキを施した灰色陶器を代表とする中国中原の物質文化の要素を意味する。鉄器と灰色陶器の製作技術は三韓段階にはじめて朝鮮半島南部に流入した。このような新たな文化要素の登場を、これまでは住民の移住のような伝播論的視点から取り扱ってきた。

しかし、そういった単純な伝播論的解釈は、新技術の受容を可能とした当時の歴史的文脈をきちんと考慮したとは言いがたく、また、そのことが朝鮮半島南部の社会変動にあたえた影響を適切に説明したともみなすことができない。

　中原文明の形成とその拡散は、朝鮮半島をはじめとする周辺社会の変動を理解するのに重要である。中原文明との接触が始まって以降の朝鮮半島南部の社会変動を説明するためには、文明からの影響とそれとの相互作用を重要な項目として考慮しなければならない。朝鮮半島の南部まで中原文明の物質文化が拡散したのは、三韓段階の開始前後の時点からである。この時期に至って、中原文明の拠点である楽浪郡が朝鮮半島西北部まで拡大設置されたことにより、朝鮮半島南部も文明の拠点と直接に相互作用を行うようになった。したがって、三韓の政治体の起源と形成過程を説明するためには、文明の拠点との相互作用の過程を無視することはできない。というのは要するに、朝鮮半島南部の政治体は自生した一次国家ではなく、文明からの新技術や政治システムの模倣と吸収を通じて形成された二次国家であるためである。

　中国中原文明が周辺地域と経済・政治・イデオロギーの面で相互作用を行うようになったのは、殷末周初期からである。中原青銅器文明が拡大し、現在の山西省太原市付近である晋中地域と燕山の南方である現在の北京付近まで進出して［瑠璃河考古工作隊：1974　中国社会科学院考古研：1984］、オルドス地域から老哈河上流域まで、いわゆる草原地帯の経済・生活様式に基づいた北方系青銅器文化地域が形成されたことにより、文明の中心地と周辺地域とのあいだに境界が発生し［甲元：1990］、その境界地帯で相互作用が行われた。このとき、文明地域と境界を接していた遼西を一次周辺地域とすれば、それ以東の地域である遼東・吉林-長春地域および朝鮮半島は、二次・三次周辺地域ということができる。遼西ではいわゆる北方青銅器と中原青銅器文化を背景に、夏家店上層文化が東周末〜春秋初めに形成された［遼寧昭烏文物工作隊ほか：1973］。琵琶形銅剣をもつ夏家店上層文化が東へ波及して［秋山：1995］、遼東・吉林-長春地域、朝鮮半島に及ぶ広域な青銅器文化が形成された［王巍：1993］。

　青銅器遺物群の分布状況をみると、銅剣・銅斧などでは遺物形式の類似性も認められるが、文明の中心地から一次周辺地域→二・三次周辺地域へとゆくと、青銅製遺物の組成が、比較的規則性をもって地域差を示すようになる［翟德芳：1988］。つまり、文明の中心地から遠ざかるにしたがって階層化された分布をみせるというのである。一次周辺地域ということのできる遼寧省朝陽市建平・

内蒙古自治区赤峰市寧城県の首長墓では、威信財として受け取ったとみられる中原の青銅祭器が副葬されていた。最近、発掘された寧城県小黒石溝のある石槨墓からは、青銅製武器、儀器、工具、装身具などが400点以上も出土した。もちろんそのうちのほとんどは在地で生産された北方系青銅器であったが、中原の青銅製祭器が20点もひとつの墓から出土しているのである［項春松・李義：1995］。このような現象は中原の文明地域と一次周辺地域のあいだに政治・イデオロギー上の相互作用が強くはたらくようになったことを示している。しかし、遼東や朝鮮半島のような二次・三次周辺地域は、文明の中心地と直接的な相互作用のシステムに組み込まれておらず、周辺地域どうしで相互作用が行われていた。一次周辺地域と二・三次周辺地域の首長墓から出土した青銅製遺物の組成にみられる階層性を通じて、この地域の政治エリートたちの相互作用を理解することができるだろう。

　こうした中原文明‐北方青銅器文化地域の相互作用のシステムは、紀元前4世紀末頃、燕の遼東進出によって再編を受けた。燕から秦漢代にかけて長城が構築されて［佟桂臣：1956　李慶発・張克奉：1991　李殿福：1994］、民族ごとの境界地帯が設定されたようにしばしば信じられてはいるが、考古資料の分布でみると、長城は政治システムの境界あるいは軍事的対峙というものを想定するに足るだけの積極的な障害物ではなかったらしい。燕の進出の初期だけとってみても、中原文明との実質的な境界地帯は遼河とみることができるようだ。しかしながら遼東の奥深くまで設置された燕の拠点によって、文明の拠点とその周辺地域との相互作用が強く進められた。概して、朝鮮半島西北部と丹東地区、吉林‐長春地区など拠点周辺の政治体は、燕の拠点と政治・イデオロギー上の相互作用も行ったが、生産技術も部分的に受容した可能性がある。

　まず、燕の進出以降、拠点領域内部の状況を検討してみることにしよう。拠点内部の状況は、在地の首長層と生産システムが残存して、新たに移植された政治システムおよび生産システムと共存しつつ、中原地域の変化にそのまましたがうことなく自己展開した過程をそこにみることができる。

　燕は遼東へと拡張しつつ、中原の戦国時代末期に編年される土器・鉄器生産システムをこの地域にまで移植した。縄蓆文の施された灰色陶器類と戦国系鉄製農工具が領域拡張にしたがって拡散したのだが、これは単純な遺物の流入ではなく、生産システムの移植として理解できる。河北省燕下都［陳応祺：1965　石永士：1982］で発見された灰陶の豆、盆、鉢、罐、甕などと鉄製農工具は、

3 鉄器文化の受容と政治体の形成　73

建平県喀喇沁［遼寧省博文工隊ほか：1981］、朝陽袁台子［高青山：1987］、奈曼旗沙巴営子［李殿福：1994 49-57頁］、撫順蓮花堡［王増新：1964］瀋陽の鄭家窪子上層［朝中共同考古発掘隊：1965b］、旅大市牧羊城［東亜考古学会：1931］、高麗寨［東亜考古学会：1929］、尹家村上層［朝中共同考古発掘隊：1965c］、寛甸双山子［許玉林：1980］、渭原龍淵洞、寧辺細竹里へと続いて出土し、戦国晩期における中原式の陶器・鉄器生産システムの拡散をよく示している。

　しかし、こうした生産システムの移植は、既存の在地の生産システムを駆逐して中心地と同じレベルで生産・分配システムを確立させることまではできなかったようだ。遼東で中原式の灰陶と共伴する粘土帯甕と鉢の存在からみて、在地の土器生産システムは残存していたことがわかる。旅大地区の牧羊城や高麗寨遺跡、遼中の蓮花堡遺跡、そして寧辺の細竹里遺跡［金永祐：1964］から発見された、いわゆる細竹里 - 蓮花堡類型の遺物複合体において、戦国末の燕から移植された中国式製陶技術と生産システムの存在が顕著であるが、在地の土器生産システムが消滅させられたわけではなく、社会内部の生産の一部として残っていたことが確認できる。

　このような在地の生産システムの残存現象と同様に、在地の首長層の存在も認められる。燕の遼東進出以後にも、拠点領域内の在地的な政治権力の一掃は困難だったとみられる。すなわち、長城内側に分布する尹家村12号墓［朝中共同考古発掘隊：1965 107-129頁］、遼陽二道河子 1、3 号墓［孫守道・徐秉琨：1960］、瀋陽鄭家窪子 2 号墓［朝中共同考古発掘隊：1965 129-140頁］などで、在地の首長墓の埋葬儀礼と関連のある変形琵琶形銅剣や細形銅剣といった遺物群が残存する現象も理解できるだろう。断片的な資料ではあるが、旅順后牧城駅で明刀銭および鉄器とともに出土した変形琵琶形銅剣［許明綱：1960　李亨求：1992］をはじめとする細形銅剣遺物群が、紀元前 4 世紀以前に編年されることはかえって不自然であり、燕の進出以降、この地域に残存した在地の首長層の存在を示してくれる証拠として挙げることができるだろう。この点は、楽浪設置以後に細形銅剣遺物群が残存する現象と同様の理由で説明できると考えられる。

　戦国時代晩期、遼東で成立したタタキを施す灰陶の生産システムは、在地の土器生産システムと共存しながら、相互に影響を与え合った。タタキを施す灰陶系製作技術の影響を受け、在地の土器生産技術が変形したことを認めるのはむずかしくない。新たに成立した灰陶生産システムのうえでも、在来の器種が

生産されたり、在地の技術と交わったりした。在地の工人が灰陶技術を習得して生産に参加する場合には、流入した灰陶生産システムも変形を受けていっただろう。そして秦漢時代、この地域で生産された土器・陶器は、中原で展開していった生産技術の変遷に連続的に追従したわけではなく、在地の土器製作の伝統的技術との相互作用を通じて、独自に展開していった。このような過程は、相当な期間にわたりこの地域の陶器・鉄器生産システムの形成における特徴となっていたとみられ、楽浪の陶器生産システムもそのような文脈で理解できるようだ。

楽浪土城で発見された土器群［谷：1984, 1985, 1986］に対する観察から生産システムの形態を検討してみると、興味深い変形過程をみることができる。つまり、土器製作技術・器形の上で、楽浪の土器には戦国晩期に流入した中原の製陶技術が多く適用された状況が明らかで、同時代の漢代の陶器製作技術よりも戦国時代の陶器製作技術の伝統との関連が強く、それ以前から存在した在地の生産システムが何らかの方式でか融合し展開した状況をみせている。器種構成が、戦国時代燕の領域といくつかの拠点で確認される土器群の器種構成と一脈、相通じて、漢代に中原で盛行し発展した陶製明器の生産は、楽浪では確認されていない。結局、楽浪の土器生産システムというのは、漢代以前、つまり戦国時代晩期に遼東で成立した灰陶生産システムと在地の生産システムが相互に影響を与え合いながら独自に展開させてきたものと理解できる。こうした土器生産の展開上において確認された特徴は、鉄器生産システムの場合でも同様であろう。たとえば最近の研究で、楽浪の鉄矛が同時期の漢代の形式ではなくて戦国系だと指摘されたことも一脈、相通ずる内容だということができる［高久：1992b］。こういった変動過程は、中原文明の拠点が設置され拡大した領域内部の状況として理解することができる。

つぎに、燕の遼東進出以後変形したシステム内部から、周辺地域の状況を検討してみたい。燕の進出以降、漢の郡県が連続して朝鮮半島西北部にまで設置され、一次周辺地域となった遼東北部、吉林一帯、朝鮮半島の諸地域は、このときはじめて中心地と、より直接的な相互作用を行うことができるようになった。朝鮮半島南部の政治体の政治‐経済的成長は、まさにそういった流れを前提とせずには理解できないようだ。

琵琶形銅剣とともに北方青銅器群が早く消滅した遼西に比べ、遼東と吉林、朝鮮半島では細形銅剣へと変遷しながら遅い時期まで青銅遺物群は首長層の墳

墓に副葬され、朝鮮半島南部は紀元を前後する時期までそういった状況が続いている。この時期の鉄器文化の普及・受容のあり方を観察するためには、周辺政治体首長層の墳墓の副葬品を対象に検討するほかない。周辺諸地域で政治体の存在を確認して、この政治体と文明の拠点との相互作用についての検討を試みる必要があるのである。

燕の領域拠点から外へと、早くから普及した鉄器文化は、鋳造農工具に限定される［李殿福：1983　彭曦：1993］。遼北の昌図県長発郷翟家村［李矛利：1993］では、鋳造鉄斧とよぶ鉄钁5点、戦国時代の桃氏剣および燕下都44号墓出土品と同形の銅製短剣などが大青山型に近い細形銅剣とともに出土した。そして、吉林省中南部の樺甸県西荒山屯［吉林省文工隊ほか：1982］からは鉄钁5点と鉄鎌3点が出土して、朝鮮半島西北部の石山里［黄基徳：1974］、松山里ソルメ谷［黄基徳：1963］、咸興の梨花洞［アン ヨンジュン：1966］でも鉄钁がそれぞれ1点ずつ出土した。朝鮮半島中部以南でも、これとよく似た性格の遺跡としては、鉄钁が出土した扶余合松里［李健茂：1990］、唐津素素里［李健茂：1991］、長水南陽里［池健吉：1990］などの細形銅剣が出土した墓をあげることができる。

もちろん、こうした遺跡における副葬品の組成と個々の遺物形式においては、わずかずつの地域的な差異がある。地域差というものは、遺物全体の内容のうえで顕著な差異があるというよりも、個々の遺物の形式や、あるいは1〜2点の特定の遺物が遺物組成に付け加わったり、欠落したりといった程度の違いだといえる。朝鮮半島では細文鏡がもれなく副葬品リストにあがるのに比べ、遼北や吉林省丹東では細文鏡よりも粗文鏡の後続形式が副葬されるか、そうでなければ副葬されない場合が多い。細形銅剣というものも、朝鮮半島が典型的な細形銅剣として展開したのに比べ、北方地域はいわゆる大青山型[11]として発展する。特に朝鮮半島南部だけの大きな特徴といえるのだが、銅鈴をはじめとする青銅製儀礼用具の盛行・発展は重要な地域的特徴だということができる［李健茂：1992］。

遺物複合体における地域差のもっとも根本的な原因は、諸地域の政治・経済的、文化的な文脈の相違のためだということができる。特に、北方地域の青銅製遺物複合体はやがて諸地域の鉄器生産が始められると、本格的な鉄器時代遺物複合体へと転移したのだが、青銅製遺物群の地域差は西豊県西岔溝［孫守道：1960 25-32頁］、楡樹県老河深遺跡［吉林省文考研：1987］でみることができるような鉄器遺物群の地域差へと継承される。中国と北朝鮮の考古学者たちはこう

いった地域差を民族の違いとみなしている。特に『三国志 魏書 東夷伝』に出てくる諸民族と関連づけているが、民族の居住領域‐政治体権力の範囲‐物質文化の分布、そのあいだの関係にのみ関心を払って、物質文化の変異についての政治経済的要因の説明を無視することには憂慮をおぼえる。

　文明の拠点と周辺政治体との相互作用を理解するためには、首長墓の副葬品における地域差よりも、そのあいだに横たわっている共通性と意味に注目する必要がある。周辺諸地域で、最初の鉄器拡散段階にあらわれる遺物複合体の共通性は、つぎの3点に要約される。一つ目は、最初に普及した鉄器は、いわゆる戦国系鋳造鉄器であり、すべて農工具で、非常に限定された種類だという点である。二つ目に、拠点の直接支配領域を除いては、すべて生活遺跡ではなく、首長層の墳墓に埋納されたという点が注目される。三つ目に、このような戦国系鋳造鉄器は、西荒山屯の鉄鎌と五道溝門の鉄鍬の例を除けば、主として鉄鑿と鉄钁という2種類に限定されていて、これは従来の副葬品の、青銅製品の品目に含まれる銅鑿と銅斧から置き換わったもののようにみえる事実である。

　この戦国系鋳造鉄器の拡散経路について、遼寧の鉄器と中原地域のそれに地域差があるという点と、周辺に拡散した鋳造鉄器は遼寧一帯の地域性を示すという点が指摘されたことがある［東：1982］。このことを考慮すれば、その鋳造鉄器が、中心地ではない拠点の生産システムから拡散したものだと推定できる。これとは若干相反する証拠が、平壌助王部落出土の「大河五」銘鋳造鉄斧［鄭白雲：1957］ということができるが、これを漢代の鉄官設置（紀元前110年）と関連する河南の官営鉄器製作所の製品だという点を認めて、戦国系鉄器普及状況の延長線上にあることを強調する見解がある［李南珪：1993］。いずれにせよ漢代の鉄官設置は、拠点内部における鉄器の普及や、周辺政治体で鉄器生産が始まるのに、新たな転機となったものとみられる［李京華：1974，1993］。中原文明の中心地で鉄器生産が一律に規制・普及することにより、広範な領域に鉄器の形式が統一されたというが、周辺地域にまで充分に普及したかどうかは不明確である。しかし漢の武帝の時期に東方への経路と拠点を拡大・再設置したことは、鉄器文化と関連した生産システムの朝鮮半島南部までの急激な受容に対し、決定的な契機となったものとみられる。

　遼寧地方に設置された燕の拠点には、先に検討したように、中原文明の代表的な2種類の生産システム、すなわち土器と鉄器の生産システムが移植された。このシステムで生産された物品は、拠点と周辺地域の政治経済的相互作用を通

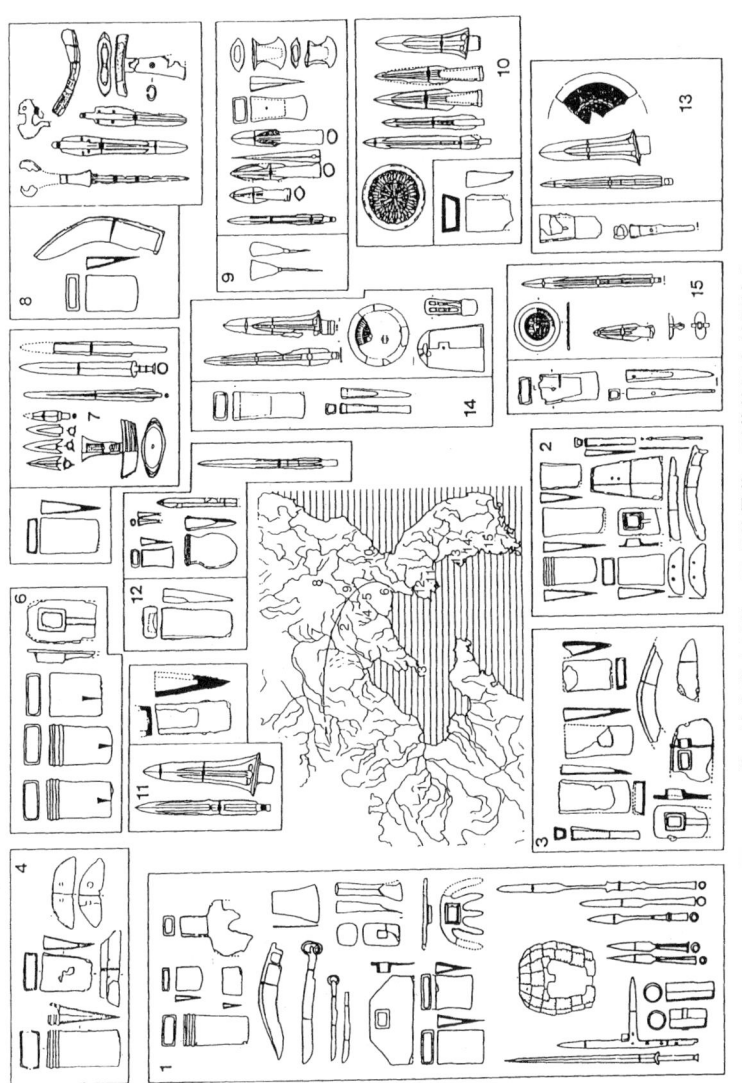

3 鉄器文化の受容と政治体の形成　77

図 2-13　燕の遼東進出以後、周辺首長墓の副葬状況と鉄器流入

1 易県燕下都，2 撫順蓮花堡，3 旅順高麗寨，4 寬甸双山子，5 渭原龍淵洞，6 寧辺細竹里，7 昌図長発郷尧樹林，8 樺甸西荒山屯，9 集安五道嶺門，10 咸興梨花洞，11 白川石山里，12 鳳山松山里，13 唐津素素里，14 扶余合松里，15 長水南陽里

じて、周辺地域へと拡散した。その最初の証拠が、遼北‐吉林‐朝鮮半島西北部‐朝鮮半島中西部の首長層の墳墓に埋納された鋳造鉄器であり、これは在来の青銅遺物複合体とセット関係をなしている。しかし、反対に周辺地域から拠点や中心地へと流入した遺物が何であったのか明らかではないので、相互作用の全貌を理解するのはむずかしい状況である。ある面では拠点を通じた鉄器文化の拡散の内容は、きわめて断片的ともいうことができる。この期間は、鋳造鉄器という限られた遺物が流入すると終わってしまい、鉄器文化のまた別の一要素である土器が流入した例を見出すことができない。そして、鉄製遺物が一部流入したことはあっても戦国系の製鉄技術および鉄器生産システムが周辺地域に受容された可能性は希薄だということができる［村上：1988, 1994a, 1994b］[12]。

　戦国系鉄器文化の数多くの要素のうちで、鋳造鉄器の一部器種だけが流入した理由と、わけても鋳造鉄鑿と鉄鑿が選択された事情については、ふたつの点で検討の余地があると考える。

　まず戦国末〜秦漢初に、巨視的な意味での相互作用システムが形成された初期でさえも、拠点と周辺地域の相互作用の本質はイデオロギー上のものであって、政治経済的な性格をもつことができなかったものとみられる。そのため、多量の実用的な鉄製品が流入しても活用されず、一部鉄製品が少量流入して諸地域の政治エリートの埋葬儀礼に使用された。こうした文明の拠点と周辺地域の政治エリートたちとの相互作用は、琵琶形銅剣段階の相互作用の本質を大きくはずれることはできなかったのではないかと思う。燕の遼東地方への進出は、相互作用システムの地域的な分布という外見に大きな変化をもたらしたが、周辺地域の在地首長層の墳墓に埋納された副葬品の組成でみると、システムの本質は大きく変化していなかったようだ。特に周辺部政治体の権力構造とその基礎は、前代に比べ大きな変化をみせることはなかったのである。

　朝鮮半島南部の扶余合松里、長水南陽里、唐津素素里の墓から細形銅剣とともに出土した鋳造鉄器というものは、従来の銅斧と銅鑿に代わった鋳造鉄斧と鉄鑿にきわめて限定される状況から脱することができない。この鋳造鉄器副葬について、農耕儀礼と関連があるとする村上恭通教授の指摘は、そうした面から正当と考えられる［村上：1988］。すなわち、鋳造鉄製農工具は、実用品として使用するために受容されたものではなくて、拠点との相互作用のなかでイデオロギーにともなって流入し、農業共同体の首長に対する埋葬儀礼で使用した

ものである。集安の五道嶺溝積石墓で出土した長方形銅斧［集安県文物管理所：1984］が鉄钁と酷似した銅製品だという点は、既存の埋葬儀礼の品目から、鉄钁の交換関係が象徴的な意味で大きな変化を示唆してはいないということを傍証してくれる。しかし、流入した鋳造鉄器を、威信財（prestige goods）としての性格をもったものとみることができない。現在までの資料でみる限り、威信財として認めうるものは、拠点の支配領域からもっとも近くに位置する、昌図県長発郷翟家村での出土品のなかに見出すことができる。ここから出土した遺物のなかで威信財というに足るものは、鋳造鉄斧というよりも、むしろ戦国晩期の青銅製武器ではないかと思う。そのため、周辺の諸地域であらかじめ与えられた条件にしたがって形成された中心地との相互作用の本質を、すべて同一の性格に規定することはできないだろう。しかしほとんどの周辺地域において、相互作用は本質的にそれ以前の時代からのイデオロギー上の相互作用の延長であったために、生産システムの拡散をもたらしうる政治経済的な性格をもつことができなかったようだ。

　つぎは、諸地域社会の政治経済システムにおいて、新たな生産システムを受容しうるような基盤の造成が行われなかった点である。現在の考古資料から青銅器時代朝鮮半島の集落類型の変化を検討することはむずかしい。前代の琵琶形銅剣の段階に等質的な個々の単位集落で住居が凝集する集落類型を仮定しておくと、細形銅剣期に入って、もう少し分散した単位集落を機能的に統合することのできる中心集落の存在を想定できるようだ。この中心集落は、どのレベルであろうとイデオロギーの面でも、政治・経済の面でも中心地としての機能を強化してゆくのである。こういった推論をするようになったのは、遅くとも細形銅剣段階に入ってからは朝鮮半島の一部地域で相当数の青銅器が鋳造されて、交易されただろうという可能性が想定できるためである。

　当時の諸単位集落のネットワーク内部に中心的集落と首長の存在を認めるのであれば、青銅製の威信財や儀礼用品の生産と関連した労働を社会的に組織化しうる政治権力も合わせて認めることができる。これは諸単位集落をゆるやかに結びつける儀礼の役割よりも、一歩進んだ権力の形態である。しかし実用的な鉄器や陶器を多量に生産する発達した生産システムを受容し、貢納生産様式を強化してゆくことはできなかった。この点を考慮すれば、朝鮮半島南部の鋳造鉄斧の出現は、独自に生産された結果によるものであった可能性は希薄である。

陶器の生産システム受容の場合でいえば、1世紀代には嶺南地方にも窯の使用とタタキ技法の採用という、新しい製陶技術が導入された。しかし、この新技術は、高度に専業化した生産システムの全面的な採用だとは思えない。言い換えればそれは、社会内部で生産のごく一部の機能、すなわち支配層の墳墓に埋納するための土器を生産するシステムであった。それは時代的にも限られた半専業的生産システムであって、その他の日常品の大部分は、集落内部の非専業的なシステムで生産されたものである［李盛周：1991］。そうであれば、細形銅剣期に青銅器鋳造のような生産システムの成立が認められたとしても、より専業化のレベルが高く、かつ多くの資本の投入が求められ、労働の社会的組織化が必要である陶器・鉄の生産システムが、わずかな日数のうちに採用されるのはむずかしかっただろう。

朝鮮半島南部における鉄器・陶器の生産システムは、漢の郡県設置以降成立した。燕の拠点が拡大し設置されたことは、中心地‐周辺の相互作用システムのきわめて大きな変形であり、朝鮮半島の諸地域と遼北、吉林などの政治体が、文明の中心地との直接的な相互作用を可能とする契機をもたらした。文明の拠点から断片的に流入した鉄製遺物が、朝鮮半島南部の政治経済的な成長に大きな影響を与えたと評価することはむずかしいが、変形したシステムにおいてイデオロギー上の相互作用からしだいに政治経済的な相互作用へと進展できる契機となった。こうした巨視的にみた相互作用システムの過程は、中原文明の中心地の政治経済的成長とともに、朝鮮半島南部の諸社会単位がしだいに成長したのではなければ考えがたいだろう。

（2）弁韓・辰韓政治体の形成に対する検討

三韓の小国の成立については普通、村落あるいは邑のような小規模単位社会が統合され、大規模な社会となる過程としてみなされてきた。すなわち、単位社会はその成長とともに規模を拡大するものであり、三韓小国の成立もそうした過程の結果なのである。小国の形成以前には単位社会が邑レベルであったのが、この邑がいくつか統合され、より大きな単位社会をなしたものが三韓の国と信じられてきた［李鍾旭：1982 49頁　金泰植：1993 35-37頁］。

先に述べたように、三韓段階以前の青銅器時代から農耕集落は形成されていて、集落のあいだのネットワークも想定してみることができる。そこで、三韓の小国の形成は、単位社会の規模が以前より拡大したことだけを意味するのか

3 鉄器文化の受容と政治体の形成　81

● 個々の住居　　　　▲ 下位支石墓群

■ 土器生産・石器生産　▲ 上位支石墓群

● 個々の住居　　　　● 青銅器生産

■ 土器生産・石器生産　▼ 細形銅剣首長墓

琵琶形銅剣段階　　　　　　　　細形銅剣段階

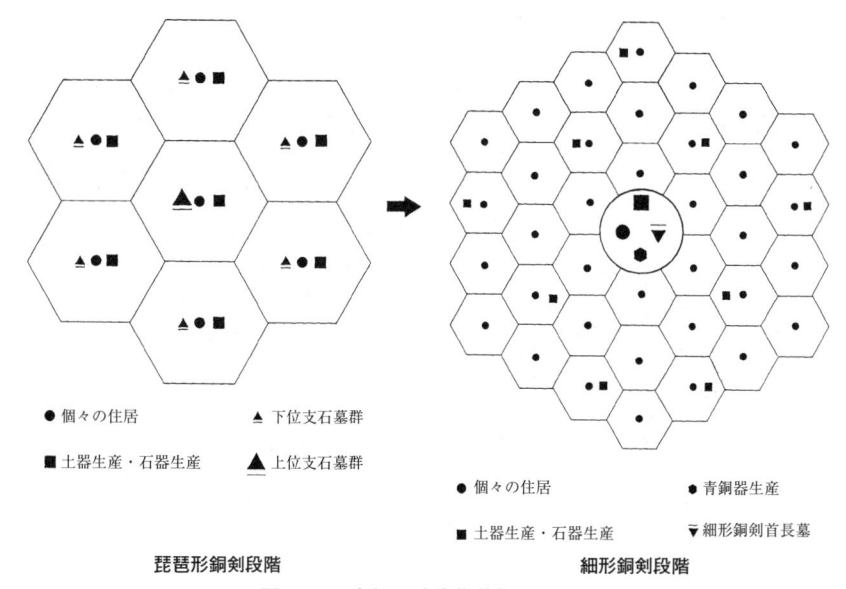

図 2-14　青銅器時代集落類型の変化

という疑問が生じうる。そして一方で、統合の規模よりも下位単位を統合する政治権力の本質が変化する過程として、三韓小国の形成を理解する必要性も提起できる。

　最近の琵琶形銅剣段階の集落と支石墓に対する調査研究から、支石墓群のあいだにわずかなレベルではあるものの階層が存在して、中心となる優越した支石墓群がいくつかの下位の支石墓群を従える領域も設定することができる、という見解が出された［李栄文：1989, 1993］。麗川積良洞支石墓群のように、青銅器と玉が集中する現象［全南大学校博：1993］や昌原徳川里支石墓のように超大型の祭壇と埋納施設をもつ遺跡の存在［李相吉：1993］は、いくつかの支石墓群のなかでさらに優越する支石墓群の存在を認めざるをえなくするものである［李相吉：1996］。琵琶形銅剣段階の農耕集落に対しては、かなり調査が行われている。そのうち、いわゆる松菊里段階を前後する時期の集落のなかには木柵をもつ扶余松菊里遺跡［金吉植：1993, 1994］、環濠をもつ蔚山検丹里遺跡［釜山大学校博：1995］や晋州大坪里遺跡[13]の存在が注目を引く。しかし、こうした集落にある施設が、防御的な機能をもっていたと推定された［崔鍾圭：1996］にもかかわらず、単位地域で比較する資料が不十分なために、それが中

心的集落かどうかの是非はいまだ明らかでない。しかし、昌原南山環濠集落は高地にある集落でありながら、集落の面積に比べて大規模な環濠が、多くの労働力を動員して築造されている状況がみられる。南山環濠集落から発見された巨大な環濠、集落の中心部に設けられた広場、高所で発見された望楼の存在などを考慮すれば、遅くともこの段階からいわゆる拠点集落が存在した可能性を提起することができる［昌原大学校博：1997］。結局のところ、琵琶形銅剣段階の支石墓群と集落に対する最近の分析は、個々の農耕集落間のネットワークを認めて、中心的集落の存在を想定することの可能性をみせてくれる。

　青銅器が本格的に鋳造されて、分配されはじめるのは、やはり細形銅剣段階に入ってからである。もちろん朝鮮半島内部でも、社会経済的な成長が進行した一部地域で生産されて分配されただろうが［李賢恵：1987］、その地域でも青銅器の生産は一般集落のどこででも行われたものではないだろう。だから細形銅剣段階には、青銅器鋳造のような特定の物品の生産・分配を担っていた中心的集落の存在を認めることはむずかしくはない。琵琶形銅剣段階では細形銅剣段階に比べ集落間の規模の違いが小さく、集落は生産・分配および共同耕作において等質的であって、自給自足単位だったとすれば、細形銅剣段階を経つつ生産・分配および労働力徴発の機能を強化してゆく中心的集落は、相対的な優位を持続的に拡大していったのだろう。琵琶形銅剣段階の集落が集住的であり、細形銅剣段階を経つつ、集落が分散するようになると［李盛周：1996c］、細分化した集落を統合する中心集落の政治経済的機能は強化されたのではないかと思う。『三国志　魏書　東夷伝　韓』条の記録のとおりであれば、そこには三韓段階の小国という単位社会が政治的実体として存在しながらも、国邑が完全な優位に立って邑を統合したものとしては、あらわれはしない。三韓の小国の成立というものは、統合の規模が拡大した結果とするよりも、下位単位を統合する政治権力の本質が政治経済的・軍事的なものとして成長する過程のなかに求めなくてはならないのではないか。

　三韓の政治体の形成と成長は、いわゆる鉄器文化の流入との関連が強い点については認めることができる。鉄器文化というものを考古資料から例示せよというのであれば、灰色のタタキを施す系統の陶器と、鉄製武器や農工具などが指標となる。こうした物質文化の要素については多くの研究者たちの分析があり、同様に、その変化をもって社会変化を推論することもあった。鉄器生産自体のみならず、鉄器の製作と普及、生産用具の鉄器化などが弁辰韓小国の社会

経済的成長の重要な要因であることはいうまでもないだろう。しかし、はじめから鉄製農工具と鉄製実用武器の大量生産が行われて、その結果農業生産力の増大、社会的葛藤の深まり、頻繁な戦争と征服などの現象があらわれてきたという直接的な証拠をみいだすことは困難である。

　三韓時代初期にみられる鉄器の形式や鉄生産技術の伝統は、同時期の漢代のそれと比較しがたく、やはり戦国時代晩期に遼東に移植された製鉄および鉄器製作技術の伝統に求めることが正しいようだ。鉄器の形式が同時期の漢代のそれと比較できないばかりでなく、いまだ断片的な証拠の確保にとどまっているが、三韓の鉄器に対する冶金学的分析結果からは漢代の製鉄・製鋼技術がこの時期に受容されたという手がかりをみつけることができなかった。それでも、陶器生産システムの形成過程と根本的に異なる面は、鉄器の場合、かなり早い時期から労働集約的な生産システムを組織することで技術的な限界を克服して、生産量を高めていたという点である。紀元前1世紀後半頃には、いわゆる無文土器段階であるにもかかわらず、非常に多様な鉄製農工具と武器類が生産されていたことは、茶戸里遺跡の例で立証される。年代が2世紀初めと推定される慶州舎羅里130号墳例では、鉄素材としてみるべき板状鉄斧が70枚以上も埋納されていた。

　結論として、三韓段階に鉄器生産技術の革新が政治体の起源および成長とどのように関連するのかという問題を検討する順番がきた。この点においては、相互に関連する二つの疑問を投げかけることができる。

　一つ目は、周辺地域で発展した技術‐生産システムがあるとしても、単純な伝播では技術革新が受容できなかったということを前提にするならば、陶器、鉄器生産技術を受容して生産システムの組織化をもたらした社会経済的要因がはたして何であるのか、ということである。二つ目は、陶器、鉄器の生産技術、特に鉄生産‐鉄器製作技術の受容が農業のような別の生産技術の革新をもたらして、生産力の発展を導き、究極的には社会の統合を成功裏に導いたのかどうかという問題である。

　朝鮮半島南部において、陶器、鉄器などの生産技術に重要な変化がおきた時期は、紀元前1世紀から紀元後1世紀代とすることができる。この時期、技術革新と社会の政治経済的成長との関連性について、限られた考古資料のなかで説明を試みるならば、つぎのようになる。

　はじめに、製鉄‐鉄器生産が開始されて、農工具すなわち生産用具の鉄器化

とその普及は相対的に急速に進行したものとみられる。この時期の代表的な生活遺跡である三千浦勒島遺跡と光州新昌洞遺跡では、鉄製農工具としては板状鉄斧と鉄製刀子程度しか発見されなかったが、石製の生産用具は一掃されている。特に板状鉄斧と鉄製刀子のような鉄製の工具の普及は、木製農具の生産を大きく振興させただろうことは間違いなく、石製農具にとって代わったものが、必ずしも鉄器でなければならないという必要はないだろう。しかし問題は、こうした生産用具の交替が生産効率を上げたとは推定できるのものの、農耕作業や農業経営方式を根本的に変えてしまったのか、あるいはそれによって労働の社会的再組織化が起こったのかの是非は、資料上の根拠に基づいて論じることが困難だということである。

　二つ目に、生産用具として、あるいは武器としての鉄器に対する需要が、当時の鉄生産‐鉄器製作を刺激して、鉄器生産システムの組織化に結実したのか、という問題である。鉄器生産の第3段階から、朝鮮半島南部の首長墓で確認された鉄生産の急増現象を、自らの需要によるものだと説明することはむずかしいようだ。他地域の例と比べてみると、鉄製農工具の普及が急速に進行したことは、それが鉄生産を刺激したということよりも、むしろ鉄生産の急増による結果として解釈するのが正しいだろう。社会的葛藤の増大、あるいは対外的な戦争遂行の必要性などによって、実用品である武器の需要が鉄生産を刺激したと考えがたいのは、前に論じたところである。3世紀代以前の弁辰韓では、発達した実用品としての武器の生産は見出しがたい状況で、漢代の武装体制の受容も、3世紀後半以前には見出しがたい。北方地域と比べてみると、よく似た文脈で朝鮮半島南部も武器の鉄器化が始まったのだが、その発展がひどく遅れてしまったことは明らかである。

　鉄器生産の第3段階に至り、首長墓への遺物副葬の状況で顕著となる特徴は、板状鉄斧のような鉄素材が多量に埋納されたという点と、後代に際立つ特徴としてもみられるが鉄矛類を中心にした非実用的な鉄製武器類の複数埋納ということができる。同じ種類の遺物、すなわち埋葬儀礼で同じ意味をもつ同種‐同形式の武器と鉄素材を多量に埋納したということである。当時にあって効用価値が高い鉄素材と、それを用いて製作された非実用的な武器の大量埋納現象を、他の方式でも解釈することができるが、当時の政治体の首長は鉄器生産システムを維持するために、労働を社会的に組織化して管理する役割を担っていたとみるのが妥当であるようだ。そして、そのような役割の遂行を通じ、政治権力

を拡大強化させていったのだろうし、社会的な統合もそのような権力を背景に行うことができたのではなかっただろうか。

　以上ような推論が可能であるならば、当時の政治体の首長はどのような理由でそのような余剰鉄生産を強化していったのだろうかという点が疑問となる。この点で三韓時代と弥生時代の鉄生産技術に対する冶金学的解釈と、漢代の鉄官の設置および弥生時代の鉄素材の問題に対する論議は、示唆するところがある。漢代に鉄官を設置して、楽浪のような辺郡に至るまで鉄器生産を中央で管理していたのであれば、楽浪はそれ自体で鉄器製作を行ったとしても、鉄原料は中原から供給を受けなければならなかった。楽浪において在地の鉄生産システムが営まれたとするならば、それは漢代の製鉄‐製鋼技術に基づくものではなく、戦国系の技術であった可能性が高い。そして、漢代の鉄生産システムに比べると施設と資本が適切に運営されず、相対的に労働集約的であっただろうと推測される。

　仮に、楽浪で中原からの鉄原料の供給が円滑でなかったり不足したりする場合には他の地域に依存しなければならなかっただろう。歴史上の記録にもみられるが、楽浪、帯方、倭は弁辰韓の鉄原料を持って行き、その代わりに漢の郡県は三韓の在地の首長たちに衣服と印綬を下賜したとされている。楽浪の場合、不足する鉄原料を労働集約的に自ら生産することよりも、朝鮮半島南部の労働力を活用することが有利だったと考えられる。衣服と印綬をはじめとして楽浪から下賜された銅鏡、銅鼎、銅鍑、文房具類などは、威信財として弁辰韓の首長墓から発見される。こうした下賜品は、周辺民族の首長たちを政治的に慰撫する手段にもなったが、経済的に主要資源に対する対価として支払われるという意味もあっただろう。楽浪は威信財を用いて周辺社会を分化させて、在地の首長たちはそれにより政治‐イデオロギー上の権力を強化していっただろう。そしてそうした関係のなかで権力を強化した在地の首長たちは、労働を社会的に組織して鉄素材の生産を主導し、楽浪との不均等な交易を維持したと思われる。

　弥生時代の鍛冶遺構で発見される鉄素材は、鋳鉄脱炭系素材だという報告がある。三韓段階に朝鮮半島から鉄素材が日本へ流入したのだろうということも推定できるが、漢代の鉄官から供給された経路もあったことを物語る資料だとも考えられる。しかし多量の鉄素材が朝鮮半島南部で生産され日本列島へと流入した時期は、おそらく朝鮮半島南部においてある種の技術革新がなされた後

と考えられなければならないようだ。そうした技術革新は、漢代における炒鋼精錬法の受容のような変化だと考えられるが、これまでの資料でみる限り、4世紀代に入ってからのことと考えるほかはない。そうだとすれば、大成洞古墳群で4世紀代から、いわゆる倭系遺物が増加する現象について、鉄交易と関連させる解釈［東：1991］は妥当なものと認めることもできるようだ。

　三韓段階に政治体の成長をもたらした重要な要因は、漢の郡県との不均等な相互作用である。この過程を通じて弁辰韓の政治体の首長たちは、政治経済上、より実質的・軍事的な権力を強化してゆく契機を用意できたのである。単位社会としての三韓小国の内部が統合されること、つまり国邑が諸所の邑を統合して支配的な位置を占める過程は、三韓段階の遅い時期まで継続した。こうした単位社会の内部統合も、政治体首長権がしだいに拡大してゆくことで可能になったのであろう。

　結局三韓段階には、鉄‐鉄器生産の技術革新が社会の変形をもたらした点を認めることができるが、鉄器化が他の生産に及ぼした波及効果については大げさにいうまでもないようだ。少なくとも、陶器、鉄器生産の技術革新の受容と生産システムの組織化を可能にした契機を、政治体首長権力の増大のような社会的要因によって説明するのは容易であると思われる。三韓小国の成立は、単位社会の規模が拡大したとか内部の階層化が深まった結果として単純に考えることはできない。それよりも、政治権力の根源と本質が変化して、社会内部の各単位を支配的な位置から統合した結果として理解しなければならないのではないだろうか。

　朝鮮半島南部の政治体の支配権力の成長は、巨視的な意味で文明の拠点と周辺地域とのあいだの、システム内の相互作用を通じて形成された。燕の遼東進出とそれに続く楽浪の設置から、朝鮮半島南部は一次周辺地域となり、拠点と周辺の相互作用はイデオロギー的なものから実質的で政治経済的な相互作用へ変貌していった［李盛周：1997］。朝鮮半島南部における、最初の鉄器流入と鉄生産システムの受容、そして鉄を媒介とした交易などは、巨視的な意味で、システム内部で相互作用の本質とその変化の一断面をうかがうことができる。これまでの検討から、朝鮮半島南部では、自らの需要によって鉄生産が増加したわけでなく、外部の要請によって鉄生産が拡大した可能性が高いようだ。つまり、漢の郡県のような拠点の需要によって周辺の弁辰韓の労働力と生産システムが社会的に組織化された現象として、理解できると思う。こうした組織化は、

在地の首長層を媒介にして成立したために、周辺地域の政治権力が拡大して変質する契機として作用したものと考えられる。すなわち、農耕社会の形成以後、単位社会をゆるやかに統合してきた首長の祭祀あるいはイデオロギー上の権威は、自らの成長とともに、中心地が仲介することによって、より実質的な政治経済上の権力、あるいは軍事力へと変質していったものと考えられる。

原注

（１）たとえば、李鍾旭：1982　64-65頁。
（２）最近発掘調査された渼沙里集落遺跡の資料を分析し、韓国中部地方の原三国時代の文化内容を規定した研究成果［呉世筵：1995］も公表されたが、ここで原三国時代の住居跡として抽出したもののうち、鉄器が出土した遺構の年代を上げてみるのはむずかしい。土器編年のほかに、年代推定資料とするに値するものも、現在の知識では何も言及することはできない。たとえば無茎式鉄鏃と共伴する仿製鏡［裵基同・尹又埈：1994］の場合、一度は後漢の方格規矩鏡を母体としたとはいっても、この地域において後漢鏡の入手経緯、鋳造後線刻した特異な仿製過程自体について、いかなる知識も蓄積することはできなかった。原三国時代として分類［崔鍾沢：1994］された遺構中の長茎鏃の存在［尹世英・李弘鍾：1994］も、早い時期とみることがむずかしい根拠となる。不確実な証拠に基づくしかないが、中部地方の鉄器出土住居跡の年代に関しては、現在まで原三国時代後期以前にみるような根拠はない。
（３）済州道龍潭洞古墳出土の鉄製長剣は、それをこの地域で生産されたものとみる前に、その流入経路についての解釈が重要である。
（４）板状鉄斧は、葛峴里土壙墓で出土しているが、朝鮮半島南部のように、西北部でも多くみつかっているわけではない。
（５）『三国志 魏書 東夷伝 東沃沮』　人性質直彊勇 少牛馬 便持矛歩戦
　　　『三国志 魏書 東夷伝 韓（弁辰）』　乗駕牛馬…便歩戦兵仗與馬韓同
（６）申環煥：1982。この研究では固城貝塚、朝島貝塚、城山貝塚など貝塚出土資料が分析されたが、大部分３世紀以後になると思われる。
（７）以上の内容は、李衆：1975　楊寛：1982　北京鋼鉄学院学報編集部：1986を参照した。
（８）鉄鋌は、間違いなく鉄素材であり、実物貨幣であり、そして重量と副葬枚数の規則性が観察されている。たとえば、村上：1983, 1985　宋桂鉉：1995。
（９）たとえば大部分の研究者が一種のWealth objectsとしてみるが、それに対して、売地のための貨幣だという主張もある［林孝沢：1985］。
（10）もちろん、前期末、中期初まで年代を上げる研究者もいる。たとえば、橋口：1976, 1983　である。
（11）朴晋煜：1987, 1988。この論文では、細形銅剣の形式を第一の基準として、残りの遺物の組成に基づいて、遼東から朝鮮半島南部にいたる広範な領域の青銅遺物群の地域差を三つの類型に区分するが、このような作業は、それぞれ古

朝鮮、扶余、辰国の領域比定のために a priori に区分されたものである。
(12) 村上恭通は、燕の鋳造鉄器製作技術が朝鮮半島に定着して、漢代鍛造鉄器製作技術が導入されて、朝鮮半島特有の鉄器生産が始まったとみているが［村上：1988，1994a，1994b］、燕の生産システム流入の証拠として評価に値するものはほとんどない。朝鮮半島西北部から発見された鋳造鉄斧の鋳型は、楽浪設置以前とみなければならないというものでもないようだ［川越：1979　東：1982］。しかし村上教授が注目する、三韓時代の朝鮮半島で独自に生産された鉄器が、漢代鉄官の規格化した型にしたがわず、独自のものという点を強調することは、重要な意味をもっていたと思う。筆者の見解としては、朝鮮半島南部の鉄器生産システムも陶器生産システムと似た過程で定着したためではないと思う。すなわち遼東で成立した生産システム自体が展開してきたか、ある時点で朝鮮半島南部に拡散したと考えられないのだろうかと思う。
(13) 国立晋州博物館によって1997年度に発掘された。
→慶尚南道・南江遺跡発掘調査団　1998『南江先史遺跡』。

訳注
（１）鉱石を高温で還元することで、炭素が多く含まれる銑鉄を作る過程と、溶融した銑鉄は炭素が多く含まれるので、それを脱炭することによりはがねを作る工程の２段階を経る製鋼法。中国・漢代に発明されたとされる。
（２）日本工業規格（JIS）によれば、炭素量が0.02〜0.2％程度のものが低炭素鋼、0.3〜0.5％程度のものが中炭素鋼、0.5〜2.0％程度のものが高炭素鋼となる。中炭素鋼は、焼入れなどの熱処理を行うことにより、強靭となる。なお、この区分にしたがえば、本文中の福岡県小郡市三沢字花舉山古墳出土品は、高炭素鋼になる。

III 政治体の形態と変動

1 政治体に対する考古学からのアプローチ

　これまで政治体の支配権力が成長する過程に焦点を合わせ、弁辰韓の諸政治体の形成過程を説明してみた。政治体の規模と構成集団のような外形的な特徴よりも、政治権力の本質が変化する過程、すなわち社会内部の政治経済‐イデオロギー上の諸機能と、下位集団を統合して組織化する政治権力の成長の要因とその過程についての説明を試みた。ここでは、弁韓・辰韓から新羅による中央集権化以前までこの地域に存在した諸政治体の形態と変動について検討してみようと思う。諸政治体の規模と内部組織について述べ、階層化と統合にともなう政治体の形態の変動についても推論してみたい。

　『三国志 魏書 東夷伝』では、弁辰韓24ヶ国の存在と、各国の人口から類推した規模、ならびに国邑、邑、（小）村落などの構成単位について言及している。しかし、弁韓・辰韓の諸政治体は、個々の規模においても一定しないばかりか、社会が激しく動く時期であるために、一律に定義できるものではない。ただ、『三国志』の記録により3世紀前半、あるいはそれ以前の一時的な状態のみをうかがうことができるに過ぎない。以後、弁韓・辰韓24ヶ国は階層化・統合され、より大きな政治体を形成したりして、6世紀後半頃には新羅により中央集権化された単一政治体として統合される。しかし、新羅によって統合される以前までは、嶺南地方の諸政治体の形態について、また諸政治体が嶺南地方全体を分割占有していたのかについてさえも、検討するに足る文献資料はごくわずかである。そのため、嶺南地方の考古資料や環境面でのあり方に注目するようになる［Kwon：1992　李盛周：1993b　李熙濬：1996a　朴天秀：1996a］。

　考古資料をもって当時の政治体の形態にアプローチするには、何よりもまず集落類型を分析することになる。集落の規模、類型、階層化された分布パターン、そのあいだの機能的な関係について検討し、政治体の規模や内部組織へとアプローチした［秋淵植：1994　金権九：1995］。しかし嶺南地方で、とりわけ歴史時代の集落遺跡の調査は、最近になって行われるようになったばかりであ

り、それも非常に限定された地域での発掘のために、広範な地域を対象とする比較分析はほとんど不可能である［権鶴洙：1994a］。これに比べ古墳（墳墓）群については、大規模な発掘調査のみならず集中的な地表調査が多く行われており、考古学における集落研究の方法と同様の視角をもって分析してみることができる考古資料だということができる。

　三国時代の一定時期には、洛東江を境に新羅の領域と伽耶連盟体の領域とに区分されていたと、よく言われる。ただし新羅の領域と認めることのできる洛東江東岸一帯においても、諸地域が慶州を中心に完全に統合された状態だったとみるよりも、在地勢力の政治経済的相互独立性がある程度認められた状況のもと、地方支配が行われていたということができる。伽耶とみられる洛東江西岸一帯においても、大伽耶を中心に連盟体を形成していたといわれるが、咸安や固城地域の政治体も同様のネットワークのなかに組み込まれていたかどうかは懐疑的である［金泰植：1994 61-68頁　白承忠：1995 23-30頁］。つまり、一定時期まで嶺南地方では地方支配、連盟体、地域連盟体、連合などと言いあらわされる政治経済的ネットワークを部分的に形成していたということができる。そこで、統合された個々の政治体の相対的自立性を認め、その存在形態も検討されるべき重要事項ではあるが、諸政治体間の関係に注目し、階層化と統合の過程も解明されなければならないだろう。

　政治体の形態に関して解明すべき最重要課題は、個々の政治体の領域空間と内部組織についてではないかと思う。つまり、単位政治体の政治的意思決定と関連した社会空間が地理的にはどのようなものであり、そしてどれくらいの規模で設定できるのかをまず問題とするのであれば、つぎにくる二つ目の問題は、日常の生活空間である自然村のいくつかをコントロールした2次中心地とその上位の最高中心地のあいだを階層化した組織は、どのようなものなのかという点についてである。この二つの問題は、考古資料の形態と分布を分析して当時の社会的実体にアプローチする際提起される、もっとも基本的な問いかけである。

　個々の政治体の規模と内部組織を復原できるのであれば、つぎに提起される問題はその変遷過程に対するものである。嶺南地方で政治体の歴史的過程を説明しようとする際、それを個々の単位政治体の変動として取り扱うこともできるだろうが、諸政治体間の関係とその過程として取り扱うことの方が生産的であるだろう。つまり、諸政治体間における階層化と統合の過程として社会変動

を理解する必要がある。この研究対象とした社会を、多数の政治体が共存している状態だという前提にたつことができるのならば、その歴史的過程は個々の政治体の過程というよりも、いくつかの政治体における相互作用の過程として説明されなければならない［李盛周：1992c］。もちろん、この過程は新羅による中央集権化が持続的に行われた過程として理解することもできるだろうが、新羅という単一政治体内部のみの関係や過程では説明できるものではなく、新羅と周辺諸政治体間の関係の過程によって解明することのできる問題である［李盛周：1996b 246-248頁］。文献史学でも、新羅の中央集権化を中央政府の組織化と地方統治体制の整備過程として認めてきたが［李文基：1990］、そのなかで、地方統治体制の成立については、中央制度の単純な移植としてではなく、在地の政治権力それ自体の過程と中央政府との相互作用として取り扱っている［朱補暾：1995］。

以上のようないくつかの前提に基づいて政治体の形態と変動を検討するのに、嶺南地方の環境の特徴と古墳群の類型、階層化、分布を分析してみようと思う。

本章ではまず、嶺南地方の地形、資源の分布、交通路のあり方などを分析して、政治体との関係を理解してみようとした。なぜならば、一つ目に地形をはじめとする嶺南地方の環境の特徴がこの地域の諸政治体の形成と成長に空間的な枠組を提供するようであり、二つ目に政治体の統合と中央集権化として展開する諸政治体の相互作用を、環境要因が一定の方向と範囲へと導こうとしたと判断することができるためである。

つぎに本章では、古墳および古墳群の類型と分布に対する分析を試みた。今まで古墳（墳墓）に対する研究は埋葬施設と副葬品の型式分類と編年の問題に関心を集めてきたため、墳墓からみた社会の研究は相対的に貧弱なものであった。最近関心を集めている古墳の階層化についての分析は、金工品のような特定の副葬品を対象にして個々の古墳どうしを比較する傾向がある。したがって、古墳群を分析対象としないばかりか、いくつかの地域レベルで、古墳および古墳群の階層的分布を適切に分析することができなかった。このことは、集団内の個々の構成員と古墳群との関係は分析したとしても、集団とその関係については分析できなかったことを意味している。被葬者の生前の社会的地位と役割が埋葬儀礼に表象された結果、それが考古資料として残ったものが古墳の規模や副葬品のあり方だという視点から、多くの研究者たちが個々の古墳を分析し、社会の階層化を推論している。こうした見方が妥当なものだとすれば、古墳群

の分析を通じてその造営集団内部の階層化と、構成員たちの関係について推論してみることができるだろう。古墳群の内部で、埋葬施設の規模と副葬品のあり方にみられる階層化、空間的な集合状況と地形上の立地および方向などは、古墳群を造営した集団特有の性格を分析するのに重要な属性として理解される。そして、いくつかの地域レベルでは、古墳群のあいだの階層化された分布類型は、地域集団内部の下位単位間の階層化された関係を反映するということを前提にすることができる。

本章では、まず古墳群の属性のうち立地、埋葬施設の方向・分布・空間的集合状況、埋葬施設どうしの階層化、存続期間などを分析して、古墳群の類型を設定した。そして、各古墳群の類型が時間的空間的に展開する様相を検討してみた。とりわけ古墳（群）の分布を、つぎのような3種類の空間的レベルで検討した。一つ目として古墳群における埋葬施設の空間的分布パターン、二つ目に一政治体の領域として仮定した単位地域内における古墳群の階層化された分布状況とその変動、三つ目に政治的関連があるという前提のもと、一定地域内における古墳群の分布状況などである。以上三つの地域レベルでその分布を分析した。このような古墳群に対する分析を通じ、古墳造営集団の内部組織、そして諸集団間の関係、諸政治体の階層化と統合の問題にアプローチしてみた。

政治体の規模、すなわち権力が及ぶ領域空間を推論するのにあたり、XTENT モデル［Renfrew & Level：1979］や、Thiessen polygon モデル［Renfrew：1975］で図式化する方法が知られている。このモデルは、両方とも政治権力の中心地から、その権力が及ぶ領域空間を想定する方法である。Thiessen polygon モデルは、政治体どうしの境界を、たがいの中心地と中心地のあいだの距離を2分する地点と仮定する。そのため、対等な政治体どうしがたがいに境界が接しているという条件のもとでモデルが適用することができる。XTENT モデルはというと、中心地の権力の強さによって政治体の半径を補正する。しかし、権力を客観的に数値化して比較できるという前提が、はたして妥当かどうか疑わしい。実際、政治体の中心地の分布空間を、考古資料を用いて確認する作業自体がきわめて困難である点を、認めざるをえないであろう。

考古資料を用いた単位政治体の領域を簡単に客観化できる方法というものは考えがたいようだ。なぜなら中心地の機能と権力の本質によって、中心地から予測できる単位政治体の領域はそれぞれ異なって設定されうるためである。そ

のため、単位政治体内部を統合する中心地の機能とその権力の本質を把握することは、非常に重要な課題である。また、あらかじめ与えられた地形的条件も、政治体の領域を想定するのに考慮すべき重要な要因である。ここでは中心的古墳群の分布から、Thiessen polygonモデルにより嶺南地方の政治体の領域を想定してみた。しかし、こうした作業はひとつの図式であり、実際にそれを用いて成功したとしても、おおまかな傾向を把握する程度のものだろう。

つぎに諸単位政治体が、どの程度内部において階層化された組織をそなえていたのかを探ってみた。単位社会の階層化された内部組織を検討する考古資料として、よく集落類型が注目される。特に、集落の階層化された分布パターンを分析し、内部組織の階層化について何らかの解釈を導き出そうとするモデルが提示されており、それは社会の複合の度合いを評価する手助けになりうると主張される[1]。ここでは嶺南地方の古墳（墳墓）群の階層化された分布パターンを分析し、簡単な中心地モデルとして描写してみた。嶺南地方の歴史時代[訳注1]の集落遺跡についての調査は集落に対する分析を試みてみることができるほど充分に行われていなかったために、古墳群の分布に注目せざるをえない。実際、嶺南地方は、他のどの地域に比べても古墳群の分布が稠密なほうで、階層化の状況をよくみせてくれると認識されてきたようだ。そして最近まで、この地域で行われた発掘調査が古墳に集中してきたために、調査資料も多く蓄積されてきている。あえて全面的な発掘調査を行なわなくとも、地表調査を通じても古墳群の階層化された分布類型を見出すことが可能となると思われる。なぜならば、古墳の封土の規模、地上に露出した遺構や、遺物の様相からみて、古墳群の共時的‐通時的な分布類型と変化を検討してみることができるためである。本稿では、政治体内‐政治体間の階層化とその変動を述べるために、その間蓄積された調査資料を分析して、古墳群間のある時点における階層化と変遷を検討してみたい。

2　嶺南地方の環境の特徴

政治体の形成と成長を、地形、交通路、重要資源の分布のような環境という文脈と関連させて検討してみることは重要な作業になるだろう。特に4～5世紀代の嶺南地方の諸政治体が、相当に社会が階層化され複合度（complexity）のレベルも高い段階に到達していたにもかかわらず、比較的小さな領域空間を

占めていたという事実［権鶴洙：1992］、そして特定政治体のグループが一定の方向へきわめて強い相互作用を働かせ合っていたという点は、むしろ環境要因で説明される必要がある。

(1) 地　　形

嶺南地方は、太白山脈から分かれ出て西南～南へ延びる小白山脈の山並みによって、朝鮮半島の他地域と分離されていて、地形的に閉鎖された環境を形成している。そのため慶尚南北道は、嶺南盆地とも呼ばれてきた。閉鎖された嶺南盆地の内部は、洛東江とその支流、そして太白山脈と小白山脈から延びた小規模な山脈によって切りとられた、小さく局地的な盆地により区画されている。

嶺南地方の諸盆地は、洛東江水系を中心に、差別侵食〈地質的にやわらかい部分のみを侵食し、硬い部分が残った地形〉と堆積によって成立した小盆地である。この諸盆地のあいだに発達した河川ネットワークは、盆地どうしを結びつける役割を果たした。閉鎖された小盆地により構成された地形は嶺南地方の地形の特徴で、遼東から始まり朝鮮半島西海岸一帯に発達した準平原状の地形とは、明らかに対比することができる。

嶺南地方は、地形的な特徴によって北部山地、西部山地、東部山地、南東部山地、洛東江水系盆地、東南海岸など、5～6の地形区に分類［朴魯植：1971］することができる。

山地は、1,000m以上の高峰が連なった小白山脈の東側、南側斜面である。洛東江の支流が源を発し、この支流を中心に侵食盆地が発達している。北部、西部、東部山地一帯には、支石墓、住居地が分布することが知られているが、青銅器時代の遺跡の分布はほとんど調査されたことがなく、古い時期の古墳群もいまだ確認されていない。この一帯には5世紀頃からの中小の群集墳が多く発見され、いくつかの盆地内では大型封土をもつ古墳群も分布している。

南部山地の場合は、L字状に蛇行する洛東江と琴湖江にはさまれた地域であり、太白山脈の小支脈である。この山地は洛東江以東に分布する盆地のあいだの交通に対し、きわめて大きな障壁となっている。

洛東江流域は嶺南地方の中央平野地帯を形成しており、農耕や交通に有利であって、先史時代から居住の中心地となってきたようだ。洛東江は、琴湖江、南江、黄江、密陽江などの大支流と、そのほかの7筋の重要な支流を合わせると、相当に広い流域面積を形成している。洛東江流域でも、人口を集中させる

2　嶺南地方の環境の特徴　95

図 3-1　嶺南地方の主要盆地の分布

ことができるような地形的条件をあらかじめ提供しているところは、中流域と琴湖江一帯の大邱、慶山、永川、慶州、浦項盆地と続く平野地帯である。この洛東江中流の盆地群には、早い時期、つまり青銅器時代から原三国時代にかけての重要な遺跡が、もっとも高密度に分布している。

　洛東江中流域のまた別の盆地としては、高霊、陝川、昌寧盆地があるが、このなかで高霊と陝川は、洛東江流域の盆地のうちでもっとも閉鎖的な環境を形成している。盆地自体が狭小であるだけでなく、東部・西部山地に分布する盆地のように盆地の四方が山に囲まれている。後期伽耶の重要な勢力が山間の閉鎖的な盆地を拠点としていたと推定される［金泰植：1985］が、比較的大きな盆地には5世紀以降の伽耶最大級の高塚古墳が分布し、小盆地でも中小型の群集墳が分布する。

　洛東江下流域では、梁山と金海の郡界を越える時には山間部を通過するのに対し、河口部には韓国のどの河川でもみることのできない大規模な三角州が形成されている。洛東江河口の三角州と金海盆地の後背湿地は、B.P.6000年頃〈1950年を起点として6000年前頃〉、海水面が安定するなかで序々に形成され、現在の地形と海岸線は、ごく最近、1900年頃にできあがった［呉建煥：1991］とされる。今から約2000年前の狗邪国の形成期に、人間の居住と土地利用が可能であった地域は、現在の山間部に小規模に形成されたきわめて狭小な谷底平野であり、金海盆地の大部分は金海湾だったというのが結論［潘鏞夫・郭鍾喆：1991　安春培・金元経・潘鏞夫：1990］である。

　嶺南地方一帯の地形全般について概観したが、地形上の特徴と考古資料の分布を関連させてみると、つぎのような事実につきあたる。

　一つ目として、嶺南地方が地形上他地域と区分される特徴は、閉鎖あるいは半ば閉鎖された多数の盆地で構成されている点である。その盆地は大小の河川に沿っていて、河川のほとりにはかなり広い沖積平野が発達している。周辺の山間部には小規模な谷底平野と扇状地が発達している。そのため各盆地は先史時代から人間が居住し活動した中心地となり、新羅・伽耶の政治空間の基礎をなしたようである。5世紀頃の中型・大型封土墳の分布は、嶺南地方の盆地の分布とほぼ一致しており、結局、独立あるいは半独立的な諸政治体が、時期的に前後するものの、各盆地内に形成され成長してゆき、こうした盆地の内部とその周辺一帯を占有したものと考えられる。

　二つ目に、これまでの考古学的調査の成果からみる限り、嶺南の一部地域に

まず政治体の成長がおこり、残りの地域へ政治権力が拡散していったものとみられる。洛東江中下流域にある盆地と東南海岸一帯では、比較的早い時期から大型墓を築造して高塚古墳へと発展したが、東北山地と西部山地では、それと比肩するような大型墓や高塚古墳が発見されていないためである[2]。

(2) 重要資源の分布

重要資源とは、生存と防御のための、あるいは政治エリートたちが権力を維持強化するために必要なものであり、しばしば食糧、鉄資源、塩などのようなものが古代人にとって必須の資源として想定されている。このような資源の分布が政治体の成長に大きな影響を与えたのであるが、単純に直接に相関関係があると推論したり、現在の状況と同一視して、類推、解釈したりすることは困難である。資源の分布と政治体の成長の関連性についての解釈は、開発技術、社会的要求などと関係し、綿密に検討されなければならない問題である。

人口の増加や集中‐農業生産量の増加‐農耕技術の発展‐社会の成長などのあいだに相関関係があると考えるのであれば、嶺南地方の各政治体が位置する諸地域の、耕地を活用するためあらかじめ与えられた条件は、政治体の形成と成長に重要な要因となる。諸政治体がおかれた各地域は地形上多様であり、耕地活用のためあらかじめ与えられた条件もたがいに相違するようだ。そこで現在の農業生産量や耕地の活用状況が三韓・三国時代と同じだと仮定し、それが人口集中と政治体の形成の重要な要素だと指摘されることもある [Kwon：1992] が、古代農業についての資料と研究の蓄積が行われない限り、現在の耕地面積利用方式を過去のそれと同一視することもむずかしいと思われる。

たとえば、洛東江中下流域に発達した沼沢地が、1910年代以降、堤防の築造により顕著に減少したという点、そして下流の金海平野の場合、広い三角州が現在の状態に形成されたのはごく最近のことである点などは [呉建煥：1991]、過去と現在を同一視しがたいという事実を示している。各地域にあらかじめ与えられた環境条件が、農業生産力をどの程度まで制限したのかは、いまだにはっきりとしない。さらに重要な研究課題は、環境面での制限や灌漑の限界を克服しようとする農業技術の発展についての説明である。最近の諸研究のうち、鉄製農工具の開発と普及 [李賢恵：1991]、労働を社会的に徴発すること [金在弘：1995]、品種と施肥などの多様な農法への応用 [郭鍾喆：1992] を通じた農業生産の発展過程の研究は注目してもよいものである。

洛東江水系に沿って扇状地、氾濫原、後背湿地、沼沢地などの堆積地形が形成されていて、この各地形ごとの耕地活用度［金萬亭：1990］は相違するだろう。その場合、各政治体それ自身の領域内には、どのような堆積地形がどれくらいの比率を占めているのかという点が、特に考慮されなければならない。しかし、当時行われていた農業技術やそれに関係する施設によって、耕地活用度は大きく左右されるであろう。古代の農業技術と灌漑事業について、十分に研究されていないので、耕地活用度を的確に復原することはできないものの、政治体ごとに、可耕地と土地生産性などの違いによる農業生産力の格差を認めることができるだろう。

　鉄器が使用されるようになってから、鉄は古代人にとって必須の素材であったし、鉄鉱床の所有は政治体の成長にも重要な役割を果たしてきただろう。しかし、鉄鉱産地の分布と政治体の成長を直結させることは困難である。つまり、鉄産地の所有と鉄と鉄器の生産、そして政治体の成長が相互に関連性をもつとしても、単純な因果関係で説明することはむずかしい。当時の開発技術や社会経済的条件が考慮されなければならない。品位の優れた鉄鉱石産地の分布が、製鉄業の立地に大きな影響を与えることができる点については異論の余地はない。しかし、鉄鉱石の分布が製鉄をまったく左右するわけではない。たとえば、採掘技術・燃料である木炭の生産地・労働力・交通路・政治経済組織などによっても、製鉄の発展の可能性を大きく左右することができる。

　嶺南地方の鉄鉱の産地は、全般的に鉱物の品位や埋蔵量により評価すると、貧鉱に属するという報告がある［金洙鎮：1986　大韓鉱業振興公社：1968, 1970a, 1970b, 1972, 1973, 1974］。鉄鉱石としての利用価値があるとみられる磁鉄鉱と赤鉄鉱などは、慶南地方、すなわち慶州外東面と蔚山農所面に始まり、巨済島にいたるまでの東南海岸地帯にのみ集中的に分布する。このなかで古くから長期間にわたり露天掘りによって開発された形跡があるのは、蔚山郡農所面一帯の鉱山と、金海郡上東面、梁山郡勿禁面一帯の鉱山である。鉄の含有量が70％を超える磁鉄鉱や赤鉄鉱に比べ、含有量が40％ほどのチタン鉄鉱や黄鉄鉱は相対的に商品価値が低く採掘の可能性も低いと思われる。チタン鉄鉱は陜川郡伽耶面竹田里一帯で産出するが、朝鮮時代前期には冶炉県のもとにあって、『世宗実録　地理志』〈朝鮮第四代の王、世宗の在位期間の歴史書で、1454〔日本享徳3〕年完成、撰進〉には冶炉県の鉄鉱が大規模に開発されたと記録されている。

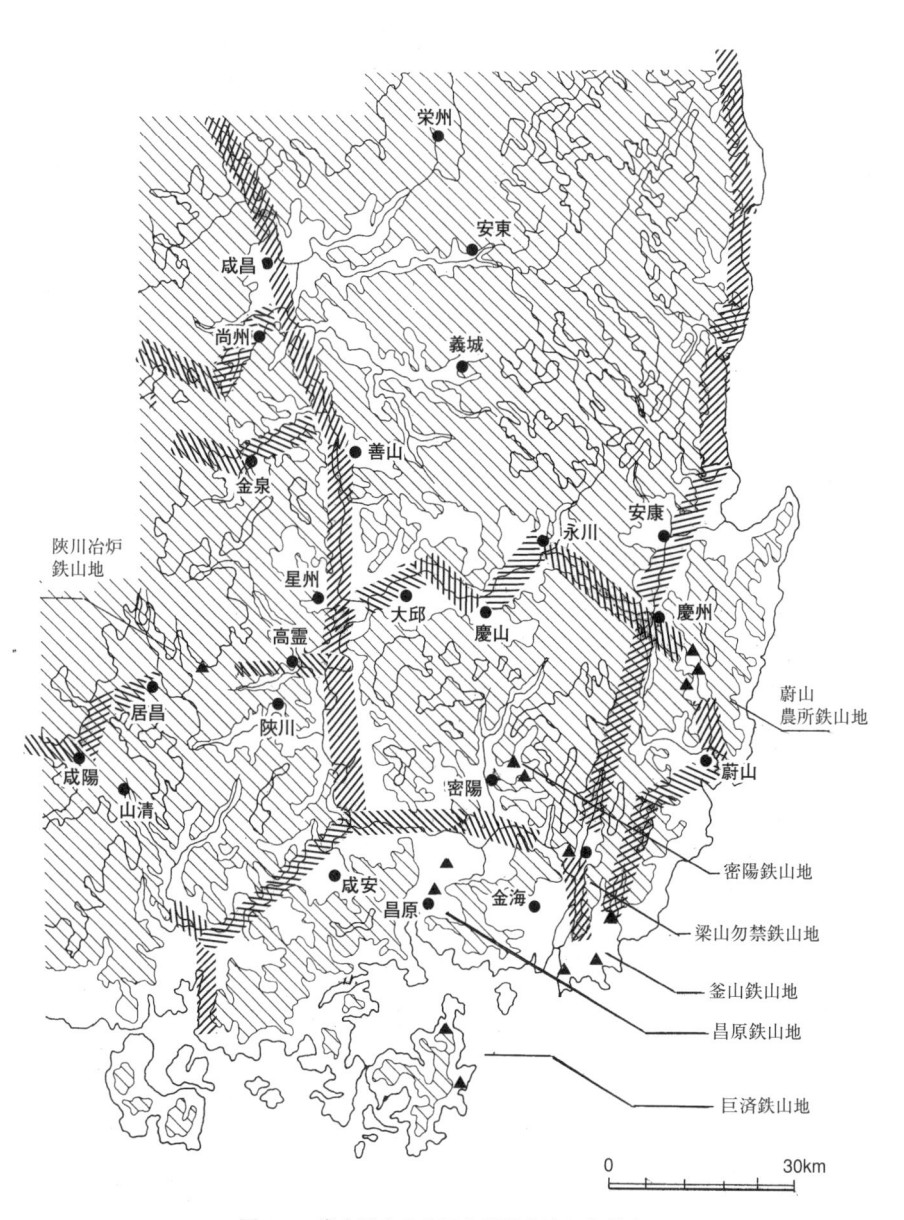

図 3-2　嶺南地方の主要な鉄鉱産地と交通路

嶺南地方で重要とされる鉄鉱の分布は、東南海岸地帯で局地的にみられる。権丙卓教授は蔚山郡農所面所在の達川鉱山を朝鮮時代に嶺南地方最大の鉄生産地であったとする。さらに、この達川鉱山を三国時代以前からの新羅・伽耶における鉄生産の中心地と推定しつつ、『三国志　魏書　東夷伝　韓（弁辰）』条の「国産鉄　韓濊倭皆取之　諸市買皆用鉄　如中国用銭　又以供給二郡…」という記録と関連づけている［権丙卓：1970, 1979］。当時の採鉱技術のよしあしによっても変わってくるだろうが、遅くとも5世紀前半までは嶺南地方から東南海岸一帯が、製鉄と鉄器生産の唯一の中心地であった可能性が高い。一つ目に、1〜4世紀代における鉄素材として推定される板状鉄斧［大沢・山本：1977　宋桂鉉：1984］、鉄鋌、板状鉄矛[3]などを大量に副葬する墳墓が東南海岸地帯に主として分布するという点と、二つ目に、かなり以前から露天採掘された痕跡があるとか、近年に集中的に採掘されたという記録のある鉄鉱産地がすべてこの一帯に分布するという事実を、見過ごすことはできないためである。もうひとつの重要な鉄産地と推定される陝川の冶炉鉄鉱［文曉鉉：1973　98頁］は、少し遅れて開発されたとみられる［金泰植：1986］。つまり内陸地域の諸政治体が成長するにつれて開発されたのである。明らかなことは、鉄鉱の産地が局地的なものだという事実、『三国志　魏書　東夷伝』の記録のとおりに鉄素材を交易したという事実である。要するに諸政治体のあいだでは鉄原料と鉄生産が不均等であって、それによる政治体の相互作用を想定することに無理はない。

　われわれが想定可能な古代人の必須資源のうちで、その種類によっては季節的・時期的な変動の幅が異なるのであり、地域的な分布も異なるものがあるであろう。特にある資源は嶺南地方内でも限定された地域にのみ分布し、ある資源は普遍的に産出することもあるだろう。そして、あるものは嶺南地方のなかで生産されず、対外交易に依存しなければならなかっただろう。

　嶺南地方の各盆地は、たがいに少しずつ異なる環境条件をもっていて、生活に必要な基本資源（basic resource）の分布も異なっていただろう。閉鎖されて個々に分かれた盆地を占有した三韓・三国の諸政治体は、自己の領域内の資源のみでは存続がむずかしかったようだ。食糧、塩、鉄などの基本資源のうち、いくつかは部分的にしか所有できなっかたため、こうした基本資源をめぐって競争したり交易したりしたのであろう。結局、各盆地内の環境、基本資源の分布、たがいのあいだの交通路は、各盆地における政治体の成長と諸政治体間の政治経済的相互作用、地域的統合と究極的な中央集権化の過程を説明するのに

重要な要因となるということができる。

(3) 交通路

　嶺南地方の盆地は山脈によって閉鎖または半ば閉鎖されているため、この盆地間の通路が諸政治体間の政治経済的相互作用を導いたのだと思われる。また、嶺南地方それ自体が太白山脈、小白山脈さらに海によって朝鮮半島の他の地域と分離された地理的環境に属する。そのため、嶺南地方の外へと通じる通路は、この地域の諸政治体が周辺地域の政治体と相互作用するのに重要な役割を果たしたものと思われる。

　嶺南地方は、小白山脈によって朝鮮半島の他の地域と遮断されていて、東部と南部は海に囲まれている。嶺南地方の諸政治体が陸路を通って朝鮮半島の他地域と交流しようとすれば、小白山脈という天然の障壁を克服しなければならない。この山脈を越える峠は13ヶ所ほどに収斂されるのだが、そのうちソリト峠と秋風嶺は比較的緩やかで、早い時期から利用されただろうと推測される。北部にある竹嶺、鳥嶺、梨花嶺の場合、高句麗が南下した以後、戦略的に開発された可能性がある。紀元前1世紀から嶺南地方で本格的に拡散した細形銅剣に関連した遺跡の分布［沈奉謹・朴恩貞：1992］は、尚州と金泉（金陵）の2ヶ所から始まり、洛東江を南下して、大邱、慶山、永川、慶州など琴湖江流域の盆地内にもっとも高い密度で分布したのち、さらに南海岸へと拡散している。このような分布は、嶺南地方における陸路による対外交易路のあり方をみせていて、この通路に関連し、政治体の成長が早くから進行したのである。

　嶺南地方の政治体が外と通交するもうひとつの陸路は、東海岸の狭い海岸平野地帯である。新石器時代と青銅器時代の土器文様にロシア沿海州、咸鏡道、江原道、慶尚南道の東海岸まで、相当な類似性を見出すことのできる点、アムール川流域の岩刻画と蔚山盤亀台岩刻画のあいだの類似性、真興王の咸鏡道進出などとともに、極論すれば新羅古墳文化のなかに北方あるいは西方の遺物が流入する契機にいたるまでが、東海岸を経た人の移動の証拠になると思われる。

　嶺南地方の政治体が外部へと通じるまた別の交通路は海路である。海路は航海手段、航海技術、航路についての知識が前提になくては不可能である。こうした知識は、長い間の海洋あるいは海岸に適応した生活方式の結果蓄積される。青銅器時代の嶺南地方の海岸で発見された遺跡からは、海洋に適応した証拠を見出しがたい。南海岸の貝塚の下層から検出される青銅器時代の文化層からは、

海洋に適応した生業経済というものの形態がほとんど発見されなかった。海路はほぼ紀元前1世紀代になって開拓され、利用が急激に拡大されたようである。中国や楽浪によって開拓された海路を、嶺南地方の諸政治体が対外交易の通路として利用しつつ、その利用が急激に拡大されたのではないかと思う。

　紀元前1世紀代から3世紀代まで洛東江下流を中心とする東南海岸一帯の遺跡から、楽浪や倭から流入した物品の量が、他地域と比較にならないほど出土する。昌原茶戸里、金海良洞里、同大成洞遺跡などに対する最近の発掘調査でみる限り、この嶺南地方東南海岸一帯が楽浪と倭を結びつける対外交通にとって重要な地域だという点、そして当時の対外交通にあっては、海路への依存が高かった点を物語っている［申敬澈：1992b　李賢恵：1994］。

　嶺南地方内部の諸政治体間における交通路について検討してみると、つぎのようになる。

　地形上、河川は場合によっては障害物としても作用するが、水運による非常に効果的な交通路となることもあり、自然堤防も天然の道路として開設されたようなものだ。おおむね、河川に沿っては効果的な交通路となるが、横断するために橋をかけるとか、交通手段を交替するのに荷役作業などで費用がかさむ。そのため洛東江も政治体の境界や遺物様式の分布境界となっていて、江自体に沿っては頻繁な政治経済的相互作用が行われたものの、洛東江をはさんだ相互作用の強さは急激に弱まっている。

　洛東江とその支流は、河川ネットワークに沿った線としては優れた交通路であるが、河川を横断するには障壁となっている。そのため洛東江は、しばしば戦略的あるいは政治的な境界の役割を果たす。洛東江の両岸は平野地帯でありながら、洛東江を跨いで両岸の平野を結合する政治体は存在せず、嶺南地方の諸政治体が洛東江を越えて結びつくことは、6世紀に入ってやっと可能となった。そこで洛東江を境界とする土器様式の分布［金元龍：1960　李殷昌：1970］、政治的対立関係（政治体連盟の分割）などが推論されてもいる［金泰植：1991　崔秉鉉：1992a］。

　幅の広い狭いにかかわらず、たがいに連なった平地は、効果的な交通路である。諸政治体のあいだに敵対的な関係が生ずると、狭い平地や峡谷には防御施設が設けられ、一時的に遮断される場合がある。現在の道路網が開設されている状況もそうだが、嶺南地方で標高50mあるいは100m以下の平地を結ぶ交通路は、三韓・三国時代でも重要な交通路だったと推定される。この交通路は洛

東江とその支流によって形成された河川ネットワークと関連があり、嶺南地方に分布する諸盆地を相互に結びつけている。そうして嶺南地方の各盆地を中心に形成された諸政治体の相互作用を引き出す役割を果たしたと考えられる。

洛東江は諸政治体を線として結びつけることもあるが、区分のための境界ともなる。ただしその支流（たとえば南江、琴湖江、黄江を含む渭川、甘川などのような支流）は政治体の境界になるほどの障壁にはならない。主として洛東江の1次、2次支流に沿って平地が結びついていて、この平地は諸政治体間の政治経済的相互作用の通路となっている。慶尚北道北部の山間盆地を結びつける通路と、西南部内陸の黄江、鏡湖江、南江など洛東江支流の河川ネットワークの生み出した交通路は、それぞれ新羅と大伽耶の重要な交通路として利用されたことを、考古資料からみて検証しようとする研究もある[4]。

交通路は形態と機能のふたつの次元から分析される［Trombold：1991］。前者はミクロの視点のレベルで観察される道路の幅と長さ、築造方法といった側面であって、後者はマクロな視点で、道路網、各地点の連絡方式などに関するものである。特に交通網は自由市場経済体制下において、物品運搬にかかる費用を最小化する原理により結びついてもいるが、あらゆる物資が、縦方向に中心地へのみ流入して、また中心地からのみ流出し、横方向への交流を行わないネットワークが形成されてもいる。特にこのようなタイプを樹枝型というのだが［Hassing：1991］、それは中央集権化された政治体の内部における交通体系の特徴ということができるのであろう。交通ネットワークは、もちろん地域的な要因に支配されているが、社会進化段階によって形態も変化し、その機能も変化するようになるだろう［Earle：1991］。

諸政治体間の交通路の形成と発達において重要な点は、そのネットワークの形態が単線的なものから樹枝型へと変わってゆくという事実である。ほぼ1～3世紀代には政治体と政治体をたがいに線的に結びつける形態を維持していたが、しだいに特定政治体が支配的な地位を占めるようになることで、この政治体を中心に交通網が樹枝型に発達するようになる。三韓段階の線的な交通網を通じては、塩、鉄のように分布に偏りのある必須資源や、象徴的、儀礼的物品が交易されたのだろう。線的な交通網から樹枝型の交通網へと変化する最初の段階は、諸政治体間の葛藤が生じた時点からである。諸政治体間に競争関係が発生して、そのなかで特定政治体が支配的な位置を占めて重要資源の横方向の交易を遮断しいくつかの政治体が集まり、そのグループ内に中心地が発生する

ようになる。樹枝型交通網は、この中心地をめざして集中する形態である。

5世紀代以降、慶州を中心に形成された新羅の交通網［李熙濬：1996a］と、高霊を中心に形成された大伽耶の交通網［朴天秀：1996a］は、樹枝型の形態をとっていたようである。自然地形にしたがってすでに形成されていた政治体間の通路に沿って、相互作用が激しく働き、そのなかの特定の政治体が相対的に際立って優位に立つと、中央集権化への過程が始まる。嶺南地方の諸政治体間には相互作用が相対的に激しく働くようになったグループが存在し、それは相互作用を促した自然の交通路と無関係ではない。そしてそのグループ内に中心的な政治体が登場すると、交通網は樹枝型へと変化した。

樹枝型になったからといって、最初から多量の物資がこのネットワークを通って輸送されたとは思われない。初めは象徴的・儀礼的・政治的な交通路として利用されるなかで、しだいに中心地の経済基盤を拡大するために交通網が発達するようになった。積石木槨墳Ⅰ期1段階（5世紀前半）までは、新羅を中心にした法的身分秩序は発生していなかったものと考えられる［朴普鉉：1988a］。冠と冠飾、帯金具など、身分を象徴する装身具が、材質や形態において洛東江東岸に不均等に分布する［朴普鉉：1988b］のは、これ以降のことである。そして、特定の政治体が周辺を征服して直接支配し、中心地の機能を維持するために食糧のような多量の余剰生産物を引き入れるかたちの交通網は、それよりも後のものである。

嶺南地方の諸政治体は、社会の複合度（complexity）がかなり高いレベルに到達するまで、比較的狭い空間範囲を占有していた。きわめて限定された領域内で社会の階層化が深まるなかで、資源を効果的にコントロールしてきたようにみえる。政治体の成長過程でのこうした特徴は、多数の半閉鎖的な盆地で構成された嶺南地方の地形的特徴が、はたして大きな作用をおよぼさなかった、ということができるのだろうか。

このような地形的特徴とともに重要な環境要因として政治体の成長に作用したものは、基本資源の分布と交通路ということができる。嶺南地方の環境をさらに細部にわたって概観したとき、基本資源はかなり不均等に分布している。その資源を獲得するためのアプローチにあたっても、不平等な状況があるようだ。嶺南地方のなかでも琴湖江盆地と東南海岸地帯が、より早い時期から成長していたことが知られているが、それはこの地域が重要資源の獲得と交換に有利であって、内外に対する交通路の開設も容易であったためと考えられる。

特に、嶺南地方内部の交通路は、政治体成長のきわめて重要な要因となったようだ。嶺南地方は半閉鎖的な盆地で構成されて、盆地にはひとつの政治体が成長していたので、この交通路は諸政治体どうしの政治的・経済的・軍事的・イデオロギー上の相互作用の通路となった。とりわけ洛東江の1次、あるいは2次支流によって形成された河川ネットワークは、交通路形成と密接な関係がある。

以上のような検討を通じて、嶺南地方の環境の特徴が条件によっては政治体の成長を変化させる重要な要因となったということを提案しようと思う。ともかく多数の盆地で構成された嶺南地方の地形の特徴が、この地域の政治体形成の空間的枠組みを提供したものと推論することができる。そして盆地と盆地を結びつける交通路はこの地域の河川ネットワークの発達と関連がある。この連結路を通って諸政治体のあいだの相互作用がさらに激しく進行した。諸政治体の統合の方向と範囲もこうしたあらかじめ与えられた地形条件に大きく左右された。また、嶺南地方はあらかじめ与えられた複雑な地形的な条件とともに、資源が地域的に不均等な分布をみせるため、資源の分配・交易が必要となり、諸政治体間の相互作用が発生した。そして、こうした相互作用は交通網に沿って行われて、結局、諸政治体間の階層化と結合へと進んでいったものと推論することができる。

3　墳墓(古墳)群の類型と展開

これまでの墳墓（古墳）(訳注2)資料に対する研究は、副葬品と墓制の分類・編年に主な関心を払ってきた。埋葬儀礼の一回性と同時性ということのために、墳墓資料が文化史の編年資料として利用されもしたが、最近では被葬者の社会的地位・役割についての情報が収まっているという点で、なおいっそうの注目をあびる傾向がある。そのため墳墓資料を通して、さまざまな地域レベルでの分布の分析から、墳墓内あるいは個々の遺構にいたるまで、多様なレベルと関心から社会的関係とその過程へアプローチするための研究が行われている［Beck：1995　Brown：1971　Chapman：1982　O'Shea：1984］。

嶺南地方の墳墓研究でも最近になって墓制や副葬品の分類と編年研究を越えて、新たな研究課題が関心を集めている。墳墓の階層分析を行なって、社会内部の階層分化を検討する研究［朴普鉉：1988b, 1990, 1991, 1995　Pearson・Lee・

Koh・Underhill：1989］、墳墓群内・墳墓群間の階層化の変遷過程を分析し、特定集団や特定個人が単位政治体の内部で支配的な位置についた契機、その発生を検討した研究もある［崔鍾圭：1991］。単位政治体の領域を想定して、その地域内の墳墓群の分布と階層化を分析し、社会の統合規模の拡大過程を検討することもある［尹容鎮：1974　金龍星：1989］。

　当時の社会を理解するために嶺南地方の古墳を分析したこれまでの研究は、個々の古墳を副葬状況によってランクづけするとか、すでに前提とした狭い領域内での分布にだけ関心を集めてきた。墳墓資料を通じて単位社会の内部組織や単位社会のあいだの関係を検討しようとするならば、個々の墳墓よりも墳墓群およびその地域的な分布に注目しなければならない。ここでは、墳墓群の類型を分析してその時期的‐地域的展開過程を検討し、政治体の形態とその変動にアプローチしたい。つまり、さまざまな地域レベルで墳墓群の類型別分布とその変遷を分析し、政治体の規模と内部組織、政治体間の階層化と統合の問題にアプローチし、そのため発掘調査された資料だけでなく一定地域に対する集中的な地表調査の資料も分析の対象としようと思う。

（1）墳墓(古墳)群の類型設定

　当時の社会を理解するために墳墓資料を検討するのならば、個々の墳墓の分析よりも墳墓と墳墓のあいだの関係に、個々の墳墓群よりも墳墓群と墳墓群のあいだの関係に注目する必要がある。個々の遺構の副葬品を分析し墳墓をランクづけして、そのランクに沿って単位を作る作業よりも、その単位と単位のあいだの関係に注目しなければならないであろう。社会関係は、考古学者があらかじめ設定しておいた副葬品のランクに反映されるのではなく、副葬品と埋葬遺構の分布状況を示す空間に反映しているのであろう。埋葬遺構とその領域の分布が、何らかの集合・分離状況をみせて、その配置が何らかの方向性をもっているとき、埋葬遺構と埋葬遺構のあいだに関連をもつ空間があるということができるであろう。埋葬遺構どうしが関連をもつ空間というものは、階層分化、家族集団、親族集団、特定の社会関係とその秩序などを反映するということができる［Goldstein：1981］。

　ここでは、個々の墳墓よりも墳墓群の類型を認識しようと思う。墳墓（古墳）群の属性は、いくつか羅列してみることができる。墳墓群自体の立地する地形、個々の埋葬施設の方向と集合状況、副葬品と立地からみた階層化、墳墓（古墳）

のランクとその組み合わせ、墳墓群の存続期間と分布など、いくつかの属性は、墳墓群の時間的・地域的なヴァリエイション、共同体内における被葬者の社会関係、単位政治体内における被葬者集団の階層などを反映するだろう、ということを前提にできる。ここで墳墓(古墳)群の諸属性を選定する際に重要なのは、考慮された諸属性により三韓・三国時代の嶺南地方すべての古墳群を可能な限り詳細に類型化し、同時期の単位政治体内部に存在する墳墓群の諸類型を把握できなければならない、ということである。三韓・三国時代の嶺南地方すべての墳墓(古墳)群を、もれなく可能な限り詳細な類型に分類できるような属性を8種類選び出して、11の類型に分類してみると表3－1、3－2のようになる。

(2) 墳墓(古墳)群類型の展開過程

　墳墓群は、単位集団が継続して行った埋葬儀礼を通じて形成された。したがって、墳墓群は造営集団の存在と存続期間について考慮することが肝心である。嶺南地方では、紀元前1～2世紀頃のある時点から、以前とは異なって墳墓が集団化し墳墓群の形成が始まった。この墳墓群は一定期間造営されて消滅することもあるが、場合によっては紀元後5～6世紀代まで継続することもある。重要な事実はこの時期に形成された墳墓群のなかには、4～5世紀代にひとつの政治体の中心的古墳群として展開するものがあるという点である。このような墳墓群の形成過程は、それが血縁的なものであれ地縁的なものであれ、個々の共同体が集団として墓地を造営するようになってある段階に至ると、共同体内の特定集団が分離してその墓地を排他的に使用したということを意味する。したがって、墳墓群の形成というものはそれ以後の展開過程まで考慮するならば、社会変動に重要な意味をもっていたと考えられる。

　初期墳墓群の資料は少なく、特に墳墓内の分布空間を把握できる資料はほとんどない。茶戸里と良洞里遺跡で、この時期の墳墓の分布類型をなす空間を把握することができるが、遺跡の分析によれば紀元前2世紀中葉から紀元後2世紀中葉まで約300年間嶺南地方の墓制が土壙木棺墓であることは明確で、この土壙木棺墓第Ⅱ段階のはじまりを、伽耶としての墓制のはじまり、早期伽耶のはじまりとしてとらえている［林孝沢：1993a, 1993b, 1993c］。茶戸里1号の推定年代である紀元前1世紀中葉までは首長墓が出現せず、墳墓群内に特別な階層化を確認することもむずかしく、墳墓の集団化が明白になるような兆候も発

108　Ⅲ　政治体の形態と変動

表3-1　墳墓(古墳)群の類型設定 (1)・(2)

類型		茶戸里類型	良洞里類型	福泉洞類型
立地選定		平地	丘陵地	丘陵地
埋葬施設	主軸方向	東-西	木棺墓は等高線に直交　木槨墓は等高線に平行	等高線に平行
	配置・群集の仕方	特別な群集はない。等間隔の遺構配置。	特別な群集はない。配置に間隔をとらず遺構密度が増加。	特別な群集はない。大型墓は一定の間隔で配置。中小型墓は密集。
	規模の格差	遺構間に特別な規模の格差はない。	遺構間の規模の格差が大きくなる。	遺構間の規模の格差が極めて大きい。
階層性	副葬状況	遺構間の副葬品に格差あり（特に楽浪からの威信財の有無）。	副葬状況の格差拡大（鉄器の量と外来系威信財の有無）。	副葬状況に格差拡大（容器類、鉄製武器の副葬量）。
	立地	立地のうえでの階層性はない。	立地のうえでの階層性はない。	立地上の階層化：丘陵頂部、上部に大型墓、その下に中小型墓。
存続期間		紀元前1世紀～紀元後2世紀前半	2世紀後半～3世紀前半	3世紀後半～5世紀前半
分布地域		嶺南地方中南部と東南海岸（洛東江中・下流域）	嶺南地方中南部と東南海岸（洛東江中・下流域）	嶺南地方中南部と東南海岸（洛東江中・下流域）
類型の定義		集団から分離した最初の支配的親族集団の墳墓群。	茶戸里類型から展開してきた支配的親族集団の墳墓群。	単位政治体内の最高階層の大型墓を含む中心の古墳群。
代表的な古墳群		昌原　茶戸里墳墓群　　慶州　朝陽洞墳墓群	金海　良洞里古墳群　　大邱　八達洞古墳群	金海　大成洞古墳群　　蔚山　下垈古墳群　　釜山　福泉洞古墳群　　咸安　道項洞古墳群

類型		老圃洞・七山洞類型	苧浦里類型	池山洞類型
立地選定		丘陵地・平地	丘陵地・平地	山地・丘陵地
埋葬施設	主軸方向	丘陵地と傾斜面では等高線と平行。平地では東-西軸	丘陵地と傾斜面では等高線と平行。平地では東-西軸	主墳葬施設の方向は等高線と平行。従属する槨はその周りに配置。墓域は一定間隔で配置。
	配置・群集の仕方	特別な群集はない。遺構は無作為に密集する。	特別な群集はない。遺構は無作為に配置され密集の度合いは低い。	殉葬墓、家族墓の造営によって多槨式をとって集合する場合もある。
	規模の格差	埋葬施設相互間に規模の格差があまりない。	埋葬施設の規模の格差がほとんどない。	埋葬施設間の規模の格差が極大化している。
階層性	副葬状況	容器の器種構成、鉄製武器の種別の有無による階層化あり。	副葬状況にわずかなレベルでの階層化、職業的機能により副葬品の差異あり。	副葬状況に厳格な階層化（金工装身具、武器などの威信財の副葬量）あり。
	立地	存在しない。	存在しない。	大型封土墓が丘陵頂部を独占。中小型墳は、その周りや傾斜面に配置。
存続期間		3世紀後半～5世紀前半	3世紀後半～5世紀前半	5世紀中葉～6世紀中葉
分布地域		嶺南地方中南部と東南海岸（洛東江中・下流域）。	古墳群形成が遅れた嶺南地方の周縁。	慶州とその周辺を除く嶺南地方ほぼ全域。
類型の定義		政治体内の中心古墳群出現以後、その下位にあたる古墳群。	政治体の成長が遅れた周縁地域で形成された小型墓群。	新羅・伽耶の一政治体の中心古墳群。支配的親族集団の古墳群。
代表的な古墳群		釜山　老圃洞古墳群　　金海　良洞里・礼安里・七山洞古墳群　　昌原　道渓洞古墳群　　馬山　県洞古墳群	陜川　苧浦里A・同B地区・鳳渓里古墳群	高霊　池山洞古墳群　　咸安　道項洞古墳群　　陜川　玉田古墳群　　昌寧　校洞古墳群　　梁山　北亭里古墳群　等

表3-2　墳墓(古墳)群の類型設定（3）・（4）

類型		林堂洞類型	礎渓堤類型	倉里類型
立地選定		低平な丘陵および緩傾斜地	山地および丘陵地	山地の頂上部と傾斜面
埋葬施設	主軸方向	東・西軸から石室墳では方向が変わる。	等高線の方向	主埋葬施設は地形、等高線に平行。周りに残った従属する槨を配置。
	配置・群集の仕方	最大の墳墓は単槨。中型墳以下は家族墓的な多槨式。大型墳は等間隔で配置。	家族墓的な多槨式。主埋葬施設を中心に、従属する槨を周りに配置。	家族墓的な多槨式。主埋葬施設を中心に、従属する槨を周りに配置。
	規模の格差	埋葬施設の規模の格差が大きい。大型墳は主副槨式。	埋葬施設の規模の格差が大きいほう。	埋葬施設の規模の格差が小さいほう。
階層性	副葬状況	副葬状況に厳格な階層化（金工装身具、武器などの威信財の副葬量）あり。	副葬状況に厳格な階層化（装身具、装飾武器など）あり。	階層化がほとんどない（環頭大刀のような鉄製武器の有無や、容器の器種構成）。
	立地	大型墓は、比較的はっきりとした地形に立地。それの特別な階層化はない。	稜線のはっきりした地形に大型墳が配置。残りの中小型墳は周りに配置。	稜線のはっきりした地形に、相対的に大きな墓群が配置され、残りの中小型墳は、その周りに配置。
存続期間		5世紀中葉以降	5世紀中葉～6世紀中葉	5世紀中葉～6世紀中葉
分布地域		洛東江東岸の慶州周辺地域。	洛東江西岸の諸地域。	主として洛東江西岸の諸地域。
類型の定義		洛東江東岸、慶州周辺にある一政治体の中心の古墳群。	洛東江西岸の一政治体の中心の古墳群よりは下位の古墳群。	洛東江西岸の一政治体の下位小型群集墳。
代表的な古墳群		慶山　林堂洞古墳群 大邱　達西古墳群	陜川　礎渓堤古墳群 咸陽　白川里古墳群	陜川　倉里古墳群 金海　礼安里古墳群

類型		鳩岩洞類型	伏賢洞類型
立地選定		山地および緩傾斜面	低平な丘陵地および山地
埋葬施設	主軸方向	平地に近い緩傾斜地では東・西軸。山地では等高線方向と直交。	東・西軸が一般的。傾斜がある地域は、地形に沿った適切な埋葬施設の方向を設定。
	配置・群集の仕方	夫婦合葬。主埋葬施設配置と墓域内に小型槨が集合。	夫婦合葬形。埋葬施設配置と集合。
	規模の格差	埋葬施設の規模の格差が比較的に大きい。	埋葬施設の規模の格差はとんどない。
階層性	副葬状況	副葬状況の階層化は、比較的顕著（装身具、装飾武器および容器）。	副葬状況の階層化は、ほとんどわずかなレベル。
	立地	大型墳ははっきりとした丘陵地形に立地。	ほとんどない。
存続期間		5世紀中葉～6世紀代	5世紀中葉～6世紀代
分布地域		洛東江東岸。慶州周辺一帯。	洛東江東岸。慶州周辺一帯。
類型の定義		洛東江東岸政治体内の中級古墳群。	洛東江東岸政治体内の最下位群集墳。
代表的な古墳群		漆谷　鳩岩洞古墳群 安東　造塔洞古墳群 蔚山　中山里古墳群	大邱　伏賢洞古墳群 漆谷　多富洞古墳群　他

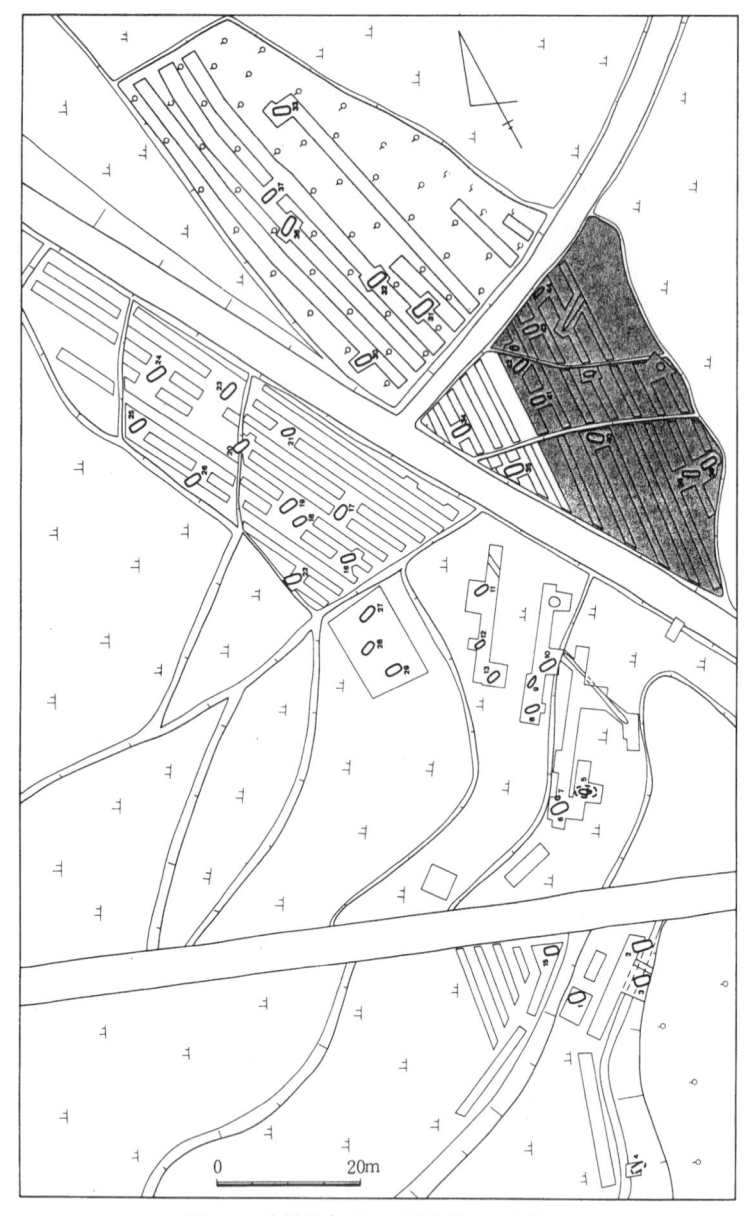

110 Ⅲ 政治体の形態と変動

図 3-3 遺構分布図 1 昌原茶戸里古墳群

見しがたいので、茶戸里類型墳墓群形成の基点は紀元前1世紀代としておくほうがよいようだ。

　この段階の墳墓群は稜線の末端や周辺低地帯よりは若干高い微高地に立地する。墳墓と墳墓は一定の間隔をおいて配置され、墳墓は密集していない。墳墓の方向には東－西軸の観念があったようだが、以後の墳墓の分布は稜線上へと上がってゆきつつ、良洞里遺跡のように等高線の向きに沿って配列されるようになる。副葬品の上では階層化されているが、墳墓の立地や規模からみた階層化は観察されないことが大きな特徴である。しかし、2世紀後半代になると墳墓群内に重要な変化が生じる。埋葬施設の規模によって大・小型墓という階層化が始まる。このような階層化が可能となった最大の要因は、埋葬施設を大型化することのできる木槨墓を採用したことにある［李盛周：1993b，1997］。だが立地上、この段階まで墳墓配置における階層化はいまだ観察されていない。

　茶戸里遺跡の場合、盗掘がひどく副葬品の全貌がわかる墳墓はほとんどみられないほどである。何人かの研究者たちが指摘するように茶戸里1号は、他の墳墓と比較にならないほど良好な副葬のあり方をみせている。武器、農工具、筆記具という多岐にわたる機能を象徴する副葬品に、漢の郡県から権威の象徴として分配された遺物も含んでいる。しかし、この茶戸里1号は他の墳墓から分離することもなく、この1号を中心に他の墳墓が集まっているということもなく、墳墓の規模自体は特別に大きくもない。

　2世紀後半代には、ひとつの墳墓群内で階層化が深まって、墳墓群と墳墓群のあいだでも階層化が発生した。まだ立地の上での階層秩序はないが、規模が圧倒的に大きな木槨墓が出現し、墳墓群内部の階層化が深まった。この時期の大型木槨墓が存在する良洞里古墳群、蔚山中山里古墳群などは、近隣の下位ランクの墳墓群と比べ墳墓群間の階層化も認められる。2世紀中～後半代に上位ランクの墳墓群には大型木槨墓が築造されるが、蔚山茶雲洞古墳群［兪炳一：1996］のような下位の墳墓群では依然として木棺墓だけが築造されて、副葬状況でも相対的にレベルが劣っている［李盛周：1997］。埋葬施設と副葬品上の階層化が前の時期に比べはるかに顕著となる現象は金海良洞里遺跡と蔚山中山里遺跡Ⅶ地区で観察され、社会の諸機能が未分化なまま大型墓に集中する傾向が深まった。結局、2世紀後半代という時期は、支配集団内に分化が進行しつつ、一定領域内で集団間にも階層化が進行する期間と考えられる。

　蔚山中山里遺跡Ⅶ地区は、年代の中心が2世紀後半になる土壙木棺・土壙木

良洞里

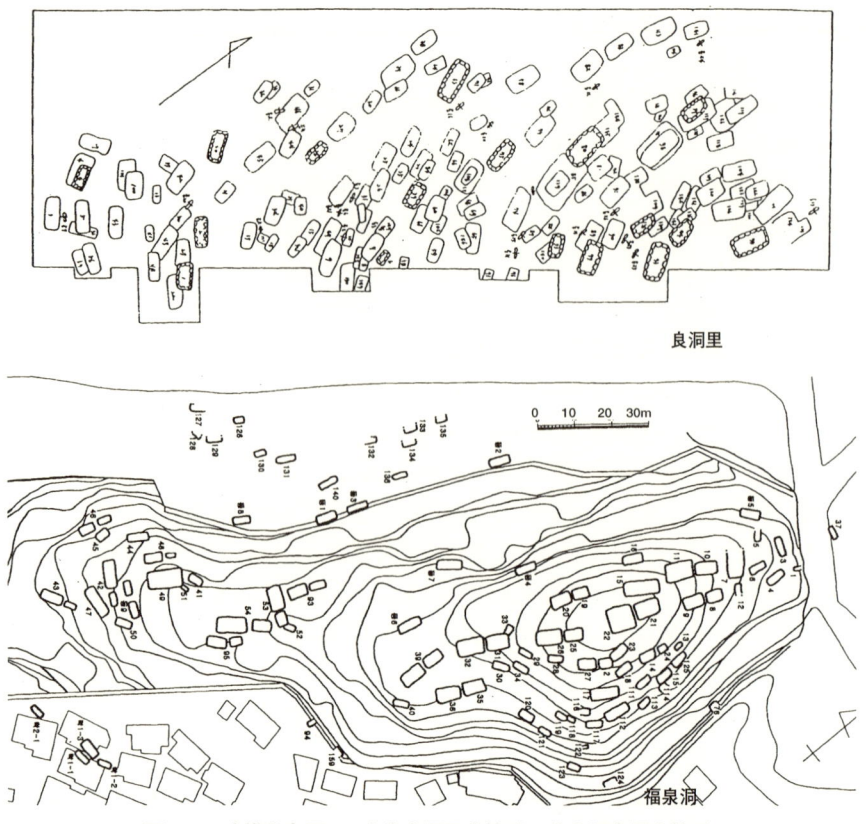

福泉洞

図 3-4　遺構分布図 2　金海良洞里古墳群・釜山福泉洞古墳群

槨墓群である。墓壙の規模が 4 × 2.5m ほどで多量の鉄製武器、農工具、土器類が出土する大型墓、3 × 1.8m ほどで 4 〜 5 点の遺物が出土する中型墓、長さ 2m 未満の墓壙に副葬品がないか 1 〜 2 点にすぎない小型墓へと分化する［李盛周：1996a］。埋葬遺構の分布空間の類型上で、大型墓の立地に特別な配慮は観察されない。規模と副葬のあり方に明確な階層化がみられても、立地上支配的な位置を占めることがない状況は、金海良洞里古墳群でも確認されている。

　3 世紀代になると、立地と分布類型の上で階層化が進行しはじめる。その代表的な例が金海大成洞古墳群と蔚山下垈遺跡において観察される。下垈"가"地区23号・1 号・2 号・43号・44号などの大型墓は 3 世紀代に連続して築造されたものであるが、稜線の頂上部に沿って配置されており、中・小型墳は稜線

の傾斜面に沿って配列されている。墳墓配置の方向にも階層化がはっきりしている。大型墓が稜線が延びる方向に沿って一列に配置されるのに比べ、中・小型墳は等高線の方向に沿ってまるで大型墓を取り囲むように配列される［安在晧：1992］。3世紀の大型墓はそれ以前の時期から徐々に上り、稜線の傾斜面をはずれ頂上部を占有するようになるとみられる。稜線の頂上部を占有しはじめる時期は、各古墳群によって少しずつ時間差があるようだが、このような古墳群の形成過程は、大成洞古墳群、釜山福泉洞古墳群、咸安道項里古墳群でもみることができる。大成洞29号（年代が3世紀後半と推定される）、福泉洞38号（同4世紀初）、道項里馬甲塚（同4世紀末）などは稜線の頂上部を占有しはじめた頃の大型墳［崔鍾圭：1994a］と推定される。

3世紀後半頃になると、ひとつの盆地内、あるいはひとつの政治体の領域としてとらえた地域内に、上位古墳群と下位古墳群がはっきりと階層化されて分布する。ひじょうに近距離にある金海大成洞‐良洞里‐礼安里遺跡と蔚山下垈‐釜山老圃洞‐茶雲洞遺跡を比べると、立地の上で明確に階層構造をもつ最高位の大型墓群と、大型墓がなく階層化も弱い古墳群の存在が顕著に対比される。

3世紀からは地域的な階層化が発生する。つまり、政治体の成長が遅かった地域にも墳墓群が形成されはじめる。黄江流域の苧浦里遺跡が代表例であるが、墳墓群は相対的に早く成長した政治体の周縁に小規模に成長しはじめた単位集団のものとみられる。こうした小型墓で構成された墳墓群の出現によって、墳墓群は地域的な階層化によりほぼ3つのランクに分かれるが、これは同一政治体内部における階層化ではないだろう。同一政治体内であれば、ほぼ2つのランクの分化を想定できる。

3世紀後半から5世紀前半までの、墳墓群類型の展開はつぎのようである。

一つ目に、上位古墳群では良洞里類型から3世紀後半に福泉洞類型が発生し、4世紀を経て5世紀前半まで展開する。下位古墳群としては、老圃洞類型から七山洞類型へと展開する。

二つ目に、政治体の成長が遅い陜川地域では、3世紀頃から墳墓群が形成されはじめる。この地域で玉田古墳群が形成される時期は正確には分からないが、4世紀代には上位古墳群として登場することが認められる。しかしこの地域の上位古墳群である玉田古墳群は、東南部地域の下位古墳群である七山洞類型クラスのものである。この地域の下位古墳群としては、苧浦里類型が存在する。

三つ目に、墳墓の立地・規模・副葬のあり方から最高階層の大型墳が出現し

114　Ⅲ　政治体の形態と変動

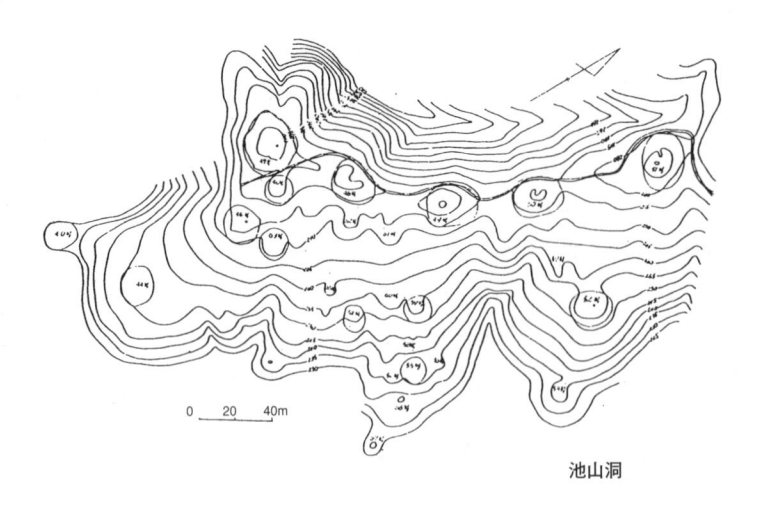

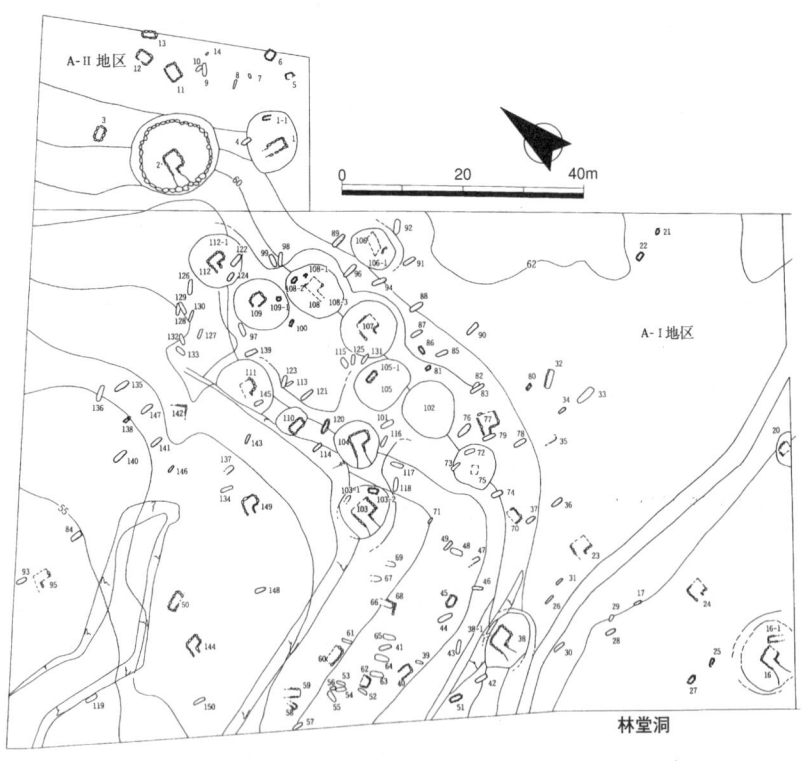

池山洞

林堂洞

図 3-5　遺構分布図 3　高霊池山洞古墳群（44・45号とその周辺）・慶山林堂洞古墳群

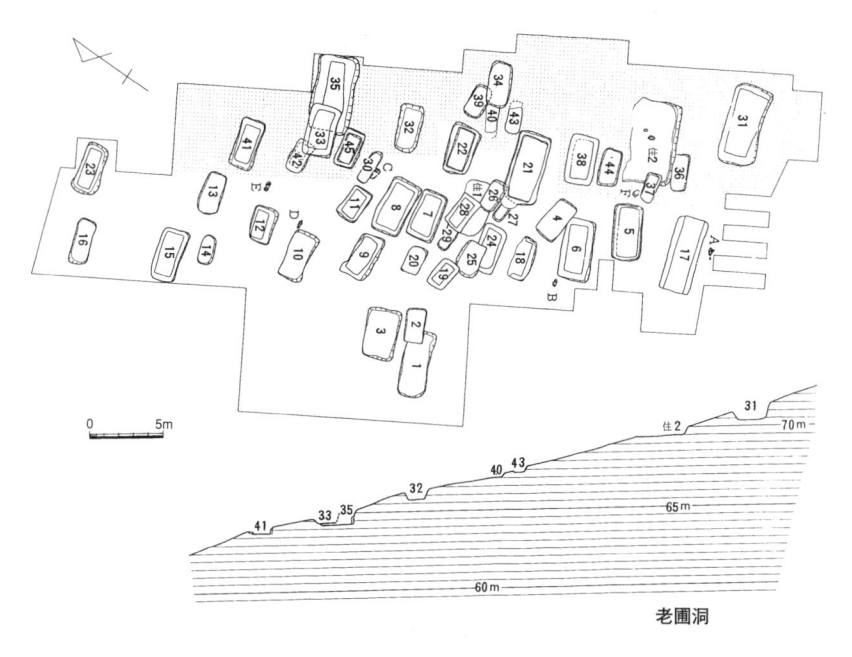

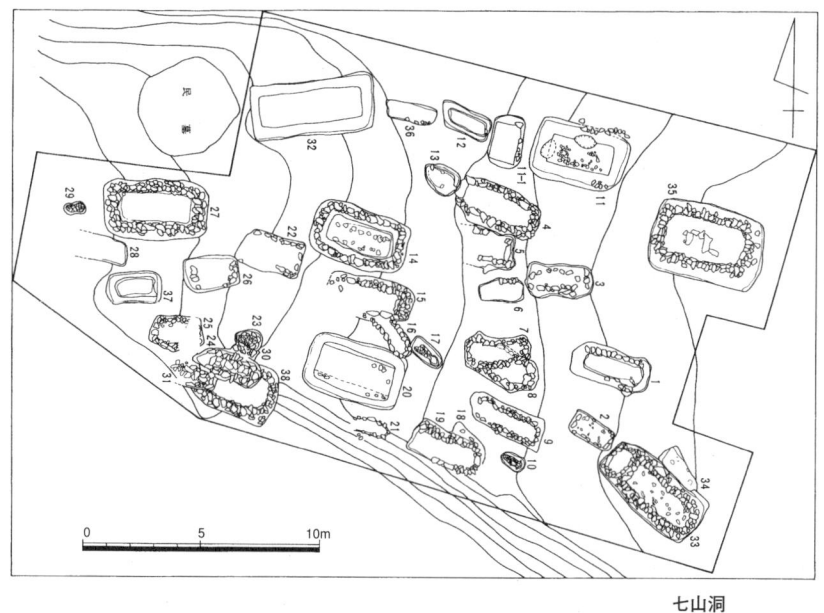

3 墳墓(古墳)群の類型と展開 115

図 3-6 遺構配置図 1 　釜山老圃洞古墳群・釜山七山洞古墳群

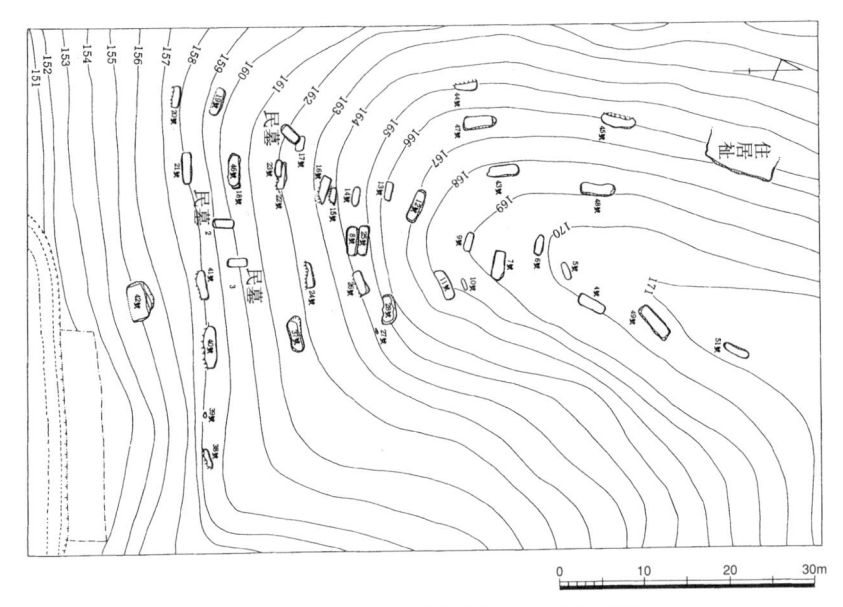

図 3-7　遺構配置図 2　陝川苧浦里 A 地区古墳群

て、大型・中型を主体とする中心的古墳群が形成されるのが、この時期においてもっとも重要な現象とみなされる。つまり、この中心的古墳群に比肩するほどの古墳群は、ひとつの政治体の領域と仮定される空間内では他にみることができない。これとともに、中型と小型墳で構成される下位の古墳群が分化し、同一地域内でふたつのランクへの古墳群の分化が進行する。

　1～4世紀代にはどの墳墓群にも特別な立地上の集合や分離状況は観察されず、こうした現象は5世紀前半までも継続する。ひとつの墓域にひとつの埋葬施設が充てられ、可能な限り墓域を重複させることなく一定の距離をおく原則があったと考えられる。そのような墳墓配置の原則は、蔚山茶雲洞遺跡で典型的にみることができる。これに比べて3～4世紀代の朝鮮半島東南海岸地帯の古墳群におけるひじょうに特徴的な現象は、墓域の重複である。埋葬観念上興味深い点であるが、先行する墓域を考慮することもなく無差別に新たな墓域を設定するために、部分的にしぜんに古墳が集合するようになって、多くの場合先行する墓の副葬品までも取り出して、後の墓が築造される。こうした意図的でない古墳の群集は、限られた墓域における墓地の不足に起因するものとみられるが、古墳群の密集はこの程度のレベルである。

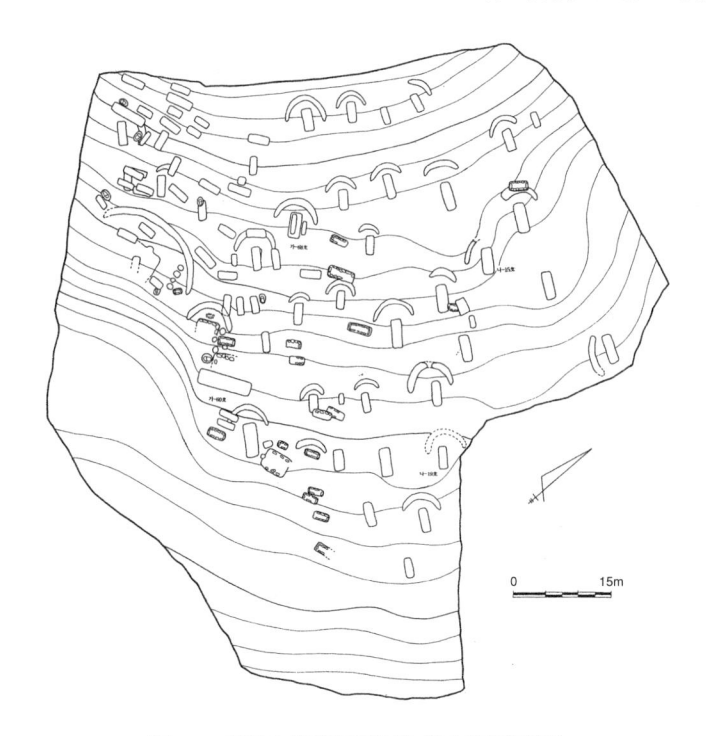

図 3-8　周溝木棺墓配置状態　蔚山茶雲洞遺跡

　5世紀前半代までは、古墳群の群内部・群と群のあいだの階層化と分布類型は4世紀代の状況の延長線上として把握することができる。5世紀中葉頃に古墳群の階層と分布類型上の画期的な変化（もちろん以前から徐々に準備されてきたことではあるが）が起きるようになる。その変化はおおむね三つの様相としてあらわれる。一つ目は、同一政治体の領域と仮定する地域内で、古墳群が三類型に分化することであり、二つ目は、高塚古墳の築造とそれに関連する古墳群の造営原理が生じることであり、三つ目は、古墳群内で小規模の埋葬施設が集合する多槨式中型・小型群集墳が新たに出現するということである。

　この段階の古墳群類型が展開する状況を要約してみると、つぎのようである。

　一つ目は、最上位の古墳群の場合、福泉洞類型から高塚古墳群の原理で造営された池山洞類型への過程があらわれる。

　二つ目に、中位の古墳群では、七山洞類型から洛東江東岸の慶州周辺では鳩岩洞類型へと展開し、洛東江西岸を中心に磻渓堤類型へと変形する。

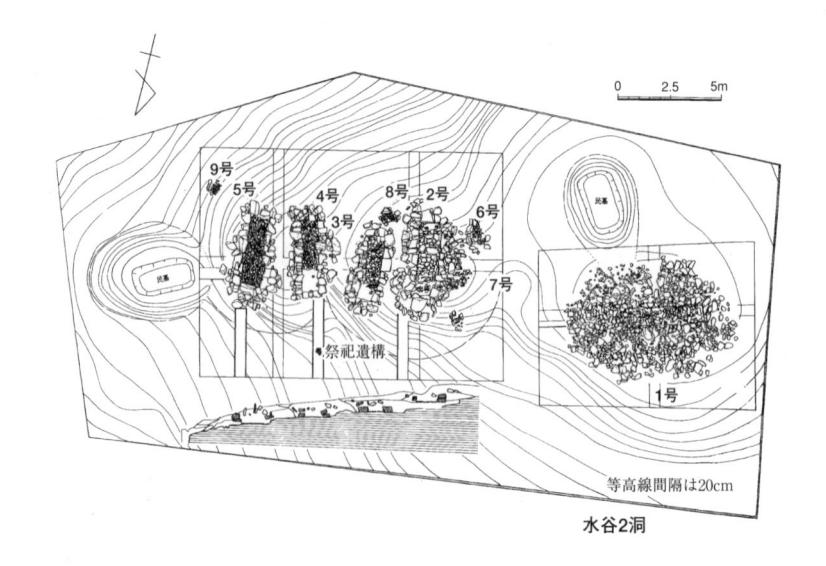

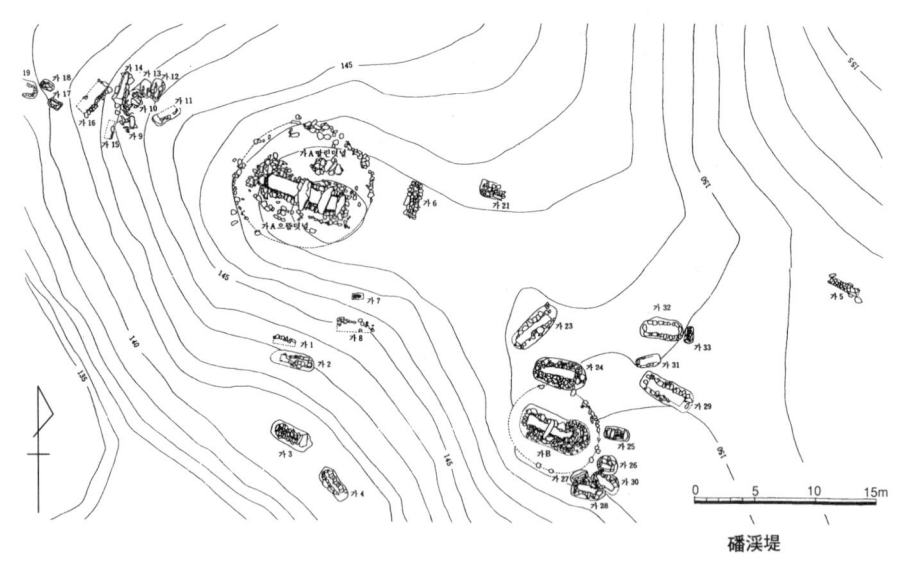

118　Ⅲ　政治体の形態と変動

図3-9　遺構分布図4　安東水谷2洞古墳群（鳩岩洞類型）・陝川磻渓堤古墳群

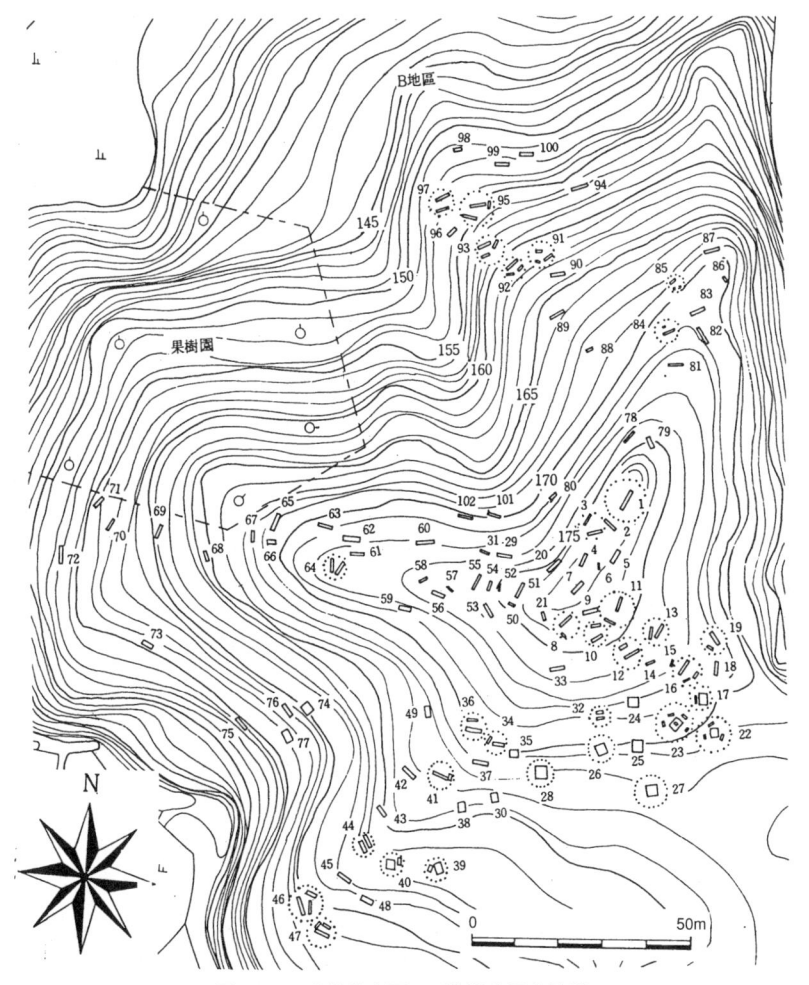

図 3-10　遺構分布図 5　陜川倉里古墳群

　三つ目に、この時期の古墳群類型展開上でもっともはっきりとした変化としては、新たな下位古墳群の発生をいうことができる。それまで古墳群を造営できなかった共同体でも古墳群を造営しはじめたために、下位の小型群集墳の数が激増するようになる。洛東江東岸では、伏賢洞類型が登場して、洛東江西岸でも倉里類型が造営されはじめる。

　ひとつの政治体の内部で最高位の中心的古墳群には、5 世紀中葉から小型墳が脱落して、丘陵あるいは山脈の頂上部を一定の間隔で最大型墓が占めるよう

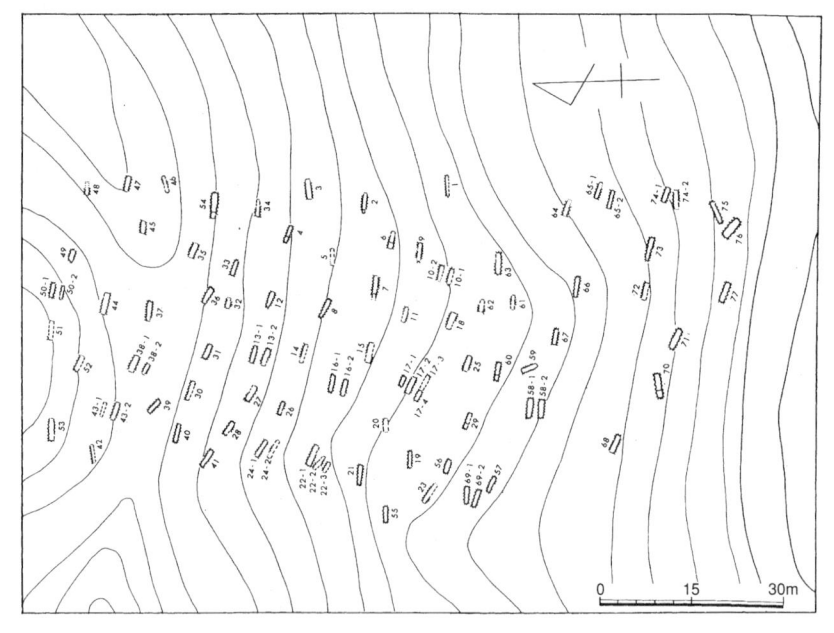

図 3-11　遺構分布図 6　大邱伏賢洞古墳群

になる状態がみられる。これにともなう最大型墓の副葬のあり方には、社会において多機能をもつものでもなく、鉄製武器が大量に、あるいは集中的に副葬されてもいない。それよりも政治的な権力、権威に則った身分をあらわす遺物（最高支配者から、一定の階層として規制をうけた、そのシンボルということのできる冠帽や装身具、武器およびそこに表現された象徴的な文様）が副葬される。こうした最大型墓（王墓）と、それに比べて一定の格差がある大型墳、中型墳により、中心的古墳群は構成される。

　従前の中型墳よりも大型化した古墳と小型墳で構成される中位の古墳群と、それまで明確な埋葬施設と副葬品をもつ古墳を築造できなかった一般庶民の小型古墳群が分化して出現するのも、ほぼ5世紀中葉と推定される。特にこの中・下位の墳墓群には、家族と世帯の構成原理にしたがって、同一の墓域内で2～5基程度の埋葬施設が集中する現象が最初にあらわれる。こうした家族墓への転換は、単純に墳墓群内部の分布類型空間の変化にとどまらず、社会関係の変化、社会経済的な関係の変化とからみあっていると考えられ、筆者はこの時点で後期古墳への転換が行われたと規定しようと思う。

こうした変化には、ひとつの集団によって同一の場所で長期間世代を重ね墳墓群を造営してきたのがこの時期になって小型群集墳を造営した例もあるが、その間に古墳を造営できなかった諸集団によって新たな小型群集墳が形成されることもある。前者に当たるのが金海礼安里古墳群、陝川鳳渓里古墳群などで、後者の例は大邱伏賢洞古墳群、陝川倉里古墳群、漆谷多富洞古墳群などということができる。とりわけ前者の場合には、継続的に古墳の相対的な階層と遺構分布のあり方が変わってきたことで、変化の時点とその状況を把握することができる。

　中・小群集墳における家族墓への転換過程は、その様相と時期が地域によって少しずつ異なっている。家族墓への転換の状況は、洛東江を境にして西岸と東岸で若干異なる。転換の時期は、新羅の中心地である慶州よりもその周辺にあたる慶山、蔚山、金海などの地でもっとも早くあらわれ［李盛周：1996b］、5世紀中葉頃に始まったとみられるが［李盛周：1996b］、その他の地域はおおむね5世紀後半頃に始まる。洛東江西岸の家族墓は、比較的大きな埋葬施設を軸にして、さらに小型の埋葬施設が円形の墓域（護石で墓域を示したり封土によりあらわされたりする）を取り囲むが、それに比べて洛東江東岸では対等の規模の埋葬施設2基が並んで11字形に配置される。前者を家長あるいは世帯主を中心とする家族墓、後者を夫婦合葬の志向をもつ家族墓と規定できるかどうかはわからないが、明らかなことは両地域における家族の観念あるいは範囲，構成原理の相違が反映されたものと理解できることである。

　高霊池山洞古墳群の場合のように、多槨式の王墓は殉葬によるものだという点はよく知られた事実である。しかし慶山林堂洞古墳群ではそれほど大きくない中型墳でも殉葬の例があり、特に洛東江西岸で発見される多槨式古墳が家族墓であるのか、殉葬によるものになるのかは判断がむずかしい点を念頭においておく必要がある。たとえば中位の古墳群である陝川磻渓堤古墳群や咸陽白川里古墳群のような場合に、殉葬の可能性を排除することはできない。

　5世紀中葉以降、古墳群内部・古墳群間、さらには地域間の階層化を比較してみると以下のようである。

　一つ目は、古墳群内部における埋葬施設どうしの階層化は、5世紀中後葉頃をピークにもうそれ以上深まることはなくなる傾向がある。最高階層の中心的古墳群では、小型墓がこの先築造されなくなるためである。殉葬槨のようなものを別の埋葬施設と比較すると、階層化がさらに進行したようにみえるが、墓

域別に階層化を比較するのであれば最高階層墓の階層化は中断したようだ。

二つ目に、古墳群間の階層化は、前時期の2つのランクが3つになる。洛東江東岸の慶州周辺では、林堂洞類型－鳩岩洞類型－伏賢洞類型になり、洛東江西岸と東岸の一部では、池山洞類型－磻渓堤類型－倉里類型へと階層化する。下位2つのランクは、既存の老圃洞－七山洞類型から分化したものとみることができるが、この時期に激増する小型群集墳は大部分がそれ以前から系譜をたどれない共同体によって、古墳群が造営されたと理解するべきであろう。

三つ目に、最高階層の中心的古墳群を比較し、地域間の古墳群どうしの階層を検討してみると、前段階に比べより明確な階層化が観察できる。4世紀代には政治体の成長が遅滞する周辺地域に最高階層の中心的古墳群が形成されないので相対的な比較がむずかしくなるが、この段階にいたると可能になる。特に洛東江東岸では慶州市内の古墳群を頂点として、周辺・中心的古墳群が一定の格差をもつ。これに比べ西岸では東岸のような一律的な状況がみられない。たとえば高霊池山洞古墳群と咸安道項里古墳群、陝川玉田古墳群などが当該地域の中心的古墳群であれば、この地域の首長権の階層化に対する論証［朴天秀：1996a］にもかかわらず、これらの間の階層化について明確に述べがたい。

（3）古墳群類型の地域的展開

嶺南地方の単位領域内で、古墳群の類型が展開する過程を検討してみると、興味深い事実を見出すことができる。最近の地表調査と発掘調査の成果を通じてみるとき、咸安・宜寧盆地内で5世紀代の最高階層の古墳群である道項里・末山里古墳群は、遅くとも1世紀代から6世紀前半まで支配親族集団の墓域であった可能性が高い。大成洞古墳群は1世紀から5世紀中葉まで、福泉洞古墳群は始期がはっきりとしないものの3～4世紀から5世紀中葉まで、北亭里〈現在は北亭洞〉古墳群は6世紀初めから、それぞれの盆地内で最高階層の古墳群であったことがわかっている。

陝川の玉田古墳群は、発掘された資料に限れば、4世紀から古墳群が形成されてゆき（もちろん、もっと早い時期から古墳群が形成された可能性がある）、相対的に独立した政治体の最高階層の古墳群となったのは5世紀中葉頃であり、以後6世紀前半まで中心的古墳群であったようだ。もちろん、4世紀代の大型墓である54号墳の存在を無視することはできないが、副葬品のあり方は、同時期の、他の政治体の最高階層大型墳に比べ、はるかに劣っている。

芧浦里古墳群は、3世紀に始まり4世紀代までは小型群集墳であって、以後150年間古墳が築造されなかったが、6世紀中葉からは大・中・小型の古墳がともに分布する古墳群となった。大邱伏賢洞古墳群や漆谷多富洞古墳群は、5世紀中葉から6世紀中葉まで、終始小型群集墳であった。蔚山中山里古墳群は2世紀中葉から6世紀代まで大・中・小型の古墳が密集する。中山里古墳群においてもっとも大型の古墳の時期的な変遷は非常に興味深いが、2世紀中葉からある時期まで（現在までの発掘調査資料として）は他の政治体の最高階層の古墳と対等なレベルであるものの、4世紀後半からは大型墓が築造されたとはいえそれは規模だけで、他の政治体最高階層の古墳と比較すると、副葬のあり方がはるかに劣るようになった。礼安里古墳群は、現在までの資料では4〜7世紀まで中・小型古墳が密集する遺跡である。

以上、いくつかの例をみてきたが、各古墳群の形成時期と時期別の消長と変遷は、われわれにとって政治体の領域さえ適切に設定することができるのならば、政治体内部と政治体間の統合、階層化、相互作用を検討するのにとても有効な資料になると考えられる。

嶺南地方という空間的にそれほど広くもない領域でも、環境面であらかじめ与えられた条件は、諸地域で相違していた。いくつかの環境要因のなかでも、交通路と地形、耕地利用度などが政治体の成長と関連して重要であったのであろう［李盛周：1993　権鶴洙：1992］。もちろん、環境要因だけで説明はできないだろうが、これまでの考古資料の上からも、政治体の成長の地域格差を認めざるを得ない。つまり、早くに諸政治体が成長して相互作用が早い時期から激しく進行した地域と、遅れて政治体が成長しはじめた地域が区分されるのである。ここでは、何ヶ所かの単位政治体ごとに古墳群の諸類型が時期的にどのように展開したのかを検討して、政治体の成長の地域差を理解することのできる参考資料としたい。

① 金海盆地

行政区域上の金海郡は、自然地形のうえではさほど高くない山脈によって海岸に面した金海盆地の内側と外側に分かれている。昌原郡側に属するほうが多い進永平野と金海盆地のあいだには低い山脈が境界となっていて、金海郡は進永平野の一部と金海盆地を含んでいる。進永平野と金海盆地を結ぶ通路が、大規模な古墳群が形成されている酒村面良洞里である。

1〜2世紀代の墳墓群は、金海盆地内の良洞里と大成洞で発見される。この両墳墓群は、そのどちらか一方が支配的な階層を占めていたとみることはむずかしいので、それぞれが政治体内部における支配的な集団の墳墓群として理解される。3世紀後半になると、金海盆地内で唯一の最高階層の墳墓群として、大成洞遺跡が支配的な位置を占める。

　3世紀後半に編年される大成洞29号は、立地のうえでも古墳群内で支配的な地位をとりはじめたものとみられ、金海盆地内で唯一の最高階層の古墳と推定されている。言い換えれば、盆地内を統合した単一政治体の王墓であろう。4世紀代になると、金海盆地内外に数多くの下位古墳群が出現する。この出現範囲は大成洞遺跡を中心として半径6〜7km内に入る金海盆地の内側だけでなく、半径25km内に入る昌原盆地と進永平野全体を含む。金海盆地内の良洞里遺跡と進永平野の茶戸里、昌原盆地の道渓洞遺跡は3世紀以前から引き続き築造されてきた後、下位古墳群となった。これに比べ4世紀代に入ると、先の茶戸里の他、新たな下位古墳群として築造されはじめたとみられる金海盆地内の礼安里、それに徳山里、七山洞をはじめとして、進永平野に面した退來里、牛洞里、鳳谷里、昌原盆地内の加音丁洞、遷善洞、鎮海湾近くの熊川一帯の古墳群などがある。このような状況、すなわち政治権力の分布空間の類型は、一定の古墳群が増減しつつ、5世紀前半まで引き続き維持されるものとみられる。

　政治権力の分布空間は、5世紀後半を経るなかで大きな変化があらわれる。5世紀前半代まで金海盆地と釜山地域には、それぞれ独立した政治体の最高階層古墳である大成洞古墳群と福泉洞古墳群が存在するが、5世紀後半代を経るなかで消滅し、5世紀末になると金海・釜山・昌原・梁山全体を併せて、梁山北亭里古墳群が唯一の最高階層古墳群となる。政治権力の分布空間ということでは、この一帯の政治体（金官伽耶）は6世紀前半まで政治権力の空間範囲を拡大維持してきた。この一帯の独立した政治権力が消滅するのは、『三国史記』に記録されたほぼ6世紀前半代（532年）である。

② 昌原盆地と進永平野

　狭小な昌原盆地と洛東江に面する広い進永平野は、狭い通路で結ばれている。1〜2世紀代には、昌原盆地と進永平野にそれぞれいくつかの共同体が存在していたようだ。この時期に昌原盆地内の低地帯は低湿地ないしは汽水域となっていて、低い丘陵地帯や微高地に人口が集中していたものとみられ、集落が点

在している状態であったであろう。この集落ごとに1〜2世紀代の墳墓群が形成されていたわけではなく、それは昌原盆地内の道渓洞・加音丁洞遺跡、進永平野の茶戸里遺跡などで発見される。道渓洞古墳群が昌原盆地内で支配的集団の古墳群となるのは、4世紀に入ってからではないかと思う。周辺の3〜4ヶ所の古墳群に比べ、相対的に優位にたつようになった時期が4世紀頃と推定される。しかし、大成洞古墳群のような独立した小国の最高階層古墳群としてではない。

　進永平野は、居住域と耕地としてはほとんど利用しがたい低湿地と沼地が広くひろがっているが、過去にはこういった状況がもっと甚だしかったと思われる。やはり点在する集落の分布状況は、昌原盆地や金海盆地と同様であったのであろう。茶戸里墳墓群は、1〜2世紀代の進永平野一帯で唯一の墳墓群である。茶戸里1号墳と比肩する紀元前後の墳墓が、他地域で発見されていないとしても、この時期の政治権力の領域は、進永平野の範囲を越えることはなかったのであろう。

　地表調査によれば、茶戸里遺跡は4〜5世紀まで引き続き墳墓群が形成された。早い時期から成長してきた政治体は、この時期から支配的親族集団の墳墓群の内部でも立地や副葬のあり方において他の墳墓を圧倒する大型墓を築造するが、昌原盆地‐進永平野内では発見されていない。4世紀代に進永平野と昌原盆地一帯に下位古墳群がいたるところに形成されるが、このなかに明らかな支配的古墳群の存在を認めることはむずかしい。ただし、昌原盆地内における道渓洞古墳群の相対的な優位が認められ、進永平野でもそうした古墳群の存在を推定してみることができる。道渓洞古墳群は、4世紀代の金海盆地で大成洞古墳群の下位古墳群である七山洞古墳群に比肩する。3世紀後半以後、大成洞古墳群を頂点とする権力の領域は、金海盆地‐昌原盆地‐進永平野を含んでいる。そうであれば道渓洞‐茶戸里‐良洞里‐七山洞古墳群の存在と、そのあいだの等間隔な距離は、村落レベルの共同体とその分布を示していると思う。

③ 高霊盆地

　高霊地域に対する精密で体系的な地表調査報告はいまだないが、これまでの遺跡調査報告と論考を通じ、古墳群の分布について比較的多くのことが判っている［金鍾徹：1981　啓明大学校博物館：1985　金世基：1995］。新羅・伽耶の一政治体として成長してきた諸地域のなかでも、高霊はもっとも狭小な盆地に属

する。主山城のふもとにみられる高霊邑一帯の平野から大きく3筋に伸びてゆく谷底平野地帯により構成されていて、盆地自体はほとんど閉鎖されている。

高霊地域で最高階層の大型墳が存在する中心的古墳群が、いつから形成されたのかは資料のうえで確認ができない。3〜4世紀代の木槨墓群の存在は盤雲里遺跡で知られている［洪鎮根：1992］が、相対的に比較できるような遺跡の調査が行われておらず、墳墓群の階層化を把握することができない。他地域の政治体のように、3世紀後半頃にひとつの盆地を統合した最高階層の大型墳の存在も、それと関連した中心的古墳群の形成も確認されていない。

最近発見された快賓洞1号木槨墓は大型墓だということができるが、この木槨墓の存在は、大伽耶の中心的古墳群の形成について示唆する点が多い［嶺南埋蔵文化財研究院：1996b］。5世紀初めの年代が与えられる［河眞鎬：1995］快賓洞1号木槨墓は、本館洞古墳群の立地する主稜線の先端のふもとに位置する。本館洞古墳群は池山洞古墳群とともに高霊地域の中心的古墳群の一部だという点で、釜山福泉洞古墳群、金海大成洞古墳群、咸安道項里古墳群などと同一の、中心的古墳群形成過程を経ていたことがわかる。快賓洞1号墓の土器は、典型的な大伽耶土器の器種構成と様式的な特徴を備えてはいなかったが、咸安地域と同じく大伽耶地域も5世紀中葉を前後する時点で大伽耶様式が成立したものと思われる。咸安地域では土器様式が成立して以降、盆地内に縮小されるのに反して、高霊地域の土器様式は西南へ向かって広く拡散する。

ひとつの伽耶政治体の中心地として、高霊盆地でも3世紀後半頃、盆地内を統合する政治権力の象徴である最高階層大型墓が出現し、それが稜線に沿って展開し、池山洞の大型封土墳群が形成された可能性はあるが、いまだそれに関する資料は確認にいたっていない。

④ 黄江流域

黄江流域には居昌盆地・陜川盆地・加祚盆地など、三つの比較的広い平野地帯が分布してはいるが、小規模で局地的に閉鎖された多数の盆地で構成されている。広い平野地帯である居昌盆地と加祚盆地は地形的にほぼ完全に閉鎖されていて、陜川盆地も半ば閉鎖されている。陜川盆地内の中心的古墳群である玉田古墳群は数次にわたり発掘調査をうけて、ほぼ全時期にわたる資料が得られ、陜川ダム水没地区の発掘調査を通じて黄江中流の峡谷地帯に対する墳墓群が、全時期にわたってもれなく調査された。黄江流域は狭小で閉鎖された盆地地帯

であり、地形的な条件が劣悪で交通路の開発が困難な環境にある。嶺南地方内でも全時期にわたる全てのランクの墳墓資料が調査された地域であるので、劣悪な環境のもと古墳群形成がどのようであったのかを検討してみることのできる、よい対象地でもある。

　発掘および地表調査された資料として、1～2世紀代に属する墳墓資料は、黄江流域で調査されたことがない。今後確認される可能性も希薄である。陜川ダム水没地区の発掘を通じてこの一帯の墳墓遺跡はほぼ全部調査されたが、それによれば、この地域で最初の古墳群は3世紀に入ってから始まる。苧浦里A地区41号から組合式牛角把手付壺が出土したものの、墳墓が連続的に築造されはじたのは、苧浦里一帯で3世紀以降のことである。居昌盆地と陜川盆地では3世紀代以前の墳墓が調査されてはいないが、1・2ヶ所程度の墳墓群は形成されていただろうと推定される。東南海岸地帯では3世紀代に大型墳が出現したのに比べると、きわめて低いレベルの墳墓群である。他地域の諸政治体がその権力の及ぶ空間を拡大してきた過程を参照してみても、現在までに調査された資料では、居昌盆地や陜川盆地の政治体が3世紀代に黄江中流の峡谷地帯を統合したという証拠はない。結局、苧浦里古墳群は劣悪な環境において遅れた時期に形成された小型古墳群の事例とみることができる。

　4世紀～5世紀前半に比定される古墳は、黄江中流域で苧浦里古墳群と鳳渓里古墳群、陜川盆地では玉田古墳群が発掘調査された。もちろん、黄江中流域では苧浦里古墳群→鳳渓里古墳群へと墓地が移動したが、そこには若干の共存期間があったようだ。この時期の居昌盆地における発掘資料はないが、4世紀代の古墳群が存在した可能性はある。居昌盆地・陜川盆地・黄江中流域の3ヶ所に4世紀代の古墳群が存在するが、どれも他の古墳群に対して支配的な上位階層を占めていないようだ。

　陜川盆地を下ったところに位置する玉田古墳群は、言うまでもなく中心的古墳群として展開している。しかし、遅くとも5世紀前半まで、同時期の他の政治体でいう規模・立地・副葬のあり方をそなえた最高階層の大型墓が確認されてはいない。陜川盆地内の中心的古墳群である玉田古墳群が、他の政治体の中心的古墳群と比肩されるだけの規模と副葬のあり方をそなえるのは、5世紀後半代のことであり、6世紀前半まで続く。結局、陜川盆地内の政治体が他地域の政治体とほぼ対等のレベルまで成長するのは5世紀後半代からである。この時期から居昌盆地でも大型封土墳である開封洞古墳群や武陵里古墳群が築造さ

れはじめるようだ。やはり黄江中流域でも鳳渓里と磻渓堤の中型封土墳が築造されはじめて、その下位の小型群集墳である鳳渓里・倉里古墳群が継続して造営され、3つのランクへの階層化が発生するのである。

⑤ 咸安・宜寧盆地

　行政区域上、咸安郡は500～800mほどの山脈により晋州・昌原・馬山と分離され、南江を境界として宜寧郡と区分される。しかし、咸安と宜寧は南江をはさんで同一の盆地を形成しているとみてもよい。咸安盆地はひとつの広い平野地帯だということができるだろうが、南北に伸びた3筋の小支脈によって三つの小地形区に分かれて、宜寧地域も南江のほとりに沿って三つの小平野が広がっている。咸安・宜寧盆地のなかの平野地帯は、海抜10mにもならない地域が比較的広い面積を占めているので、人工的に堤防が築造される以前のこの地域は沼地で、人間の居住と耕作に利用することが不可能だったと推測することができる［金萬亭：1990　53-60頁］。そうであれば、古代において、自然集落あるいは集落群は、低い丘陵とその周辺の沼地でない平野地帯を中心に分布していたとみるのが正しいようだ。そうした面から咸安・宜寧盆地では7ヶ所ほどの集落群が形成されたものとみられる。

　咸安と宜寧一帯は、きわめて綿密に地表調査が行われた地域であり［馬山大学校博：1984　朴東百・金亨坤・崔憲燮：1995　朴升圭：1994　柳昌煥：1994］、遺跡の分布についても研究成果が発表されている［金亨坤：1995a　李柱憲：1995］。現在までの発掘調査資料では、1～2世紀代の墳墓群は道項里・末山里古墳群の所在する丘陵の稜線末端部裾で存在が確認されているが［昌原文化財研：1992　洪性彬・李柱憲：1993］、咸安・宜寧盆地内での分布状況はわからない。したがって、古墳群の階層的位置づけについて検討することは不可能である。自然地形の上で、咸安・宜寧盆地一帯には7ヶ所の集落群が形成されていたと判断される。4世紀代の古墳群は集落群ごとに、1～3ヶ所ずつ分布する。この古墳群のあいだの具体的な階層化の過程はわからないが、最高階層の代表的な古墳が道項里古墳群の馬甲塚のようなものであることは明らかである。道項里馬甲塚の年代は4世紀末頃と想定されるものの、やはり道項里・末山里の所在する丘陵の稜線末端部近くに位置している。馬甲塚をはじめとする大型墳の立地と分布時期を考慮すれば、咸安・宜寧盆地内における最高階層の大型墳の出現時期、そして中心的古墳群の展開過程は、他地域の場合とほとんど同様で

あったようだ。

　道項里・末山里古墳群が一政治体の中心的古墳群だという点は、それに比肩するまた別の中心的古墳群の存在が周辺で確認されていないため、充分に首肯できる。宜寧一帯の地表調査と発掘調査の成果［趙栄済・朴升圭・柳昌煥・李瓊子：1994a，1994b］からみたとき、宜寧邑周辺で発見される高塚古墳の規模は比較的大きいが、咸安の中心的古墳群よりは下位の古墳群である。咸安のほかに漆谷、漆西、昌原、北面、馬山と鎮東一帯の地表調査［昌原大学校博：1994a］と発掘調査資料［李盛周・金亨坤：1990］を検討してみれば、この地域の古墳群は咸安の中心的古墳群の下位古墳群であることが認められる。5世紀代に道項里・末山里古墳群は、咸安盆地とその周辺一帯を含む最高階層の中心的古墳群だと認めることができる。しかし、このような状況が、4世紀代とそれ以前にさかのぼることができるかどうかは、現時点の資料では判断を下しがたい。5世紀代に入ると、封土の規模と古墳の分布状況により、古墳群間に階層化の現象はさらに顕著となり、三つのランクの階層化をそこに見ることができる。他地域と同じように伏賢洞‐倉里類型のような小型群集墳が、5世紀中葉頃を起点に増えてゆく。そして、道項里・末山里、新音里、伽耶里の中心的古墳群を頂点として、宜寧邑、郡北面、法水面、漆原面、代山面、漆北面、鎮田面一帯に大型、あるいは中型の封土墳が分布する。この封土墳は新たに出現する小型群集墳と合わせて咸安地域でも古墳群に三つのランクの階層化がある、という現象としてみられる。

⑥ 蔚山盆地

　太白山脈の険しい峰を廻り込むように形成された蔚山盆地は、南北に別々の2～3筋の構造線を、太和江とその支流が切断して形成した小規模な地形区に分けることができる。大きくみて平地には六つの区域を設定できるようだ。自然地形の上で分離されている何ヶ所かの小地形区の内に集落群が形成されていて、古墳群の分布もそれにしたがっている。

　蔚山地域は地表調査がひじょうに精密に行われた地域であり、古墳群の分布もしっかりと把握されている。しかし、1～3世紀代の墳墓群については他の地域と同様に、正確にはわかっていない。地表調査によって確認された4世紀代以前の墳墓群は、28ヶ所ほどになる。六つの集落群ごとに3～4ヶ所の墳墓群が存在した計算になる。このなかで発掘調査された遺跡は茶雲洞墳墓群、中

山里墳墓群、下坮遺跡などであり、大型木槨墓の存在が認められるのは、中山里遺跡と下坮遺跡である。このうち下坮遺跡が、主稜線に沿って中心的古墳群としての展開を始めたとはいえ、蔚山盆地全体をカバーする支配的な最高階層の大型墓は、どの遺跡でも確認することがむずかしいようだ。文献上でも蔚山地域の場合、国邑による邑の統合が行われて新羅・伽耶の一政治体として成長する以前には、斯盧国に服属していたことがわかる。

　5世紀以降の古墳群の分布からも、蔚山地域には大型封土墳は存在するものの中心的古墳群が存在しない状況がみてとれる。5世紀代以降の古墳群のうち大型封土墳が分布する遺跡は、農所面中山里、態村面大垈里、温陽面雲化里、上北面川前里など4ヶ所であり、これよりも規模が若干小さい中型封土墳の分布は斗東面鳳渓里、泥田里、斗西面茶里、三洞面荷岑里、中区茶雲洞、青良面栗里、東川里、温山面処容里、農所面常安里、江東面新峴里の10ヶ所から発見されている。大型封土墳群の分布によって蔚山盆地を四つの区域に分けると、各区域の大型高塚古墳群が2〜3ヶ所の中型封土墳群とともに15〜20ヶ所の小型群集墳を従えて分布すると思われる。

　咸安、高霊、金海、昌寧、陝川などのように、各盆地と周辺地域を統合する独立した政治体の古墳群分布のありかたと比べてみたとき、三つのランクとしての階層化は共通するが、明らかな相違点もみられる。独立した政治体においては、当該地域内に分布するすべての古墳群よりも規模や副葬のあり方などで支配的な位置を占める唯一の中心的古墳群が存在し、そしてこの中心的古墳群は、地理的にも必ずその盆地内の中心地に位置することが普通である。これに比べ蔚山地域は盆地の中心地に位置する大型高塚古墳群の存在も認められず、当該地域で頂点に位置する古墳群も発見が困難である。このような古墳群の分布の仕方は、早い時期から新羅に服属し、その直接・間接の支配を受けてきた過程を反映しているのではないかと思う。

　これまで嶺南地方の各地域別に、古墳群の類型展開過程を検討してみた。以上の検討により確認された古墳群の展開過程の地域差は、政治体の成長過程の違いに起因するものと思われる。金海、高霊、咸安、昌寧をはじめとして、ここでは検討しなかったが、大邱、慶山、義城盆地のような地域では、5世紀代の大型封土墳群は主稜線を占めてゆく中心的古墳群が、盆地の中央に位置を占めている。このような中心的古墳群の立地と分布は、金海大成洞、蔚山下坮、釜山福泉洞、咸安道項里・末山里古墳群で確認されたように、3世紀後半頃の

大型墓から展開したものである。こうした中心的古墳群の展開過程は、早い時期から統合された政治体が形成され成長する過程を反映していると考えられる。

これに比べ進永平野と昌原盆地や蔚山盆地のような地域の場合は、統合された政治体が出現した慶州・金海・咸安盆地の周辺地域になり、中心的古墳群としての展開過程は確認されない。この地域のうち、蔚山中山里古墳群のようなところでは早い時期に大型墓が発見され、下垈遺跡では大型墳の立地に支配的な傾向が始まるにもかかわらず、中心的古墳群としては展開していない。こうした地域の古墳群の展開過程は、先に成長した近隣の政治体によって統合された状況を反映するものと理解することができる。

古墳群類型の展開過程上、より早い時期に統合された政治体が出現して成長し続けた地域は、琴湖江流域と東南海岸地域、洛東江中流域一帯である。これに比べ中心的古墳群の形成と展開が遅くに始まるとか、古墳群諸類型の展開自体が一段階遅れて進行した地域は、嶺南地方北部と西部山間部である。環境的な特徴でみると、この地域は嶺南地方の対外交通路から隔離されており、盆地と盆地を結びつける交通路も劣悪なものである。遅くとも5世紀後半には、嶺南地方の中心的な政治体として成長し周辺地域に政治権力を拡大してきた新羅と大伽耶などの政治的な影響力により高塚古墳群が形成されたことが知られている。そのような可能性がひじょうに高いことは事実であるが、この地域に対する古墳群の調査は、充分ではなく、即断するのは時期尚早である。

4　古墳(群)の階層化と分布の変動

嶺南地方の古墳（墳墓）群の類型を設定して、その類型の展開過程を、時間的・空間的に限定せず、全体的な文脈から検討した。ここでは、空間的に限定された地域の個々の古墳群および古墳を分析して、その変遷を述べてみようと思う。このような作業を経て、政治体の内部組織とその変動、そして諸政治体のあいだの階層化と統合過程についてのより具体的な状況へとアプローチすることができるのである。ここからは、まず古墳（群）の変動を何段階かに分けて説明可能なように時期区分をし、各時期別に単位地域内の古墳（群）の階層化と分布、そしてその段階別の変化についても検討してみたい。

(1) 古墳(群)変動の時期区分

　これまで、古墳群の類型とその時間的‐空間的な展開過程について検討した。すなわち、古墳群内‐古墳群間‐地域間で、古墳および古墳群の階層化と分布類型の検討である。ここまでの分析を通じて、三韓・三国時代の嶺南地方古墳(群)の変動過程における重要な時点を、紀元前1世紀前半、紀元後3世紀後半、そして紀元後5世紀中葉頃、同6世紀後半と考えた。

　紀元前1世紀前半は、木棺墓という新たな墓制をもち、特定共同体の墳墓が分離して集団化する時点である。紀元後3世紀後半は、丘陵地へと立地が移っていった木槨墓群において、埋葬施設の分布パターンの根本的な変化が引き起こされた時点である。古墳群の内部で、最高階層の大型墳が丘陵稜線の頂点を占め、この大型墳群は盆地中央部の丘陵稜線に場所を確保するようになる。それに、王墓の出現と言えるような副葬品のあり方の究極的な変化も伴う。5世紀中葉も、古墳群造営原理の重要な変化が生じる時点である。この段階から多槨式の墓域を設定した家族墓が出現し、これまで古墳群を造営することがむずかしかった共同体にも、古墳群の造営が始められる。いわゆる小型群集墳の出現である。その後6世紀後半になると、慶州盆地とその周辺を除いては、嶺南地方のほぼ全域の古墳群が消滅してゆくことになる。

　古墳という用語を、単に昔の墓という意味で使用することもあるが、それを歴史考古学的(訳注1)に厳格に定義して、限定された意味で使用するよう提案する研究者たちも多い［崔鍾圭：1991 152-155頁　申敬澈：1992b　金龍星：1996］。筆者はやはり先史時代の墳墓と三国時代の古墳は、政治・社会史的に異なる意味をもっていると考え、さらには統一新羅時代から近世にいたるまでの王陵やその他の墓とも異なる性格をもつために、区分しておくほうがよいと思う。

　三国時代の古墳の典型といえば、やはり5世紀代を前後する時期に、高塚古墳と古墳群およびその下位の古墳群などを一括し、規模、副葬のあり方、造営原理、そして古墳群の内部‐古墳群間の分布パターンなどによって、その特徴を定義することができると思う。5世紀代から先、古墳の時期幅をどのように設定するかが問題となるだろうが、古墳外形上の特定要素の出現時期からだけでは明らかにならないであろう。封土と埋葬施設の規模、副葬のあり方の問題、造営原理の問題はむろんのこと、政治・社会史的に内包された意味などを複合的に考慮しなければならないと考えられる。そうであれば、古墳群内部‐古墳

群間の埋葬施設と副葬のあり方にみられる階層化された分布パターンにおいて、究極的変化が引き起こされる3世紀後半頃を古墳の始まりとして定義して、それ以前を墳墓段階と設定するのが適切であるようだ。

かつて、新羅・伽耶古墳の時期区分において、中期古墳の段階を重視し設定し、4世紀代を前期、5世紀代を中期、6世紀から7世紀初を後期に区分する案が提出されたことがある［崔鍾圭：1983a］。この時期区分案では、前期古墳から中期古墳への過程を連続的にとらえるのではなく、断絶したものとみているが、そこでは積石塚の出現、高句麗系の装飾的な武具・馬具および金工品の流入、新羅・伽耶土器という2大土器様式圏の成立を中期古墳における物質文化ととらえていた。

最近、発掘調査資料が増加するにしたがって、前・中・後の3時期区分とそれに基づいた物質文化の変動という考え方はしだいに適切ではなくなってきているとはいえ、これまでは暗黙のうちに新羅・伽耶古墳の変動を理解する基本的な構図として受けとめられているようだ。特に前期から中期への過程を断絶するものとみる視点は、高句麗軍の南征というできごとに大きな歴史的意義をおくためのもので、武装体制、馬具類、場合によっては金工品においても出現年代の上限が高句麗の南征時点よりも上がるという証拠が得られている［申敬澈：1994　金斗喆：1995］今にいたっても、5世紀代の文化変動を理解する基本的な見方は変わっていないようだ。

おおむね、新羅・伽耶古墳の変動過程を時期区分するのに、前・中・後期の3時期に分ける見方と、早期を別に設けて前・後期に2分する見方がある。3時期区分は、まず高句麗の南征というできごとの新羅・伽耶社会における歴史的事件にとどまらない、はるかに大きな影響力を前提にして、それによる物質文化の変動を重視しつつ、木槨墓段階→積石木槨墳・竪穴式石槨墳→横口・横穴式石室墳という墓制の段階的な変化を、第一に重要な基準としている。そしてこうした墓制の変化とほぼ沿ったかたちで、副葬品のあり方と分布がしだいに変化するということを通じて、3時期区分の妥当性を強調している［洪潽植：1993, 1994b］。3時期区分において強調される段階は、いわゆる高塚古墳が登場する中期だということができる。それと相俟って、副葬のあり方の一律的な変化を画期としてみているのである。

しかし、金工品と装飾馬具に代表される鮮卑‐高句麗系文物の流入は、最近の資料の増加にしたがい、高句麗の南征時点よりも年代的に遡る可能性が増し

ていて、装飾馬具の流入経路においても、あえて高句麗を通じての流入だけを考慮する必要はないだろう［崔秉鉉：1992b 701-752頁］。また、先に述べたように、福泉洞古墳群や大成洞古墳群の胡族系馬具の出現時期が4世紀代に遡り、金工品の出土した月城路가13号から皇南大塚南墳までの編年の問題［李熙濬：1996b］によって、むしろ副葬のあり方が時期的に4世紀代からしだいに質的に変化する過程を理解する必要性を感じている。

新羅の積石木槨の出現は高塚古墳の登場を意味し、その時期を皇南洞109号3・4槨の年代においてきた。しかし、皇南洞109号3・4槨は高塚古墳でも、最古の積石木槨墳でもない。先行する木槨墓からしだいに変化してゆく過程のなかのある時期の特徴を反映するだけである［李盛周：1992b，1996c 金亨坤：1995b］。新羅の積石木槨や伽耶の竪穴式石槨という埋葬施設の出現と、高塚古墳の登場が相俟っているであろうと想定されてきたのも事実である。が、今やそれはほとんど成立がむずかしく、埋葬施設を中心とする墓制の変化は、地域的・階層的に多様なヴァリエイションをもっていて、一律的だとみることはむずかしい[5]。

それとは異なり、三韓段階の墳墓を早期として、新羅を中心に前期の積石木槨墳と後期の横穴式石室墳の両時期に区分し、新羅を中心とする古墳文化の拡散過程を理解しようとする見方がある［崔秉鉉：1991a，1991b］。ひとまず、高塚古墳の出現とそれに関連する副葬品の質的な変化の時期を4世紀前半頃にまで引き上げる立場からも、中期の設定は不必要であるが、横穴・横口系の出現という墓制と埋葬観念の変化を重視するため、前・後2時期に区分する。3時期区分や2時期区分は、古墳文化変動の地域的な拡散過程や時期的な位置づけについて、見解の違いが大きいものの、後期古墳への転換における変化の重要な局面が竪穴系墓制から横穴系墓制への変化であり、この過程は埋葬儀礼と関連するイデオロギーの変化と、周辺地域の先進的な墓制の影響から誘発されたとする点では、意見の一致をみている［曺永鉉：1994 洪潽植：1993，1994a］。

もっとも早い時期の横口・横穴系古墳といえば、5世紀中～後葉頃の慶山林堂洞古墳群の造永ＥⅠ-1号や、昌寧校洞3号［沈奉謹：1992］のように洛東江東岸の中心的古墳群から発見され、新羅の中心域での新たな墓制の採用と立地の変化は6世紀中葉頃になる。新しい墓制の採用の地域的な拡散過程は、1世紀間ほど持続したものであった。そして、それは一般的に予想されたような新羅の中心地からではなく、地方から中心地へと拡散していった過程である。

こうした時間的・空間的な過程のほかに社会階層的な面においても、後期古墳への転換は、より階層化された古墳群のなかで、下位の古墳群の出現とその副葬のあり方の変化から引き起こされ、上位古墳（群）へと拡がってゆくのがみてとれる。

 後期古墳への転換の契機を、仏教公認のような社会理念上の変化に求める見解がある［洪潽植：1994　崔秉鉉：1991b］。しかし、古墳の変動の始まりは、仏教公認〈法興王14年、527年〉よりも前からであることが明らかなので、原因と結果を取り違えて考えた結論ではないのかと思う。もちろん、仏教の伝来と受容は国家的な公認よりずっと前からのことで、仏教伝来から定着までの社会的、政治理念的文脈がきちんと考慮されなければ、仏教公認という歴史的事実がもつ意味は半減してしまう［辛鍾遠：1992 127-161頁］だろう。そして、国家理念としての仏教の公式採用と、古墳文化の変動を直結できるだけの証拠がない限り、漸進的な古墳文化の変動をもたらした社会上、イデオロギー上の変化に注目すべきであって、逆にそうした変化が、むしろ仏教の受容および公認と関連すると考えなければならないだろう。

 古墳というものの総体的な様相と関係の変化という視点において、新羅・伽耶古墳の変動は連続した過程と考えるしかなく、特別に断絶したとみるだけの画期は存在しない。単に、時期区分するということは、連続した過程をいくつかの段階に分けて要約してみるための試みでしかない。そのため、特定地域の埋葬施設および遺物の形式変化にのみ捉われて、古墳変動の画期というものを設定する方式は無意味である。

 三韓・三国時代における嶺南地方の古墳（墳墓）の変動過程は、時間的・空間的あるいは階層的なヴァリエイションのなかで総体的な様相と関係の変化という視点で理解すべきであり、社会・経済的変動とかみ合わさった過程として説明されなければならない。つまり、それは特定の中心地で誘発され一時的に拡散する現象ではなく、墓制の変化と一部副葬品の形式変化として解釈される類いのものでもない。歴史的なできごとが契機となったものでもなく、支配層のイデオロギーの強制によって古墳が変動したとみることもできない。このような観点から、新羅・伽耶古墳の変動は前・後二時期に区分してみるのが適切と考えられ、前期から後期への過程は、表3-3のように理解しようと思う。

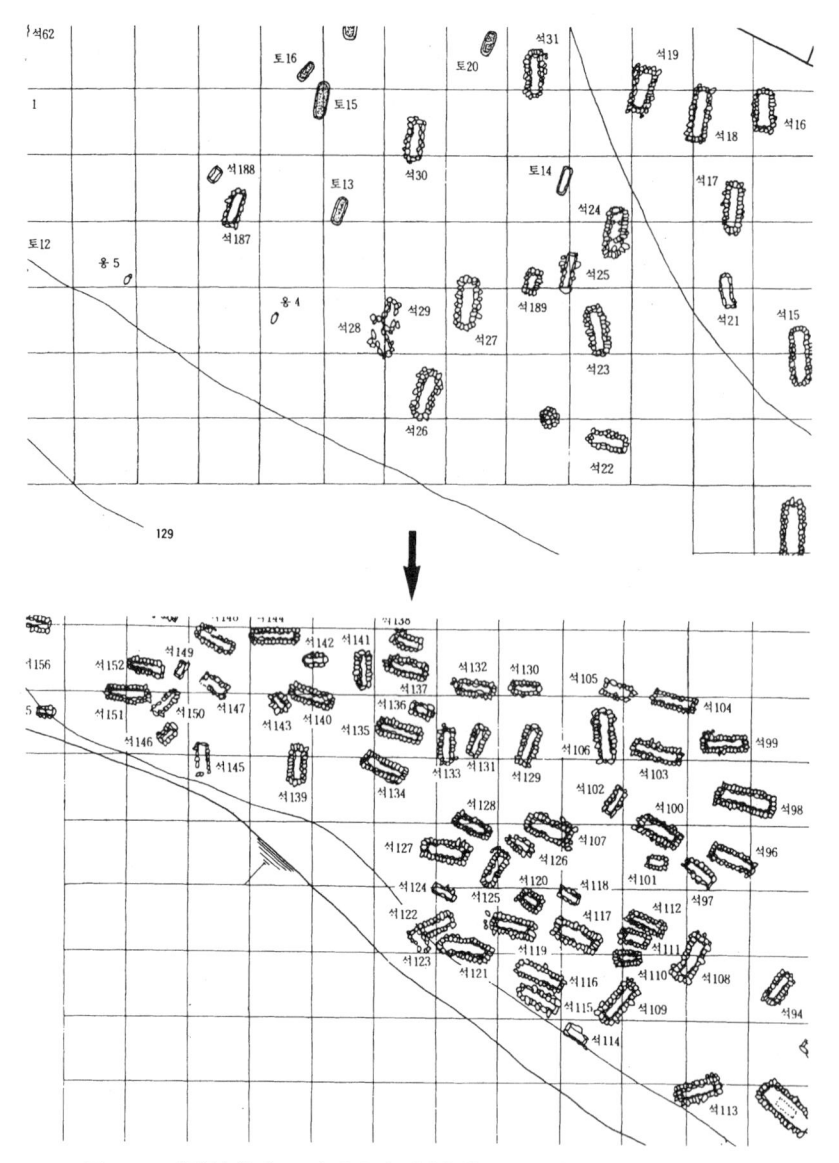

図 3-12 後期古墳群への転換と小型群集墳の発生（陜川鳳渓里古墳群）

表3-3　前・後期古墳の様相の対比

	前期古墳	後期古墳
1．変動の一般的傾向	①上位からの変動 ＊最高階層古墳の規模と副葬品の量の増大 ＊中心的古墳群内の立地配列の定型化 ②古墳群内の古墳密度の増加 ③局地的な多様性の増大（多元化）	①下位からの変動 ＊新たな下位古墳群の出現と簡素化された副葬 ＊下位古墳群内の分布パターンの定型化 ②単位地域内の古墳密度の増加 ③局地的な多様性の消滅（一元化）
2．墓制と墓域の変化	①埋葬施設：木槨墓から竪穴式石槨・積石木槨への転換 ②墓域の設定：地域共同体および親族集団の共同墓地内に個人の単独墓域を設定	①埋葬施設：竪穴系墓から横口・横穴系への転換 ②墓域の設定：地域共同体および親族集団の共同墓地内に家族墓的多槨式墓域の設定
3．副葬のされ方の変化	宝器、武器、容器において身分を象徴する金工装身具および装飾性の強い武器、馬具へとして発展し、副葬状況における階層化が深まる。	副葬品の内容が形式化して、そのなかの一部の品目は明器化する現象が現れる。
4．埋葬儀礼上の観念	現実の延長 共同体的儀礼という性格	来世観が徹底する。 家族墓的儀礼という性格

（2）古墳の階層化過程

　埋葬儀礼には、被葬者が生前にもっていた社会的地位や役割が反映されているので、社会的な諸関係とその分化の程度は、埋葬儀礼の多様性と直接に相関するとされる［Binford：1971］。社会階層あるいは階級の分化に注目して、副葬品の質と量、古墳の規模などといった埋葬にかかった労力の量にみられる格差は社会階層の格差を反映する、ということを前提にすることもある［Tainter：1973］。古墳のランクを分析し社会階層と関連させる作業が、墓制や副葬品の型式分類と編年の研究をこえて、新たな課題として浮き彫りになっている。こうした諸研究は、埋葬施設と封土の規模や副葬品の質・量を客観化の尺度にして、古墳のランクを設定するのにまずは関心を集めてきて、そうした古墳のランクを社会の階層化あるいは内部組織の階層化に直接あてはめ、身分制［Pearson・Lee・Koh・Underhill：1989］や、官位等級制度［朴普鉉：1991］と関連するものと主張してきた。そして、単位社会をこえて政治権力が分布する空間と政治秩序と関連させてもいた［金龍星：1989］。また、古墳の質・量におけるランクを決め、それを社会的身分にのみ関連させることなく、副葬品の機能的組成を分析し、被葬者の職業的機能とか［朴普鉉：1992　木村：1992］、軍事組織下での役割［李仁哲：1994　門田：1988　木村：1990　武末：1992］について幅広い解釈が試みられてもいる。

これまでの古墳（群）の階層化を分析した諸研究は、個々の古墳群中の、個々の古墳を中心に分析してきたのであり、古墳群どうしの比較にあっても、古墳群内部で選別した古墳だけをもって検討してきた。そのため、古墳群内部の階層化と古墳群間の階層化が、総体的に比較分析されていなかった。つまり、古墳群の造営集団内部の階層化と、諸集団間の階層化の総体的な様相にアプローチできなかったのである。

 ここでは、諸古墳群内における個々の埋葬施設の階層化を分析して、一定の時期における単位地域内の古墳群間の階層化を比較してみようと思う。古墳の階層化を認知しようとして持ち出した諸属性とその尺度は、無数に提示できるだろうが、ここでは埋葬施設の規模という基準にのみ依拠し、古墳（群）の階層化の程度を評価してみようと思う。

 同一政治体に属すると認められる単位地域内最上位の中心的古墳群から、最下位に属する古墳群に至るまで、発掘調査されたすべての資料を前期古墳と後期古墳に分けて分析しようと思う。ここで検討しようとする時期と地域は、前期古墳群に属する4世紀～5世紀前半代の金海地域と、5世紀後半～6世紀前半の陝川地域の発掘資料である。金海一帯では、中心的古墳群である大成洞古墳群と、さらに下位の古墳群である良洞里古墳群、礼安里古墳群、七山洞古墳群、退來里古墳群などが発掘された。このうち良洞里古墳群は、埋葬施設の規模について報告された資料がほとんどなく、退來里古墳群は多くの遺構が調査されたわけではないので除外した。そのため4世紀代の金海地域古墳（群）の階層化については、大成洞古墳群と礼安里・七山洞古墳群において4世紀代に属する遺構を中心に検討した。

 大成洞古墳群、礼安里古墳群、七山洞古墳群から4世紀代に属する木槨墓だけを選び出して、墓壙の規模を分析した結果はつぎのとおりである。まず、礼安里と七山洞古墳群は墓壙規模の分布では大きな違いがないようだ。七山洞古墳群の発掘資料中未報告のものとか、良洞里古墳群では、大きな規模の遺構が存在するものとみられるが、時期のうえで4世紀代に属するかどうかについて、筆者はよくわからない。ともあれ4世紀代において、この両古墳群が礼安里古墳群よりも、必ずしも上位の古墳群だということのできる根拠は、いまだ確実ではない[6]。墓壙の規模だけで金海地域の4世紀代の木槨墓を分類してみると、大型・中型・小型および小児用に区分することもできるようだ。その区分にしたがえば、礼安里古墳群と七山洞古墳群は小型墓と小児用墓で構成されて

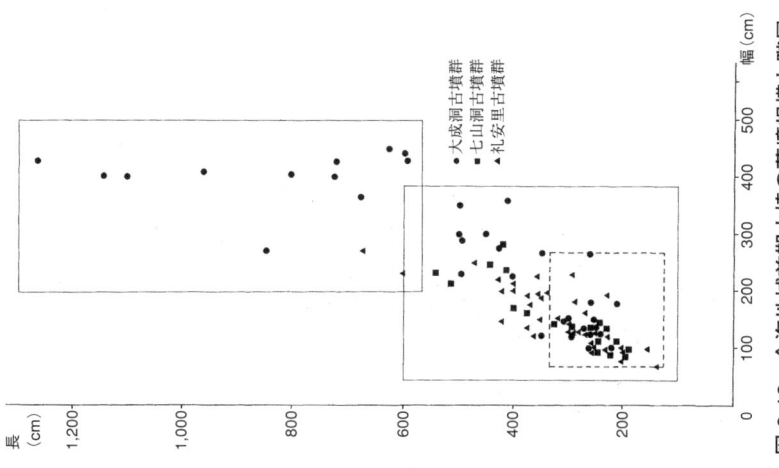

4 　古墳(群)の階層化と分布の変動　139

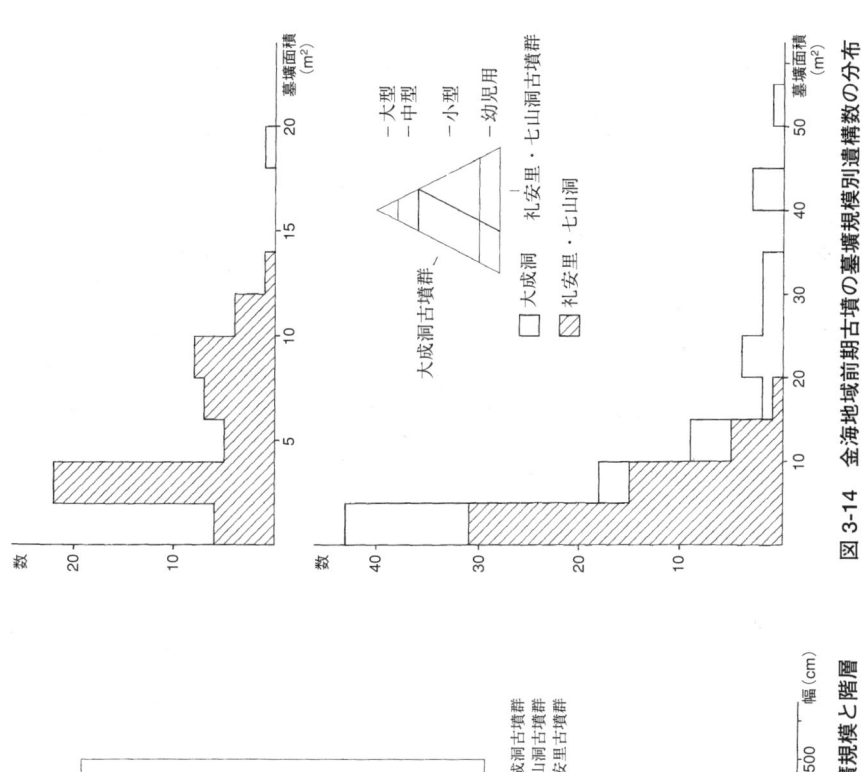

図 3-14　金海地域前期古墳の墓壙規模別遺構数の分布

図 3-13　金海地域前期古墳の墓壙規模と階層

いて、ごく少数中型墓が含まれている。これに比べ大成洞古墳群のような中心的古墳群は、大型・中型・小型墓が共存する状況がみられていて、もちろん小児用墓も存在する。

おおむね、4世紀代の木槨墓は、規模の大きい大型や中型墓であれば主・副槨式により築造されるのが普通である。大成洞古墳群の場合、主・副槨式が一定の比率を占めるのに比べ、礼安里や七山洞古墳群には主・副槨式が相対的にわずかだということができる。墓壙の規模も比較にならないほど小さい。墓壙の面積によって古墳の数を調べると、礼安里、七山洞古墳群には中型墓に近いものがごく少数含まれていて、大部分が小型墓と幼児墓で構成されていることがわかる。金海地域の4世紀代の、木槨墓の規模による遺構数の分布は、大・中・小型墓によるピラミッド型をみせる。ここでは礼安里、七山洞古墳群が下位の古墳群として底辺を幅広く占めていて、その上に大・中・小型に分化した大成洞古墳群が載るという分布形態をなしていることがはっきりとしている。したがって、4世紀代の前期古墳（群）において個々の古墳の階層化にはほぼ三つのランクが認められ、古墳群のあいだには二つのランクによる階層化が認められる。

黄江中下流域である陝川地域の4世紀代の前期古墳（群）を墓壙の規模によって分類した状況をみると、同時期の金海地域との相違点を見出すことができる。5世紀中葉以降の封土墳の発掘を通じて陝川地域の中心的古墳群であることが明らかになった玉田古墳群の4世紀代の木槨墓と、同時期・同一領域内の下位古墳群である苧浦里Ａ・Ｂ地区の木槨墓を分析対象にした。4世紀代の陝川地域の諸古墳間には、墓壙の規模や副葬のあり方からみて階層が存在する。しかし金海地域におけるような大・中・小型というはっきりとした分化は見出しがたい。金海地域の諸古墳と合わせて古墳の規模と副葬品を比較分類してみると、陝川地域の諸古墳はほぼ中型と小型に分化するにとどまり、大成洞古墳群で発見される大型墳と比肩するようなものは発見されていないのである。

玉田54号墳は、墓壙の規模の面でほかの古墳と比べ相対的に大型だということができるが、大成洞古墳群の大型墳とは比較にならない。発掘調査者の見解のとおり、玉田古墳群では5世紀前半代に属する23号、8号以前には、副葬のあり方からみて突出した古墳の存在を認めがたい［趙栄済：1994］が、玉田54号墳の副葬のあり方も、墓壙の規模に不釣合いな土器中心の簡単なものである。また、4世紀代の他地域の首長墓と比較できるような大型墳が、今後玉田古墳

4 古墳(群)の階層化と分布の変動

群から発見される可能性も希薄なようだ。

現在までの資料で見る限り、陜川地域に4世紀代の大型墳が存在する可能性については懐疑的である。早くから政治体内部の統合を果たした地域に首長級大型墳が存在しないのならば、周辺古墳群の上位に支配的な中心的古墳群が形成されることは認めがたい。そのため陜川地域の4世紀代の木槨墓には、規模や副葬のあり方から、中型墓と小型墓程度に区分される階層が確認されるのみである。ほぼ、小児用を含む小型墓が主となる苧浦里古墳群と中型墓が存在する玉田古墳群がそれで、それほど顕著ではないものの古墳群間の階層がある程度は認められるようだ。

ひとつの政治体の領域で後期古墳群の階層を検討できるに足る発掘資料が蓄積された地域は、それほど多くない。陜川地域は黄江中流域の発掘調査と中心的古墳群である玉田古墳群に対する連年の発掘調査を通じ、5世紀後半から6世紀前半代にかけての資料が報告され、後期古墳(群)の階層化という現象を検討するのに最適の地域である。この地域で中心的古墳群ということのできる玉田古墳群と、それよりは下位の古墳群に属するとみられる磻渓堤古墳群、そして下位群集墳としての鳳渓里古墳群と倉里古墳群などが、ほぼ全面にわたって発掘調査された。ここでは、こういった古墳群から5世紀後半～6世紀前半に及ぶ竪穴式石槨の資料のみを選び出し、墓壙の規模に基づいてその分布を検討してみて、スケールごとに含まれる遺構の個体数をヒストグラムで表してみた。

鳳渓里古墳群や倉里古墳群は、先に述べたように後期古墳の新たな特徴をもって登場した小型群集墳である。このような性格の古墳には、大部分がそうであるように、古墳の規模と副葬のあり方に、明白な階層化の現象は観察されない。古墳の規模でみると、全体的に小型墳に属すると思われるが、比較的規模が小さい小児用石棺形石槨や甕棺石槨などと、一般の石槨との区分が比較的明らかにあらわれている。古墳の規模と副葬のあり方を組み合わせ、一般の石槨墓を区分してみたならば、鉄矛、素環頭大刀、鉄刀、鉄剣など、武器が1～2点ずつ副葬される墓と、鉄斧、鉄刀子、鉄鎌など、農工具のみ副葬される墓の区分がある程度は可能である［武末：1992　木村：1992］。小型群集墳の内部でも、他の遺構と区別されるような特別な立地と墓域を占めて、墓槨の規模も比較的大きなものが、一古墳群に1～2基から3～4基程度存在する。鳳渓里10号［沈奉謹：1986 56-61頁］や倉里A地区1，2号、同B地区1号［沈奉謹：1987 23

142　Ⅲ　政治体の形態と変動

図3-16　陝川地域前期古墳の墓壙規模別遺構数の分布

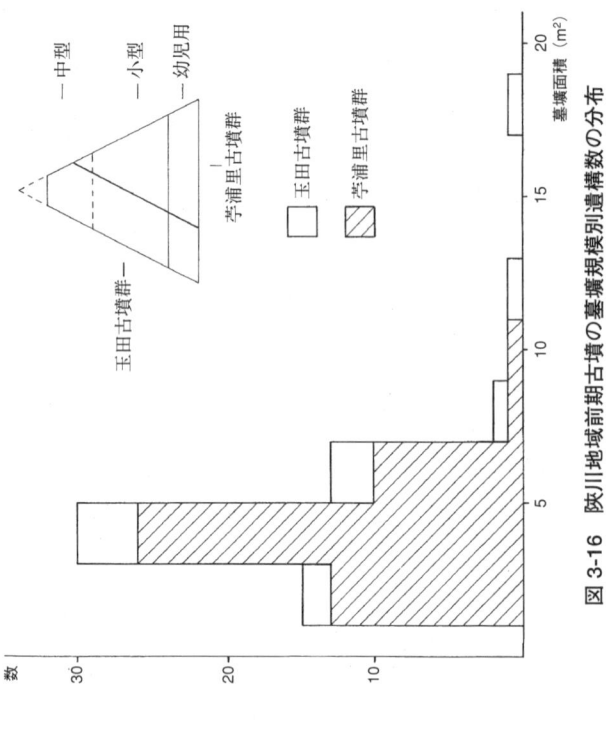

図3-15　陝川地域前期古墳の墓壙規模と階層

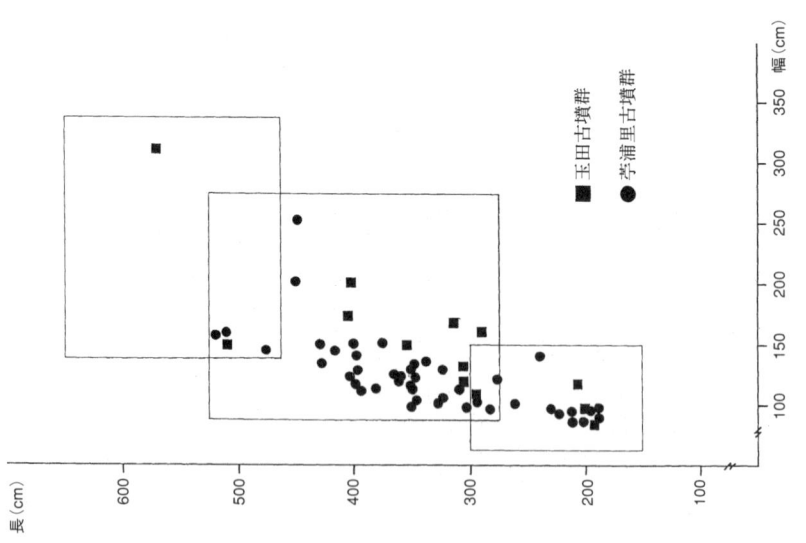

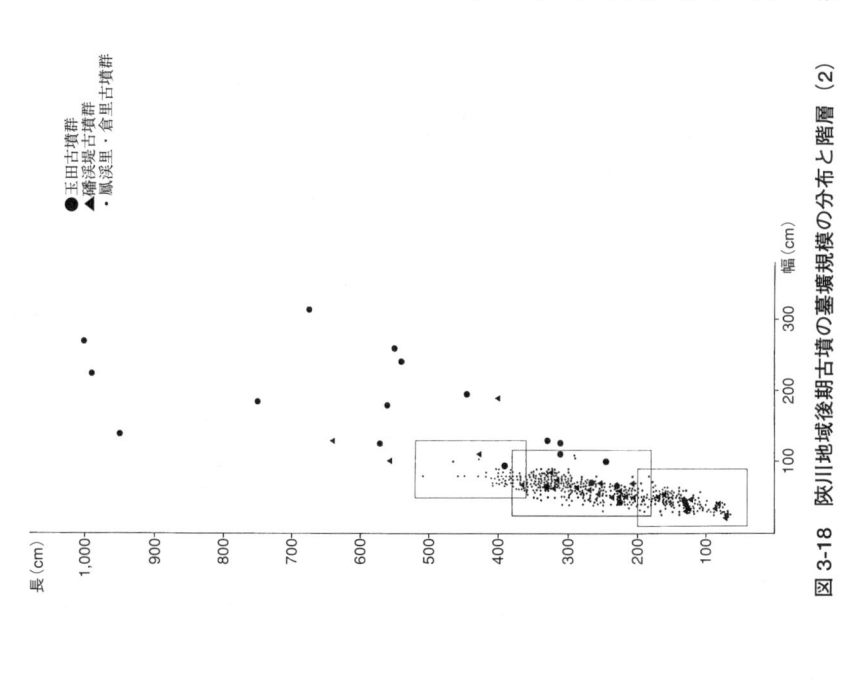

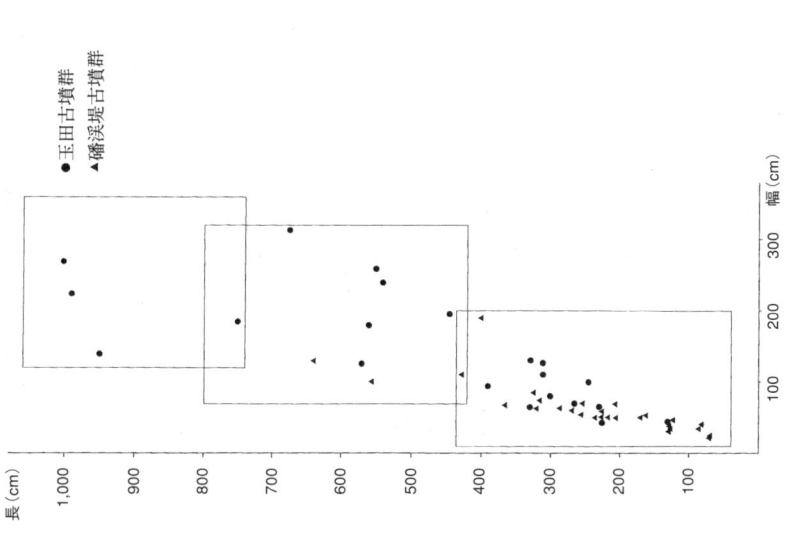

4 古墳(群)の階層化と分布の変動 143

図 3-17 陝川地域後期古墳の墓壙規模の分布と階層 (1)

図 3-18 陝川地域後期古墳の墓壙規模の分布と階層 (2)

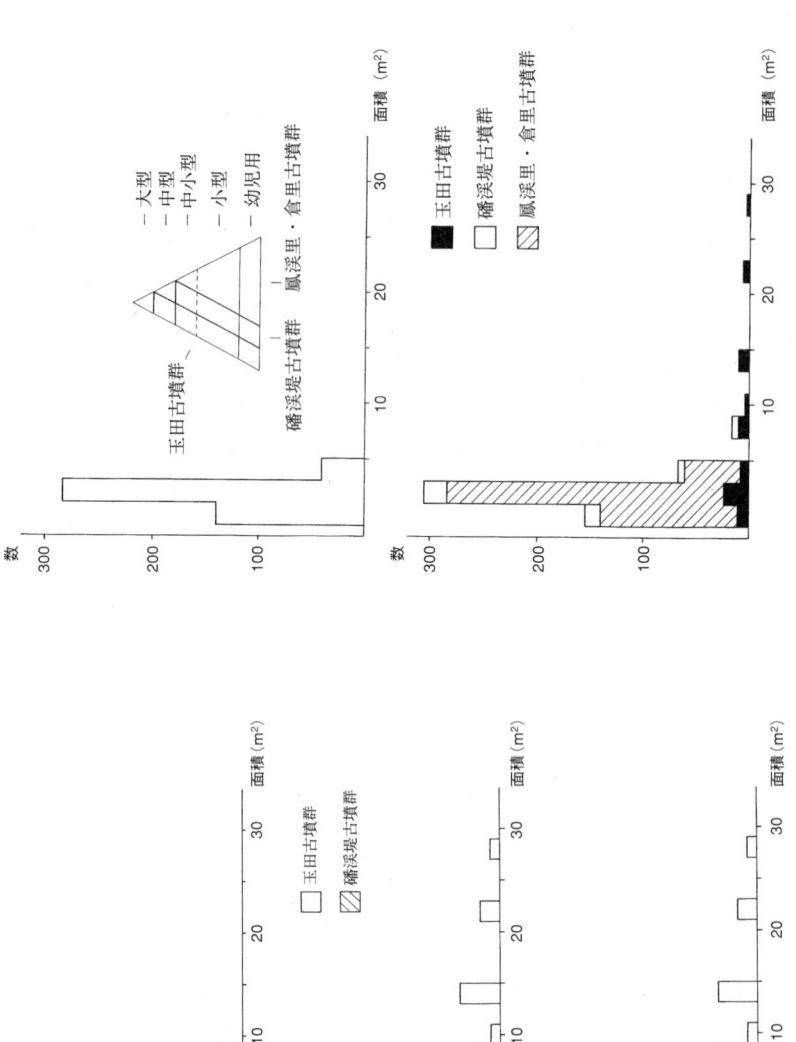

144　Ⅲ　政治体の形態と変動

図3-20　陝川地域後期古墳の墓壙規模別遺構数の分布 (2)

図3-19　陝川地域後期古墳の墓壙規模別遺構数の分布 (1)

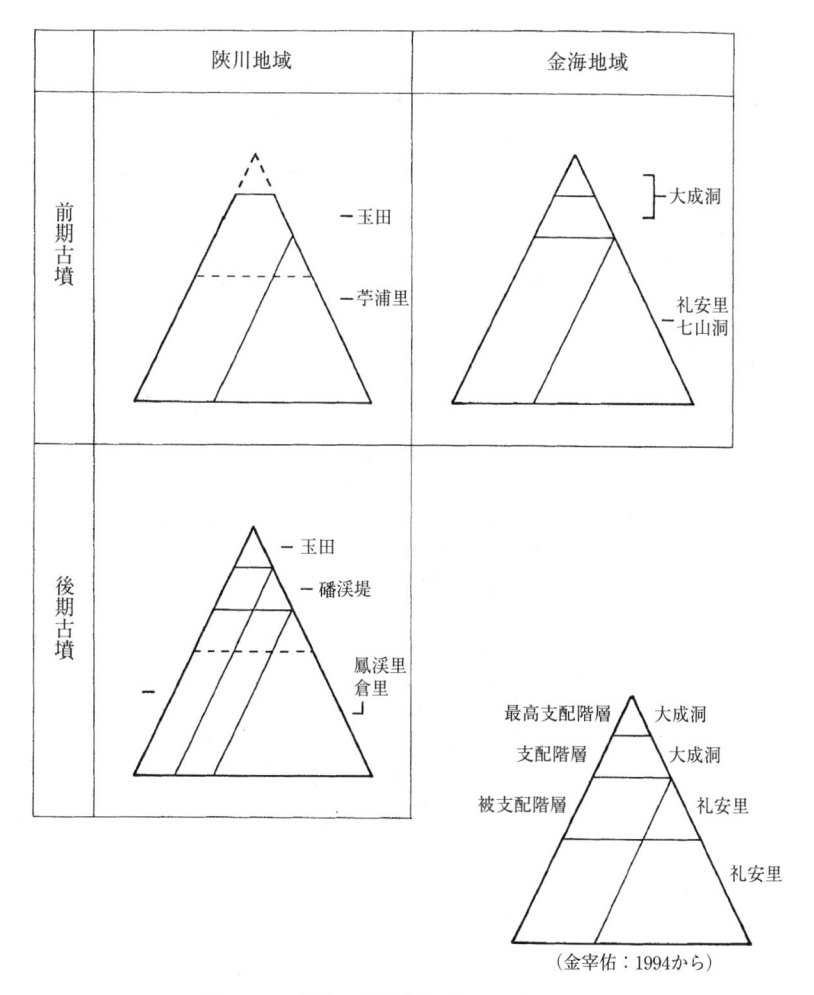

4 古墳(群)の階層化と分布の変動 145

図 3-21 前期・後期古墳群の階層化の対比

-27頁, 217頁] のようなものがその例に属するということができる。しかし、副葬のあり方からみるならば、他の遺構を文字どおり圧倒するというよりも、土器1〜2点や鉄器1〜2点が余分に加わっているにすぎない。大きくみれば、後期古墳文化期の小型群集墳はその内部の階層化現象が明確ではないということができる。すなわち、小型群集墳の内部における古墳の規模や副葬のあり方の細かな違いを、墓地を共有する共同体内部の身分の分化とみなすだけの証拠として採用することは困難なのである。そこで、鳳渓里古墳群や倉里古墳群は、

小型墓を主とする下位群集墳だといってよいようだ。

　後期古墳における古墳群間の階層化は、ひじょうに顕著だということができる。陝川地域で中心的古墳群である玉田古墳群には、王墓とみなすことのできる大型封土墳と、中型墳、小型墳が一定比率をもって共存しているが、下位の古墳としての小型墳は、この中心的古墳群からは脱落していた。玉田古墳群よりも一ランク下の磻溪堤古墳群には中型封土墳ということができるものが一定の間隔で3〜4基ずつ丘陵頂上の稜線に場所を占め、その周りに小型墳が加わった墓榔や単榔墳の状態で分布する。もちろん、玉田古墳群の最高位の封土墳と比較すれば磻溪堤古墳群の中型墳ははるかに格がおちる。

　4世紀代までだけに限っても、陝川地域に首長級の大型墳の存在は認められない。が、5世紀中後葉になると、他地域の政治体の王墓と比肩するような大型墓が出現する。そして、後期古墳群の特徴ということのできる小型群集墳が出現し、古墳群は三つのランクに階層化したとみられる。埋葬施設の規模という基準だけでみても、この時期に陝川地域の古墳は三つのランクに階層化されると同時に、古墳群自体もはっきりと三つのランクに階層化されるのである。このようにひとつの政治体の領域内で古墳群が三つのランクに階層化されるのは、後期古墳群の一般的特徴といえ、それは新たな古墳群造営原理によって出現する小型群集墳が存在するためだということができる。

(3) 古墳分布のあり方の変化

　ここでは、単位地域を対象として階層化された古墳群の分布が、時期的にどのように変化したのかを検討してみようと思う。先に単位地域を対象として古墳群内・古墳群間の階層化を分析しつつ、古墳群内部の被葬者ひとりひとりの階層と、一単位社会内において古墳群を造営した被葬者集団間の階層について推論してみた。この分析では古墳群内・古墳群間の階層は分析することができたが、階層化された古墳群の造営集団の空間における分布状況を検討することはできなかった。そのためここでは階層化された古墳群造営集団の数と、その分布空間を分析して、その時期的な変動について検討しようと思う。

　上のような検討のためには、単位地域内すべての古墳群の位置と造営時期に対する詳細な情報がなければならない。ここで分析対象とする蔚山地域と咸安地域は、精密な地表調査を通じて、三韓・三国時代の古墳群がきわめて詳細に確認された。そして、各古墳群の時期幅に関しても、ある程度の輪郭を描くこ

とができる。しかし5世紀代の大型封土墳は外見上容易にその存在を確認できるが、4世紀代とそれ以前の土壙墓群は、自然／人為的かく乱により、遺物が伴わないとその存在を認識するのがむずかしい。そのため、墳墓群の特徴によって、分布調査による古墳群数の調査には多少の誤差がともなう。

阿羅伽耶もしくは安羅国の故地といわれる咸安地域と、早くから新羅の領域に含まれていたとみられる蔚山地域の、前期古墳群と後期古墳群の分布のあり方を比較検討してみようと思う。おおむね4世紀代と5世紀前半までにあたるものを前期古墳群だとすれば、5世紀中葉以降のものが後期古墳になるのだが、前期と後期の古墳群が別々に存在することもあるものの、場合によっては前期から後期まで連続して古墳群が築造されることもある。限られた期間のなかで古墳群を造営して中断する場合もまれにあるが、紀元前後から造営が始まった古墳群が三国時代後期まで持続的に面積を拡大しつつ造営されもしている。

咸安盆地と宜寧盆地は南江によって分離されているが、先にふれたように、自然地形のうえでも、考古資料の分布のうえからも、ある時期からは同一政治体の領域であったのであろう。そして、この咸安・宜寧盆地のなかで伽耶邑一帯が中心地だという点については、特に問題はないものと思われる。伽耶邑の道項里・末山里古墳群は咸安地域の中心的古墳群であって、遅くとも紀元前1世紀から6世紀中葉まで連続して築造された古墳群である点については、異論はない［朴東百・李盛周・金亨坤・金奭周：1992　洪性彬・李柱憲：1993］。韓国国立昌原文化財研究所による発掘調査を通じ、他の地域の政治体にみられるような首長級の大型墳の存在は4世紀後半から認められる［洪性彬・李柱憲：1993　昌原文化財研：1992］。他地域の中心的古墳群の展開過程を参考にすれば、それが以前から中心的古墳群であった可能性も認められる。

咸安地域の政治体を三韓時代の弁辰安邪国、『三国史記』や『三国遺事』の阿戸良国、阿羅伽耶、『日本書紀』の安羅国に比定することには異論がない。連続的に成長してきた政治体であることも明らかである。すなわち、弁辰小国のひとつとして始まり、6世紀中葉頃新羅によって統合されるまで独自の成長をとげた数少ない政治体のなかのひとつだというのである。斯盧国、狗邪国がそれぞれ新羅、本伽耶として成長する過程がそうであるように、弁辰安邪国から阿羅伽耶への成長によって、各時期別に政治権力の領域は相違するだろうし、このことを政治体の領域の拡大過程とみてもよいようだ。

考古資料の分析のうえで、咸安地域の政治体の領域が時期別に拡大する過程

を推論することはむずかしい。たとえば4世紀代の咸安式土器の分布地域は、当時の政治権力の領域よりもさらに広いものであることに間違いはない。咸安漆原盆地から馬山・昌原地域および固城地域一帯に分布していたものと推測される「浦上八国」を、背後から支援した政治体が安邪国だったとする見解もある［金泰植：1994］が、いずれにせよ3世紀代の浦上八国の乱と関連する『三国史記』の記録〈「新羅本紀　奈解尼師今14年条」〉は、安邪国の政治権力が咸安盆地を越えて周辺地域を包括していなかっただろういう点を、傍証する史実とみてもよいようだ。3世紀代まで咸安の安邪国は、現在の咸安郡伽耶邑を中心として半径10kmほどにあたる領域と推論できるのではないかと思う。

　5世紀代咸安の安羅国の領域を推論すれば、周辺の相互独立的な諸政治体の存在を考慮し、相対的に決定できるものとみられる。阿羅伽耶の中心的古墳群を道項里・末山里古墳群とみるのであれば、昌寧校洞古墳群、陜川玉田古墳群、固城邑の古墳群、金海大成洞古墳群、梁山北亭里古墳群をそれぞれ個々の政治体の中心的古墳群として認めることができるのであり、この古墳群間の中間地点を結んで境界を想定できるのではないかと思う。そうだとすれば、5世紀代阿羅伽耶の領域は、咸安・宜寧盆地を中心にして昌原、馬山、鎮東、晋陽の一部を含む半径20kmほどの範囲と推定することができるものと思う。咸安漆原、漆西、昌原北面、馬山と鎮東一帯の古墳群に対する地表調査［昌原大学校博：1994a］と発掘調査の成果を検討してみると、この地域の古墳群は咸安の中心的古墳群の下位古墳群であることが認められる。

　まず前期古墳群の分布を検討してみると、何ヶ所かの小地域単位に分かれて古墳群の分布が認められる。自然地形に基づき分離された7ヶ所の区域ごとに、平均3〜4ヶ所程度等しく分布するようだ。全貌が確認された古墳群は32ヶ所ほどである。時期を4世紀以前として、その領域を咸安盆地内に限定するならば、古墳群の数は20ヶ所に満たないだろう。

　後期古墳群の分布状況は、前期古墳群に比べて大幅な変化をみせる。まず、古墳群の数が増大して単位面積あたりの古墳群の密度が高くなることがもっとも顕著な変化である。新羅・伽耶古墳群の一般的な立地がそうであるように、咸安地域の古墳群も一定面積の平野地帯をはさんだ低い丘陵の斜面と頂上部に分布する。そこに古墳群が世代を重ねて造営されたならば墓地空間の不足をもたらす。こうした場合、既存の墓域を無視して重複させつつ再び築造したり、隣の丘陵地帯へと移って行ったりする。後期古墳群の分布状況により、古墳群

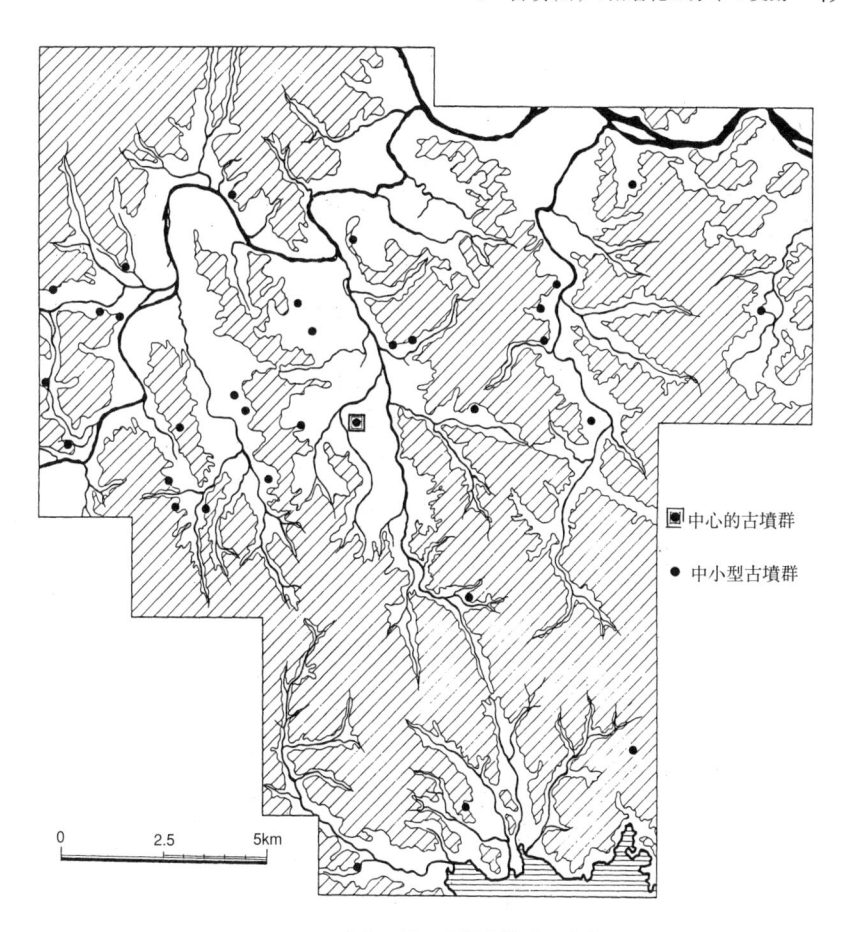

図 3-22 咸安地域の前期古墳群の分布

の数の増加はふたつの要因から理解できる。ひとつは既存の古墳群が墓地空間の不足により隣り合う丘陵へと拡大して造営される場合であり、もうひとつは、今まで古墳を築造していなかった階層あるいは地域集団が古墳の築造を開始し、新たな古墳群が出現するようになった場合である。咸安地域においては、大部分の古墳群が、造営期間が長いという面から、後者の場合もあったであろうが、もっぱら前者の場合でなかったのかと推測される。

道項里・末山里という中心的古墳群は、隣の丘陵にある新音里古墳群、伽耶里古墳群へと拡大し造営されたものとみられる。後期古墳群の分布から、二番

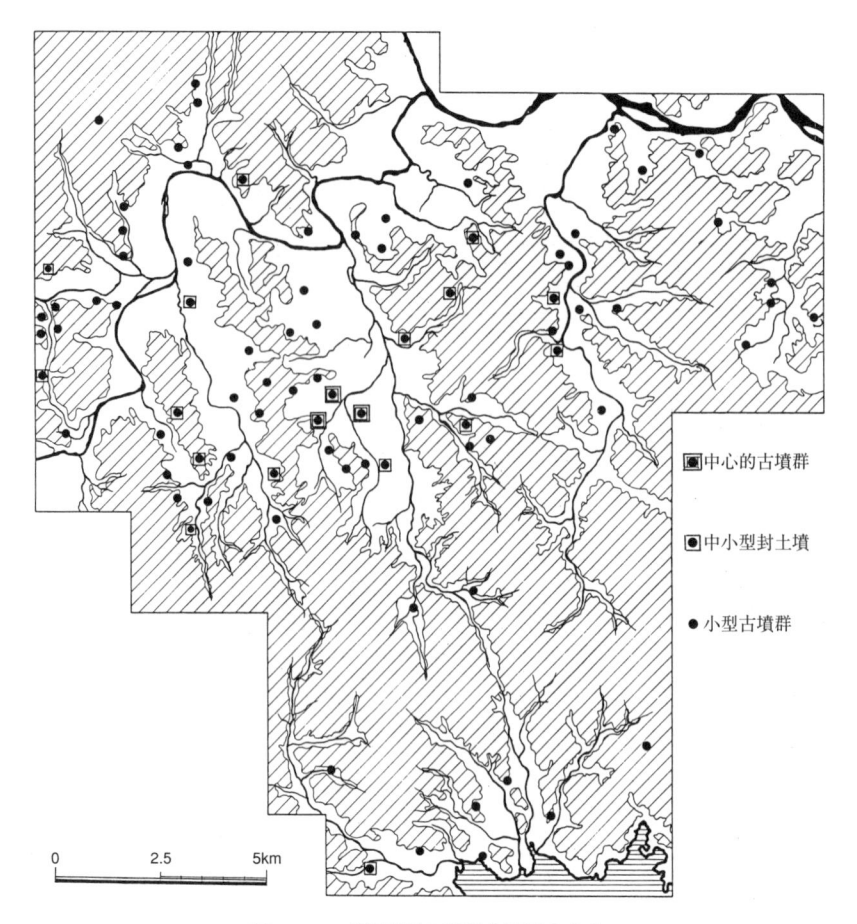

図 3-23 咸安地域の後期古墳群の分布

目に注目すべき変化は、高塚古墳の出現と、その封土墳の規模に沿った階層化という現象である。道項里・末山里、新音里、伽耶里の中心的古墳群を頂点とし、宜寧邑、群北面、法守面、漆原面、代山面、漆北面、鎮田面一帯に、大型あるいは中型の封土墳が分布する。この封土墳と、新たに出現した小型群集墳とを合わせて、咸安地域においても三つのランクによる古墳群の階層化という現象がはっきりと見出される。

前期に比べて、後期古墳群の分布する空間状況の特徴ということができるものは、古墳群の数が急増したという点、そして小地域別の群集状況がさらにはっ

きりとするようになったという点である。7ヶ所の小地域の群集墳にはそれぞれ1～2ヶ所ずつ、中型封土墳群が存在して、それを中心に小型群集墳が集まっている状況がみられる。

　蔚山は、もっとも早い時期に斯盧国に服属した地域であるために、咸安のような独立した政治体として成長した地域とは異なり、新羅の領域内の一部としての検討に意義がある。斯盧国が周辺の小国を統合してゆく過程で、まっさきに進出した地域が慶州の東南部一帯［李鍾旭：1980　李炯佑：1993］であるが、そのことは『三国史記　地理志』と『同　居道列伝』の記録にみるところ、1世紀代の脱解王、婆娑王代の史実として伝わっている。『三国史記　新羅本紀』の初期の記録に対する最近の再評価では、斯盧国の周辺小国への征服過程が3世紀中葉以降始まったのではないだろうかという見解［金哲埈：1962, 1990 170-216頁　姜鍾薫：1991　宣石悦：1996］が出されている。蔚山地域の古墳群の分布にみられる階層化を検討するのに、前期古墳群の場合斯盧国による統合過程を考慮しなくてはならず、後期古墳群においては新羅の一地方だという前提のもとで考える必要がある。

　『三国史記　地理志』のうえでは、現在の蔚山地域はいくつかの区域に分かれており、県が設置されていたことが知られる。自然地形のうえで、蔚山には6～7ヶ所の小規模な地形区を中心に集落が形成されていたものとみられる。地表調査を通じて確認された前期古墳群は28ヶ所あり、このうち発掘調査により大型木槨墓の存在が認められたのは、中山里遺跡と下垈遺跡などである。この大型木槨墓が分布する2ヶ所の遺跡に、後期古墳の時期になると大型封土墳が築造される。このように、前・後期にわたり他の古墳群よりも相対的に優位にたっていたことが認められる古墳群は、上記の2遺跡を含む6ヶ所になる。前期古墳群を上・下二つのランクに分類するのであれば、蔚山盆地内部では六つの小区域ごとにひとつの上位古墳群が3～4ヶ所の下位古墳群を従えている計算になる。

　蔚山盆地には、咸安・高霊・慶州地域のように、盆地内で唯一の中心的古墳群が存在しない。すなわち小国の支配的親族集団の墓域ということができるだけの中心的古墳群が、ひとつの盆地とその周辺地域で頂点に浮上する現象が、蔚山地域では確認がむずかしい。

　文献記録を参照してみても、蔚山地域の場合は、国邑が諸邑落を統合し新羅・伽耶の一政治体として成長するより前に、斯盧国に服属していたことがわかる。

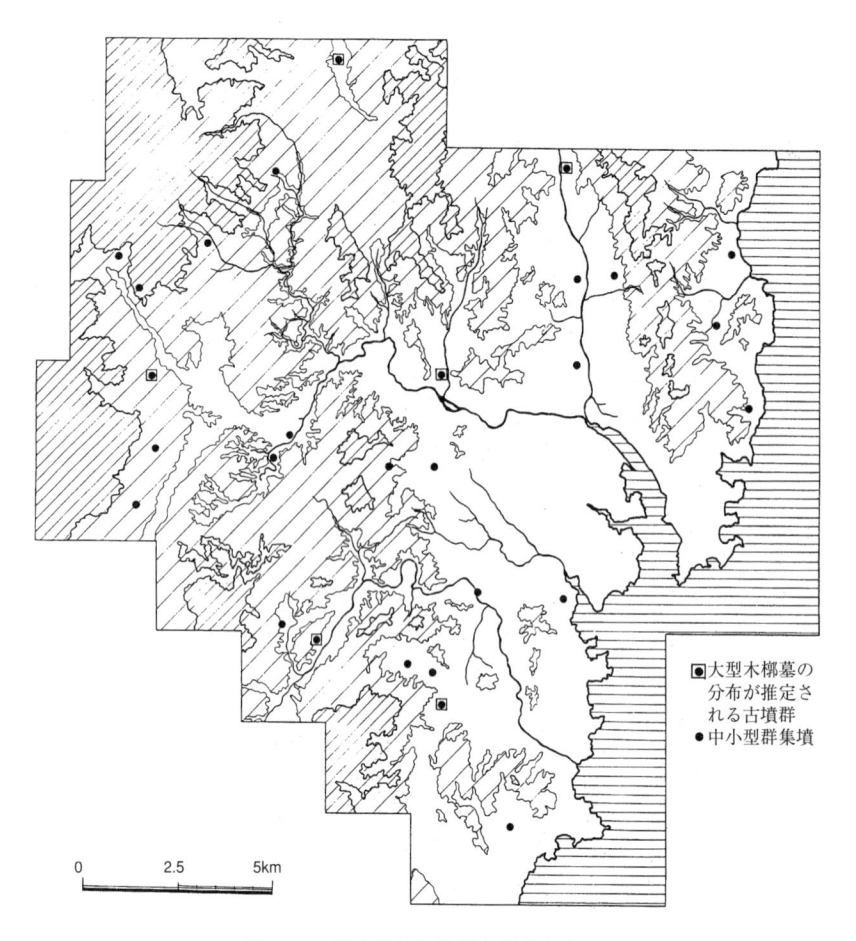

図 3-24　蔚山地域の前期古墳群の分布

　早い時期から蔚山地域の政治権力が完全に解体され、相対的自律性を全く喪失したとみることはむずかしいようだ。遅くとも5世紀代までは、新羅による諸地域の統合が間接支配方式を維持していたという点は、蔚山地域の古墳の分布を理解するのに参考にすべき考え方である。後期古墳に属する大型高塚古墳が何ヶ所か発見されていることは、既存の邑落集団の連続した展開過程を認めずには理解しがたい。蔚山地域にはひとつの盆地とその周辺を含んで統合した一政治体の中心的古墳群の存在が考えられないためである。何ヶ所か高塚古墳群が分布するものの、このうちどれひとつをとっても他の残りを支配下においた

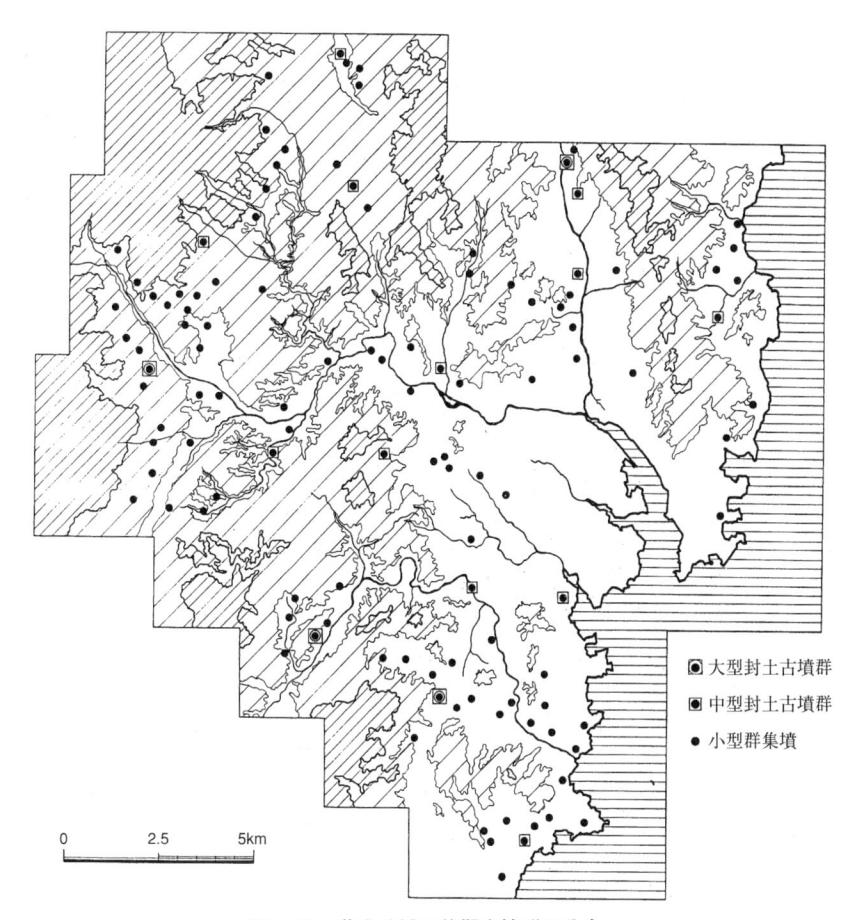

4 古墳(群)の階層化と分布の変動 153

図3-25 蔚山地域の後期古墳群の分布

凡例:
◉ 大型封土古墳群
▣ 中型封土古墳群
● 小型群集墳

とみることは困難である。

　後期古墳にあっては、発掘資料ではないために外見上、封土墳の規模をもって推測するほかにないが、大型封土墳が分布する遺跡は農所面中山里、態村面大垈里、温陽面雲化里、上北面川前里の4ヶ所であって、これよりも規模が若干小さな中型封土墳の分布は、斗東面鳳渓里、同泥田里、斗西面茶里、三洞面荷岑里、蔚山広域市中区茶雲洞、青良面栗里、同東川里、温山面処容里、農所面常安里、江東面新岘里の10ヶ所で発見された。おおむね4〜5ヶ所ある小地形区内に、ひとつの大型高塚古墳群が、2〜3ヶ所の中型封土墳群とともに15

〜20ヶ所の小型群集墳を率いて分布するとみられる。そして、この高塚古墳群のなかで、そのどれも他の大型墳に対して支配的な位置を占めてはいないようだ。

このような点から、咸安、高霊、金海、昌寧、陝川などのように各盆地内とその周辺の一部地域を統合した独立的な政治体の後期古墳群分布のあり方とは、明らかな相違点がみられる。この独立した新羅・伽耶の政治体においては、当該地域内に分布するすべての古墳群よりも規模や副葬のあり方などから支配的な位置を占めるただひとつの中心的古墳群が存在して、その中心的古墳群は地理的にも必ず当該盆地内の中心地に位置するのが普通である。これに比べて蔚山地域は、蔚山盆地の中心地に位置する大型高塚古墳群の存在も認められず、当該地域で頂点に位置する古墳群も発見するのがむずかしい。このような後期古墳群の分布状況は、早い時期から新羅に服属してその間接支配を受けてきた過程を反映しているのではないかと思う。

5 古墳群の展開と政治体の変動

(1) 政治体の内部統合と領域

嶺南地方における政治体の形成過程には、この地域の地形をはじめとするあらかじめ与えられた環境条件と関連した特徴がある。嶺南地方全域をみても、それほど広い領域だとはいえないが、他の地域よりも遅れて中央集権化が完成する。かなり遅い時期まで、規模とレベルの違いがあるようだが、独立した、あるいは半独立の状態で多数の政治体が共存していた。特定の政治体の領域が拡大したり、一定地域内の諸政治体間の相互作用が増大したりして、政治的な秩序が形成される。しかし5世紀代以前までは、諸政治体の権力が直接及ぶ領域は、たがいに大同小異であったようだ。社会の複合度に比べれば政治権力の領域空間は狭小であり、各政治体の領域は小規模で、ひじょうに効率的に資源の開発をコントロールしたようだ［権鶴洙：1992］。先に嶺南地方の地形を概観しつつ検討したように、長期にわたって続いてきた政治体の領域の限定性は、閉鎖・半閉鎖的な多数の盆地によって構成された嶺南地方の地形の特徴と関連があると考えられる。つまり、統合された政治体の初期の形態は、嶺南地方の一盆地ほどの範囲にあたるようであり、特定政治体の領域の拡大は、盆地を越

えてその周辺地域までを直接に権力のもとにおいていった過程として理解することができる。

　『三国志 魏書 東夷伝』に記録された三韓段階における弁辰韓政治体の規模と集落類型についての記述によると、細部にわたる特徴はわからないが、つぎのような点を指摘できる。三韓段階に嶺南地方では万を超える世帯から600～700世帯ほどで構成される政治体が多数存在していて、各政治体には支配者と政治的中心地が存在し、それよりも下位の集落もあって、集落が階層化された形態をとっていたという点である[7]。しかし、君主が存在しないという点と、一国の政治の中心地である国邑やその支配者である主帥が、他の邑や邑の住民と容易には区分されていないように描写された点は興味深い。

　三韓の単位政治体については国という実体があった。その単位社会はいくつかの下位単位で構成されていて、そのあいだには何らかの組織もあった［権五栄：1995a，1995b］。そのため、三韓小国の国邑というものは、多数の邑集団のなかでも、相対的に勢力が強く中心的機能をもっていた大きな邑として理解することができ、三韓小国は国邑とともに多数の邑集団で構成された政治体だったと推定することができるという見解からは、国邑、邑、小別邑を集落の階層化の結果としてみてもよいようだ［李賢恵：1984　104-105頁］。三韓小国がいくつかの自然村で成り立っているという点と、この村が集まって何らかの社会単位を構成して、その単位の中心が邑だという点についても認めることができる［権五栄：1995］。

　諸邑が完全に統合され、そのなかで支配的な邑が国邑として中心地の役割を果たしたのか、国邑の支配者の政治権力が周辺の邑に直接及ぶレベルであったのか、そしてその政治権力の本質はどのようなものであったのか、という問題についてはよくわからない。もちろん、『三国志 魏書 東夷伝』の記録のとおりであれば、意思決定する階層としての国邑の相対的優位と、それを中心とする政治単位の構成は疑いないようだ。しかし、国邑が支配的な位置を占めて、国家統合を成し遂げたとみるのは、文献のうえでも認めがたいようだ。

　三韓社会は、相当に激しい動きをした社会であったようであり、紀元前後の三韓社会と3世紀代のそれは、質的にも量的にもある程度の相違があっただろうために、記録の対象となった時期がはっきりせず、それも伝聞に基づいて叙述された『東夷伝』の内容をもって、どんな社会段階にあったのかを指摘するのは、容易でない。弁辰韓の国を何らかの段階の社会だと規定するよりも、過

渡的なものとみるべき理由があるようだ。すなわち、国邑が諸邑を統合した、あるいは斯盧国を、斯盧六村を統合した国家とみなすことよりも、統合の過程のなかにある社会とみるべきである［権五栄：1995a］。つまり、三韓段階というものは、小国の統合が完成された状態で存在した時期ではなく、小国として統合されてゆく過渡期の時期ということができる。考古学の立場からは、そうした国としての統合過程とその結果を検討することのできる適切な考古資料を提示できなければならないと思う。

　はたしてどの時期に、国邑が諸邑や自然村に対して、相対的優位や優越した規模といったレベルを超えて、支配的な位置を占めた中心として統合を成し遂げたのかを、古墳群類型の展開過程を分析して検討してみることができる。古墳群の階層化された分布のうえから国内部の統合を確認するならば、中心集団（国邑）によって造営された古墳群が下位集団（邑）によって造営された古墳群に対し、立地および分布空間のうえで、あるいは埋葬施設の規模および副葬品のうえで、支配的な地位に達した状況だということができる。

　結論からいえば、階層化された古墳の分布のうえで、盆地内で下位集団を統合して国邑が支配的な位置に到達する時点を3世紀後半頃とみることができる。この時期はひとつの盆地内における古墳群類型の展開上、大成洞‐福泉洞類型が登場する頃にあたる。つまり、それ以前の段階までは個々の遺構のあいだに規模・副葬のあり方の格差があったとしても、遺構配置のうえに階層化をみることができない良洞里類型が存在した。しかし、3世紀後半頃になると、規模・副葬品の量の絶対的な優位が認められる最高位の大型墳があらわれるようになる。この大型墳を含む古墳群類型が福泉洞類型であって、この古墳群内部の遺構分布パターンは、それ以前の段階ではみることのできなかった現象である。つまり、最高位の大型墳が丘陵の主稜線頂上部を占有するようになり、下位の中・小型墳がその周囲を取り巻くように配置されるパターンがみられるのである。このような福泉洞類型の変遷過程は、蔚山下垈遺跡でも典型例をみることができる。金海地域でのこうした古墳群の類型は、大成洞古墳群で見出される。3世紀後半に編年される大成洞29号から、そうした類型の展開が始まる。金海盆地内の古墳群の展開状況は、3世紀後半の変化をよく示している。老圃洞‐七山洞類型の良洞里古墳群、七山洞古墳群、礼安里古墳群などが分布するなかで、福泉洞類型の大成洞古墳群が支配的な位置を占めるようになる。ひとつの盆地内で最高位大型墓を頂点とする権力空間の分布をみせるものとして理解で

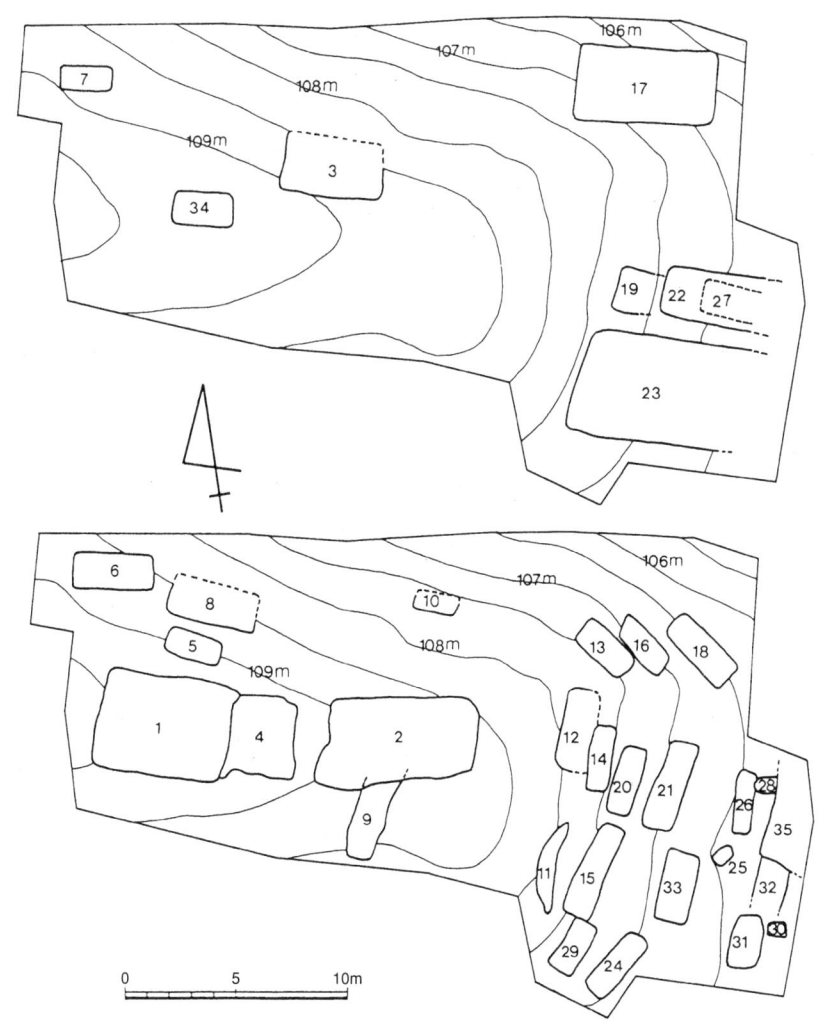

5　古墳群の展開と政治体の変動　157

図 3-26　蔚山下垈遺跡の時期別遺構配置（上；下垈Ⅰ期　下；下垈Ⅱ期）
　　　　（安在晧の編年［安在晧：1994］と崔鍾圭の論文［崔鍾圭：1993］による）

きるだろう。

　古墳群の存在は、それを築造していった集団と造営期間が前提となる。そのため、古墳群には築造集団の特徴が反映されていて、存続期間のうちに集団内部の分化を示す可能性がある。三国の政治体では、遅くまでその統治構造に血

縁関係が支配的な役割を果たしていて［李鍾旭：1987　Pearson・Lee・Koh・Underhill：1989］、支配構造の発展は、特定の支配集団の形成とその範囲の限定、そしてそのなかでの支配者の出現という自然淘汰されてゆく展開過程として理解される。まさに、こうした過程が特定古墳群の分離、そのなかでの最高位大型墓の出現、そして中心的古墳群への展開という、一定領域に唯一の古墳群が展開する過程に反映されているということができるため、そうした古墳群を支配的親族集団の古墳群と定義したこともある［李盛周：1993b］。

　この支配的親族集団の古墳群は、ひとつの政治体の中心部に場所を定め、そのなかでも王墓は卓越した立地を選定するために、当時の支配構造が空間的に表象されているようにみえる。このような状況は、新羅・伽耶の大部分の政治体に共通のものとみられるため、一般的だということができるようだ。しかしひとつの政治体領域の中心地においても、慶州の皇南洞古墳群や慶山の林堂洞古墳群のように例外的に立地の卓越性を示さないものもある。この点については資料が不充分であって明確に述べることはできないが、中心的古墳群の例外的立地は文化の違いに起因するものではなく、各政治体が地形的にあらかじめ与えられた条件をかんがみて、それぞれに異なる計画で中心地を建設していったためではないかと思う。

　つぎに政治体の領域に関する問題を検討してみようと思う。

　1～2世紀代の墳墓群に対する調査資料がきわめて限定されていて、そのあいだに階層化があったかどうかの問題がはっきりしないため、政治体の領域を最高階層の墳墓群の分布から想定することはむずかしい。昌原茶戸里［李建茂ほか：1989，1991，1993，1996］と昌原道渓洞［林孝沢・郭東哲：1996］、金海良洞里［伽耶文化研：1992　韓国文化財研：1989］と大成洞［慶星大学校博：1992］、咸安道項里[8]、慶州朝陽洞［崔鍾圭：1983a］、蔚山茶雲洞［兪炳一：1996］、大邱八達洞［尹容鎮：1993　嶺南埋蔵文化財研：1997］などの遺跡の発掘調査と、密陽内二洞、釜山久端洞［申敬澈：1986］、星州星州邑［韓炳三：1984］、永川魚隠洞などから、この時期の墳墓の存在が知られている。

　茶戸里1号や朝陽洞38号、永川魚隠洞の墳墓から出土した漢式遺物は、他の下位の墳墓での発見例がほとんどなく、輸入された威信財という点からみて、ここに挙げた墳墓は限られた地域の政治体における最高階層墳墓と認めることができる。しかし、それ以外の墳墓群でもそうした最高階層の墳墓群を確認できるかには疑問がある。とはいえ、この間の距離や階層を考慮するとき、相互

5 古墳群の展開と政治体の変動　159

独立性が認められる政治体とみなすことができるといっても、それが邑レベルであるのか国邑レベルであるのかを決定するのはむずかしいだろう。

　3世紀後半頃の統合された小国の領域を設定するという問題がある。政治権力の及ぶ領域空間を想定する方法として、XTENT モデルや Thiessen polygon モデルにより図式化するが、それには隣接するすべての政治体の中心地が確認されなければならない。しかしながら嶺南地方の古墳群に対する調査成果は、そうしたレベルには及ばない。そのため政治体の領域を設定する仮説として、あらかじめ与えられた地形条件を参考にすることができる。

　嶺南地方の政治体は、盆地という領域とそれを取り巻く自然の境界が、政治体の成長過程においてひじょうに重要な空間的背景となったのである。3世紀後半になると、慶州、金海、咸安などでは盆地内を統合する単一の政治体が登場し、盆地のなかに唯一の最高階層大型墓と中心的古墳群が出現する。慶州から金海、咸安までにおける、3世紀後半から4世紀前半までの最高階層の古墳は、まず慶州市内で発見される確率が高く、ほかの地域では蔚山太和江南の盆地内の下垈遺跡가地区、釜山の福泉洞38号［鄭澄元・安在晧：1987　釜山大学校博：1996］、金海大成洞29号［李海運：1993］がある。咸安盆地内では、4世紀末頃にあたる最高階層の古墳として咸安道項里馬甲塚が、中心的古墳群である道項里古墳群の所在する丘陵稜線の末端から発見される。

　慶州、金海、釜山、咸安盆地は、ほぼ対等の最高階層の古墳の存在と、そのあいだの距離を考慮すると、相互に独立した政治体の存在が想定される。しかし、そのあいだに位置する九政洞2号・3号［崔鍾圭：1983b］、蔚山中山里ⅠC3号、ⅠA74・75号［李盛周：1992b　昌原大学校博：1983］などは、最高階層の大型墓とみるのはむずかしい。

　もちろんこの段階では、嶺南地方全体が対等な政治体の領域として分割されてはいない。しかし慶州地域を含む東南海岸地帯では、各盆地で全体を包括する政治体の存在を認めることができる。それゆえ、ここで各政治体の領域を最高階層の古墳間の距離を2分したものを半径として想定すると、盆地内を統合する政治体は半径12〜14km 内外であり、さらに低い階層の大型墓の存在が認められる下部単位の領域は、半径6〜7km 内外に決定することができる。

　前章で検討してみたように、この時期から大型墓には多量の実用的な武器が埋納される現象がみられるが、歴史記録のうえでもひじょうに激しい動きのある社会であったことがわかる。この段階から政治体首長墳墓の副葬のあり方に

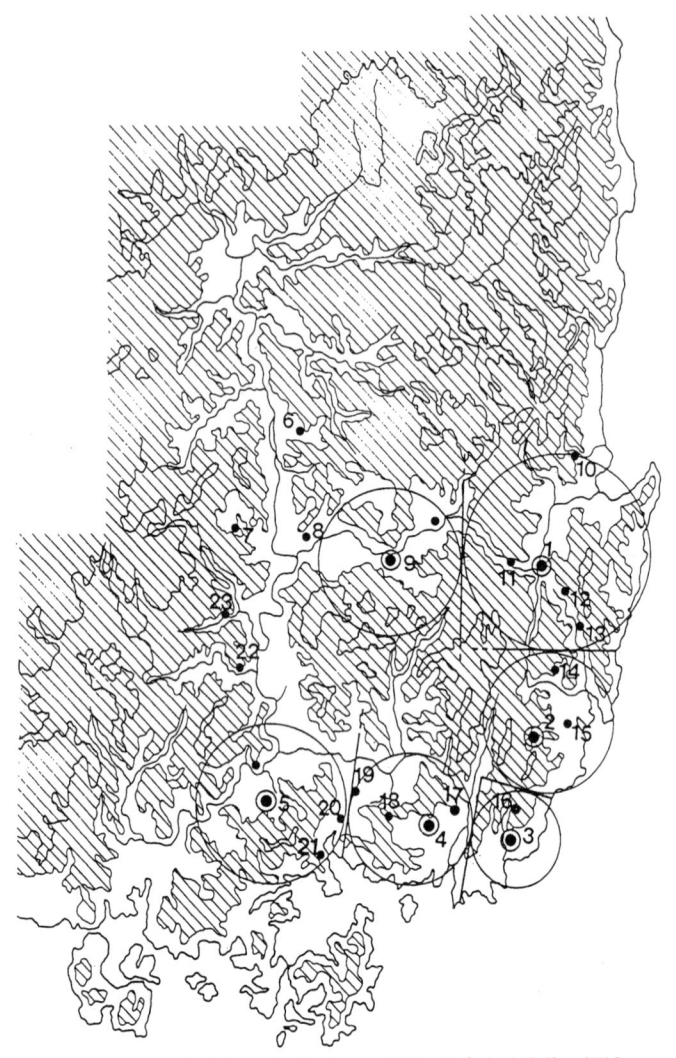

図 3-27　3世紀後半～4世紀初の大型墓の分布と政治体の領域

　1 慶州市内大型墓，2 蔚山下垈，3 釜山福泉洞，4 金海大成洞，5 咸安道項里，
　6 善山洛山洞，7 星州星山洞，8 大邱八達洞，9 慶山林堂洞，10 興海玉城里，
11 慶州舎羅里，12 慶州九政洞，13 蔚山中山里，14 蔚山茶雲洞，15 蔚山雲花里，
16 釜山老圃洞，17 金海礼安里，18 金海良洞里，19 昌原茶戸里，20 昌原道渓洞，
21 馬山県洞，22 陝川玉田，23 高霊盤雲里

は、軍事力の象徴としての実用的な武器が多量に副葬される。それは周辺の政治体とのあいだの競争を、武力により制圧してゆく過程の始まりを意味するものではないだろうか。そこで特定の政治体は、盆地内全体に権力の行使をすることもあり、一部の政治体は盆地の自然の境界を越えて権力を拡大させていったと考えられる。

4世紀後半頃には、特定の政治体が成長して統合範囲を盆地の外へと拡大した。先の古墳群類型の地域的展開過程にあらわれるように、慶州を中心とする斯盧国の政治権力の直接的支配領域は、永川、安康、浦項盆地および太和江流域の蔚山盆地の大部分を含むようになる。

金海盆地を統合した金官伽耶は進永平野と昌原盆地までを統合して、咸安盆地を統合した阿羅伽耶は鎮東・鎮田一帯の海岸地帯と咸安盆地の外郭を統合するようになる。統合された盆地と盆地のあいだの領域が、統合された政治体で分割・占有されたような状況がみられる。この段階で、特定の政治体が統合の領域を拡大する際、周辺に分布する邑を単位としているようであるが、この時期までは邑の帰属が相当流動的であった可能性がある。

このような統合の過程を、土器のような遺物様式の分布により肯定することはむずかしくて、むしろ中心的古墳群の分布と相互間の距離によりそれを認めることができる。琴湖江流域から東南海岸へとつながる地域では、慶山、慶州、釜山、金海、咸安などの盆地でのみ単一の中心的古墳群が形成されて、それと比肩するような他の古墳群はみられない。そして中心的古墳群が位置する盆地と盆地のあいだの地域には、中心的古墳群が存在しないだけでなく、そこの古墳群のレベルは中心的古墳群の下位古墳群、すなわち老圃洞‐七山洞類型に比肩する。

以上のような推論が成り立つとすれば、この段階の政治体の領域は、ほぼ半径20〜25kmの範囲を想定することができるようになる。

嶺南地方全体が諸政治体によって分割され、諸政治体間に政治秩序が発生したのは、5世紀頃からだと考えられる。交通路など、環境面であらかじめ与えられた条件が政治体の成長にとってより劣悪な周辺地帯である西部、北部の山間部でも、相互独立あるいは半独立的な政治体が成長して、既存のものと同様のレベルへと発展する。この時期、嶺南地方の各政治体の中心的古墳群は、慶州・高霊・咸安地域の最高階層の古墳群をはじめとして、昌寧校洞［浜田・梅原：1922　穴沢・馬目：1975　沈奉謹ほか：1992］、梁山北亭里［沈奉謹：1991］、

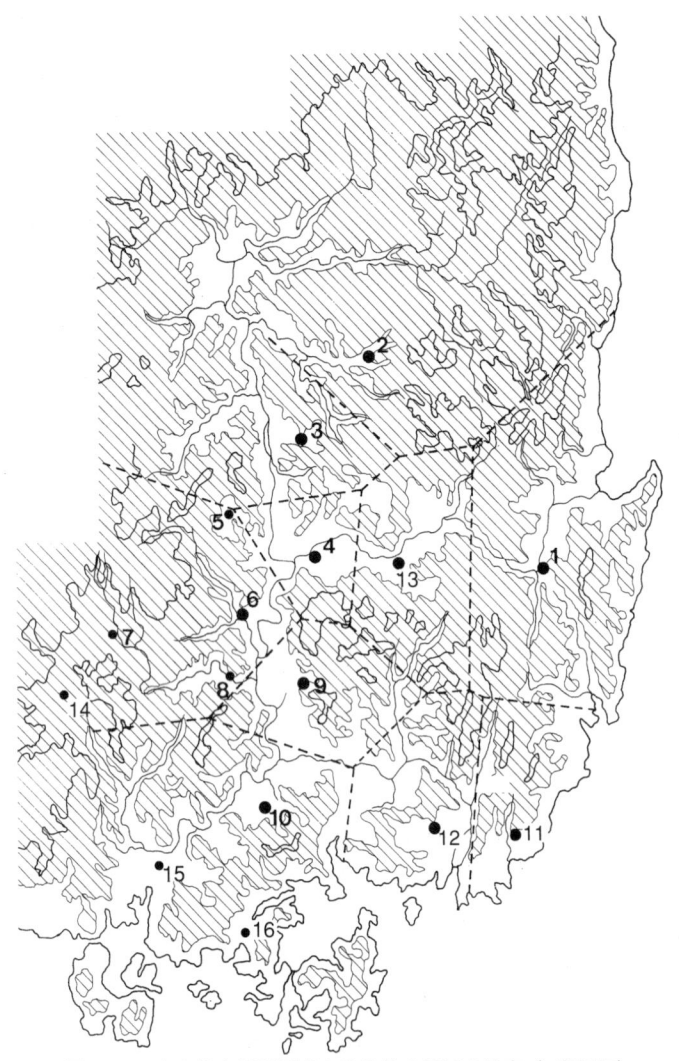

図 3-28 中心的古墳群形成と政治体の領域の推定（5世紀初）

 1 皇南洞古墳群，2 大里古墳群，3 洛山洞古墳群，4 達西古墳群，5 星山洞古墳群，
 6 池山洞古墳群，7 開封洞古墳群，8 玉田古墳群，9 校洞古墳群，10 道項里古墳群，
11 福泉洞古墳群，12 大成洞古墳群，13 林堂洞古墳群，14 白川里古墳群，
15 水精峰古墳群，16 松鶴洞古墳群

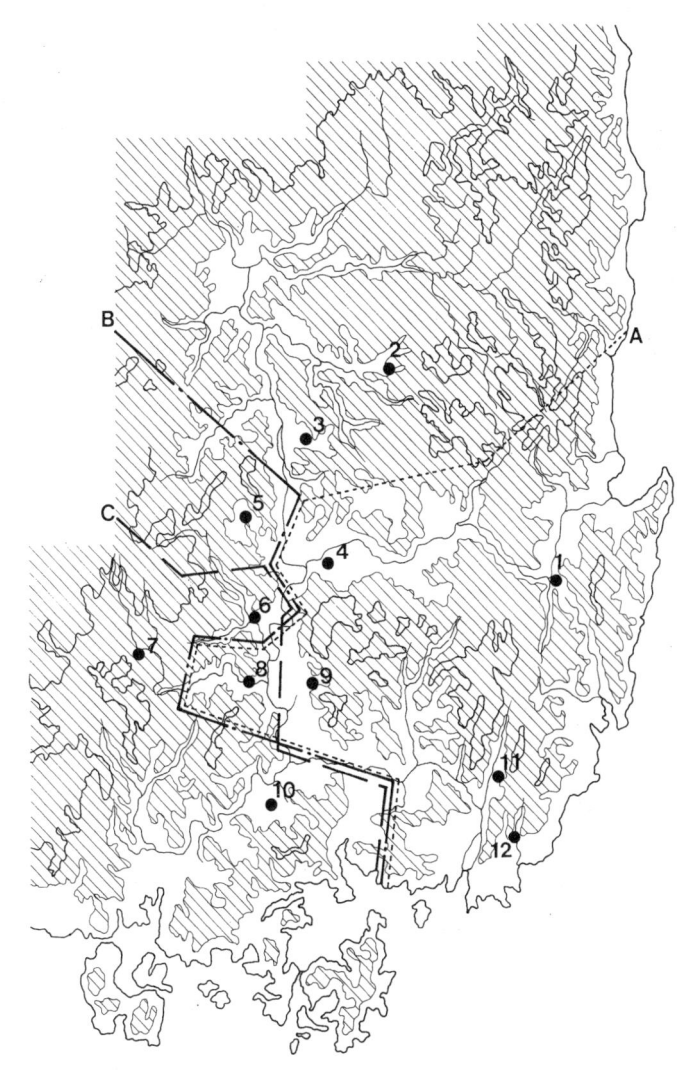

5　古墳群の展開と政治体の変動　163

図3-29　遺物様式の分布と新羅・伽耶の領域区分の問題（5世紀後半）
　　　　　A；「日」字形配置主副槨式大型墓の分布境界
　　　　　B；樹枝形立華式冠帽の分布境界
　　　　　C；洛東江東・西岸土器様式の分布境界

1 皇南洞古墳群，2 塔里古墳群，3 洛山洞古墳群，4 達西古墳群，5 星山洞古墳群，
6 池山洞古墳群，7 開封洞古墳群，8 玉田古墳群，9 校洞古墳群，10 道項里古墳群，
11 北亭里古墳群，12 蓮山洞古墳群

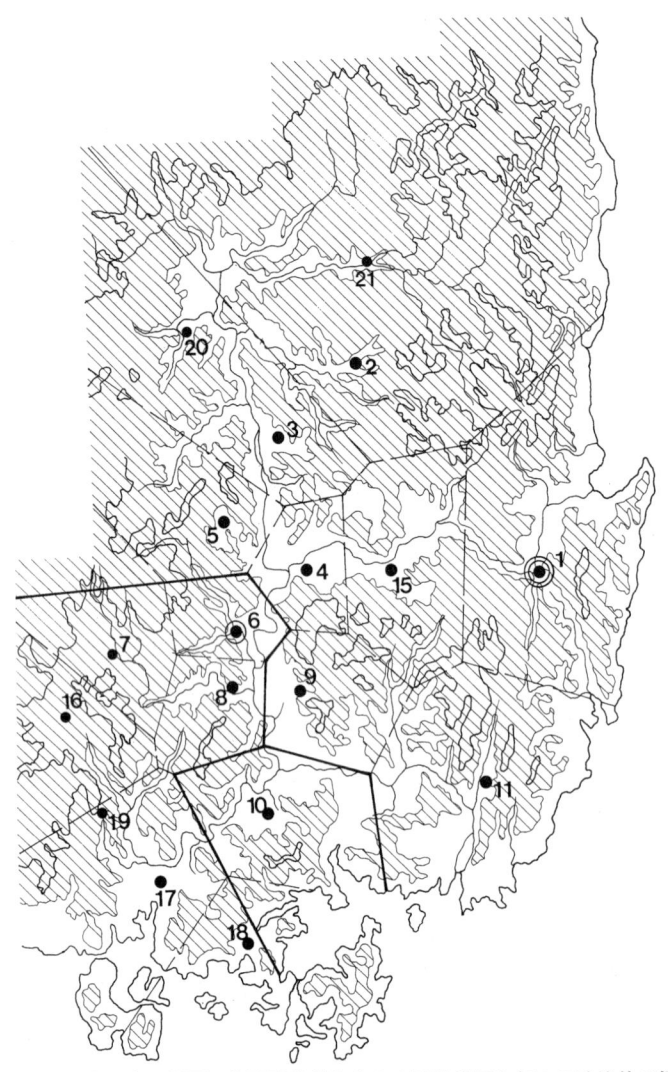

164　Ⅲ　政治体の形態と変動

図3-30　6世紀末　新羅・伽耶政治体権力の空間的構図と個々の政治体の領域
　1 皇南洞古墳群，2 大里古墳群，3 洛山洞古墳群，4 達西古墳群，5 星山洞古墳群，
　6 池山洞古墳群，7 開封洞古墳群，8 玉田古墳群，9 校洞古墳群，10 道頂里古墳群，
　11 北亭里古墳群，16 白川里古墳群，17 水精峰古墳群，18 松鶴洞古墳群，
　19 中村里古墳群，20 尚州古墳群，21 造塔洞古墳群

釜山蓮山洞［安春培：1991］、陜川玉田［趙栄済・朴升圭：1990　趙栄済・朴升圭・柳昌煥・李瓊子・金貞礼：1992　趙栄済・朴升圭・柳昌煥・李瓊子・金相哲：1993　趙栄済・柳昌煥・李瓊子：1995］、善山洛山洞［李殷昌：1988b, 1992］、大邱達西［小泉・野守：1931］、慶山林堂洞古墳群［鄭永和：1982　鄭永和・金龍星・具滋奉・張容碩：1994］などを挙げることができ、星州星山洞［浜田・梅原：1922　金世基：1987］、固城松鶴洞[9]、咸陽咸陽邑、居昌開封洞、晋州水精峰・玉峰古墳群などの古墳群も参考程度にとどめる。

　各地域の大型封土墳がひとつの政治体の中心的古墳群であるのか、そうでないのかを判断すべき必要がある。5世紀後半から6世紀前半にわたる嶺南地方各地の大型封土墳群を、封土や埋葬施設の大きさを基準として、ひとつの政治体の最高階層古墳群であるかどうかを判定するのは困難である。それよりも、副葬品のなかでよく威信財とよばれる遺物、すなわち支配者の身分を象徴する装身具や武器、あるいは文様などを評価してみることのほうがよい。

　しかし、発掘資料がひじょうに少ない以上、古墳群の外見上の特徴を考慮しておく必要がある。一つ目は、中心的古墳群は地理的に盆地の中央へ伸びる丘陵の稜線上に位置するのが普通である。二つ目に、この古墳群内の最高階層大型墳の埋葬施設は、家族墓的な多槨式として配置されるのではなく、被葬者一人のための墓域が造営されることになっている。このような基準を適用すると、最高階層の中心的古墳群として認めるのに疑問が生じるのが星州、固城、咸陽、居昌、晋州などの地域の古墳群である。固城、咸陽、居昌などの地域の古墳群は、発掘調査された例がなく、古墳の規模や副葬品のあり方を知ることができないため問題があり、晋州の古墳は発掘調査されたが副葬品が貧弱で、他地域の最高階層の古墳とは比較にならないからである。

　西部山間部の各盆地ごとには、大型封土墳が丘陵ないし山地の頂上に分布するが、古墳の立地や副葬品の様式が、大伽耶地域と相通ずる。この各地の中心的古墳群は、その内容が知られていなかったり、不確かな状態であったりするので、これと関連する諸盆地の諸政治体がどの程度独立的であったのかは、簡単には評価できない。しかし、少量ではあるが金工品と武器類が副葬される状況がみられる。こうした古墳群と関係のある集団は、そこに相互独立性を認めるということよりも、高霊大伽耶との一定のネットワークのなかに取り込まれている集団であると思われる。とはいえ、その諸集団を高霊大伽耶と対等なレベルの政治体とまではいうことができないものの、高霊大伽耶に対する相対的

な自立性というものも完全に無視できないだろう。

　つぎにひとつの政治体の領域内に複数の中心的古墳群が存在する地域が問題になる。大邱・慶山地域の大型封土墳は、たがいに異なる4ヶ所に分布する。林堂洞、不老洞、鳩岩洞、内唐洞・飛山洞（達西）古墳群などがそうであるが、このなかで林堂洞と達西古墳群だけを最高階層に分類したのは、金銅冠出土の有無と、副葬品全般の状況に格差が認められるためである［金龍星：1989］。釜山・金海・梁山地域では最高階層古墳群が大成洞・福泉洞→蓮山洞→梁山北亭里へと、時間をおって移動すると指摘されたことがある［崔鍾圭：1991 152頁］。この最高階層古墳群は、ふたつの盆地にそれぞれ分布していたのが統合されてひとつの中心的古墳群となる。すなわちこの地域で最高階層の古墳群は、5世紀前半まで金海大成洞と釜山福泉洞の両方に分散しつつ、5世紀後半にはひとつの中心的古墳群となり、梁山北亭里古墳群へ移動するとみられる。特に洛東江東岸の最高階層の古墳群を選定するには、金銅冠の出土地が重視されるが、安東以北で出土した金銅冠は考慮しなかった［尹容鎮ほか：1989　金弘株：1992］。6世紀中葉以降に、換言すれば新羅が嶺南地方に中央集権化した政治体制を形成していったあとの古墳から金銅冠が出土しても、政治権力の象徴として認められないためである。

　上で選定した最高階層の古墳群の分布を Thiessen polygon により領域図を描いてみることができる。考古学と古代史学界では、こういった多数の独立・半独立的な諸政治体を新羅と伽耶のふたつの領域に分割して、伽耶諸国については連盟体というかたちで、新羅の領域については地方支配、支配・服属という関係で、それぞれ統合されたことを主張している。そして、新羅と伽耶の古墳は洛東江を境界にすることを、古代史学界では歴史地理的な地名考証を通じて、考古学者たちは土器・墓制などの遺物様式を通じて確認しようとする。しかし、このような試みでは、多大な努力にもかかわらず、ひとつの傾向はつかむことができるものの、境界線は歴史的に流動的であるため、厳密な政治関係の区画線はひくことができないように思われる。

　慶州地域を中心に分布する独特な様式の土器（しばしば洛東江東岸様式とよばれる）、木槨系統の「日」字状配置による主副槨式の最大型古墳、支配者の象徴のように思われる樹枝形立華飾冠帽は、それぞれおなじ境界線に沿って分布してはいない。その政治的関係がどのようなものであれ、なおかつ考古資料により論証が可能であるとして、新羅による中央集権化された政治システムが嶺

南地方に成立するまで、この地域には複数の政治体が共存していたことは明らかである。そうならば、各政治体の権力の相対的自立性は、新羅の中央集権化過程のなかで縮小してゆき、在地の中心的古墳群とともに、ついには消滅したということができる。この政治体は、もちろん1～3世紀代にこの地域で成長してきた小国が統合されて、階層化された結果であり、5世紀中葉以降の諸政治体は半径20～30kmの領域を占めていたものと考えられる。

(2) 政治体の内部組織と変動

　古墳群各類型の展開過程を通じて、単位地域内における古墳群の階層化と変動について検討した。そして、咸安と蔚山地域の地表調査資料に基づいて、たがいに異なる階層に属する古墳群が、時期的にどのような分布空間をみせるのかについても分析してみた。このような作業は、結局のところ単位政治体の内部がどのように組織化されたのかということを説明しようとするためのものである。古墳群は、共同体あるいは単位集団の埋葬儀礼によって形成されたものということを前提にしておくこともできる。そうであるならば、個々の古墳群の状況は単位集団の特徴を反映して、単位地域内における諸古墳群間の関係は、古墳造営諸集団間の関係へアプローチするのに、重要な情報を与えてくれるものだろう。

　2世紀前半代以前に、嶺南地方の墳墓群の分布状況と墳墓群間の階層化について検討してみることは困難である。現在の資料としては、墳墓群内で埋葬施設どうしは副葬品のうえから階層化されていることが確認されている。しかし、墳墓群間の階層化を相対的に比較できる資料が少なく判断しがたい。もちろん、昌原地域における道渓洞墳墓群と茶戸里墳墓群、蔚山地域における茶雲洞墳墓群と中山里墳墓群とは、副葬品のあり方に格差が存在する。しかし集団間に相対的優劣があったということができないのは、2集団のあいだの関係についての検証がむずかしいためである。この段階に、昌原盆地から金海盆地まで、道渓洞・茶戸里・良洞里・大成洞の墳墓群は共存していた。この遺跡間相互の距離は、それぞれ約5km、10km、16kmであって、現在までに調査された墳墓群の副葬品のうえに格差が見出されたとしても、特定の集団が他の集団に対して支配的な位置を占めていたという証拠はない。この時期の古墳群類型の展開について述べるならば、茶戸里類型から良洞里類型への過程だけは認めざるをえない。全体に墳墓群内では階層化が観察されるとしても、墳墓群間には階層

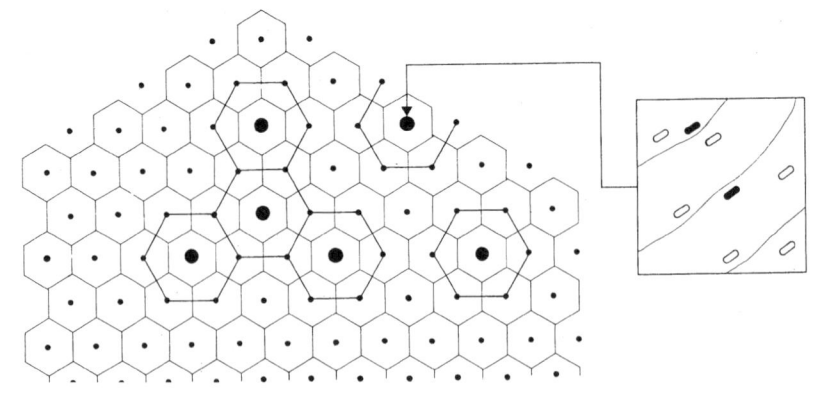

図3-31 1〜2世紀の墳墓群の類型と政治体の内部組織

化が認めがたい。したがって、支配者集団を含め個々の集団内では階層分化が進行しても、一定の領域内のさまざまな集団のあいだに特別な階層化や秩序は見出すことができない。

2世紀後半代にはわずかなレベルではあるが、一定の政治体内部の墳墓群間に階層化が発生して、規模において圧倒的に大型となる木槨墓が出現する［李盛周：1997］。いまだ立地の上には階層秩序があらわれておらず、丘陵稜線の斜面に墳墓群が造営されるが、一定の地域内に支配的な位置を占める首長とその集団の墳墓群と、そうではない墳墓群が分離される。2世紀後半代の木槨墓間の埋葬施設と副葬品にみられる階層化がその前の時期に比べ著しく顕著になるという現象は、金海良洞里遺跡と蔚山中山里遺跡Ⅶ地区でみることができ、社会の諸々の機能が未分化のまま大型墓へと集中する傾向が強くなる。結局、2世紀後半代という時期は、支配集団の内部で分化が進行すると同時に、一定領域内の諸集団間にも階層化が進行した期間とみなすことができる。

3世紀後半に入るとあらわれる変化については、先に詳細に検討したところである。少なくともひとつの盆地内に分布した小規模な単位社会を統合した支配集団が出現するので、大型墓が丘陵の頂上を占める福泉洞類型の古墳群が出現して、中心的古墳群として展開する。このような支配層の古墳群は、大型・中型・小型の各古墳で構成され、それよりも下位の古墳群は、中型・小型墳で構成される。4世紀代になると、支配的な古墳群から小型墳（小児用を除く）が脱落し、本当の意味で政治体内部に中心的古墳群が成立するのである。

3世紀後半からは地域における階層化が顕著に出現する。つまり、政治体の

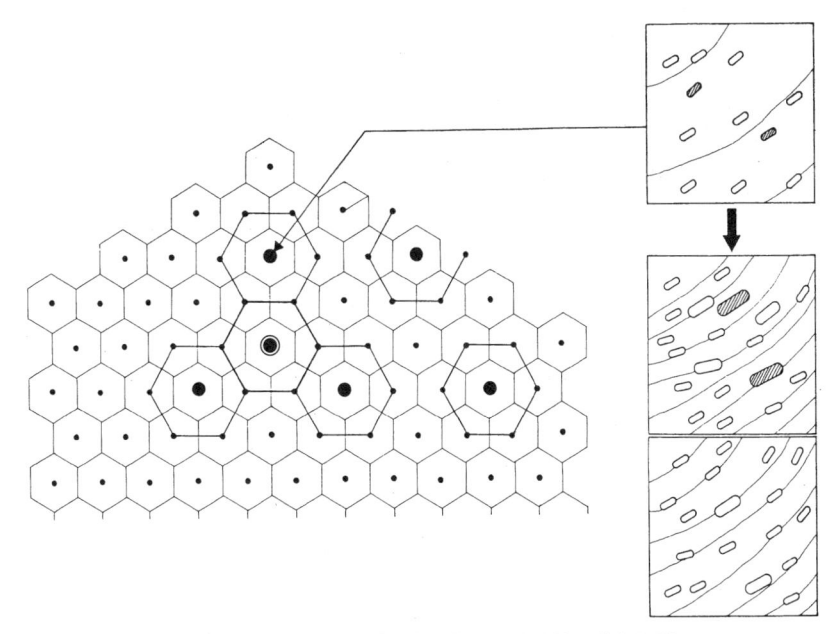

5 古墳群の展開と政治体の変動 169

図 3-32　2世紀後半の墳墓群の類型と政治体の内部組織

　成長が遅れる地域、劣悪な環境地帯でも古墳群が形成されはじめる。黄江流域の苧浦里古墳群が代表的な例であるが、こうした古墳群は相対的に早くから成長した政治体の周縁で、小規模に成長しはじめた単位集団だと考えられる。このような小型墳で構成された古墳群の出現により、古墳群は地域においてほぼ三つのランクに階層化されたが、これは同一政治体の内部における階層化ではない。同一政治体の内部であればほぼ二つのランクの分化を想定することができる。

　3世紀後半～5世紀前半における古墳群類型の展開は、つぎのようである。一つ目は、上位の古墳群としては良洞里類型から3世紀後半に福泉洞類型が発生して、4世紀を経て5世紀前半まで展開する。二つ目に、下位の古墳群としては老圃洞類型から七山洞類型へと展開する。政治体の成長が遅れる陝川地域では、上位古墳群である4世紀代の玉田古墳群が七山洞類型と比較され、下位古墳群には苧浦里類型が存在する。陝川地域の古墳群類型の展開は、地域的な階層の発現として理解すべきである。古墳の立地、規模、副葬のあり方からみて、最高階層の大型古墳が出現して、大型・中型を主体とする中心的古墳群が

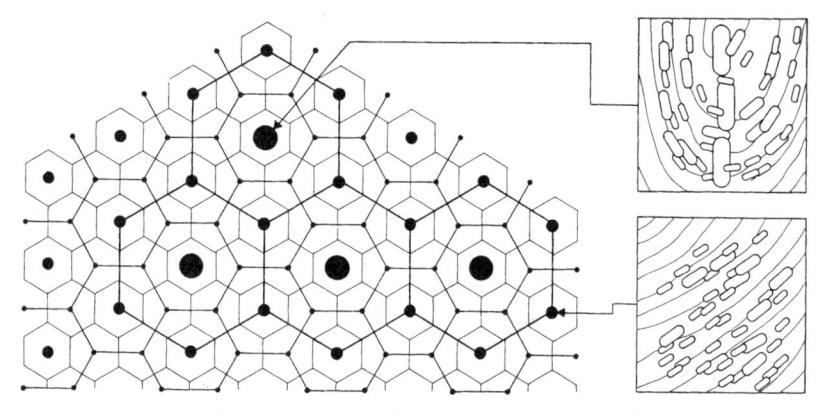

図 3-33　3〜4世紀の古墳群類型と政治体の内部組織

形成されることが、この時期にあってもっとも重要な現象とみなされる。すなわち、この中心的古墳群に比肩する他の古墳群は、陝川地域というひとつの政治体の領域と仮定した空間の内部にはみることができない。これとともに、中型、小型墳で構成される下位の古墳群が分化し、同一政治体内において古墳群のふたつのランクへの分化が進行する。この分化は自然地形としての盆地という領域を統合する支配集団と、その下に隷属する下位の支配集団に分化した結果として理解することができる。

　この時期に最上位の古墳群では、特定の古墳（王墓）は立地と分布のうえで支配的な位置を与えられるが、中・小型墳の立地と分布には特別な区分はない。下位の古墳群では、いかなる古墳についても特別な立地が与えられることはない。3世紀代のどのような墳墓群においても特別な集合・分離状態は見出されない。このような現象は、4世紀を経て5世紀前半まで継続する。この時期、朝鮮半島東南海岸地帯の古墳群のひじょうに特徴的な現象は、墓域の重複である。埋葬観念上興味深い点であるが、先行する墓域を考慮することなく無差別に新たな墓域を設定することによって、はからずも古墳が密集するようになり、多くの場合において、先行する墓の副葬品までも取り出して後から墓を築造している。このように意図されたものでない古墳の集合現象が、限られた墓域における墓地の不足に起因するものなのかについては、確認しがたい。

　中国、漢の郡県から輸入された威信財は3世紀になるとほとんど副葬されず、あわせてこの威信財の存在をもって、最高階層の古墳を見出すこともむずかし

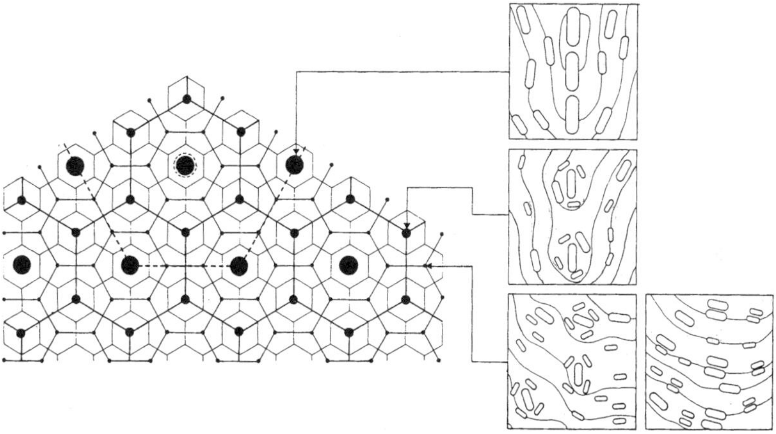

図 3-34　5世紀代の古墳群類型と政治体の内部組織

くなる。1～2世紀代と同じく、社会のいくつかの機能を象徴する遺物が未分化な状態で3～4世紀代の大型墳に集中するが、この時期の大型墳には武器の副葬が集中するということも注目に値する。1～2世紀代の威信財と同じように、3～4世紀代の大成洞古墳群の大型墳には異国的な遺物が多く副葬されるが、先行する世代のものとは意味が多くの点で異なるだろうと考えられる。先行する世代の墳墓への副葬のあり方とはっきりとした違いをみせるものは、鉄素材を含む鉄器類と鉄製武器の副葬が大型墳に集中する現象である。中・小型墳では、武器の副葬は多いといっても個人が所持できる程度であるが、大型墳には多量の武器類が副葬されるのである。これと同様に、大型品を含む容器が多量に副葬される現象がある。

　政治体内部の最高階層の古墳群である福泉洞類型は、それ以前から成長してきた支配的な親族集団の墓域として理解することができる。支配的な親族集団の墓域として長期間にわたり展開してきた古墳群は、金海大成洞、咸安道項里、釜山福泉洞などいくつかの場所で確認される。3～4世紀代の最高階層の古墳は、家族的あるいは世代的な原理によって小規模に集合するという状況にはない。しかしそのなかにあっても、古墳群内部には、軍事力および社会のいくつかの機能を象徴する遺物が抜きん出て多量に副葬された大型墳が、墓域を共有し、たがいに顕著な位置を占める現象が生じるのである。この点は、支配集団内部でも分化が明らかに進行していったことを示すものと考えられる。4世紀

表 3-4　洛東江両岸古墳群類型別展開と造営集団の階層

		B.C.100	A.D.150	A.D.250	A.D.450
洛東江東岸	国邑	茶戸里類型	良洞里類型	福泉洞類型	林堂洞類型
	邑			老圃洞-七山洞類型	鳩岩洞類型
	自然村				伏賢洞類型
洛東江西岸	国邑	茶戸里類型	良洞里類型	福泉洞類型	池山洞類型
	邑			老圃洞-七山洞類型	磻渓堤類型
	自然村				倉里類型

代を過ぎると、こうした中心的古墳群の墓域から小型墳が脱落するようになることで、支配集団はより限定され強化されるのである。

　先に 5 世紀中葉以降嶺南地方の政治体とその権力の領域空間について、中心的古墳群の分布を通じてアプローチした。中心的古墳群から想定された領域内部の階層化された古墳群の分布状況は、比較的秩序だった三つのランクに分かれる階層とピラミッド型の分布をみせる。かつて大邱・慶山地域における 5 世紀後半～ 6 世紀前半の古墳群の分布を分析した研究から、各盆地内でひとつにまとまった古墳群と地域共同体の分布が対応することが示された［金龍星：1989］。そして、盆地内の中心的古墳群を国邑に比定して、それよりは下位に属する大型・中型封土墳群を邑に比定した。また、高い密度で分布する小型群集墳を自然村にあてはめた［金龍星：1989　朱甫暾：1996］。そうしてみると、後期古墳になり小型群集墳の数が増えて、古墳群全体の分布密度が増大する現象も理解し得る。すなわち、これまで嶺南地方の政治体を構成する共同体のうち最下位に位置し古墳群を造営できずにいたのが、後期になってこの自然村も独自に古墳群を造営する主体となる。結果、新たな古墳群の造営は、単位面積あたりの古墳群の数を大幅に増加させたのである。これによって造営された小型群集墳は、古墳群内において個々の埋葬施設どうしは階層化がそれほど激しくないという点も興味深い事実である。

　3 世紀以前の嶺南地方には、古墳群造営諸集団間の階層がはっきりとしない状況が残っていて、中心的古墳群にふさわしいものが浮かび上がってこない。したがって、中心的古墳群から政治体の領域を想定してみることもむずかしい。考古資料のうえからは、この段階で少なくとも国邑と邑は明瞭に分化していない。

　3 世紀後半以降に展開する中心的古墳群からは、政治体の領域について推論

表3-5　各地域の古墳群の分布と階層

	金海盆地内	金海盆地外郭						
国邑		大成洞古墳群						
邑	良洞里-泉谷里一帯古墳群	七山洞古墳群	礼安里古墳群	牛洞古墳群	退來里古墳群	堂里古墳群	茶戸里古墳群	道渓洞古墳群	……
自然村								

4世紀代金海盆地内部と周辺地域

(東亜大学校博物館地表調査資料 [沈奉謹・李東注：1993] を参照)

	琴湖江以南		琴湖江以北		
国邑		内唐洞・飛山洞古墳群			
邑	城山洞古墳群		竹谷洞古墳群	鳩岩洞古墳群	不老洞古墳群
自然村	舌化洞古墳群	大明洞古墳群 斗山洞古墳群 伏賢洞古墳群	鳳村洞古墳群	琴湖洞古墳群 柯川洞古墳群 多富洞古墳群	龍水洞古墳群

5世紀後半～6世紀前半の大邱盆地内部

(金龍星：1989と朱甫暾：1996を参照)

	太和江以北				太和江以南			
国邑								
邑	中山里古墳群	新峴里古墳群	茶雲洞古墳群	鳳渓里古墳群	大垈里古墳群	荷岑里古墳群	雲化里古墳群	川前里古墳群
自然村	薬水里 常安里 詩礼里 倉坪里 孝門洞古墳群	山下里 亭子里 舞龍里 旧柳里古墳群	斗山里 尺果里 九英里 立岩里 川上里古墳群	泥田里 銀片里 九味里 伏安里 銭邑里 嶋湖里 茶里古墳群	鵲東里 曲泉里 古蓮里 石川里 檢丹里古墳群	象川里 芳基里 早日里 加川里	外光里 望陽里 徳新里 華山里 三坪里 江陽里 処龍里 東上里古墳群	地内里 山前里 登臆里 九水里 直東里 松台里 坪里 校洞里古墳群

5世紀後半～6世紀前半の蔚山盆地

することが可能である。のみならず最高階層の大型墓からは、個々の古墳の階層化と、中心的古墳群とその他の古墳群間の階層化が充分に認められる。しかしほぼ5世紀中葉以前の段階で、自然村のような政治体の最下位を構成する単位までのはっきりとした階層化は観察することができない。

5世紀中葉以降に古墳群内部の階層化は、それ以上進行もせず、特に下位古墳群では群内部の階層化がむしろ弱まる。しかし、古墳群間の階層化はさらにはっきりと進行するようになる。とりわけ中・下位の古墳群のあいだではっきりとした階層化が進行する一方で、地域的な集中現象があらわれる。この段階から、中心的古墳群を造営した集団の下位の諸集団間に分化が進行して、邑のレベルに相当する中型封土墳と、自然村のレベルにあたる小型群集墳に階層がはっきりする。しかし中・小型封土墳の場合、個々の古墳自体の規模や副葬のあり方、そして古墳群の規模と展開期間などが均一なものではない。このような邑レベルの共同体によって造営された古墳群のあいだにレベルの差が存在するという事実は、共同体が常に均等ではなかったことを示しており、新羅の中心地から外位[訳注3]を授けられた際にも、位階の格差が設けられたことの意味を示唆している［朱甫暾：1996 136-143頁］。

蔚山地域のように精密な地表調査が行われた地域では、古墳群が小地域に集合することがよくわかる。もちろん、自然の小地形区とも関連があるだろうが、1～2ヶ所の中・大型封土墳群と4～5ヶ所の小型群集墳が集まって、古墳群が小地域に集合する状況があらわれるのである。小型群集墳の形成と密度の増加により、こうした現象が顕在化したものと理解することができる。このような階層化と小地域への集合現象が、新羅の中心地と周辺でもっとよく見出せる点は、注目してよい事実である。慶州とその近隣の新羅の領域では、このような下位村落共同体の相対的な自律性が早くから高まって、共同体のあいだの分化が短いあいだに進行したということを示唆している。

(3) 政治体間の階層化と統合

政治体の成長過程を領域空間の拡大とみたとき、まず盆地内を統合し、ついには盆地を越えて政治権力が領域拡大したものと理解することができる。1～3世紀代の弁辰韓小国の分布や、5世紀代の政治体の空間的構図は、そうした過程の産物とみなされる。諸政治体が3世紀後半頃に盆地内部を統合して、4世紀代に盆地を越えて周辺地域にその政治権力を拡大した際、その統合単位は

邑レベルではないかと思う。この時期における邑というものはその帰属が流動的であった可能性が高い。

　三韓・三国段階の諸政治体は、結局のところ、新羅の中央集権化の過程で統合され、嶺南地方の単一政治体へと成長するようになる。文献史学の研究を通じて、この中央集権化過程は「中央政府の統合過程」と「地方統治体制の成立過程」という二元的な過程として理解されてきたのではなかったのかと思う[李鍾旭：1982 193-262頁　李文基：1990]。中央集権化の過程は、ひとことでいえば分散した権力が統合、組織化される過程だということができる。この過程を二元的にみるということは、分散した政治権力を空間・時間という二元的なカテゴリーに分け、それぞれの過程として理解することではないのかと思う。すなわち狭い範囲の空間のなかで、ひとつの単位政治体が内部を統合する過程をまず経る必要があり、そのつぎに周辺の諸政治体が統合・組織化され、中央集権化が完成するとみるのである。結局、新羅の中央集権化は、諸政治体を単位として統合が行われて、地方統治体制の組織化として完成する。

　新羅の中央集権化の過程は、新羅が周辺の小国を一方的に征服・服属させることで成された領域の拡張過程として説明するよりも、中央と地方間の関係の変化として検討する必要がある。新羅によって統合された他の諸政治体も、規模と統合のレベルに少しずつ違いがあるようだが、基本的に斯盧国と同様等質な社会単位だったと考えられる。諸政治体は新羅とのネットワークのなかで政治的‐儀礼的‐経済的な自律性の一部を喪失していったが、自治は維持しつつ、自己展開の過程もあったことは否定しがたい。それゆえ、新羅の地方支配体制の成立過程は、このような拡張された領域内に存在する相互に独立した諸政治権力を統合・組織化する過程だということができ、それは一方的な統合ではなく、諸地域の特徴にそった相互作用という側面からみる必要もある。新羅の地方統治体制の形成過程は、中央で工夫された制度装置が拡散・浸透した過程、諸地域に残存しつつ地域ごとに特殊性をもって存在している地方の権力構造の再編過程、中央と地方との政治権力の相互作用の過程など、複合的な過程として理解しなければならない［朱甫暾：1979　權悳永：1985　姜鳳龍：1987　李銖勲：1988　李仁哲：1989　河日植：1991　李宇泰：1989］。

　最近の地方統治体制形成過程の研究は、中央の制度化に焦点をあてるよりも、地方社会の構造、もう少し厳密にいえば「下位の邑の構造」に対する分析と、その歴史的起源を解明する作業［李宇泰：1981　朱甫暾：1979, 1986］に注目し

ている。そのため最近のいくつかの研究では、中央政府の膨張と体制の整備過程に注目するよりも、村落社会の変動にともなう在地勢力の側からの要求という側面を考慮する研究［金徳在：1990］もあって、経済基盤の変化による村落共同体の変動と、それに対処する中央政府の支配方式が相互緊密に関わっているという点を論証した研究［安秉佑：1990］もある。

　新羅による中央集権化の完成により帰結する政治体の統合要因とその過程について、簡単に検討してみようと思う。まず、統合の主体となる政治体があり、同じ時期から成長したとしても、権力を拡大させることができずに統合されてしまった政治体がある。先に古墳群の展開の地域差を通じて部分的にふれたが、嶺南地方の内部でも政治体の成長には比較的顕著な地域格差がある。考古資料の分布からみるとき、洛東江中下流域と朝鮮半島東南部の政治体がまず成長して、続いてその周辺地域である西部山間部と嶺南北部地域の成長した様子がわかる。特に嶺南北部地域の高塚封土墳の形成とその副葬品の内容が慶州を中心とする地域から移植されるという状況が明らかであるように、慶尚南道西部山間部でも洛東江中流の高霊地域から〈高塚古墳の形成と副葬品の内容が〉拡散する過程がみられる。

　嶺南地方の内部でも一部地域がまず政治経済的な成長をして、その周辺地域に影響が拡散する状況は、政治体の階層化と統合を理解するのに、あらかじめ与えられた重要な条件となる。また、こうした諸政治体の階層化と統合は、時期的に一定の範囲と方向性をもって拡大したということがある。階層化と統合の過程と要因については、嶺南の諸地域において環境条件の違いがまずもって注目される。

　まず、嶺南地方の政治体の成長には、地形、交通路、資源の分布など、自然環境要因が大きく作用したものと考えるが、特定の地域に資源が豊富で耕地面積が広いために早く成長したという意味ではない。あらかじめ与えられた環境条件と関連して重要なことは、資源の不均等な分布と交通路の形成要件ではないだろうかと思う。資源の不均等な分布は、諸政治体のあいだに政治経済的な相互作用を誘発させ、そのような相互作用を導き出したのが、地形の特徴に応じた交通路の形態である。先に環境がもたらす作用について述べつつ検討したように、政治体の成長が早くから進行した地域は、嶺南地方の対外的な交通路が結びついている地域である。諸政治体間の相互作用や技術革新・物質文化の様式・イデオロギーなどの拡散、交易、政治的統合などは、一定の方向性と交

通路に沿ってさらに盛んに進行してきた。そしてある時期には、このような相互作用が盛んに進行する政治体のまとまりを見出すことができるようにもなる。この政治体グループを連盟体と呼ぶこともあり、そのなかに中心となる政治体を設定することもある。このことは、単に距離を基準にした同心円状の領域の設定がむずかしいということである。したがって、諸政治体の相互作用およびその間の階層化と統合過程は、あらかじめ与えられた地形条件に沿った交通路の形成によって導き出されたものだろう。

　5世紀中葉から6世紀前半まで、嶺南地方の政治体とその権力の及ぶ範囲は、中心的古墳群の分布から想定することができる。しかしながら、まさにこの段階から、前の時期とは異なって各政治体の中心的古墳群間に階層化があらわれる。本章では各政治体の中心的古墳群間の階層化を、地域間の比較という視点で適切に分析することができなかった。地域間の比較の観点において注目すべき事項は、諸政治体の階層化および統合と、その間の政治秩序と関連した問題である。この段階で、政治体内部の階層化を考慮するならば、三つのランクへ古墳群が分化するとして要約できる。これは、政治体内部の集団間には、階層化として受け入れられた。しかし諸政治体の地域的な階層化を想定すると、4～5のランクへの分化も考慮することができる。この点は4世紀代の古墳群と比べてみると大きな違いを指摘できるが、政治体間の古墳群の分化は、中・下位古墳群にではなく、最上位の古墳群に分化が進行するという点にある。

　5世紀中葉以降では、特定の政治体を中心にいくつかの独立した諸政治体が結びついていて、そのなかには特定の政治秩序が存在したように思う。嶺南地方では遅くともこの段階から慶州盆地内の中心的古墳群が、他のあらゆる地域の中心的古墳群に対して相対的に優位に立っていることがわかる。考古資料の分布のうえで、5世紀中葉以降、洛東江東・西岸を併せた政治体内部の最高階層大型墓のうち、支配的な位置を占める古墳は、ただ慶州でのみ発見される。しかし、残りの嶺南地方の政治体における最高階層の古墳のなかには、特別な階層を見出すのが困難である。

　慶州地域の相対的優位というものは、古墳および古墳群の諸属性のうち、古墳の立地、分布空間の類型、埋葬施設の構造などからは見出しがたい。もちろん慶州地域の大型積石木槨墳は、まずその規模の面において他のいかなる高塚古墳とも比較にならないほどに隔絶している。このような規模の違いにより階層化を論じても、それは古墳のランク以上の意味はない。それよりも副葬品の

組成とそこにあらわれる様式が地域群を形成して、その地域群の内部に身分あるいは権力を象徴する遺物が分布することから、何らかの階層化された秩序というものが見出されるという事実が重要である。言い換えれば、各政治体の最高階層大型墳に副葬された遺物組成を地域的なグループに分けることができ、その副葬品の組み合わせから大型墳のあいだの秩序もみることができる。そのような地域群を、新羅と伽耶連盟体という二つのグループとして分けるのか、そうでなければ、三～四つのグループに分けることができるかどうかは、まだ明確に述べることがむずかしい。ここで各群内に含まれる諸政治体間の階層化された関係を理解することは、統合あるいは中央集権化の前段階に諸政治体のあいだで生じた階層化の過程を説明するのに、ひじょうに重要である。最近こうした諸政治体間の関係についての研究が関心を集めているが、古墳群の諸属性を比較することよりも、副葬品、そのなかでも威信財の分布を分析する方が適切であるようだ［朴普鉉：1995］。

　中央集権化の過程は、まず諸政治体を単位として統合が行われたとみることもできる。しかし、個々の政治体をひとつずつ統合してゆく領域の拡張過程として見ることはできない。ひとつにまとまった諸政治体間に階層関係が形成されて、それが変形する過程である。この過程からは、各政治体における中心的古墳群という最高階層古墳間の関係を分析し、検討することができるが、一方で政治体内部の組織の変化にも注目する必要がある。

　古墳の変動を前期的傾向と、後期的傾向に分けてみたとき、ほぼ5世紀中葉という画期で、前期的な傾向が減少して後期的な傾向が強くなる点を指摘［李盛周：1996b］した。前期的傾向というものは、ひとことでいえば、上からの変動過程だと要約することができ、首長（王）墓を頂点として、より上位の古墳から副葬品の量が拡大して階層化が深まり、古墳の変動が下位古墳群へと拡散する過程だということができる。これに比べ後期的傾向というものは、下からの変化としてみることができ、それは中小型群集墳の激増と下位古墳の副葬のあり方および埋葬観念が上位古墳へと拡散する変化である。その当時まで古墳群を造営できなかった共同体の小型群集墳が出現して、単位地域内の古墳群の密度が高まり、短期間のうちに大規模に群集する状況を示す。この古墳群に副葬された何点かの土器と鉄器のセットは、限られた地域で生産され分配されていた小規模で新しい生産システムの出現を推測させるために、下からの変化と規定することができる。

新羅に早くから服属し、その間接支配を受けるようになった蔚山地域の後期古墳群の分布状況は、中央集権化過程のなかに周辺地域社会の変動が反映している。蔚山地域はさらに早い時期に、社会の下位単位にいたるまで新羅の政治権力が及びはじめた地域だということができるだろう。そのため、既存の邑集団組織と秩序が他のどの地域に比べても早く解体し再組織化されたのである。

先に述べたように、後期古墳文化への転換というのは下からの文化変動であって、これまで古墳群を造営できなかった下位集団の古墳群が新たに出現する過程を意味するものではないのだろうか。当時の邑内部の下位社会構成単位（よく自然村とよばれる）から、社会組織、生産システムなどの変化と関連しているのではないのかと思う。つまり、後期古墳段階になると、邑単位の内部組織が分解して、そのなかで新しく社会・経済的機能をもつ下位村落単位が浮上し、それがしだいに新羅社会内部の一単位として再組織化される過程が始まるのである。端的にいえば、既存の邑単位内部の一部をなしていた下位村落が、相対的自律性をもつようになったと思う。そのため下位村落単位で新しく古墳群を造営できるようになるのである。こうして出現した小型群集墳というものは、政治権力の支配の象徴物として築造されたものではなく、再組織化された社会単位の内部で、生産システムあるいは社会的労働関係として機能した親族関係を表象する埋葬儀礼として造営されたものだっただろう。

最近の新羅中古期の村落社会構造に対する研究は、後期古墳への転換過程を説明するのに重要な洞察を提供している。後期古墳の階層、村落単位（よく自然村という最下層共同体レベル）の古墳群造営、そして局地的な生産システムの運営、中心地から供給された物資の制限といった後期古墳の特徴は、新羅中古期社会階層の再編過程と社会下部単位の相対的自律性の増加（たとえば豪族層の浮上として想定された村落社会の再編［金在弘：1990］のような変化）とは相関しないのだろうか。

原注

（1）たとえば、Jhonson：1972　Wright & Jhonson：1975。
（2）発掘調査自体が地域的に偏っているためだともいうことができる。しかし、西部山地にあたる黄江流域の古墳群は比較的漏れなく調査された方であるが、古墳群の密度の上でも相対的に低い方で、4世紀代までは大型墓の築造が認められない。
（3）板状鉄矛の墳墓への副葬のされ方は、非常に特異なものである。慶州九政洞

遺跡の細長形木槨墓で、遺体が安置された木棺の下にあたかも鉄道のレールのように敷き詰められた状態で発見されたのは鉄鋌の副葬のされ方と同一である。このような状況は蔚山中山里遺跡で多数の調査例があり、ある時期に慶州地方を中心にした埋葬儀礼のひとつのあり方であることは明らかである。
（4）洛東江の1次、2次支流の侵食によって生じた平地通路について、特に注目すべき研究がある。この通路について、洛東江以東では新羅の進出経路だという解釈［李熙濬：1996a］もあり、以西では大伽耶連盟体結成を促し、倭との通交の役割が重要となった［朴天秀：1996b，1997］、というものである。
（5）たとえば、新羅・伽耶政治体の中心的古墳群の埋葬施設に採用された竪穴式石槨は、下位の古墳から始まったとして［安在晧：1990　洪潽植：1994］、後期古墳の埋葬施設の特徴とするにふさわしい横口式施設が、洛東江中流域という一部地域に出現し、新羅・伽耶全地域に拡散したのには、1世紀という長い期間がかかったのである。
（6）七山洞古墳群Ⅱ地区には5世紀代の竪穴式石槨墳が分布することが知られている［申敬澈・李相憲・李海蓮・金宰佑：1989　3頁］。良洞里古墳群にも比較的規模の大きい4世紀代の遺構があることが知られているが、いまだ報告されていない。
（7）①馬韓…凡五十余国　大国万余家　小国数千家　総十余万戸
　　　②弁辰韓　合二十四国　大国四五千家　小国六七百家　総四五万戸
　　　③戸五千　無大君王　世世邑落　各有長帥
　　　④国邑雖主帥　邑落雑居　不能善相制御
　　　⑤弁辰亦十二国　又有諸小別邑　各有渠帥　大者名臣智　其次険側　次有樊濊　次有殺奚　次有邑借
　　　⑥信鬼神　国邑各立一人　主祭天神　名之天君　又諸国各有別邑　名之為蘇塗
　　　　①・②・④・⑤・⑥（『三国志　魏書東夷伝　韓』）
　　　　　③（『三国志　魏書東夷伝　東沃沮』）
（8）咸安の中心的古墳群である道項里・末山里古墳群に対する昌原文化財研究所の連年にわたる発掘調査から、1～2世紀代の遺構が確認されている。
（9）固城松鶴洞1号墳は、1914年鳥居龍蔵によって発掘されたといわれるが、詳細な記録がない。晋州の水精峰2、3号墳、玉峰7号墳は発掘調査されて写真資料のみが知られていたが、最近水精峰2号、玉峰7号の遺物が、土器を中心に紹介されている［定森・吉井・内田：1990］。

訳注

（1）歴史時代・歴史考古学について、韓国の考古学界では日本のそれとは異なった意味で用いられている。
　　『韓国考古学辞典』（韓国国立文化財研究所　遺跡調査研究室　編　2001年　840頁）によれば、「歴史考古学とは文献記録が現れる歴史時代の考古学である」とされる。その時代範囲はどこからか、というとき、「古朝鮮・三韓段階」からという見解と、もう少し厳密な意味で文献記録が出現する「三国時代」から

というふたつの見解があることが、やはり上記辞典のなかで述べられている。

　いずれにせよ、ここでふれている三国時代は、韓国では歴史時代であり、その時代を研究する考古学は歴史考古学である、という立場で記述されている。

（２）以下、原著においては、「墳墓」と「古墳」の使用が必ずしも明確に意味を規定することなく混在して用いられている。用語の使用については、三韓以前は、「墳墓」、三国以後は「古墳」を念頭に置いていることを、翻訳にあたり原著者との間で確認しており、原著者もまた本書132頁でふれているので、時期的に明らかに三韓時代についての記述の部分は「墳墓」、三国時代は「古墳」という用語で訳文を統一した。ただ、問題になるのは両時代にまたがる記述の場合で、原著者の意向を日本語の文章にそのまま厳密に適用すると、たとえば「古墳（墳墓）」、「墳墓（古墳）」などといった表記をとらざるをえない。ここでは、その煩雑さを考慮し、原則として節あるいは項の名称にはここまでの原著者の本文表記を採用して「墳墓（古墳）」と表記し、本文で記述内容の時期が明確な部分はそれぞれ「墳墓」あるいは「古墳」という用語を用い、両時代にまたがる場合は「墳墓」と表記することとした。

（３）新羅中央の支配層（王京人）に与えられる位階である京位に対し、主として地方出身者・支配者に与えられた位階。一段低く扱われ、外位の一位は京位の七位に当たる。

Ⅳ 単位政治体の成長と生産システムの統合

1 土器生産の政治経済的関連性

　弁辰韓の諸政治体から中央集権化した新羅が登場するまで、各段階に属する諸政治体の規模と内部組織について先に検討してみた。主に古墳（群）の分布類型と環境に関する資料を分析して諸政治体の外形上の特徴について推論し、諸政治体が階層化して統合されることで、その空間的な領域と内部の階層化された組織はどのように変化するのかを探ってみた。ここからは社会的に生産活動が統合され組織化される過程を通じて、政治権力の成長と中央集権化する過程の一断面を述べてみようと思う。まず第Ⅳ章では、単位社会の政治権力が成長するにしたがって社会内の生産活動がどのように統合されるのかを検討し、第Ⅴ章では、諸政治体間の相互作用が特定の政治体を中心に行われるようになり、しだいに中央集権化された政治システムへと変形する過程において、社会的に生産活動がどのように組織化されるのかを述べてみたい。

　ここでは、政治体内部の下位単位や機能を統合する政治権力の成長過程を、生産・分配という経済現象の変動過程によって検討しようと思う。普通、経済現象を生業経済と政治経済に区分する立場からは、前者の場合が、人間集団の生存のために生産し分配する経済、あるいは人口の増加や技術の進歩によってしだいに成長する経済ならば、後者は社会の階層化や政治権力の成長により専門化‐組織化‐複雑化するということができる［Johnson & Earle : 1987］。本研究で検討しようとする経済現象は、政治経済の側面である。たとえば専業化した生産（specialized production）というものは、生産効率性の増大でのみ考えるよりも、社会のなかで相互に依存する生産活動とか、政治権力による生産と分配のコントロールなどと関連させて考える必要がある。社会の階層化と政治権力の増大により、労働力と資本を多く投資しなければならない生産が可能となるのであり［Gilman : 1981　Kristiansen : 1987］、また生産と分配をコントロールする能力は政治権力の核心であり、それを通じて政治エリートたちと政府を維持し、権力を成長させることができるためである［D'Altoy & Earle :

1985]。

　ここでは土器の生産・分配が政治権力によって統合・組織化される過程を検討してみたい。生業経済と政治経済に区分するという視点に立てば、生産・分配された物資を日常品と威信財に区分して考えるようになる［Johnson & Earle：1987］。通常、政治権力によって優先的にコントロール・独占されたものは日常品というよりも威信財と考える。そのため、いくつかの地域レベルで、政治権力によって威信財生産が専門化し、その交易を独占する過程を検討するようになる[1]。一般的に、土器は実用的な生活用品とみなされ、また容積が大きな製品であるので、政治権力によって生産・分配がコントロールされる過程を検討するのには不適切な資料だと評価されてきたようだ。それゆえ、新羅・伽耶でも政治権力の成長や諸政治体のあいだの権力関係を検討するのに、威信財とされる金工品の分析に関心が集中してきた［崔鍾圭：1983c 30-31頁　朴普鉉：1995 199-200頁］。

　しかし、政治体が成長するにしたがって出現した支配者集団と制度を維持するためには、威信財だけではなく日常品の生産のためにも労働力を徴発して、生産物をコントロールすることが重要である［D'Altroy & Earle：1985 Brumfiel：1987］。また、土器が政治権力の象徴として生産・使用されることもあり、特定の土器の生産が専業化する理由も政治権力の介入によるものとする研究もある［Rice：1981　Matson：1965　Arnold：1985　Kolb：1989］。かつて土器の研究者たちは、土器の生産・分配の問題を、製作技術の類型、労働の社会的組織、分配範囲、政治権力の介入、社会進化のレベルなどと関連させて分析してきた。思えば、土器生態学（ceramic ecology）［Matson：1965　Arnold：1985　Kolb：1989］の視点や土器生産様式（mode of ceramic production）［van der Leeuw：1977　Peacock：1981］などのような概念も、土器の生産と分配の問題を、社会的な特徴や、社会的条件によって変わりうる要素と関連させて取り扱ってみようとする意図から生じたものだということができる。

　特に嶺南地方の古墳から出土した土器は、その生産と分配の問題を政治体の成長と関連づけて検討すべき必要がある。たとえば、最初の灰色陶器は支配者集団の墳墓への副葬用に生産されたものであり［金元龍：1983］、それは以前の段階の、無文土器の生産方式とは段階を異にするものである［李盛周：1991］。新羅・伽耶では他のどの地域でもみられないほど土器容器を多量に副葬する埋葬儀礼の伝統があった。言い換えれば、土器を埋葬儀礼に使用するために多量

1 土器生産の政治経済的関連性

に生産して、非実用的な用途で消費したということである。そして、副葬の状況をよく調べてみると、上位から下位の古墳にいたるまで、副葬された土器の器種構成と量がランクづけされていることを容易に知ることができる。しかし、これまでの新羅・伽耶の研究では土器遺物群が古墳編年の資料として主に利用されてきただけで、生産と分配の問題、そして社会組織や政治権力との関連性についての問題は、ほとんど研究されたことがない。つまり、考古資料として、土器遺物群を社会的生産と分配という側面から検討したことがほとんどなかったのである。

もちろん、嶺南地方の古墳から出土した土器については、他のどんな分野よりも多くの研究成果が蓄積されているところである。おおむね初期の研究では、洛東江を境界にして新羅と伽耶というふたつの政治勢力の領域を a priori に区分して、それが土器様式の分布と何らかの相関性をもつのかという問題に関心をおいてきた。もちろん当時用いることのできた資料に限りがあったためでもあるが、ともあれ当時の研究水準は、土器遺物群の特徴を整理し、新羅群なのか伽耶群なのかという区分をする程度にとどまっていた［金元龍：1960］。この段階の研究で興味を引く部分は、当時でも土器の特徴と政治権力の分布のあいだに、何らかの関連性を論議したという事実である。すなわち、文献上でも新羅・伽耶2分論が問題になったように、政治権力をあてはめた土器様式群の2分も困難だという見解が出されたこともあった［李殷昌：1970, 1981］。しかし、当時の新羅・伽耶土器の研究において、おおまかに様式群が設定されてはいたが、特段の前提もなくそれを政治勢力の版図と関連させる程度の認識にとどまっていたということは、初期段階の研究の限界をよくみせてくれる。

以後、研究者たちの関心を支配してきたことは、青銅器時代以来土器遺物複合体の段階的変化に対する理解である。とりわけ、無文土器段階から新羅・伽耶土器段階のあいだにあたる、漠然と金海式土器とされていた土器の様相に対する認識をあらためようとしたのである。1～3世紀代の土器の様相を新しく規定しようとする研究［申敬澈：1982, 1983　崔鍾圭：1982　武末：1985］が発表されて、副葬用灰色陶器を中心にする編年が、最近では相当なレベルに達している［崔鍾圭：1983d　全玉年：1988　林孝澤：1993c　安在晧：1994］。この研究成果に対する多くの反論が出されており、瓦質土器論とよんでいるが、ともかくこの瓦質土器論が提起されて以降、青銅器時代以来の土器遺物複合体の変遷は、無文土器→瓦質土器→古式陶質土器→新羅・伽耶土器と図式化され、一

種の土器文化期が設定されたのである。すなわち土器遺物群を、時間的に区切られる単位文化の産物とみなすのである。土器遺物群の変遷は、時間の流れに沿った変化以上の意味をもって説明がなされたことはなく、単に技術的な進歩といった素朴な前提のもとで変動の論理を展開させてきただけである。だから、このような視点では、土器遺物群のヴァリエイションを社会・経済的な変動と関連づけて説明することがむずかしくなる。

　もちろん、これまでの研究が、嶺南地方の土器編年や地域的多様性に対する理解のレベルを高めたことは事実であるが、生産と分配の過程を復原しその変動を説明しようとする努力が不足してきた。生産・分配という面からひとつの土器遺物群をみると、製作者の性格、労働組織、標準化の程度、製作技術の伝統、用途、使用のされ方、政治権力との関係などの問題を提起できる。そして、そうした特徴を共有する土器生産システムを規定してみることができるのである。ここからは、嶺南地方の土器生産システムを復原して、その変動過程を検討し、それが政治体の変動とどのようにかかわっているのかを述べてみようと思う。

　先史時代と三韓段階以後の土器生産においては、何よりも技術的な特徴によってはっきりと区分される。実際、紀元前後の時期に朝鮮半島南部では土器生産技術に顕著な変化が生じる。たとえばタタキを用いた器壁補強が始まって、窖窯による焼成が採用されることで灰色陶器が新たに出現したということは、よく知られた事実である。しかし土器生産のために労働を社会的に組織化する方法が変化したのか、そうでなければ一定の製作工房で生産した土器が分配される範囲が拡大したのか、政治体の支配権力が土器生産をコントロールしていたのかどうかについては、ほとんど検討されたことがない。こうした視点から復原された土器の生産・分配方式がこれ以降、連続して変化してゆく過程についても説明されていない。この章では考古資料としての土器を生産・分配の方式の側面から分析して、そのヴァリエイションを解釈するため、土器生産システムという概念を導入した。そして、単位社会内部における土器生産システムの存在を想定して、その単位社会を統合する政治権力が成長するにしたがって土器生産システムがどのように変形していったかを検討しようと思う。

　土器生産システムを概念規定するにあたり、土器の製作工程にそった行為と技術システムを復原することは、非常に重要である。このため、考古資料に依存する工房に対する精密な発掘と観察、民族考古学的調査、胎土に対する自然

科学的な分析などのようなアプローチが行われてきたことは周知の事実である。本研究でも、土器の製作技術と行為を復原するために、土器の胎土を試料として物理・化学的、粘土鉱物学的分析を試みた。たとえ、微視的なレベルで、厳格な管理と複雑な手順で推定された分析値だとしても、それが当時の技術システムと製作行為を直接に物語ってくれるものではない。ただ、限定された資料の範囲から一定の傾向と類型が抽出されるに過ぎず、これまで一般的に知られている技術システムや製作行為の諸類型と比較される程度のものであろう。ここに試料の限界が重要な問題として浮かび上がらざるをえないが、はたしてそれが全体像をどのくらい反映するものであるかは、統計学的妥当性の問題に還元されてしまう。実際、本研究のこういった問題は、生産システムが交替する過程に対する仮説的な提案を検討するための微量成分分析においていっそう大きく露呈している。

　たがいに別の土器生産システムでは専業化のレベルが異なっていて、適用される技術システムも異なり、労働力投入の度合いも相違するだろうという提案を妥当なものとするには、まず、各生産システムの工程が正確に復原されなければならない。これまで新羅・伽耶における土器の研究者たちは肉眼観察によって認知される属性に頼って製作技術を推論して、技術的な類型を認識してきた。もちろん、いくつかの対立する仮説的な諸提案があるにはあった。誤った前提から出発した諸提案を除くことで、経験的知識の妥当性を高めることはできる。しかし、新羅・伽耶の土器において、土器の物的特徴と製作行為を結びつけることができる推論は知識としてよく整えられていない。一方、原料粘土の産地が異なる場合製作された場所も異なるという点は、例外があるにはあるが、一般的に受け入れられている。しかし、本研究が前提とするように、生産システムの交替が製作された場所の変更をもたらしたという事実は、当時の土器の生産と分配のあり方を考慮して推論されたものではあるものの、さまざまなアプローチを通じて、充分には検討されていない提案である。また、母集団全体に対する適切な予測と、それに基づいた標本が選定されなければならないにもかかわらず、本研究ではただ肉眼観察に基づいて製作技術類型を設定し、その類型によって土器試料を選別採択して分析している。この点は、本研究がもつ根本的な限界ということができる。言い換えれば、自然科学的分析作業で与えられる類型、概念、推測などを循環論的に妥当なものとしてしまうのではないかという憂慮を感じるのである。ただ、本研究においては、論理的に飛躍した数

値の解釈よりも、新羅・伽耶における土器製作技術と土器の物的特徴との関連の問題、そして工房の交替と製作技術の移転の問題について、微視的なレベルの観察から情報をえることもできたということに意義を認めたい。

2 土器生産システムの認識

考古資料としての土器は、何よりも生産→分配・交易→使用→廃棄という行為の産物とみることができる。このような視点では、土器様式についての分析や型式編年も必要であるが、実際に土器の生産・分配・使用の行為を復原することが重要である。土器に対する一連の行為の過程を復原するために、民族考古学的研究や物理化学的な分析が行われてきて、多くの経験的証拠も蓄積されている。このような証拠に照らしてみることで、三韓・三国時代土器の時期的な変化に対する説明や土器様式の分布に対する解釈にあたって、従来の諸前提を評価してみることができるのである。

ここでは、1～4世紀代の嶺南地方の土器生産システムを復原するために、つぎのような分析を試みた。

一つ目として、この時期の嶺南地方の土器を試料として、土器胎土の化学的・鉱物学的な特徴を分析し、原料粘土の品質と焼成技術を異にする三種類の製作技術類型を定義して、これがたがいに異なる生産システムと関連するのだという点を推論しようと思う。

二つ目に、地域と時期を同じくする芋浦里遺跡群の住居遺跡と墳墓遺跡から出土したすべての土器を対象に、製作技術類型によって器種構成の比率を分析し、製作技術類型による土器の用途と出土状況を検討した。

三つ目に、無文土器以来の、製作技術の伝統と各技術類型がどのように関連するのかを検討して、三種類の製作技術類型は、たがいに別の生産システムと相関することを示したい。

(1) 原料粘土の物理化学－鉱物学的性質

三韓段階以後の土器は、化学的成分上SiO_2, Al_2O_3の純度が高いカオリナイトに近いものではなく、Fe_2O_3やCaO, K_2Oなどいくつかの金属・非金属酸化物が主成分として多く含有されていて、有機物も相当に含まれているものである。また、この時期の土器はカオリン土とball Clay〈焼成時に白色を呈する粘

土〉のような1次粘土〈岩がその場で土となったもの〉で製作されたものではなく、2次粘土〈河川などにより流された結果漉されて堆積した土〉で製作されていた。そして、胎土に対する肉眼観察でも三韓・三国土器の原料は、粘土 (clay) が純粋ではなく、シルト性の比較的大きな粒子がもともと多量に混入したものである。

　胎土の化学的‐粘土鉱物学的特徴は、まずは原料粘土の性質に左右されるものであるが、原料粘土の加工（添加物の混入や水簸のような）や、焼成過程を通じて変化することもある。胎土の化学的‐鉱物学的性質は、成形‐乾燥‐焼成など一連の土器製作工程でたがいに異なる反応をみせるため、特定の製作技術の適用が容易にもむずかしくもなる。時にはある原料粘土の性質が、特定の製作技術（たとえば轆轤成形や高温焼成のような）の適用を不可能なものにもする。

　何よりも、原料粘土の性質によって、完成品である容器の質やその用途、またその技術レベルが決定されるという事実が重要である。化学成分上、Fe, Ca, Mg, Mn などの成分が相対的に多く含有されていると、透光性の強い高級磁器は作ることができないのであろう。原料粘土が clay のレベルで、粒子の大きさも平均している場合にのみ、高温焼成で非常に緻密な組織の容器を作ることができる。原料粘土を選別して加工し使用するのに特別な基準が保たれるということは土器製作技術のレベルを物語り、完全な相関関係をみせてはいないものの、土器生産の専門化とも関係がある［Rice：1981　Sinopoli：1988］。

　朝鮮半島中部以南の土器は、肉眼観察に基づく何種類かの技術的類型により分類されてきた。おおまかな分類の基準として土器の色調および硬度と組織が優先されて、調整技法や器壁補強の痕跡は副次的な基準とされてきた。分類は肉眼観察の内容を、経験的に一般化するものであった。この時期の土器をいくつかのカテゴリーに分け、一般的な名称を与えるためのものであった［李盛周：1991］。たとえば、硬質無文土器、赤褐色軟質土器、灰色タタキ文土器、瓦質土器などなどの名称が、それである。そして、こうした土器の技術類型を、時間的な順序と幅によって配列してみれば、無文土器以来の土器製作技術の伝統が変化交替し発展した過程が説明できると、研究者たちは信じてきたようだ［崔盛洛：1988］。

　かつて筆者は、土器の胎土の色調‐硬度‐組織を比較的・客観的に計測して、提示することのできる方法と基準について検討して［李盛周：1988a］、簡単な計測と肉眼観察の内容をまとめ、三韓・三国時代の嶺南地方の土器は、赤色土

器・軟質陶器・硬質陶器など三つの技術類型に分けたことがある［李盛周：1988b］。ここでは、こうした技術類型の区分が、簡単な肉眼観察をこえて微視的観察のレベル、すなわち化学的‐鉱物学的分析でも妥当なのかを検討しつつ、原料粘土の選択および焼成過程において、各類型がどのような技術を使用したのかを推論しようと思う。そして、原料粘土の選択と焼成技術のレベルおよびそのヴァリエイションを検討して、土器製作のうえで専門化の度合いについても評価してみたい。

① 化学的成分分析

土器の胎土の主成分を表4‐1のような方法と手順を通じて分析し、試料を提示した。

まず、Al_2O_3／SiO_2／$RxOy$（そのほかの主成分）の相対比率を図示した図4‐1について検討してみると、つぎのようになる。透光度が高い高級磁器を製造するのに用いられたカオリン土のようなものは1次粘土であり、Fe、Mn、Tiの成分含有量が少なくても白色に近い。つまりAl_2O_3の含有量が相対的に高く、$RxOy$の含有量が低いほうである。分析された試料のなかでは軟質陶器として分類されたものが$RxOy$の含有量が低いものであって、よくわれわれが瓦質土器とよぶものは土器の胎土の色調が明るい灰色や灰白色を呈する。しかし、高級な磁土の質に近いものはなく、むしろシルト性石英、雲母、斜長石の微粒子が多くみられる。

$RxOy$の含有量が高いと色調が濃くなるが、この成分が焼成温度を下げる作用をする。硬質陶器の場合、軟質陶器に比べてSiO_2の含有量が相対的に高いが、赤色土器や無文土器に比べると低い。特に硬質陶器の胎土は、軟質陶器に比べSiO_2の含有量が相対的に低い。これは粘土の成因と関連があるようだ。三韓・三国時代の土器の原料が水性堆積物だとすれば、軟質陶器は水の運搬作用が完全には終わらないところに堆積したシルト性の Quartz〈石英〉と Mica〈雲母〉が多量に含まれる。これに比べ硬質陶器は運搬作用が完全に停止したところに沈殿したものを胎土として使用したようだ。

赤色土器と無文土器の胎土は、$RxOy$の含有量がともに高いほうであり、それはAl_2O_3の含有量が相対的に低いということを意味する。胎土の質でみるとき、もっとも低級なもので、自然により充分に選別されない2次粘土、すなわち比較的容易に掘り出すことのできる粘土を原料に使用したものと考えられる。

表4-1 化学分析の概要

試料選定	三千浦勒島遺跡および馬山県洞貝塚、陜川苧浦里C地区住居遺跡など嶺南地方の生活遺跡、ならびに昌原茶戸里遺跡群、蔚山中山里古墳群などから出土した土器試料
分析方法	原子蛍光分析（atomic absorption analysis）と珪酸塩鉱物完全分析法
含有量決定成分	SiO_2, Al_2O_3, Fe_2O_3, CaO, MgO, FeO, TiO_2, K_2O, Na_2O, MnO, ZnO, Ign.loss
分析資料の提示方法	1）すべての成分は、含有量を%で示すが、この含有量の%を分子数比に変換して、Al_2O_3の分子数を1.0としたときSiO_2の分子数比とのこりの成分（RxOy）の分子数比に換算した（表4-2）。この換算されたふたつの分子数比をもって図示したものが図4-1である。 2）化学的成分分析結果を示す2列目のものは、Ign.lossの含有量と還元度を計算して比較する方法である。図4-2は（Fe_2O_3／Fe_2O_3+FeO）×100で計算した還元度の指数と焼失成分（Ign.loss）の含有量（表4-3）を対比したものである。

　原料粘土の化学分析上のヴァリエイション、あるいは分散の大きさといった条件しだいで変化する数値は、原料粘土の選定にあたって、どれほど厳格に基準を守らなくてはならないかということについての尺度と理解できるであろう。このような点からみれば、硬質陶器はヴァリエイションが小さく、原料粘土の選択に比較的厳格な規則を守っているのに反し、軟質陶器と赤色土器類は相対的に原料粘土選定が恣意に任されているということができる。そして、焼成技術と関連して、高温焼成するには軟質陶器の原料粘土よりも硬質陶器のそれがはるかに効果的に安定したものだったということが推測される。

　有機質や吸着水のような焼失成分（Ign. loss）の含有量と、Fe_2O_3とFeOの相対比率をふたつの変数にして図示した図4-2について、検討してみると、つぎのようになる。

　焼成温度が低く胎土が緻密でない場合、有機物や水分がしみ込んだために、Ign. lossが存在するようになる。焼成過程で500℃になると有機物（Organic material）、吸着水（absoluted water）、結晶水（lattice water）などはすべて消失してしまう。したがって、Ign. lossの存在原因は、焼成終了段階の着炭現象、そして廃棄・埋没後の加水分解などである。Ign. lossの含有比率から、軟質陶器と硬質陶器は、若干の重複があるものの、はっきりと区分される。軟質陶器が、焼成温度が相対的に低く焼成の終わりの段階で着炭した製品が多いためである。硬質陶器は、焼成温度が高く胎土が緻密で有機質などが表面に若干浸透する程度である。

　Feの含有量全体のなかで、FeOの状態で存在するFeの比率は、土器焼成

表4-2 Al_2O_3 - SiO_2 - RxOy の分子数比 ($Al_2O_3 = 1.00$)

	無文土器(三角口縁粘土帯)			赤色土器			軟質陶器			硬質陶器	
試料番号	SiO_2	RxOy	試料番号	SiO_2	RxOy	試料番号	SiO_2	RxOy	試料番号	SiO_2	RxOy
1	6.90	0.72	10	5.13	0.64	22	4.45	0.55	37	4.96	0.62
2	7.70	0.79	11	4.68	0.75	23	5.34	0.83	38	5.10	0.69
3	6.59	0.89	12	5.98	0.65	24	4.27	0.43	39	4.85	0.59
4	10.75	0.63	13	5.94	0.70	25	5.42	0.51	40	5.27	0.62
5	8.92	0.64	14	6.40	0.78	26	5.39	0.56	41	4.52	0.43
6	8.26	0.76	15	5.64	0.63	27	4.51	0.44	42	5.37	0.89
7	8.24	0.81	16	5.27	0.84	28	4.81	0.37	43	3.91	0.60
8	7.47	0.74	17	6.02	0.77	29	6.36	0.47	44	5.24	0.63
9	9.14	0.71	18	6.83	0.75	30	4.07	0.61	45	4.10	0.68
			19	6.90	0.67	31	6.43	0.49	46	3.95	0.64
			20	7.13	0.66	32	6.90	0.50	47	4.22	0.62
			21	8.24	0.69	33	5.78	0.47	48	5.36	0.61
						34	7.23	0.48	49	4.81	0.65
						35	5.79	0.56	50	5.23	0.66
						36	7.85	0.41	51	4.72	0.63
									52	5.83	0.64

表4-3 Ign.loss - 還元度指数

	無文土器(三角口縁粘土帯)			赤色土器			軟質陶器			硬質陶器	
試料番号	Ign.loss	還元度	試料番号	Ign.loss	還元度	試料番号	Ign.loss	還元度	試料番号	Ign.loss	還元度
1	3.52	9	10	3.22	1	22	3.96	49	37	0.63	40
2	0.79	2	11	2.18	37	23	2.07	31	38	Tr	26
3	6.18	10	12	2.76	3	24	2.43	52	39	1.25	20
4	1.34	4	13	1.04	3	25	3.45	37	40	0.43	43
5	2.63	0	14	3.81	0	26	2.92	38	41	0.99	71
6	2.25	1	15	4.98	45	27	3.29	45	42	0.79	65
7	2.38	8	16	3.31	4	28	2.21	45	43	0.26	45
8	4.12	7	17	5.65	3	29	1.71	44	44	0.42	45
9	2.26	3	18	2.32	6	30	4.60	73	45	0.35	47
			19	1.76	5	31	0.94	42	46	0.21	39
			20	2.96	2	32	1.87	45	47	0.33	41
			21	4.23	1	33	2.83	62	48	0.61	48
						34	3.11	36	49	0.54	52
						35	3.85	44	50	0.40	54
						36	3.68	39	51	0.23	39
									52	0.26	48

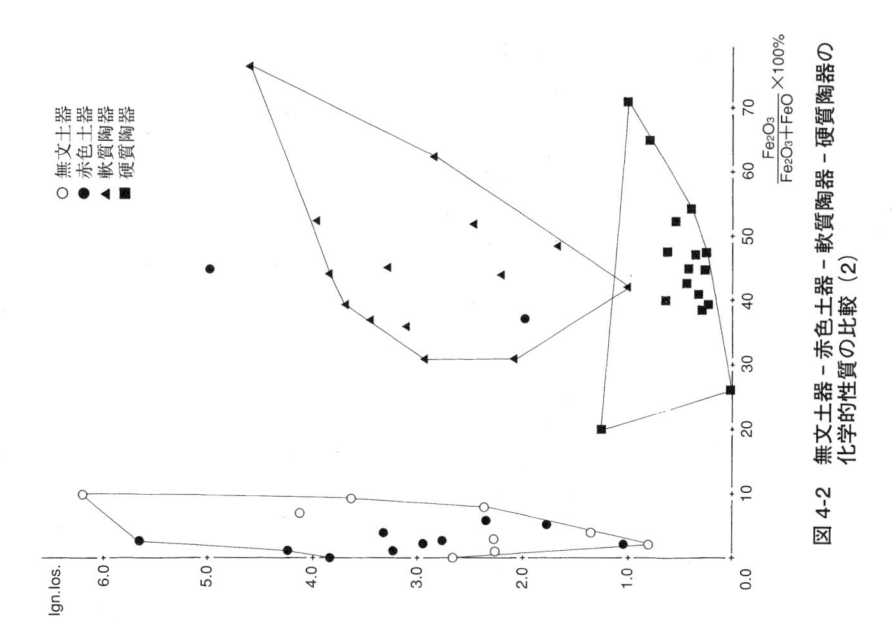

2 土器生産システムの認識 193

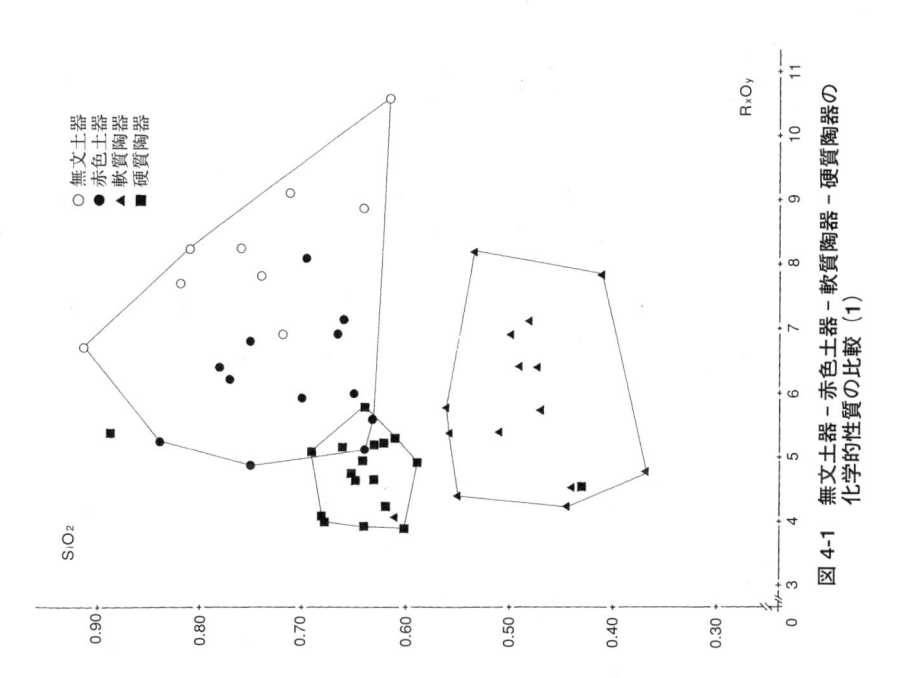

図 4-1 無文土器 - 赤色土器 - 軟質陶器 - 硬質陶器の化学的性質の比較 (1)

図 4-2 無文土器 - 赤色土器 - 軟質陶器 - 硬質陶器の化学的性質の比較 (2)

時に窯内の雰囲気（atmosphere）がどのような状態であるのかを述べるにあたり尺度にできる。還元度のパーセントによって赤色土器・無文土器グループと、軟質陶器・硬質陶器のグループとは明白に区分される。これは焼成法がはっきりと違っていて、赤色土器と無文土器は露天や開放した製作所で製作され、軟質陶器と硬質陶器は焼成のある段階から終わりまで密閉された還元の雰囲気で焼成されたことがわかる。そのため還元度を土器と陶器を区分する基準としようと思う。さらに陶器のなかでは Ign. loss の含有量によって軟質陶器と硬質陶器が分離される。土器のなかで無文土器と赤色土器はどのような項目によっても分離されない。

② 鉱物学的性質分析

赤色土器・軟質陶器・硬質陶器がたがいに異なる生産システムで生産されたのであれば、原料粘土の質がたがいに異なっていて、粘土の選択の基準を守る度合いが異なっている。このことについては、化学的成分分析を通じて部分的に証明できるが、別に胎土に混入した粒子の大きさと含まれる程度および、粒子のもととなる鉱物のヴァリエイションをもって、原料粘土の質を評価してみようと思う。そして、各生産システムによって粘土の選択の基準がどれくらい厳格に保たれていたかどうかを比較してみようと思う。これによって陝川芋浦里C地区の住居遺跡から出土した3世紀後半から4世紀代にかけての各種の土器を試料として、分析を試みた。

胎土に含まれる非可塑性粒子の大きさと数、そして胎土の鉱物学的組成を観察することによって、この時期の土器製作からふたつの重要な内容を検討しようと思う。一つ目は胎土の質の問題、すなわち胎土精選の問題であり、二つ目は、胎土の調節、すなわち tempering の問題である。最後に、こういった製作技術上の特徴が、さきに区分した胎土の三類型とどのように関係があるのかを検討しようと思う。

純粋な粘土のみをもって乾燥・焼成する場合には、亀裂が生じる危険が大きく、成形時にも過度の粘性のために作業能率が落ちがちである。この際、非可塑性粒子を混入させると成形が容易になり、乾燥と焼成時における体積の収縮を強める。調理用土器の場合、混入された非可塑性粒子の性質によっては、熱による影響が強まることもある［Rey：1976］。

肉眼観察によって、われわれがまっさきに区分する胎土の粗密は、この非可

塑性粒子（temperingされた粒子）の有無と関係があると考えられる。われわれは、大きめの粒子が胎土にときおり混ざっていると、胎土が粗いという。そのため胎土の粗密というものを、精選された胎土で評価する。だからといって、小さくとも直径2mm（粗砂）以上の粒子が当初土器を製作しようと用意した粘土に混ぜられていたのだろうと期待してはならない。しかし、ひじょうに微細化した砂やシルトは、またことごとくtemperingしたものだとも考えることができない。どのくらいの大きさの粒子が添加剤として混入され、どのくらいの粒子が天然の粘土に入っていたものであるのかを考える基準がはっきりとしないのである。ただ、胎土に混ざった粒子は、その大きさによって天然に入っているものと添加剤として混入されたものがあるものの、おおむね大きな粒子は添加剤混入行為（tempering）と関係し、これが肉眼観察によって胎土の粗密を区分させる基準となるようだ。

　ここで取り扱う土器の原料粘土は、普通流水によって運搬されて一定のところに堆積した2次粘土と推定される。自然界の運搬堆積は、土壌を粒子の大きさによって分別して堆積させる力をもっている。われわれがよくみる粘土には、細かい砂とシルト性粒子が多く混ざっているが、粘土化がすすんだ質の高い胎土には、細かい砂やシルトの混入があまりなく、風化に対し抵抗が大きい石英や雲母が少し混ざっていて、長石が比較的多い。

　土器を製作した古代人たちは、経験を通じて質のよい粘土を選別して、採土場を探し、粘土を採掘する能力を育んできたのであろう。たとえば胎土の精選でいうならば、それはそのような粘土の選別能力と関連があるのであろう。だとすれば、胎土の精選ということについては、故意に混入させた粗い粒子の含有量によって選別された粘土の粗密を判定できず、むしろ自然に混ざっているひじょうに細かな粒子の含有の程度や鉱物学的組成によって判定しなければならないようだ。

　こうした問題を検討するために、土器片に対する肉眼観察に基づいて胎土の三類型・胎土の粗密を区分して、それぞれ一定の標本を選定した。胎土の三類型による硬質陶器、軟質陶器、赤色土器からそれぞれ8点ずつ選定し、肉眼観察による粗密の区分にしたがってそれぞれ12点ずつを選定したのである。

　まず胎土のなかに含まれる粒子の大きさと数を把握するためにX線写真を撮影した。胎土のなかの粒子は、粘土とは密度が異なるのでX線写真上で容易にみつかる。肉眼観察では土器の表面に存在する粒子だけしか数えることができ

表4-4 試料目録

資料番号	胎土類型	胎土組織
1	硬質陶器	粗
2		粗
3		密
4		粗
5		粗
6		密
7		密
8		密
9	軟質陶器	密
10		粗
11		密
12		密
13		密
14		粗
15		粗
16		密
17	赤色土器	粗
18		密
19		粗
20		密
21		密
22		粗
23		粗
24		粗

ないが、X線写真を利用すれば器壁のなかに分布する粒子までも数えることができる。粒子の含有の程度を相互に比較しようとすれば、単位面積あたりに分布する粒子の数を数えるべきである。そこでX線写真に写っている粒子を、4mm以上、4〜3mm、2〜1mm、1mm以下に区分して、5cm²単位でその個数を数えあげた[Braun：1982　Rye：1977]。

つぎに、試料とした土器片を切断してプレパラートを作った。土器片の表面を100倍で写真に撮り、粒子のかたちと大きさ、粒子の鉱物学的性質、粘土と粒子の比率を観察した。特に粘土と粒子の比率は、つぎのように計算した。透明な紙に108個の点を等間隔にうって、それを顕微鏡写真上に重ね置いて、粘土にかかる点と粘土にかからない点をそれぞれ数え、点全体に対する％を計算した。

このような分析を通じて示そうとするのは、肉眼観察による胎土の粗密の判定基準が目につく比較的大きな粒子の含有量ではあっても、実際それがそれは胎土の質（あるいは粘土の精選）の問題ではなく、添加剤混入の有無に関係があるということである。各試料において、単位面積あたりで直径2mm以上の粒子の数を数えてみると、表4-4でわれわれが肉眼観察によって粗とした1、2、4、5、10、14、15、17、19、22、23、24番の試料はずば抜けて多くの数がみられ、密とした3、6、7、9、11、12、13、16、20、21番試料は平均にも達していない。1mm以上の大きさになる粒子の数は、肉眼観察の結果、粗とみなしたもののうち、5、10、15、19番試料が平均以下に分布するが、当初密とみなしたものに比べれば多くの量が含まれている（図4-3）。1mm未満の粒子のなかで、X線写真に写り、われわれが数えることのできる粒子の数は、肉眼観察の結果には符合しない（図4-4）。

これまで、われわれはどのような基準も提示することなく、感覚的に胎土の粗密を区分してきた。ただ、このような区分は、添加剤混入の有無と関係があるのだろうと漠然と推論したのである［李盛周：1988a］。X線写真を用いて粒

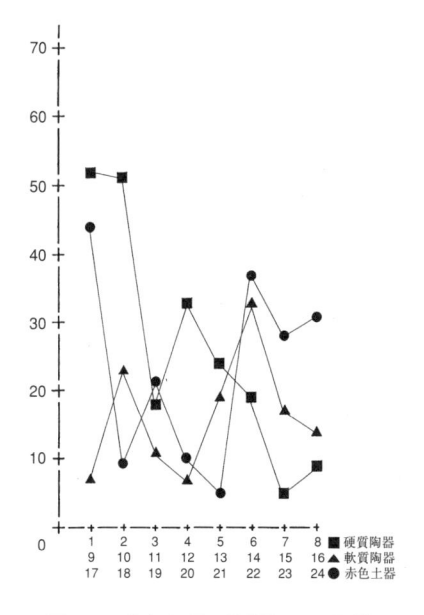

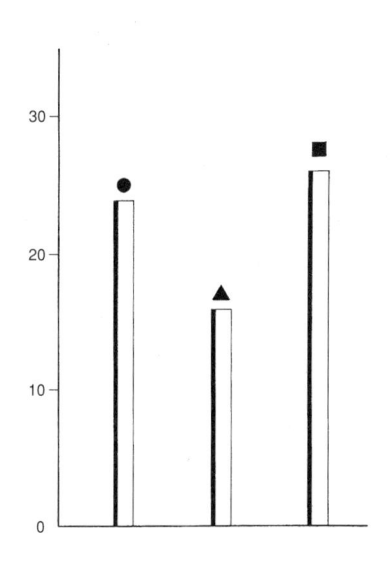

2 土器生産システムの認識 197

図 4-3 赤色土器−軟質陶器−硬質陶器別胎土に混入された1mm以上の粒子含有量分布
（単位面積あたりの粒子の個数）

子の大きさと数を比較してみた結果、これまでの粗密の区分の基準は、直径 2 ～1.5mm 以上の粒子の含有量であった。土器製作に利用した原料粘土のなかに、この程度の大きさの粒子が天然に混ざっていただろうということは考えにくい。したがって、1.5mm 以上の粒子（特に陶器類に含まれるもの）は、土器製作者が故意に入れた添加剤だと推定される。結局、われわれが肉眼観察で判定した粗密の区分は、添加剤混入の有無によるものと考えなければならない。

　1mm 以上の粒子はひじょうに興味深い分布をみせる。硬質陶器は全般的に含有量が平均以下に下がり、軟質陶器と赤色土器は平均以下のものもあるが、平均以上のものの方がもっと多い。こうした粒子の含有量の分布は、われわれの肉眼観察による粗密の区分とまったくといっていいほど一致するものではない。微細な粒子の含有量の分布は、偏光顕微鏡下で実物より100倍に拡大して観察した。ここでは、粒子の数はひとまずおいておいて、全体の単位面積内で粒子の占める面積を計算して、粒子の含有量を％で示した（図4-5）。

　硬質陶器（1～8）にあたる試料は、粒子の含有量が30％未満でという結果がえられ、軟質陶器（9～16）と赤色土器（17～24）にそれぞれ該当する試料

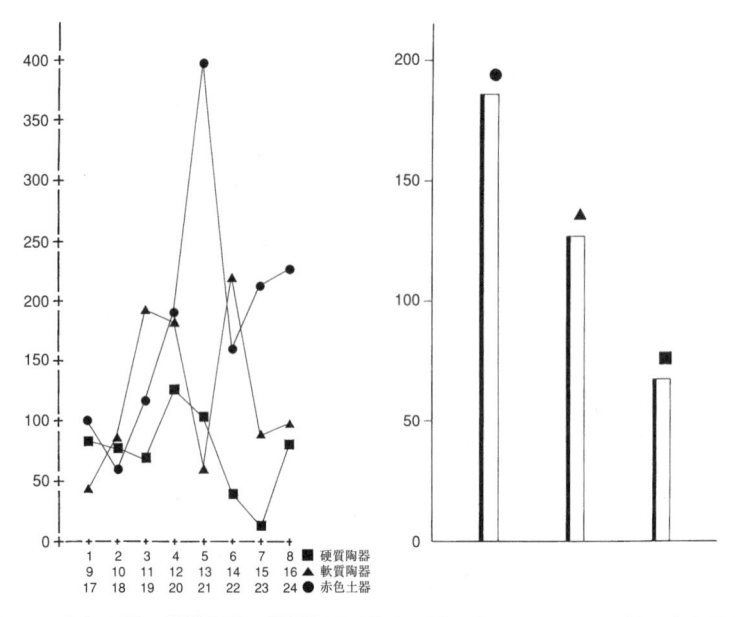

198　Ⅳ　単位政治体の成長と生産システムの統合

図 4-4　赤色土器 − 軟質陶器 − 硬質陶器別胎土に混入された1mm以下の粒子含有量分布
（単位面積あたりの粒子の個数）

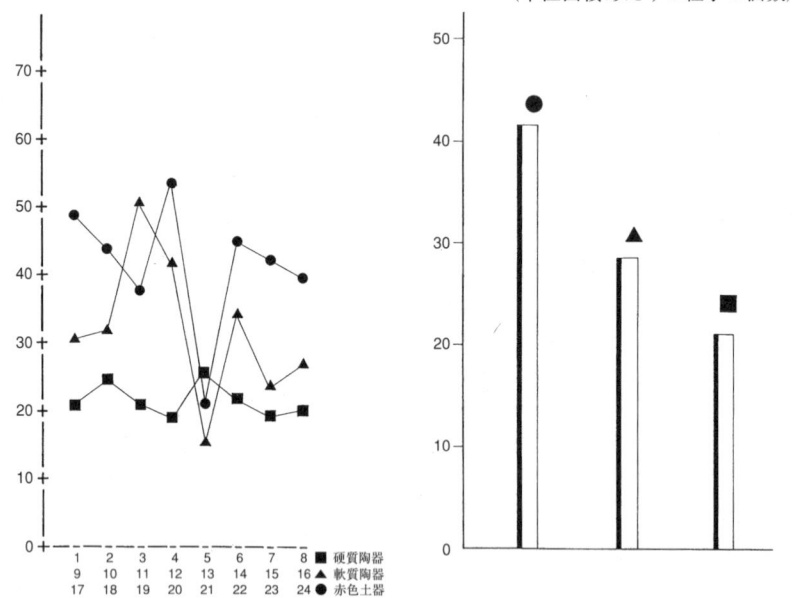

図 4-5　赤色土器 − 軟質陶器 − 硬質陶器別胎土に混入された非可塑性粒子の面積
あたりのパーセント　　　　　　　　　（100×偏光顕微鏡写真判読）

は、30%未満のものもあるが、ほとんどが粒子の含有量分布で30%を超えている。結局、1mm未満のひじょうに微細な粒子の含有量の分布は、胎土の粗密の区分にしたがっていないことがわかる。特に図4-5にみられるように、微細粒子の含有量の分布は、硬質陶器→軟質陶器→赤色土器の順に高くなるという結果がえられた。ひとまず1mm以下の粒子、すなわち微細粒子の含有量の分布は、肉眼観察による胎土の粗密区分とは関係がない。こうした微細粒子は人為的に混入したものとは考えることができず、原料粘土に天然に含まれるものだと考えるのが妥当である。この微細粒子は胎土の粗密の区分とは無関係で、胎土の三類型にしたがって変化する傾向がみられるが、おおむね、硬質陶器→軟質陶器→赤色土器の順に含有量が多くなる。したがって、この微細な粒子の含有量は胎土の精選、つまり原料粘土の質に対する指標となるのである。

図4-6は、胎土に含まれる粒子の鉱物学的成分を、偏光顕微鏡により石英、長石+雲母+その他、粘土などの3種類の成分にまとめ、その相対的な比率を図に表したものである。おおむね、硬質陶器は粘土の比率が高くあらわれ、分散が小さく粘土化がよく進行したものであることがわかる。赤色土器は、石英や長石の粒子の含有量が相対的に多く、分散も大きい。軟質陶器も赤色土器と同様の傾向を示すが、とりわけ石英の粒子の含有量が分散を大きく左右するようだ。ここで重要な点は胎土の三類型、すなわち3種類の生産システムの原料粘土において、その粘土鉱物学的なヴァリエイションが赤色土器→軟質陶器→硬質陶器の順に減ってゆく事実である。土器の胎土の鉱物学的な性質は、化学的性質とともに胎土の三類型によって変わる。したがって土器胎土の微細粒子の含有量（地質学的性質）と鉱物学的・化学的性質は、胎土の精選、すなわち原料粘土の質を反映し、それは胎土の三類型によって変化する。

以上のように、胎土の化学的-鉱物学的分析結果に基づいて、原料粘土の質と焼成技術の問題を検討した。3種類の製作技術類型、すなわち赤色土器・軟質陶器・硬質陶器とは、胎土の質と焼成技術の適用により区分されるものであることを示している。このような製作技術上の相違が、生産システムからどのように理解できるのか、特に土器生産の専門化の問題と関連させて論じてみたい。

土器生産が専門化すればするほど、専門の工人が一定の工房で一定の質の原料を用い、製品のあいだの個性（variability）が減少し、一定の基準が保たれるようになる［Rice：1987］。社会のなかで他の構成員が土器生産に参加するよ

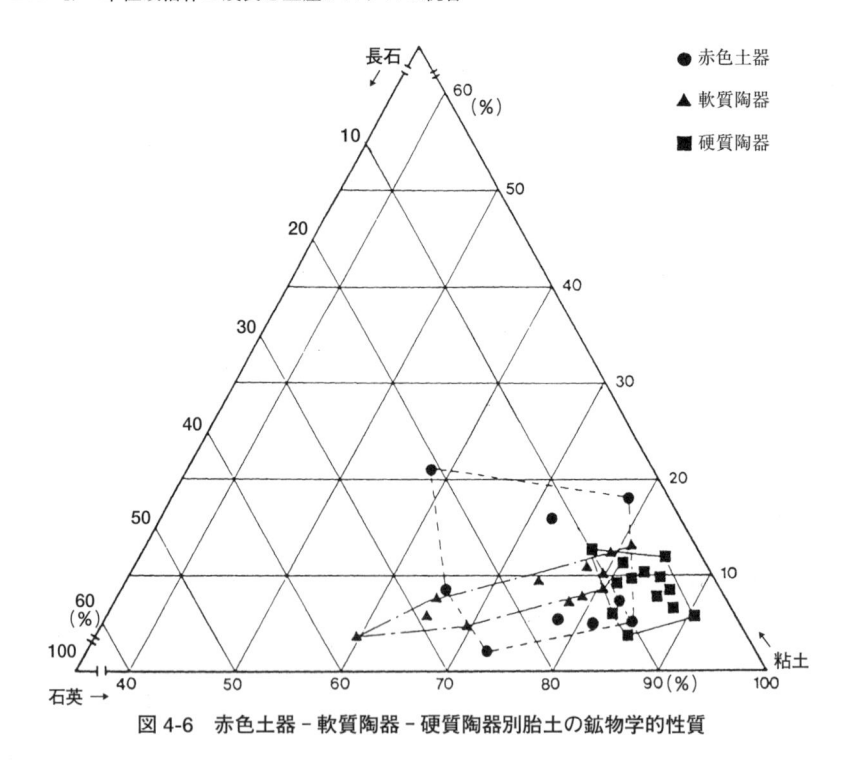

図 4-6 赤色土器-軟質陶器-硬質陶器別胎土の鉱物学的性質

りも、土器生産に専業する職人が生産を専門に担当するようになり、特定の場所で一定のレベル以上の道具と設備を備えた工房で生産されて、交易されたり分配されたりすることを専門化ということができる。そして、原料粘土の選択と採集、加工、成形、焼成など一連の工程がより標準化された製品の生産のために一定の基準にさらに近づくようになり、個性の幅が小さくなってゆくのである。原料粘土における専門化は、粘土の選択における一定の基準を厳格に保ってゆくことを意味すると考えられる。こうした原料粘土における専門化を示すものとしての土器胎土の性質は、何といっても均一性だということができる。

土器胎土の均一性(uniformity)は、生産の専門化によって必ずしも生じる現象ではなく、生産地をとりまく地域の粘土の産地における地質学的な原因によって変わりうるという事実が指摘されたこともあったが[Arnold, D.：1993]、生産が専門化すると、工人の原料に対する経験上の知識は増大するだろうという点を考慮すれば、効率的な生産のために可能な限りの知識を動員し、一定の質の粘土だけを用いることで胎土の均一性が生じる可能性を排除することがで

きない。専門工人の原料に対する知識には、粘土の性質と特別な性質の粘土が分布する場所についての知識だけではなく、粘土ごとの成形・乾燥・焼成時に反応するようす、特別な用途の土器を製作するのに要求される粘土の性質、ならびに焼成方法との相関関係などについての幅広い知識の蓄積というものを想定できる。もちろん、これは長い期間かかって達成されたものだろうが、専門化はこういった経験上の知識の増大を加速化させたのであろう。そこで土器生産の専門化の結果として想定されることは、単純な胎土の均一性（uniformity）を超えて、適用される技術や要求される土器の機能に合わせた原料粘土の性質についての基準と、それにしたがって一貫して選択された胎土の性質である。

　原料粘土の鉱物学的・物理化学的性質は、製作工程に大きな影響を及ぼすだけでなく、土器の用途に沿って要求されるいくつかの特徴を引き出すこともあった。たとえば、原料粘土の性質と、混入した非可塑性粒子の特徴と含有量は、成形時の作業効率、乾燥時の亀裂、焼成時のストレスに対する反応 [Chandler：1981]、ガラス質化と bloating 〈気泡の発生〉、熱膨張と破損亀裂などの現象に、直接の影響を与える [Shepard：1956]。製品としての土器に要求される性質のなかでもっとも特徴的なものは、炊事用土器に必要な性質だが、それは熱によるショックを減退させるための性質である。そこで、炊事用土器と非炊事用土器は、鉱物学的に大きく異なっていることが指摘されている [Arnold, D.：1972]。こうした粘土に対する知識が蓄積されてはじめて、高いレベルの焼成技術の適用も可能になる。もちろん、経験上の知識の増大は必ずしも生産の専門化を通じてもたらされるものではないが、高い相関関係をもっていたという点は否定できない。

　1〜4世紀代の土器の胎土に対する化学的・粘土鉱物学的分析によって得られた知識は、一つ目は、無文土器・赤色土器→軟質陶器→硬質陶器へと進むほど、原料粘土の質が高くなって均一化するという点である。二つ目は、その順により適用される焼成技術のレベルが向上するという事実であるが、その際のレベルというものは、さらに多くの労働力と設備に投資が行われなければならず、それは労働も組織化されてはじめて適用が可能になるという意味である。それで、以上のような3種類の製作技術類型は、たがいに異なる生産システムの産物として、専門化のレベルも相違すると理解できるのではないかと思う。

（2）生産システムによる器種構成

ここでは、3種類のシステムで生産された土器が、住居遺跡からの出土であるのか、墳墓遺跡からであるのか、すなわちその出土のあり方ごとにどのくらいの比率で出土したのかを分析し、各生産システムにおいてどのような器種を生産していて、その構成比はどうだったのかを検討してみようと思う。

主に4世紀代の土器を対象にして分析したが、それはまさしくこの時期に3種類の生産システムが共存していて、この時期を過ぎると、ある生産システムは消滅したり、別の生産システムに吸収されたりもしたためである。上述のような分析に最適な資料が、1986年と1987年の2年にわたって発掘された陝川苧浦里遺跡群出土の土器である。黄江中流域のきわめて狭い盆地内に形成されたこの遺跡群は、青銅器時代住居址と支石墓を含む、遅くとも3世紀代から6世紀代にかけての集落址と古墳群で形成されていた。

ここで検討する遺跡の4世紀代の状況は、A地区の土壙墓群［鄭永和・梁道栄・金龍星：1987］、B地区の土壙墓群［朴東百・秋淵植：1988］、C地区の住居址群［李殷昌：1988］が、狭い範囲内に共存する状況をみせる。この3地区は、半径1km内にすべておさまる3筋の稜線上に形成されており、同時期における同一集団の生活遺跡と墳墓遺跡ということができる。そこで、この遺跡から出土した土器を出土のあり方により住居址の出土品と墳墓の出土品に分けてみて、さらに生産システムによって赤色土器、軟質陶器、硬質陶器に分け、器種構成による比率を検討してみたい。

表4-5にみるように、墳墓遺跡で出土した土器・陶器の大部分の器種は、住居址からも出土したが、小型丸底短頸壺とタタキを施した短頸壺を除けば、その比率がひじょうに低い。これに比べ住居址から出土した器種のなかで、相当な比率を占める甕、把手付甕、甑などは墳墓遺跡からはほとんど出土していない。おおむね、高杯、各種器台、コップ形土器、タタキを施した短頸壺、小型丸底短頸壺、鉢、有台壺などは、副葬用土器の器種であり、そのうち高杯、器台、有台壺、コップ形土器などは生活遺跡からの出土頻度が低い副葬用の器種である。

住居遺跡から出土した生活用土器・陶器の器種は、タタキを施した短頸壺、小型丸底短頸壺、甕、把手付甕、甑、鉢形土器などということができるが、このうち甕、甑、把手付甕は墳墓遺跡ではほとんど出土しない、生活用品として

表 4-5　土器の器種－生産システム別比率

		硬質陶器	軟質陶器	赤色土器	合計	%
陝川芳浦里C地区住居址	高杯	17	2	1	20	2.8
	炉形土器・高杯形器台・筒形器台	12	4		16	2.2
	コップ形土器	25			25	3.5
	（タタキを施す）短頸壺	108	98		206	28.7
	丸底短頸壺	42		5	47	6.5
	長頸壺	5			5	0.7
	碗	16	1		17	2.4
	蓋杯	16			16	2.2
	蓋	8			8	1.1
	大壺	12			12	1.7
	甕			122	122	17
	甑および把手付甕	10	24	69	103	14.3
	鉢		16	76	92	12.8
	有台壺・台付直口壺	19	6		25	3.5
	異形土器					
	その他	2	1	2	5	0.7
	合計	292	152	275	719	100
	%	40.6	21.1	38.2	100	
陝川芳浦里A・B地区土壙墓	高杯	17		10	27	12
	炉形土器・高杯形器台・筒形器台	20	1	1	22	9.8
	コップ形土器	12			12	5.3
	（タタキを施す）短頸壺	14	15		29	12.9
	丸底短頸壺	66	8		74	32.9
	長頸壺	3			3	1.3
	碗		1		1	0.4
	蓋杯					
	蓋	2		1	3	1.3
	大壺	1			1	0.4
	甕			3	3	1.3
	甑および把手付甕					
	鉢			35	35	15.6
	有台壺・台付直口壺	5	5	1	11	4.9
	異形土器	2			2	0.9
	その他	2			2	0.9
	合計	144	30	51	225	100
	%	64	13.3	22.7	100	
昌寧大也里住居址	甕			22	22	42.3
	鉢			8	8	15.4
	短頸壺	12		1	13	25
	注口土器	1		3	4	7.7
	甑			5	5	9.6
	合計	13		39	52	100
	%	25	0	75	100	

の器種である。住居遺跡と墳墓遺跡から共通して多く出土する器種はタタキを施した短頸壺と小型丸底短頸壺、鉢形土器ということができる。この器種は実生活用の器種であり、同時に副葬品リスト加えられている土器・陶器だということができる。器種構成と出土のあり方との関係をみると、副葬用土器・陶器の器種は生活用のそれとは異なるが、各種短頸壺と鉢形土器だけは生活用土器であるのに、例外的に副葬用に盛んに用いられたことがわかる。

　生産システムによる器種構成を分析してみると、両者のあいだには深い相関関係があることがわかる。まず甕、甑、鉢などはほとんどすべてが赤色土器で製作され、高杯、各種器台、コップ形土器、タタキを施した短頸壺、小型丸底短頸壺、鉢、有台壺などはほぼ硬質陶器でのみ製作される。軟質陶器専門の器種は、4世紀代の遺跡では探すのがむずかしい。分析した資料にみられる軟質陶器の主要器種は、3世紀後半代に属する数少ない遺構で確認されたものとしては、タタキを施した短頸壺、直口壺、有台壺などが含まれる。4世紀代の遺構から出土した軟質陶器は、調整技法などにおいて硬質陶器との共通点が認められ、いわゆる瓦質土器という軟質陶器固有の器種というよりも、硬質陶器の焼成が不完全な状態のものに属すると考えられる。

　生産システムと興味深い相関性をみせる器種が、タタキを施した短頸壺である。住居遺跡では相対的に赤色土器の比率が高い傾向があるが、タタキを施した短頸壺も多く出土し、軟質・硬質陶器も一定の比率を占めるようになるわけである。ところが、タタキを施した短頸壺のうち、縄蓆文の短頸壺は硬質陶器として製作され、格子タタキを施した短頸壺は主に軟質陶器として製作され、軟質陶器と硬質陶器が一定の比率で共存する状況がみられる。

　最後に検討しなければならない問題は、生産システム‐出土のあり方の相関関係に対するものである。墳墓遺跡で出土した副葬用土器は、大部分が硬質陶器生産システムで製作・供給されたと考えられる。副葬用土器のリストに欠かせない鉢形土器を除くと、ある時期、赤色土器の器種はほとんどないのである。これに比べて、住居遺跡から出土した生活用土器は、赤色土器と硬質陶器の両生産システムが半分ずつ生産し供給したようである。

　苧浦里遺跡の住居址や墳墓で確認された生産システム別土器の出土比率は、端的に4世紀代の状況をあらわすもののようだ。墳墓遺跡では、ほぼ全体にわたり軟質陶器だけが出土していたのが硬質陶器に交替してゆく過程はよく知られた事実であって、その開始はおよそ3世紀後半代である。生活遺跡において

は、ほぼ赤色土器のみが出土する。3世紀から軟・硬質陶器が一定の比率をもちはじめて、4世紀代となるとそれぞれ50％ずつの比率を占めるようになる。この点は、苧浦里Ｃ地区の住居址よりも全般的に年代が先行する3世紀後半に属する居昌大也里住居址の出土土器と比較してみるとよくわかる。大也里住居址は、苧浦里Ｃ地区住居址と比べてみると、器種構成がきわめて単純である。それは赤色土器の器種が少ないからではなく、硬質陶器の器種が短頸壺にのみ限定されて、他の器種は製作されないためである。苧浦里Ｃ地区住居址の赤色土器の比率が38％であるのに比べ、大也里住居址の比率は75％と、絶対的多数を占めている。つまり、4世紀代の土器生産と使用にあらわれる大きな変化は、硬質陶器生産システムで製作された器種がひとつふたつと出現し、これによって赤色土器生産の比率が相対的に減少してゆく点だということができる。

結論として、赤色土器／軟質陶器／硬質陶器の3種類のシステムにより生産された器種は、比較的厳格に区分されており、3〜4世紀代の各土器の器種は若干の重複はあるものの、それぞれ異なるシステムで生産されたということができる。すなわち、3種類の生産システムは同時期に共存しながら、社会の内部でたがいに異なる機能をもつ土器を生産していたということができる。

（3）製作技術の伝統と生産システム

先に4世紀代の遺跡を対象にして生産システムと器種構成との関係を検討した。これに比べ、1〜3世紀代の土器は副葬用土器と生活用土器が器種構成上さらに一層分離している。墳墓から出土した副葬用土器はほとんどすべてが軟質陶器に属し、貝塚・住居遺跡から出土した実用の土器は、遅くとも1〜2世紀代までは赤色土器（硬質無文土器を含む）である［崔盛洛：1989 77-80頁］。硬質陶器系の実用土器が出現する時点まで、生活用土器の器種はすべて赤色土器で作られていた。

木棺墓と木槨墓から出土した副葬用土器は、一部例外的な甕や鉢形土器を除いてはすべて軟質陶器であって、器種構成は、木棺墓段階では組合式牛角形把手付長頸壺、無頸壺、小型甕、縄蓆文あるいは無文短頸壺、碗と台脚などがある。これに比べ貝塚から出土した生活用土器は赤色土器系であり、長胴の直口壺と高杯、大・中・小の甕、鉢、把手付甕、甑などがあるのだが、貝塚ごとに特徴的な小型土器の一部を除くと、このように5〜6種類の器種構成の範囲をこえることはない。軟質陶器と赤色土器各々の器種構成は、同時期に重複がほ

とんどなく分離しているのである。
　1～3世紀代の赤色土器と軟質陶器がはっきりとした器種構成上の対比をみせる理由は、土器生産の伝統を異にするためである。赤色土器は、無文土器末期の器種構成をそのまま継承して作られていた。しかし軟質陶器の場合、組合式牛角形把手付長頸壺や無頸壺のように末期の無文土器の器種を陶器にした例もあるが、(タタキを施した) 短頸壺や碗、台脚などは新たな器種であって、2世紀中葉頃からは、台付長頸壺、台付直口壺、格子タタキを施した短頸壺、炉形土器など、今までになかった新たな器種が作られた。軟質陶器の場合、無文土器の生産システムの伝統を引き継ぐものではない。密閉した窯の使用という新しい技術とともに、器種構成と器形においても遼東や楽浪の陶器を模倣し受容しているのである。
　硬質陶器生産システムで生産された器種は、軟質陶器や赤色土器とはまた異なる状況をみせる。3世紀後半頃、最初に作られた硬質陶器の器種は、小型丸底短頸壺と縄蓆文を施した短頸壺の2種類だけである。その後、4世紀前半頃には軟質陶器や赤色土器の器種を硬質陶器にして、器種構成がきわめて多様化した。硬質陶器の生産システムは、はじめ特定の専門的な器種の生産から出発し器種の範囲を拡げてゆく、という特徴がある。器種構成からは既存の器種を硬質陶器にしており、密閉した窯を用いるということも以前から行われていたため、軟質陶器製作の伝統を継承してきたものと容易に考えることができる。しかし、成形‐調整‐焼成など一連の製作技術は、それ以前の段階ではみることのできなかった新しいものである [李盛周：1991]。
　1～3世紀代の赤色土器・軟質陶器・硬質陶器の生産システムで生産された土器は、器種構成からはっきりと区分されるだけでなく、成形・調整技法および焼成技術からも、はっきりとした違いがみられる。
　成形・調整技法上、赤色土器は無文土器以来の粘土紐を巻き上げる成形技法と、木の板でなでるハケ目調整技法を主とする調整技法を続けてきた。ほぼ2世紀代のことと推定されるが、平行タタキ技法を採用する点が新しい技術要素として認められる。赤色土器における縄蓆文‐格子タタキはこの後で採用されたもののようだ。
　軟質陶器も、基本的には粘土紐をつなぐ方法で製作された。1世紀代に、器壁補強のための手法として縄蓆文が採用され、嶺南地方では、3世紀代に格子タタキが短頸壺に施されて縄蓆文と共存した。軟質陶器では、調整・装飾技法

が興味を引くが、ひじょうに精巧な擦り消し磨研、暗文磨研、各種の施文、黒漆による加彩などが施された。赤色土器や軟質陶器では、回転盤や轆轤は、成形方法としてはもちろん、器壁調整のためにも導入されたことがなかった。ただ3世紀代に、赤色土器の甕と軟質陶器の格子タタキを施した短頸壺の口縁部を平滑に調整するために、回転ナデを採用しただけである。

硬質陶器は、成形は基本的に粘土紐をつなぐ技法で製作されたが、器の全面を回転調整する方法を採用していた。このような方法は生産量が拡大する場合には、他のどんな生産方式よりも効率的ということができる。

焼成技術上、赤色土器はすでにある無文土器の酸化焼成技法を引き継いでいて、軟質陶器は窖窯を採用し還元焼成を行っている。密閉された窖窯は、露天における温度上昇の限界を克服して、高温焼成を行うために採用されたものではあるが、3世紀中葉までは高温焼成に至らなかった。軟質陶器生産システムでは、3世紀中葉までは800℃以下の低温焼成に頼っていて、焼成の最終段階で器の表面から芯までが還元されていた。陶器表面のガラス質化がなされていないため、芯まで還元されやすく、場合によっては不飽和炭素が吸着して黒色を呈する。軟質陶器が高温焼成されると1000℃まで温度が上がる場合もある［李盛周：1988b］。硬質陶器生産システムは、高温焼成のために成立した。特に3世紀後半から5世紀前半まで、すなわち副葬用硬質陶器の焼成が退化する前の段階まで、硬質陶器は1200℃に近い高温焼成を行った。

赤色土器・軟質陶器・硬質陶器生産システムは、器種構成も相違するうえに、たがいに異なる製作技術の伝統を維持したまま、たがいに影響をほとんど受けずに土器生産が進行した。すなわち、4世紀代に入ってからは軟質陶器の器種が硬質陶器に置き換わって、硬質陶器生産システムのなかで実用生活用品としての赤色土器の生産が本格化し、各自の技術的伝統がたがいに交わるようになるまで、この3種類の生産システムは技術的伝統と器種構成を異にしていた。4世紀以降になると、硬質陶器の短頸壺に平行タタキ技法が登場したり、赤色土器の壺や甕に格子タタキを施したり、あるいは赤色土器の壺を硬質陶器に代替するようになったと考えることができるのである。

製作技術の伝統と関連して、赤色土器は無文土器の伝統を継承したものであり、軟質陶器は遼東と楽浪の技術を模倣し受け入れたものである。硬質陶器は自発的な技術の発展を通じて新しく成立した生産システムである。硬質陶器は効率的であって、軟質陶器は生産量を拡大するのに、きわめて非効率的である。

設備投資と関連して、硬質陶器は最初の段階に多くの投資が必要であるが、生産量の拡大が必要な場合、投資がすぐに回収されて、利益が上がるようになる。しかし生産の経済性において、硬質陶器の高温焼成には、ひじょうに複雑な問題が介在する。軟質陶器の焼成温度の上昇限界である900～1000℃から200℃ほど上げて、ガラス質化した硬質陶器を生産しようとすれば、燃料採集と焼成持続のために4～5倍の労働力が投入されなければならない［李盛周：1991 289頁 Lauer：1974］。

（4）土器生産システムの定義

本研究では、1～4世紀代の土器に対する肉眼観察と簡単な計測、化学・鉱物学的な分析に基づいて、3種類の土器製作技術類型を認めて、それがたがいに異なる生産システムに対応するという前提から出発した。この三つの生産システムで生産された土器の原料粘土の質、器種構成、出土のあり方、製作技術の伝統を分析し、その相関関係を検討した。ここでは社会的生産の視点から、3種類の土器生産システムの特徴を定義してみようと思う。

土器生産システムを復原するのに、考古資料の分析ばかりに頼ってはいられないようだ。考古資料のうちでも、土器の製作所を発掘して生産施設や生産用具が調査できるのであれば、生産の規模や製作者の数についても推定が可能となるだろうが、そういった資料はほとんどないため、土器資料そのものに対する観察を通じて、生産工程や作業行為などを推論するしかないだろう。しかし、こうした作業には限界がある。たとえば土器の成形技法は、成形後の調整工程のあいだに消えてしまうために、土器の外観から成形技法・技術を復原することは困難とされる［Rye：1981 pp.67-95］。原料粘土の選択における高度の標準化から、土器生産の専業化が高いレベルにあるという事実が一般的に信じられているが、周辺地域の地質環境によって原料粘土の均質性が大きく左右されることもあるという［Arnold, D.：1993 pp.112-115］。土器の生産規模が拡大して専業化のレベルが高まった段階で、大規模な生産設備、生産用具などを使って大量生産した土器生産地を調査するならば、生産工程、生産関係などに関してある程度推論してみることができるだろうが、家内レベルの自給的生産と関連するような土器製作所や施設、製作用具を考古遺跡から発見することがむずかしいのは事実である［Arnold, P.：1991 pp.87-91］。

土器生産システムに対する理論的モデルを作成しようとする研究者たちは、

民族考古学資料や自然科学的分析資料に多く依存している。とりわけ、考古資料の分析を通じて先史・古代の土器生産システムを再構成しようとする際、土器の生産過程を直接に観察して得られた民族誌の資料は多くの助けとなる。

民族考古学的アプローチに基づいて、van der Leeuw, Peacock, Rice などが規定した生産様式（mode of production）の概念［van der Leeuw：1977　Peacock：1981 pp.187-194　Rice：1987 pp.183-191］は、本稿で用いる土器生産システムという概念と大きく違っていない。しかし、生産様式というものを、特定遺物の生産と関連づけることには不自然さを感じる。この間、生産様式という用語はマルクス主義的概念により、労働の社会的関係、生産用具、所有関係などの項目を中心に定義されてきた。そこで、特定の物品の生産ということよりも、さらに社会的な生産としてもっと一般的な意味で取り扱われる生産様式というよりも、本研究では生産システムという用語を使用することにする。

van der Leeuw, Peacock らが土器生産様式（システム）を類型化するのにとりわけ注目するものは、経済的・生態的な条件により変化する値であり、土器生産に用いられた技術と製作行為から推論される。これとともに Rice と Arnold らが生産システムの類型化で強調した項目は、製作者の性格（性別、専門・非専門）、作業期間（臨時、専業・半専業）、製作者の数、製品の分配・使用範囲、生産量、施設ならびに資本の投下量、原料と燃料の獲得方法、生産の組織化の度合いなどと合わせて、生産用具の修理およびそのレベル、生産設備のレベル、製品の標準化の度合いなどということができる。

van der Leeuw は、このような項目を経済的側面と、技術的側面に分けて考慮し、household production〈家計内生産もしくは世帯単位の生産〉, household industry〈家内工業または家内制手工業〉, individual industry〈個人製造〉, workshop industry〈工房による製作〉, village industry〈村をあげての製造〉, large-scale industry〈大規模製造業〉など、6種類に区分した［van der Leeuw：1977 pp.70-71］。Rice は、household production, household industry, individual workshop industry〈個人工房による製作〉, nucleated workshop〈中核的工房〉など4種類に単純化したが、主に生産量、生産設備の規模に重点をおいてカテゴリー化したようだ［Rice：1987 p.184］。これに比べて Peacock のように、国家権力の要請による生産の組織化というような、より特殊な文脈のなかで考えられることもあった［Peacock：1982 pp.10-13］。

ここでは、土器生産システムを類型化するのに、土器生産に投下された労働

表4-6 土器生産システムの分類と特徴

属性 \ 生産システム類型	非専業的	半専業的	専　業　的
1．製作者・工人の性格	女性　非専門家	女性？ 半専門家・専門家	男性　専門家
2．政治権力との関係	付随しない	付随する	政治権力に依存
3．製作の時期・期間	臨時的・日常的	半連続的・必要時	連続的
4．生産の組織化	組織化されていない	組織化される	組織化される
5．生産施設への投資	下	中	上
6．生産効率・標準化の度合い	生産効率が低い 標準化が低い	効率がひじょうに低い 標準化が低い	生産効率が高い 標準化が高い
7．成形技法・調整技術	手作り、調整時間が短く粗雑な調整	手作り、調整は精巧だが器形はいびつ	手作り、成形工程に回転台利用
8．粘土の選択の基準	選択基準が厳格でない	比較的一貫した基準をもつ	厳格な粘土選択
9．焼成技術	特別な窯体がなく低温焼成	窯体あり。窯による焼成だが不均質。比較的低温焼成。	高温焼成。整備された窯体
10．土器の用途	日常用赤色土器生産。貯蔵用。炊事用。	副葬用軟質陶器生産。一部実用陶器。	副葬用硬質陶器。各種実用陶器生産。

力と資本の量と質を重要な項目とする前提のもと、土器生産が政治権力に付随（attached）するのかそうでないのかという基準を付け加えたい［Earle：1977 pp.213-229　Brumfiel & Earle：1987 pp.1-9　李盛周：1991 248-295頁］。以上、ふたつの分類基準に準拠し、三韓・三国時代の嶺南地方に存在していた土器生産システムを表4-6のように3種類に分けて定義しようと思う。

3　土器生産システムの交替と統合

（1）土器生産システムの交替過程

　これまで、土器生産システムの類型を、非専業的・半専業的・専業的生産システムに分けて定義した。この3種類の生産システムが3世紀代には共存しており、4世紀になると専業的生産システムが拡大する一方で、半専業的生産システムは縮小・消滅したものとみられる。副葬用の土器遺物複合体の変遷過程を、無文土器→瓦質土器→陶質土器→新羅・伽耶土器という段階の過程として理解することが普通である。しかし、生産システムの変動過程を考慮するなら

ば、そのように段階的な発展としては理解することができない。つまり、ひとつの生産システムから別の生産システムが発展してきたのではなく、同時期にたがいに異なる生産システムが共存しつつ、交替していった過程として理解することが妥当であるようだ。

1世紀代から3世紀代まで副葬用土器は、もちろん軟質陶器でのみ作られていた。赤色土器の副葬は稀なことであるが、3世紀中葉頃を前後する時期に赤色軟質鉢形土器が完成して以降、1～2点ずつ副葬する伝統が発生した。硬質陶器ではやはり3世紀後半からタタキ目のない丸底短頸壺と縄蓆文を施した短頸壺というふたつの器種が副葬されはじめる。軟質陶器の生産システムによりほぼすべての副葬用土器を生産した段階でも、赤色土器や硬質陶器も一部副葬され、以後4世紀代のほぼ全期間にわたり軟質陶器で作られた台付直口壺とタタキを施した短頸壺、高杯などの器種が一部副葬用土器として埋納された。要するに、瓦質土器から徐々に発展し、古式陶質土器段階へと移り変わったのではなく、瓦質土器の器種が副葬用土器の主要品目だったときに、一部の器種が陶質土器として登場して、共存したのが、しだいに陶質土器の器種が多様化して、ついに瓦質土器から完全に置き換わってしまったのである［李盛周：1991］。このような製作技術‐器種構成の特徴を共有する土器群の共存と交替の現象は、古式陶質土器から新羅・伽耶土器へと移り変わる過程においても観察される。

遅くとも4世紀末になるまで、古墳への副葬用土器や実生活用の土器において、生産と分配方式が異なる土器群が同時期に2種類以上存在して、これは時間が経過するにしたがって交替していったことがわかる。この過程を、ひとつの遺跡を対象にして検討してみようと思う。そこで副葬用土器の生産システムの共存と交替という現象を、蔚山中山里古墳群の3世紀中葉から5世紀前半にかけての土器資料を対象として検討してみたい。

この3世紀から5世紀前半までの期間のなかで、副葬用土器として生産され中山里古墳群に供給された土器は、製作技法と器種構成上、いくつかの群が存在する。各土器群は、もちろん副葬用土器として相対的に高い比率を占める流行期間があって、それが消滅し他の土器群へと交替してゆく。しかし同時期の同一の遺構に埋納された土器のなかにも、たがいに異なる土器群の共伴をみることができる。蔚山中山里遺跡の土器資料でみる限り、四つの土器群に区分することが適切であって、この各土器群は生産システムの特徴を異にすると仮定される。この土器群の生成／共存／消滅／交替の過程を検討してみると、副葬

表4-7 蔚山中山里遺跡出土土器群の分類

	成形・調整技法	胎土の性質	焼成技術	器種構成	存続期間	生産システムの特徴
A群	縦横のヘラ磨き。短頸壺口縁部は回転ナデ。器の内面はハケ目調整、タタキは短頸壺に限定されて、格子タタキが施される。	シルト性微細砂質が混じるきめ細かい粘質土。削られた粒子でtemperingしたところは少ない。灰白色で格子タタキの含有量が少ない粘土。	大部分低温度焼成。高温焼成は自然釉はなく、すべて還元焼成とされる。例外的に丸底短頸壺に黒斑もある。	台付直口壺と格子タタキを施す短頸壺、炉形土器、高杯、有台壺、タタキを施す丸底壺、例外的に丸底短頸壺大壺もある。	3〜4世紀代	小規模工房レベルの半専業的生産システム。full-time specialistとはいい難い。女性の土器製作者である可能性、臨時的需要により生産供給。広範囲にわたる交易の可能性は小さく、生産効率が高くない。政治権力に伴う専門工人である可能性より生産供給、広範囲にわたる交易の可能性は小さく、生産効率が低い。
B群	粘土紐をつなげて成形。調整技法は回転ナデと回転ヘラ削りが主流、ハケ目痕、回転ハケ。	細砂質がほとんどない緻密な粘土を使用。削られた粒子によりtemperingする場合もある。	自然釉がかかる程度の高温焼成。焼成の最終段階で還元。	小型丸底短頸壺、縄文短頸壺に中頸壺、広口小壺、小型壺台、大壺、有台壺が加わる。後に無蓋高杯、有蓋高杯も加わる。	4世紀代	工房程度の規模の作業場で専門工人数名による組織、男性のfull-time specialistと推定。生産効率が高くはない。
C群	B群に同じ	B群に同じ	B群に同じ	D群に同じ	5世紀前半代	B群と類似するものと推定される。
D群	小型土器製作からロクロ成形を採用。大壺のような大型土器は粘土紐付着成形、回転ナデが一般的。	細砂質が多い粘土を使用。temperingする場合も多い。一般的に粗製である。	器壁の芯部で灰色、灰青色を呈するものが一般的。自然釉もあるが、低温焼成に属する。	有蓋式無蓋高杯、小型無蓋高杯、有蓋高杯、台付把手付碗、コップ形土器、蓋杯、長頸壺、台付長頸壺、筒形器台と大型甕、定型化した新羅土器の器種構成。	5世紀以降	慶州市内・郊外のいたるところの窯で確認される不良品の分布をみると、大規模に廃棄・堆積状態や分布をみると、大規模な工場生産システムが稼動していたと推定される。

用土器の生産システムの変動をよく理解することができるであろう。

　ここで検証しなければならないもっとも大きな問題は、はたしてこの土器群の製作地が相違するのかという点である。もしも仮に相違するならば、軟質陶器の生産システムが存在する状況下で硬質陶器の生産システムが成立して、しだいにそれに置き換わるという、本研究の前提は妥当なものになろう。しかし、もしも相違していなければ、瓦質土器が発展し古式陶質土器になるという理解が、より妥当性をもつようになるであろう。

　この各群は、生産システムがたがいに異なり、あるいは製作地が異なって、それによって製作者・工人も異なるだろうという仮定をしたうえで、それがはたして微量成分分析による生産地同定でも立証されるのかを検討しようと思う。分析方法と手順はつぎのようである。

ア．化学的分析法：中性子放射化分析[訳注1]による微量成分含量法。
イ．測定元素：Sm, La, Ga, Na, K, Ce, Lu, Ta, Th, Cr, Eu, Hf, Ba, Cs, Sc, Rb, Fe, Co の18元素。
ウ．試料の分類方法：
・N個の試料に対してM個の変数（測定元素）となった試料のマトリックス（母集団）をM次空間上のN個の点とみて、点の分布を通じパターン認識しようとするアプローチ方法をとった。
・試料に対する事前の前提なしに、点の分布を低次元で観察するため、un-supervised learning method[訳注2]による主成分分析法（principal component analysis）と非線形図示法（non linear mapping）を採用した。
・上記の方法で試料がいくつかの群に分かれる可能性が認められれば、試料のグループ分けに対する分類規則を作成し、未知の試料を各群に同定する supervised learning method として、線形判別式分析法（statistical linear discriminant analysis）と SIMCA（stratistical isolinear multiple component analysis）法を採用した。
エ．分析試料に対する解釈：
・全体試料の分布
　　18個の元素をもって主成分分析を試みた結果、第1・第2主成分による分散は分散全体の69％を占めていることがわかる。各成分元素が主成分に寄与する度合いを計算して、そのうち Sm, La, Ce, Lu, Th, Cr, Eu,

Ba，Cs，Sc，Rb の11個の元素が第1主成分に大きく寄与することが認められたが、第2主成分に大きく寄与する成分元素はなかった。この11個の成分元素をもって、A、B、C、D の4群についての再分類を、主成分分析として試みた。図4-7 はこれを表しているが、B群に属する18番と15番・13番の試料を除けば、ほぼ各群に伴って点の分布が集まっている。
(1) A群とC群が若干重なっている。
(2) B群とC群は、32番の試料を除けば、はっきり分類される。
(3) A群とB群もはっきりと分かれる傾向がある。
(4) D群は残りの群とはっきりと分離するが、明らかに三つの群に分かれている。

以上のような主成分分析の結果は、全体の可変度のなかで87%しか考慮されていないので、13%の可変度が脱落した計算となる。これを補完し、主成分分析によって得られた主成分の値の可変度全体を考慮できる非線形図示法を試みて分類したものが、図4-8 である。mapping error 〈写像誤差〉は、0.0029であり、iteration number 〈重複係数〉は6である。11個の元素による非線形図示法でも上と似たような結果を得た。

・A群とB群の分類：
　A群とB群を別々に分類するために18個の元素を利用し主成分分析を図示した。A群に属する13個の試料とB群に属する13個の試料、計26個の試料に対する主成分分析の結果を、図4-9 に示した。主成分分析の結果、両群の分類に大きく寄与する元素18個を選び出して、これを用いた discriminant function 〈判別関数、既に観測されたデータに基づき、未知のデータが異なるどちらの2群に属するかを判別する関数〉を作成した。ふたつの判別関数によるA群とB群の分類結果は、図4-10のように完全に分類される。

・C群とD群の分類
　C群とD群を分類するために、18個の元素を対象にして主成分分析を試みた。そして、分類に寄与する度合いが大きい成分11個を選び出して、C群とD群を分類するための discriminant function を作成して分類を試みたが、きちんと分類することができなかった。そこで主成分に寄与の度合いが大きい11個の元素をもって24個の試料に対する主成分分析を試みた結果、C群とD群ははっきり分類されるが、D群はさらに明確に三つの群に

3 土器生産システムの交替と統合 215

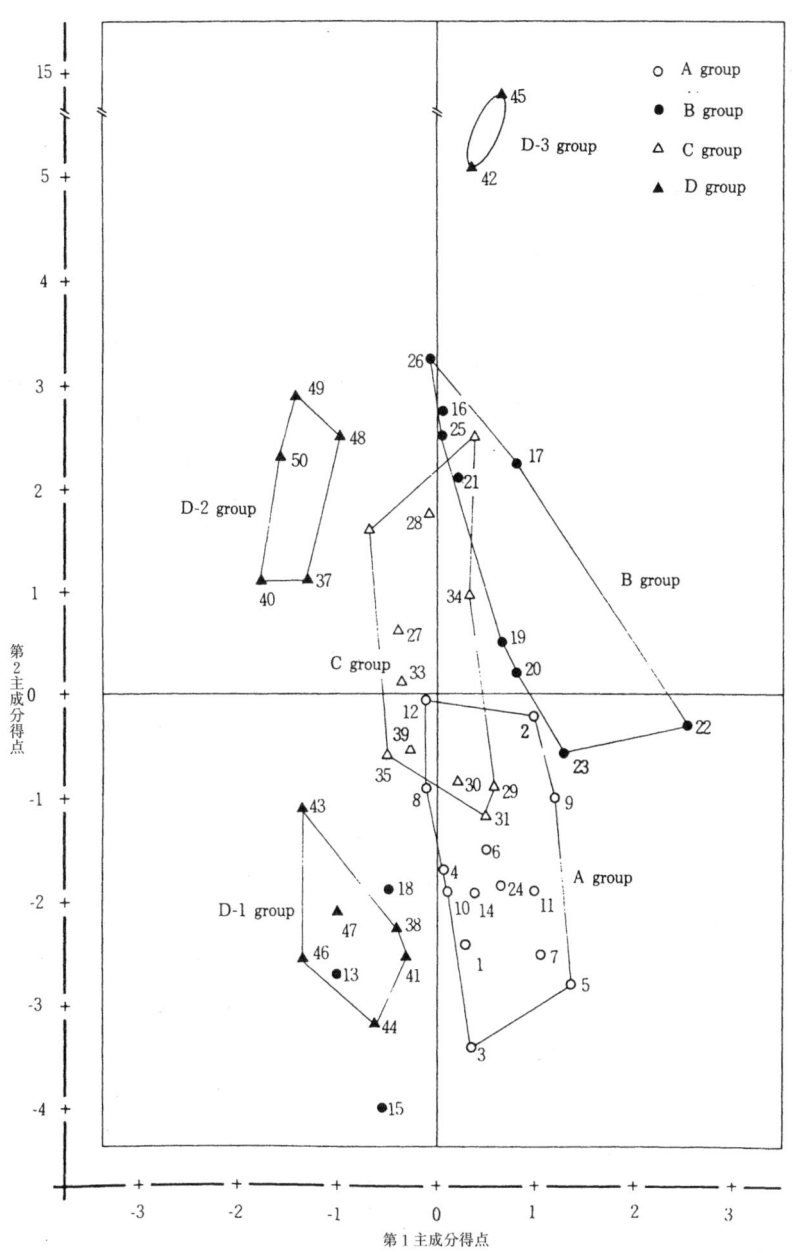

図4-7 主成分分析（PCA）による試料全体の分布とA・B・C・D群の分類
（第1主成分に寄与する度合いが高い11個の元素による。）

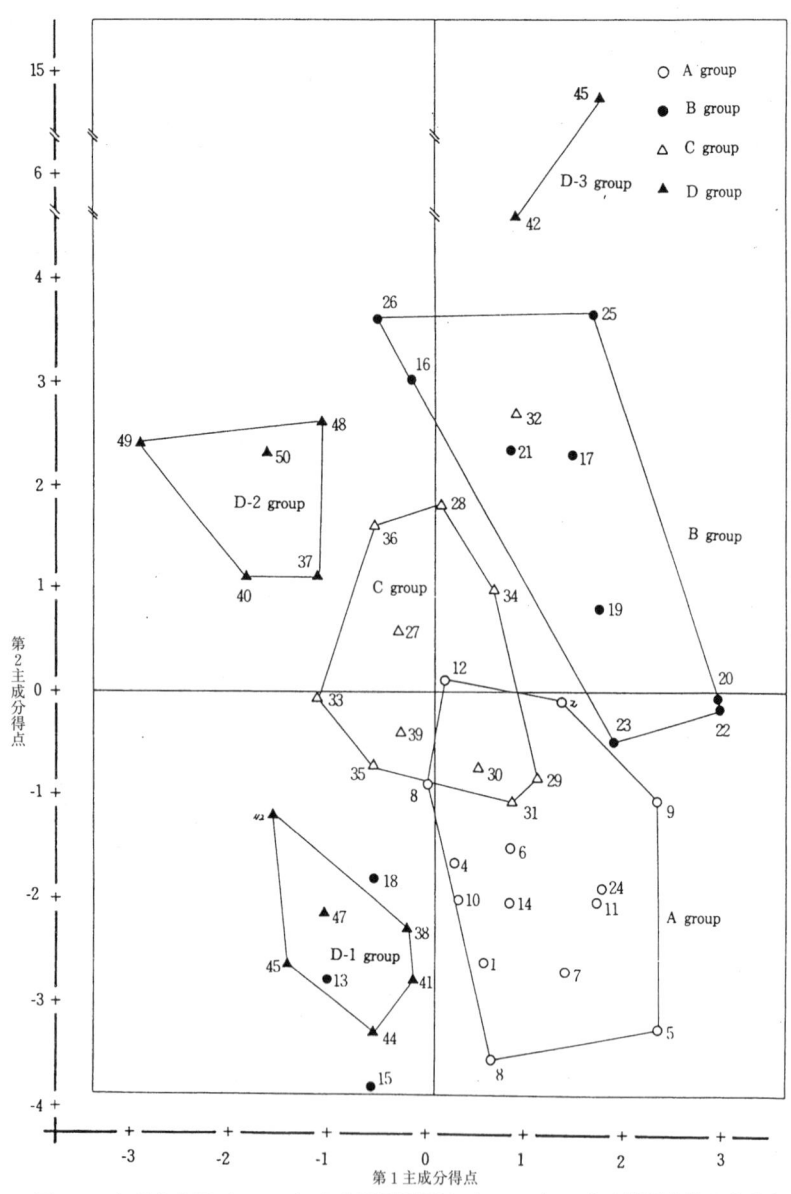

図 4-8 主成分分析（PCA）と非線形図示法（NLM）による試料全体の分布と
A・B・C・D群の分類　　　　　　　　　　　　　　　　（11個の元素による。）

3　土器生産システムの交替と統合　217

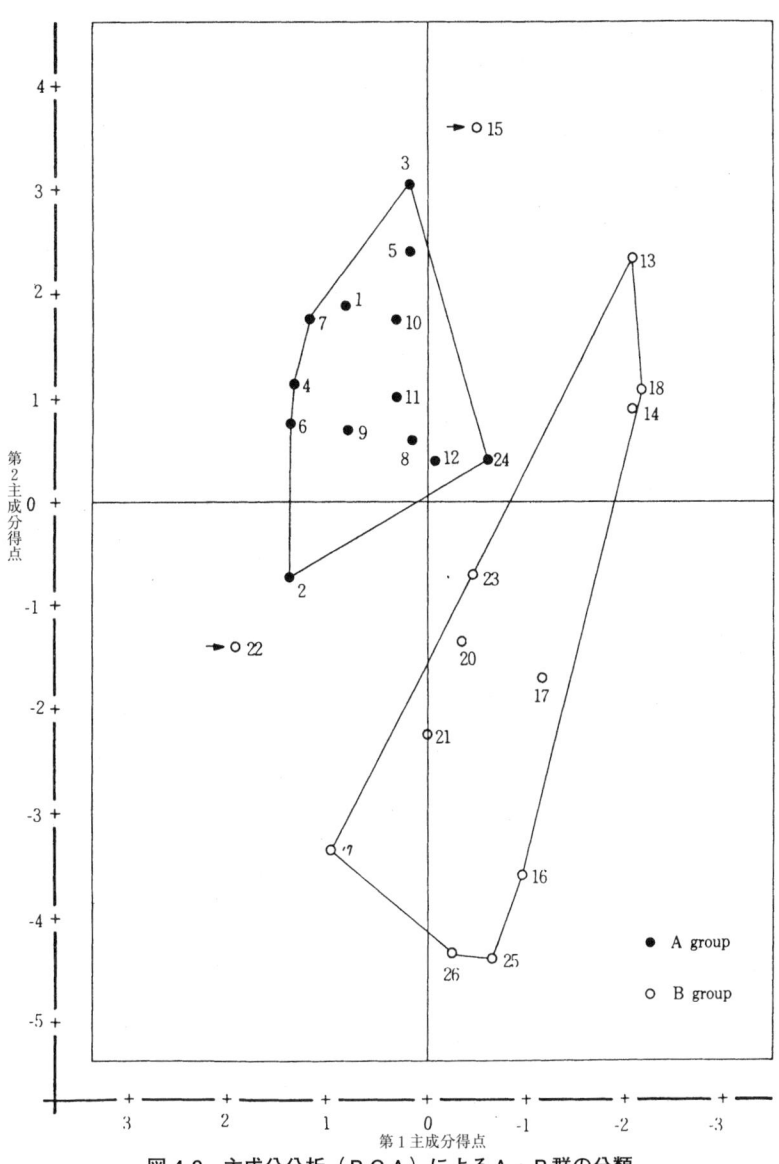

図 4-9　主成分分析（PCA）によるA・B群の分類
（18個の元素による26個の試料の分類）

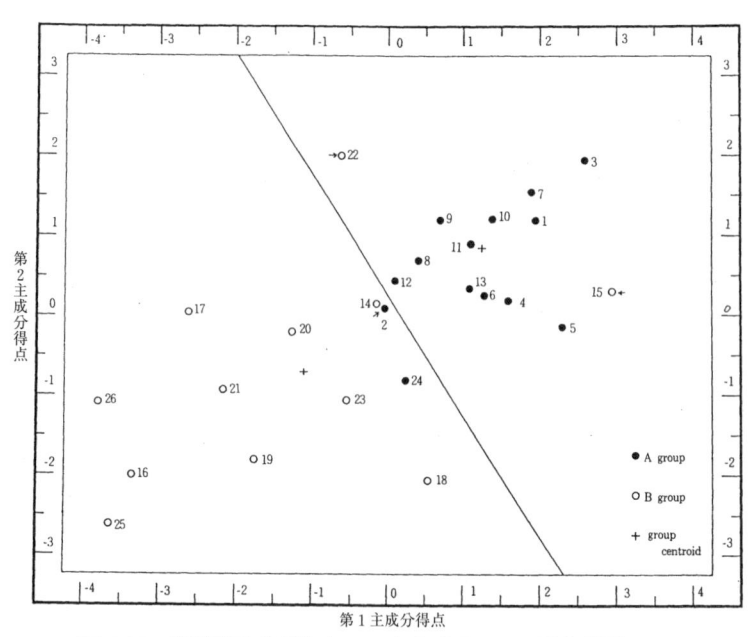

218 Ⅳ 単位政治体の成長と生産システムの統合

図 4-10 線形判別式分析（ＬＤＡ）によるＡ・Ｂ群の分類
（18個の元素、26個の試料）

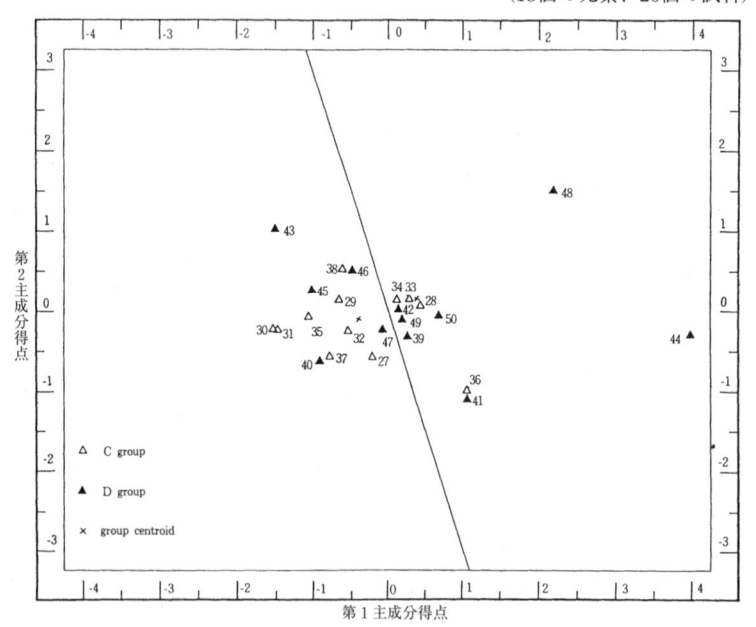

図 4-11 線形判別式分析（ＬＤＡ）によるＣ・Ｄ群の分類
（11個の元素、26個の試料）

3 　土器生産システムの交替と統合　219

図4-12　主成分分析（PCA）によるC・D群の分類
（11個の元素、24個の試料）

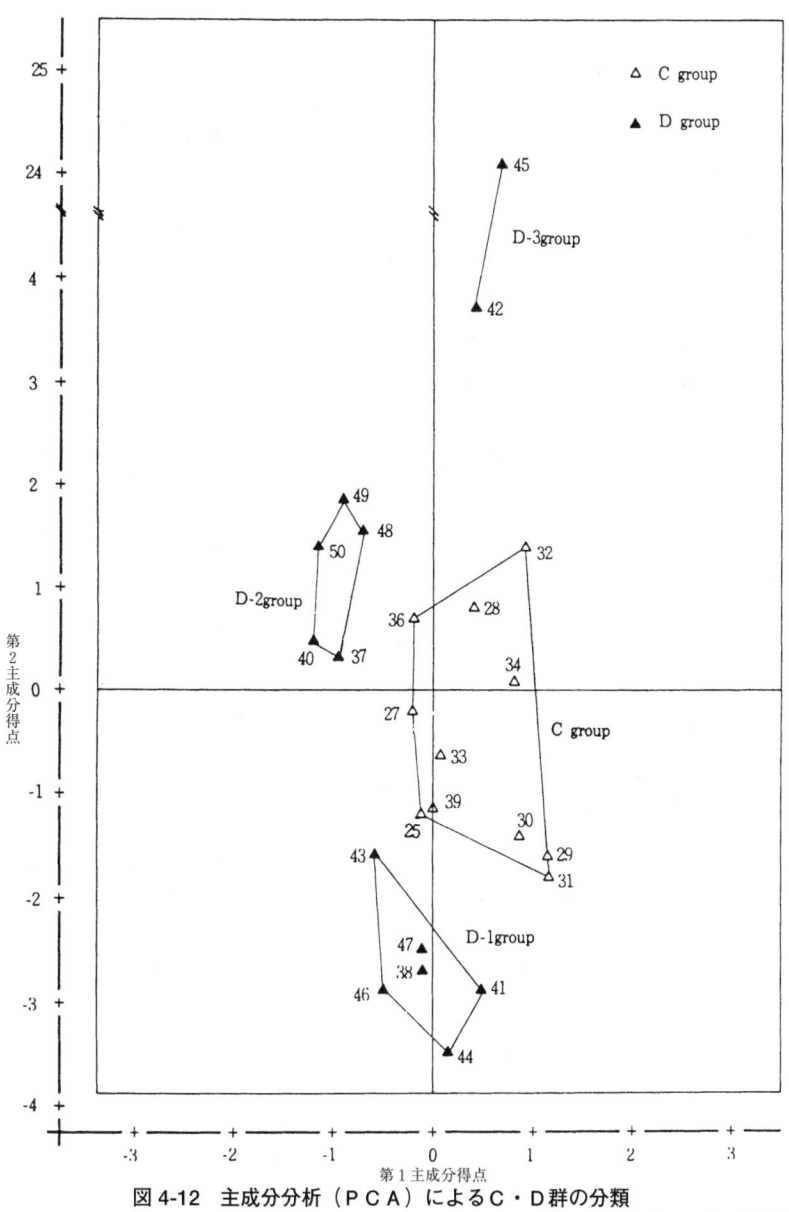

分離する状況をみせる。微量成分分析を通じ、C群とD群は製作所あるいは製作者集団が、たがいに異なるものだという推定が可能になった。これは古式陶質土器から新羅土器への転換が、様式の変遷だけでは理解できないということを意味する。それは生産工程上の変化、生産量の変化、製作者集団の変化、土器生産に対する社会的要求の変化を意味する。C群とD群を、生産システムの違いに基づくものであることをはっきりと規定することはむずかしいだろうが、C群・D群の共存状態からD群への転換を、生産・分配システムの変化であったことを予見させる。D群において、たがいに異なる製作所で生産されたものとみられるD-1、D-2、D-3群が、土器生産の様式的・製作技術的特徴を共有しているという事実は、生産の組織化という側面から重要な示唆を与える。

以上のような蔚山中山里遺跡の副葬用土器を生産システムの特徴にしたがって四つの群に分けて、時間をおって交替する過程に対する仮説を検討してみた。その四つの土器群を、従来の視点に照らしてもう一度規定してみるとつぎのようになる。

- A群：3世紀後半〜4世紀前半の軟質陶器の生産システムで生産された土器群（瓦質土器群）
- B群：3世紀後半〜4世紀後半の硬質陶器の生産システムで生産された土器群（古式陶質土器群）
- C群：4世紀末〜5世紀前半の硬質陶器の生産システムで4世紀代の焼成技術で生産された土器群（新羅土器祖形群）
- D群：4世紀末に出現して5世紀中葉以降普遍化した焼成技術により硬質陶器の生産システムで生産された土器群（典型的な新羅土器群）

従来の認識体系によれば、この土器群は継起的〜段階的に発展し交替したとされるだろう。しかし、この土器生産システムが異なると仮定した土器群は、生産地も異なるという点を認めて、生産地-生産システムが異なる土器群が、個々の遺構で共伴する状況や、あるいは同時期に編年される遺構どうしで共存する現象も確認される。そこで、前代の生産システムがしだいに変化して別の生産システムとして発展するとか、ひとつの土器群が以前の土器群と完全に置き換わる過程ではなく、生産システムの共存と漸進的な交替という過程として

(2) 土器生産の一元化に向けた統合

1～3世紀代に共存していた非専業的な日常用赤色土器と半専業的な副葬用軟質陶器、この2種類のシステムで生産された土器群は、機能‐器種構成の違いを明確にするだけではなく、たがいに異なる製作技術が用いられて、器形変化の過程もたがいに異なって進行する。しかし、一定の時期になると、ふたつの土器群に製作技術上の変化、器種構成の変化が生じたものの、変化の過程には相互の関連性がある程度は認められる。それゆえ、長期間共存していた赤色土器と軟質陶器生産システムのあいだの相互作用は、かえって不明瞭なものになる。たがいに異なる生産システムどうしの相互関連性が増大する現象は、3世紀頃に硬質陶器の生産システムが成立すると本格化し、技術の変遷、器種構成の収斂、生産システム自体の統合・置き換えという現象が生じる。結局、このような変化は、社会内部のすべての土器生産が専業的生産システムへと一元的に統合される過程として帰結する。

瓦質土器段階から陶質土器段階への移り変わりを主張する研究者たちも、最近では単純に瓦質土器が発展して陶質土器になったとは述べていない。いわゆる新たな製陶技術が流入し、瓦質土器自体にも器形‐器種構成の変化をもたらして、高温焼成による陶質土器生産も始まったという説である［申敬澈：1992c 崔鍾圭：1994b］。しかし、軟質陶器の製作技術の発展なしには硬質陶器の製作は不可能だったと考えられ、生産システムの変動という視点からみれば、結局専業的硬質陶器生産システムが半専業的軟質陶器の生産システムを、機能的な面で吸収してゆくことのようにみえる。

3世紀代から軟質陶器の生産は顕著な技術的発展をみせる。つまり、高温焼成に近く焼成技術が改善されただけでなく、回転ナデのような効率的な調整技法がタタキを施す短頸壺などに採用されて、2世紀中葉から進行してきた器種構成の多様化が3世紀後葉頃には最大となり、格子タタキを施した短頸壺、双耳付罐および高杯、神仙炉形土器、鴨形土器などの新しい器種が登場する。高温焼成技法と回転調整は、硬質陶器の生産システムの成立と無関係ではないであろうし、多様化した軟質陶器の器種構成のうちで、硬質陶器化の過程は選択的に進行したため、硬質陶器の生産は軟質陶器の発展なしには不可能であった。

しかし、生産システムの変動で重要な点は、非専業的・半専業的生産システ

ムが統合される過程である。1〜3世紀代の墳墓副葬用土器は、ほぼすべてが半専業的システムで生産された軟質陶器である。この軟質陶器の焼成技術が向上して、器種構成の多様性が最大となった時点で、小型丸底短頸壺と縄蓆文を施した短頸壺のただ2種類の硬質陶器が、一部の墳墓に副葬された。4世紀代を通じて軟質陶器の一部器種が硬質陶器になって、新たな硬質陶器の器種が出現し、以後、墳墓副葬用土器はほぼすべてが硬質陶器になる。言い換えれば、半専業的生産システムは社会の内部で徐々に消滅して、その機能が専業的生産システムに置き替わっていったことを意味するのである。

　非専業的赤色土器生産システムも、やはり専業的生産システムへと統合される。もちろん、赤色土器の焼成技術による土器生産は、6世紀代まで継続する。そして、半専業的軟質陶器生産システムの器種が硬質陶器になることで、軟質陶器という製作技術自体が生産システムとともに消滅する現象と、非専業的な生産システムの消滅過程は対照的である。赤色土器の焼成技術は維持されるが、赤色土器生産が専業化することにより非専業的な生産システムは消滅してゆく。

　4世紀代になると、赤色土器にも硬質陶器のタタキ技法と調整技法が用いられはじめ、硬質陶器の器種を赤色土器の焼成技術により生産するものがあらわれる。そして赤色土器のなかには硬質陶器製作技法が用いられることで出現する新器種もあり、タタキを施した赤色土器鉢のような例を挙げることができる。

　土器生産システムにおいて究極的な変化が引き起こされる時点は、3世紀の前半である。おおむねこの時期に、専業的生産システムの成立、器種構成の変化、生産システムのあいだの技術交流、器種の交換などがあった。こうした過程は、従来の軟質陶器の各器種を生産していた生産システムが、まず専業的生産システムへ統合された後で、日常容器を生産した非専業的な赤色土器生産システムも、硬質陶器を生産した専業的生産システムへの統合ということに帰結する。

　しかし、問題はこのように単純ではない。たとえば、軟質陶器の生産が硬質陶器の生産システムへ統合され、その器種が専業的なシステムで生産されたとしても、必ずしも硬質陶器の焼成法が用いられたわけではない場合もある。たとえば、炉形器台のような副葬用瓦質土器固有の器種が陶質土器の生産システムで生産されたとしても、成形法や調整法は陶質土器のものであるが、焼成法は伝統的な瓦質土器のものが用いられるだろう。このような状況をより単純化し、3〜4世紀の土器生産システムと製作技術、器種構成をカテゴリーに分け

表4-8　3世紀後半～5世紀代の土器生産システム

生産システム	製作技術の伝統	器種構成
非専業的	・赤色土器の胎土と焼成技法 ・タタキ：平行タタキ、若干の格子タタキ ・調整技法：ハケ目、板ナデなど	高杯、平底短頸壺、直立口縁短頸壺、大・中・小型甕、把手付甕、平底鉢、甑、鍑形土器、碗（実生活用の器種）
半専業的	・軟質陶器の胎土と焼成技法 ・タタキ：格子タタキ ・調整技法：ヘラ磨き、回転ナデ ・その他：黒漆加彩、黒斑、線条文	台付直口壺、大・小炉形土器、有台壺、高杯、タタキを施す短頸壺、鴨形土器、神仙炉形土器
専業的	・硬質陶器の胎土と焼成技法 ・タタキ文：縄蓆文が主 ・調整技法：回転ナデ、回転ヘラ削り ・その他：規則的な突帯、線条文	小型丸底短頸壺、タタキを施す短頸壺

3世紀後半の土器生産システム

生産システム	製作技術の伝統	器種構成
非専業的	・赤色土器の胎土と焼成技法 ・タタキ：平行タタキ、格子タタキ、縄蓆文 ・調整技法：ハケ目、板ナデなどが減少過程、回転ナデが増加	硬質陶器高杯、広口小壺模倣品、小型器台、直立口縁短頸壺、大・中・小型甕、平底鉢、甑、把手付甕　等
専業的	・硬質陶器の胎土と焼成技法に転移、軟質陶器の胎土と焼成技法が残存。 ・タタキ：格子タタキ、縄蓆文 ・調整技法：回転ナデ、回転ヘラ削り ・その他：規則的な突帯文、原始的な波状文、櫛歯刺突文	格子タタキ・縄蓆文を施す短頸壺、丸底短頸壺、長頸壺、コップ、広口小壺、小型器台、筒形器台、炉形器台、台付直口壺、有台壺、有蓋高杯、無蓋高杯、大壺…

4世紀後半の土器生産システム

生産システム	製作技術の伝統	器種構成
専業的	・硬質陶器の胎土と焼成技法 ・赤色土器の胎土と焼成技法 ・タタキ：平行タタキ、格子タタキ、縄蓆文、変形縄蓆文 ・調整技法：回転ナデ、回転ハケ ・その他：各種幾何学的図案装飾（三角集線文、鋸歯文、線条文、波状文、櫛歯刺突文、円圏文など）突帯、器壁内面に集中的にあて具の痕跡	・赤色・灰色軟質： 甑、把手付甕、平底鉢、有蓋鉢、大・中型甕、碗。 灰青色硬質： 各種高杯、長頸壺、台付長頸壺、筒形器台、高杯形器台、蓋杯、把手付杯、有台把手付碗、平底短頸壺、短頸壺、格子タタキ・平行タタキを施す短頸壺、大壺…

5世紀代の土器生産システム

てみると、図4-13、図4-14、図4-15のようになる。以上のような生産システム‐製作技術‐器種構成のあいだの相関関係とその変化を検討しようとすれば、生産地‐墳墓・集落を結びつけることのできる資料が確保されなければならない。したがって、これまでの検討はきわめて仮説的なものにほかならないということができる。つまり現在までに収集された資料のレベルでは、適切な

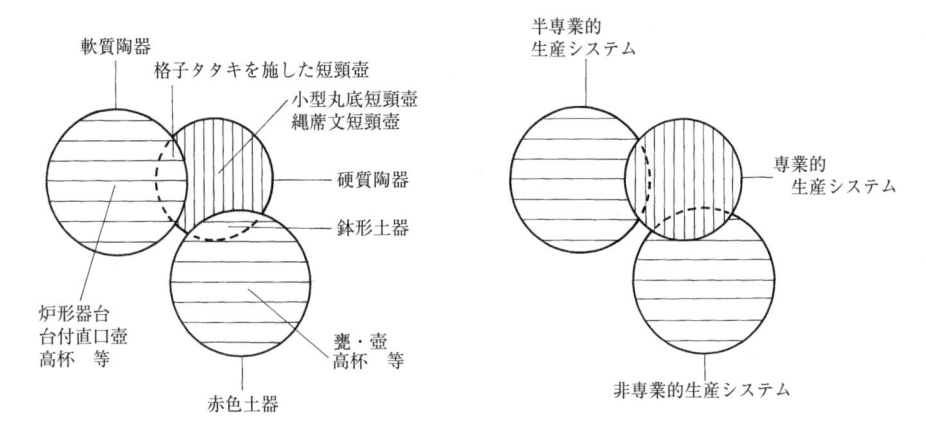

224　Ⅳ　単位政治体の成長と生産システムの統合

図 4-13　3世紀後半の土器生産システム−製作技術伝統−器種構成の関係

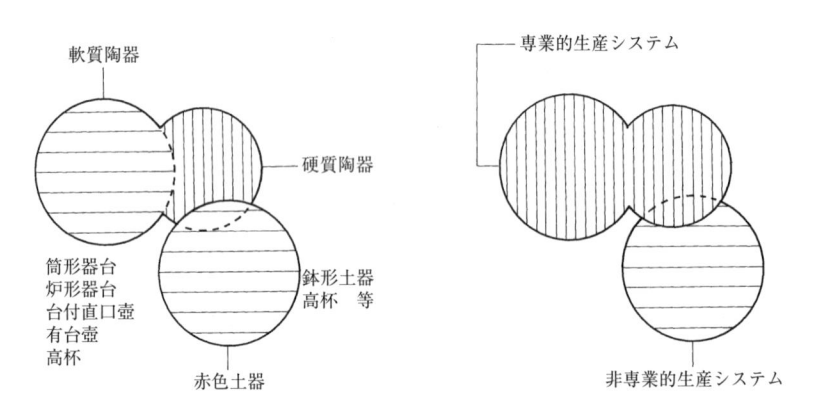

図 4-14　4世紀代の土器生産システム−製作技術伝統−器種構成の関係

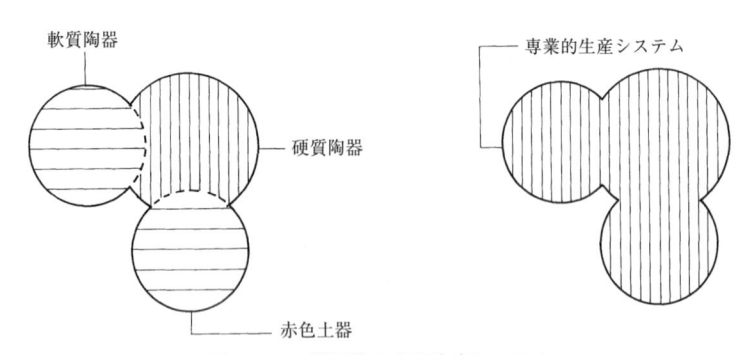

図 4-15　5世紀代の土器生産システム

分析を試みることがむずかしい。集落遺跡や古墳群の資料が分析されたとしても、生産地についての情報が得られなければならないためである。

　さきに分析したところである陝川苧浦里遺跡の3世紀後半〜4世紀代の墳墓・集落の資料、金海地域における古墳群と府院洞貝塚［釜山大学校博：1985，1993　沈奉謹：1981］の3〜5世紀代における土器使用のあり方、昌原加音丁洞‐外洞遺跡群の3〜6世紀代の資料［韓国文化財管理局：1976　昌原文化財研：1994　昌原大学校博：1994b］、大邱鳩岩洞の6世紀前半代の資料［金宅圭・李殷昌：1978　尹容鎮：1993］、馬山県洞遺跡の4世紀代の資料［李盛周・金亨坤：1990］などは、埋葬儀礼に使用された土器と実生活用の土器を比較分析してみることのできる資料である。

　土器生産の面で検討可能な資料もきわめて貧弱なものである。慶州・高霊・慶山などで5〜6世紀代の土器窯址の集中的な調査が報告され［李殷昌：1982］、大邱で調査された4〜6世紀代の土器窯［金鍾徹：1986　姜裕信：1995］、昌寧余草里の4〜5世紀代の土器窯［権相烈：1992　金誠亀ほか：1992］、咸安で調査された4世紀代の土器窯［朴東百・金亨坤・崔憲燮：1995］などがあるものの、土器の使用のされ方を充分に比較分析できる資料とはなっていない。しかし、限定された資料ではあるが、土器生産地に対する調査資料はいくつか重要な情報を与えてくれる。一つ目に、遅くとも5世紀からは2種類の技術の伝統、すなわち赤色土器の生産と硬質陶器の生産が、すべて専門化・専業化した大規模な窯で行われたという点と、二つ目に、器種別に専門化した窯も存在するなかで、社会内部のあらゆる用途を反映するすべての器種が専業化したシステムで生産されたという点である。

　さきに分析した3世紀後半代の土器生産は、製作技術の伝統によって、専業化・専門化のレベルが異なり、それにより生産システムを別にしている。そして、各生産システムで生産された土器の器種も異なるということがでる。しかし、遅くとも5世紀代からは社会内部で土器が専業化・専門化したシステムにおいて生産され、この生産システムではたがいに異なる用途の器種を生産しながら、たがいに他の生産技術の伝統と器種を取り入れるようになるのである。こうした過程を土器生産の一元化と統合の過程として理解しようと思う。

226　Ⅳ　単位政治体の成長と生産システムの統合

表 4-9　土器生産システムの統合と一元化の過程

```
         BC100|    0|  AD100|   200|   300|   400|   500|
         ┌─────────┐
         │ 黒色土器 │
         │ 甕形土器 │────無文土器
         │ 高杯    │
         │ 無頸壺  │
                   ┌──────────────────┐
                   │ 組合式牛角把手付壺 │
                   │ 無頸壺           │
                   │ 無文・縄蓆文短頸壺 │
                   │ 碗と台脚         │─────高杯─────
                              コップ
                        ┌──────────────┐
                        │ 有蓋台付長頸壺 │
                        │ 小型炉形器台   │
                        │ 台付直口壺    │
                              │ 大型炉形器台   │
                              │ 神仙炉形土器   │
                              │ 鴨形土器      │
                              │ 有台壺       │
         三韓前期土器
         半専業的生産システム
         （軟質陶器）
               三韓後期土器
                              格子タタキを施す短頸壺
                                    縄蓆文短頸壺
                                    小型丸底短頸壺
                                    丸底長頸壺
                                    コップ・広口小壺・小型器台
                                    無蓋高杯
         専業的生産システム───────
         （硬質陶器）                  ┌──────────┐
                                    │ 筒形器台   │
                                    │ 有蓋高杯   │
                                    │ 台付直口壺 │
                 古式陶質土器         │ 有蓋式無蓋高杯 │
                                    │ 長頸壺    │
                                    │ 台付長頸壺 │
                      新羅土器       │ 蓋杯      │
                                    │ 小型無蓋高杯 │
                                    │ 有台把手付杯 │
  無文土器
         非専業的生産システム
         直立口縁長胴壺
         高杯・台付碗            直立口縁短頸壺
         三角口縁粘土帯甕             硬質土器模倣品
                                    くの字外反口縁甕
         小型甕
                                    鉢形土器
                  牛角形把手付甕
                  甑
         BC100|    0|  AD100|   200|   300|   400|   500|
```

4 政治権力の成長と専業生産としての統合

　これまでの嶺南地方の土器に対する研究は、土器が文化単位ごとの産物だということを前提に、分類・編年・地域性の抽出などを目的として、土器資料を分析してきた。土器が生産・分配・使用・埋納・廃棄という一連の行為により残された考古資料である点に注目するよりも、まず土器を分類し文化単位を設定する作業に重点をおいたのである。とりわけ、このような研究の延長線上に、土器の文化単位を文化期と同一視し、土器遺物群の変遷を文化段階の交替として理解して、それが政治体の一単位と同一だという前提のもと、場合によっては単位どうしの類似・非類似の度合いが政治体間の交渉関係、戦争、征服など、歴史的なできごとの証拠として採用されることもあった。

　長い間、土器遺物複合体の時期的な変遷について述べることが、研究者たちの関心を集めた重要な課題であった。土器遺物複合体変遷の段階として、無文土器段階→古式瓦質土器段階→新式瓦質土器段階→古式陶質土器段階→新羅・伽耶土器段階という図式化が、現在広く認められている。こうした土器遺物複合体の段階的な変遷過程について述べることが、土器文化期の設定と同一視されもした。すなわち、製作技術と器種構成の変化を基準にして、いわゆる土器文化の発展段階が設定されて、それがまるで考古学による時期区分のように通用することもあったのである。

　土器遺物群それ自体に注目するならば、そうした理解の仕方は、ひとつの土器文化期には、特徴的なひとつの製作技術の伝統が存在したという前提を根拠とする。ここでは土器製作者および製作者集団の性格、生産と分配に伴う組織、土器の機能などに対する問題提起がほとんどなされなかった。そのため、ひとつの時期にたがいに異なる土器製作技術の伝統と、それに関連する土器生産システムが共存した可能性は、排除されるようになったのである。瓦質土器段階から陶質土器段階への移り変わりを、新技術の伝播および導入によって生じた一律的な変化として理解したのである。

　紀元前1世紀代から紀元後5世紀代にいたるまでの土器遺物群を観察し、製作技術・器種構成・器形の細部などにおける変化を抽出する作業も重要である。しかし、土器遺物群の変化を土器生産と関連づけ、いくつかの視点から解釈をほどこすこともできる。もちろん、製作技術の発展を指摘することもでき、器

種構成のヴァリエイションや諸地域における規則的な器形上の変化を認めることもできる。生産・分配という視点からみると、生産効率が高くなって、資本と労働力が多く投下された専門的な製作所で長期間操業が行われ、大量生産をするようになるなかで、専業工人（集団）が生産を専門的に担当して、生産した土器の分配範囲も広げてゆく過程に注目し、土器遺物群の変化を分析することができる。

このような変化は、1〜4世紀という期間のなかで生じた。こうした変化の過程を瓦質土器文化期と古式陶質土器段階とに分けて理解するだけにとどめることはできないだろう。本研究では、1〜4世紀という期間の中、土器生産において生じた変化を、たがいに異なる生産システムの共存と交替の過程、そして究極的には専業的生産システムへと統合される過程として説明しようと思う。一定期間、たがいに異なる製作技術が用いられて、たがいに異なる生産分配組織をもっていた生産システムが同時期に同じ社会の内部に共存しており、それが変遷する様相は、新たな性格の生産システムが形成されて、既存のそれとしだいに置き換わってゆく過程として説明する必要がある［李盛周：1991］。

ある一時期の土器遺物複合体において、土器の外形的特徴だけを観察し、土器文化期を設定するのであれば、生産システムの概念を導入する必要はない。しかし土器生産システムの変動という観点から1〜4世紀代の土器生産の変化を説明しようとすると、関連した多くの推論が知識として蓄積されなければならない。専業化のレベル、政治権力との関連、生産の組織化の程度、設備・労働力・資本の投下、生産効率と標準化の程度、そのほかに製作技術のレベルなどと関連した情報が必要である。これと関連した信頼性の高い推論をしようとすれば、土器の外形のみを観察するだけでは不可能である。物理化学的‐鉱物学的分析による製作技術の復原、製作所に対する調査、産地推定分析など、土器生産と関連した多様なアプローチが必要である。

本研究では、土器に対する肉眼観察により3種類の技術類型を設定して、物理化学的分析、鉱物学的分析により、それぞれに製作技術の伝統とそのレベルにおける相違点を認めた。このことからは、また、粘土を選択する際のレベルや生産効率に格差があり、労働力と生産設備に対する投資、専業化の程度にもレベルの差があると推論できるため、たがいに異なる生産システムとして定義した。そして、この3種類の生産システムにおいては、社会の内部でたがいに異なる機能をもった土器の器種を独占的に生産し、製作所も別にしていたとい

う点が立証可能であった。そのため、3種類の生産システムを非専業的、半専業的、専業的と定義した。

　無文土器とその製作技術の伝統を引き継いだ赤色土器の生産が、専業化したものだったとみなすに足る証拠はない。専門の製作所の発見例がないだけでなく、粘土の選択や器面調整の標準化に対するレベルがひじょうに低いためである。青銅器と鉄器の生産が専業化されたとしても、土器生産の専業化はそれよりもはるかに遅れていた可能性が高い。そこで少なくとも、無文土器と1〜4世紀代の赤色土器の生産は非専業的生産システムで生産されたものと推定される。それは家内的に生産され集落内部へ分配される程度のレベル、すなわち小規模な共同体内部での自給自足的生産システムと考えられる。

　しかし、1世紀代に出現する新たな土器製作技術類型は、窯のなかで還元焼成し、粘土の選択基準を守って、器面調整に多く神経を使う点で、技術的に大きな変化をみせる。この新しい技術の適用には、上述の技術を習得した工人（集団）が存在しなければならず、生産設備にも新たな投資が求められる。しかし低温焼成であるため、設備に多くの資本が投下されたり、多くの労働が社会的に組織化されて投入されたりしなかっただろう。このようにして生産された軟質陶器は、相当長期間、墳墓副葬用としてのみ使用された。このような土器生産方式を、家内あるいは小規模な工房レベルの半専業的生産システムによる生産と定義した。

　専門的土器製作者の手によって製作されたとしても、製作者を full-time specialist とみることはむずかしいだろうし、政治体支配層の墳墓副葬用として一時的な需要にあわせて生産され、広範囲に供給されてはいなかったものと推定される。このように、政治権力に付随する半専業的土器生産は、青銅器時代の支石墓に副葬される紅陶に似た生産方式である可能性も考えられる。紅陶がやはり半専業的土器生産だとしても、成形工程と調整技法でみると、生産効率はひじょうに低いことが特徴である。

　1世紀代から専業的生産システムが出現する3世紀前半代まで、2種類の生産システムが同時期、同一社会で共存していた。この間、軟質陶器の生産に新しい技術が用いられはするものの、生産方式が紅陶や黒陶の長頸壺のような青銅器時代の副葬用土器生産の延長線上にあるというならば、生産システムの変動を大いに強調する理由がなく、そのためこの時期を過渡期とみているのである［李盛周：1991］。3世紀前半頃にまったく新しい性格の専業的生産システム

があらわれる。専業的生産システムがあらわれた初期には、1～2種類の器種に限ってわずかな量を生産していたが、4世紀後半以降にはほとんどすべての副葬用土器の器種が、多量に専業的生産システムのもとで生産された。

さきに検討したように専業化の最初の段階では、小規模な工房のような作業場で、あまり多くない専門の職人によって生産システムが維持されていた可能性が高い。5世紀代にはしかしながら慶州市郊外のいたる所で確認された土器製作所[李殷昌:1982]は、焼成不良品の堆積状況やその分布を考慮するならば、大規模に集中化した工場的生産として稼動していたものと推定することはむずかしくない。専業的生産システムの初期段階において生産された硬質陶器は、焼成温度の推定実験により1200℃近いことが明らかになった[李盛周:1988b]。これに比べ、赤色土器はもちろんのこと、しっかり焼成された軟質陶器でも1000℃をこえることがない。200℃の焼成温度の違いにすぎないと考えることもできるが、この焼成温度の限界を越えるようになったことで、完全なガラス質化（vitrification）により、器壁の吸水性をなくすことができるのである。しかし、この効果を得るために投入されなければならない労働力と設備費用には、途方もない違いがみられる。土器製作に関する民族誌の諸研究を参照してみれば、200℃という焼成温度の壁を越えるために、焼成持続時間を約5倍から12倍に延ばさなければならない[Rye:1981 pp.102-103　Lauer:1974]。窯の構造による違いがあっただろうが、これだけ焼成時間を延ばそうとすれば、燃料の採集だけでも5～12倍の労働力が投入されなければならず、窯を堅固に維持するための設備への投資も勘案しなくてはならない。

政治経済ではなく、生業経済の次元[Johnson & Earle:1987 pp.11-15]において、集落内の自給自足における消費のための日常用の土器生産であれば、あえて硬質陶器生産のためのような設備と労働力を投下する必要はなかったであろう。たとえ最初の硬質陶器生産が、全面的に支配者の墳墓に副葬するためのものというわけではなく、液体の貯蔵を目的とする日常用の土器生産のためのものであったとしても、そのことを政治経済の次元で考えなくてはならないのには理由がある。特に3世紀後半から4世紀初めにかけて、嶺南地方の東南部の墳墓から出土した初期段階の硬質陶器は、土器の器種や器形はもちろん、焼成の痕跡でも共通性をみせるため、限られた地域で生産されて政治体の境界を越えて広い地域に分配された可能性が高い。特定の地域で、政治権力により労働力が組織され、硬質陶器の生産の専業化が生じたのであろう。この際、製作

工人（集団）は、前代の製作者たちとは異なりfull-time specialistであることが認められる。

　4世紀前半代から瓦質土器の器種が硬質陶器化することは、単純に高温焼成がなされたという意味ではない。ひじょうに非効率的な瓦質土器の成形・調整技法も、効率的な技術に変わり、一連の土器生産の工程が切り替わるという意味である。すなわち、瓦質土器の生産システムの内部で、徐々に技術が向上したということではない。瓦質土器の器種をもうこれ以上半専業的なシステムで生産せず、専業的システムで生産したのである。つまり、副葬用土器の器種がほとんどすべて、専業的システムで生産されるようになったという意味である。日常用であれ副葬用であれ、赤色土器の場合は、それと関連する酸化焼成技術が6世紀代にいたるまで途切れることなく生産されている。しかし、本来の赤色土器の製作と関連する非専業的生産システムのなかで、その生産が継続したわけではない。赤色土器の成形・調整技法も、4世紀後半からは硬質陶器のそれと違いがなくなり、専業的生産システムのなかで盛んに用いられたタタキ技法が赤色土器にも施された。4世紀後半の専業的な土器製作工房である昌寧余草里窯址［金誠亀：1992　権相烈：1995］をはじめとして、以後の新羅・伽耶諸地域の土器窯址からは、赤色土器と硬質陶器がともに出土している［李殷昌：1982］。

　1～3世紀代のたがいに異なるレベルの土器生産システムが、4世紀後半までにはすべて専業的生産システムに統合される。非専業の製作者が家内生産レベルの設備で土器を製作し、集落内に分配し使用していた自給自足的な日常用土器生産システムは、それ以降は存在しなくなったのである。そのうえ、一時的な需要に応じて政治エリートの墳墓に副葬するための土器を作る半専業的土器生産者も、4世紀代になると消滅した。4世紀後半から、社会内部で土器生産が専業化され、一元的に生産・分配されたのである。

　嶺南地方の諸政治体の首長が、単位社会内部を統合する権力を成長させたことは、さまざまな角度から検討することができる。まず国邑の首長が単位政治体を構成する下位単位、すなわち邑落や自然村落を統合し、相対的な優位性を築きあげた状況を想定することができる。そしてそれは、社会内部のさまざまな機能を収斂させ、首長がその権力でコントロールできるように組織化を行う段階に至るようになるということを意味する。4世紀代の土器生産システムの専業化と統合は、後者の次元である。鉄製武器ならびに農工具・木器・漆器・

織物・土器などの生産のために、また、農耕、土木工事などのために、労働力を徴発したり、あるいは生産物を政治的に蓄積したりすることが、政治エリートとその政権を維持する経済的な手段となる。このように、政治エリートたちによって組織化され徴発された生産関係を「貢納生産様式（tributary mode of production）」と定義することもあるが［Wolf：1982 pp.77-100　李盛周：1993b］、3～4世紀代を経つつ、嶺南地方の政治体の内部が統合されて、首長権が拡大するにしたがって社会内部で貢納生産様式の比重が高まるようになることを、土器生産システムの変動過程を通じても観察することができる。

原注

（1）たとえば、Frankenstein & Rowlands：1978　Haselgrove：1982　Blanton & Fienman：1984。

訳注

（1）安定している原子核に中性子を照射して不安定な原子核に変え、それが再び安定した原子核に戻ろうとする際に放射する放射線の各種属性を測定することにより、安定時の原子核の種類を特定する分析法。
（2）普通、「教師なし学習法」と訳される。既存の分類法などを用いることなく分析し、データをクラスター化する方法。supervised learning method はその反対。

V 政治体の階層化・統合と生産システムの組織化

1 土器様式の分布と生産・分配システムの組織化

　社会内部のすべての土器生産が専業化した生産システムに統合される過程を、ここまで検討してみた。3世紀代から4世紀初めまでの初期段階の専業的生産システムでは、小型丸底短頸壺・タタキを施した短頸壺・双耳付短頸壺など、短頸壺に限定されたきわめて単純な器種構成を示している。すなわち、早い段階の専業的生産システムでは、社会内部の土器生産のごく一部を担っていたということを意味するのである。しかし、4世紀を経て5世紀になると、すべての土器生産が専業化する。一部の副葬用土器を限られた時期に生産する方式や日常用土器を家内レベルで生産し、小規模共同体の内部に分配する方式をとる土器生産システムは、消滅するようになった。つまり、たがいに異なる機能‐器種構成‐製作技術伝統‐分布範囲をもつ生産システムが、専業化した単一生産システムにより組織化される過程こそが、5世紀代の土器生産システムの成立だということができる。

　最近、嶺南地方の発掘調査による資料が増加して、土器遺物複合体の大きな流れとか、新羅土器なのか伽耶土器なのかという類のおおまかな様式区分の問題は、もうこれ以上検討の対象でなく、土器様式に対する細部の問題に関心を向けるようになっている。いわゆる地域色を抽出して、個々の政治体の土器様式を認識したり、このような細かな様式のあいだの共通性に基づき大規模な様式群を設定したりする研究の視点が提起された。4世紀代の、いわゆる古式陶質土器の地域様式の分布について論じられるようになり［定森：1982　崔鍾圭：1982　安在晧・宋桂鉉：1986　安在晧：1993a　朴光烈：1992］、5世紀代の土器についても小地域様式に注目して［定森：1981, 1983, 1988a］、細かな地域編年を試みている［藤井：1978, 1981, 1982, 1990　定森：1987, 1988b　朴広春：1990, 1992a　禹枝南：1987　郭鍾喆：1988　李盛周・金奭周・キムヤンファン：1992　金正完：1994　李熙濬：1994］。

　政治体の存在あるいはその領域と土器様式との関連に対するアプローチを試

みるにあたって、小地域様式に対するアプローチはひじょうに重要な問題となる。この小地域様式についての定義は、昌寧地域の陶質土器の研究から始まったと考えるのが正しいだろう［定森：1981］。実際に昌寧地域の土器は、よく新羅様式と伽耶様式の中間的な存在として認識される［朴天秀：1993］。たとえば高杯の場合、新羅様式である上下交互に配された方形透孔に直線的な台脚をもつにもかかわらず、蓋に伽耶式の施文をしていることは周知の事実である。このように二重に様式が重なり合う状況は、長頸壺や他の器種にもあらわれている。昌寧型という定義は、限られた地域における様式の存在を定義するものであり、この地域の土器製作（諸）工房の土器製作方式とその伝統の存在を認定するものである。それゆえ、これ以上の拡大解釈には慎重でなければならないが、しばしば昌寧土器をもって新羅様式のなかの一小地域土器［崔鍾圭：1983c］、あるいは親新羅系の伽耶土器［申敬澈：1990］、非火伽耶の土器と定義し［鄭澄元・洪潽植：1995］、政治体の領域や政治的な関係についての飛躍した推理が登場するようになる。

　嶺南地方の土器様式は特定の時期、ひじょうに興味深い地域分布を示す。この点に注目して、土器様式の分布を政治権力との関係から論ずる諸研究があったが、土器の生産と分配という行為を政治経済的な要素として定義し、分析したものではなかった。あらかじめ前提とした政治体の領域が土器様式の分布範囲と一致するという推論や、土器様式の類似する度合いが、政治体の相互作用の強弱を反映するという解釈があった。しかし、土器は需要に応じて生産、分配されたものである。したがって、土器の時間的・空間的なヴァリエイションからわれわれがまっさきに推論できることは、政治体の領域やそのあいだの相互作用ということよりも、生産と分配の過程である。つまり、土器の生産・分配システムをまず復原してこそはじめて、政治権力がそれをどのようにコントロールしていたのかについても推論してみることができるだろう。

　4～6世紀代における嶺南地方の土器の、形態上のヴァリエイションが、地域的にどのように展開していたのかについては、多くの研究者の関心を集めてきた。4世紀代の土器の地域色についての議論［定森：1982　宋桂鉉・安在晧：1986　安在晧：1993a］や、5世紀代の土器様式の分布問題についての研究が、数多く進められてきた［禹枝南：1987　李盛周：1993a　李煕濬：1995］。こうした研究が共通して下した結論は、土器様式の分布と政治権力の関係である。つまり、4～5世紀代の土器の地域的なヴァリエイションから、政治体の範囲

[金泰植：1985]、政治権力の拡散［禹枝南：1987　趙栄済：1990　朴升圭：1993　李熙濬：1995b］、政治体間の相互作用［朴天秀：1993　権鶴洙：1994］が、直に推論されてきた。こうした諸研究が資料として用いている4～5世紀代の古墳出土の土器は、そのほとんどが専業的なシステムで生産され、埋納されたものである。もちろん、この土器生産システムが組織化されるには、政治権力との関連を前提とせざるをえず、また、土器の地域的なヴァリエイションとこの地域の政治体の分布との相関性を検討せざるをえないだろう。そうではあっても、土器の地域的なヴァリエイションから、政治体の範囲および相互関係を直接的に推論することよりも、生産・分配システムがまずは復原されなければならない。それでこそ、生産・分配システムを組織化した政治権力との相互関係についても検討してみることができるだろう。

　たがいに異なるレベルの生産システムが統合される過程において、生産システムのレベルと機能にしたがって、専業的生産システムの内部に分化と組織化が伴うだろう。社会内部における土器生産が、専業的生産システムとして統合されたということは、かつて存在したたがいに異なるレベルと機能による生産方式を吸収したことを意味する。換言すれば、集落内で生産と消費が行われた段階の生産方式による土器や、一般の土器製作者には親しみのない副葬用土器の特定器種（たとえば炉形土器や筒形器台など）も、ひとつに統合されたシステムですべて生産されなければならないということである。先に論証したように、専業的生産システムは政治権力によりコントロールされたのだが、政治エリートたちの直接的な関心とコントロールの対象となった土器生産と、そうではない土器生産があったのだろう。もちろん社会の内部では、すべての土器生産が以前とは異なり、専業化した工人（集団）により生産される。が、しかし土器の機能、分配範囲、消費者の性格などによって、専業的生産システムの内部に分化が進んだのであり、組織として社会内部で有機的に関連づけられたのだろう。

　専業的生産システムの分化と組織化におけるもうひとつの過程は、地域レベルの分化 - 組織化の問題である。これは政治権力により、さらに直接的にコントロールされた生産方式の問題であり、本章で重点的に論じることにする。この問題は先述したように4世紀代の陶質土器の地域色とか、あるいは新羅・伽耶土器の様式の分化といったテーマで、よく取り扱われた問題である。生産システムの地域レベルにおける分化 - 組織化の過程は、先学の研究と同様、土器

様式に対する分析を通じて検討されるべき問題である。地域ごとに土器様式の伝統を保っていた土器生産システムの存在と、そのシステムで生産された土器の分配範囲を確認することから出発し、各生産システムのあいだの様式における相互作用と、統合の問題へと拡大される。もちろんこの過程は、諸政治体間の相互作用、政治経済的関係の成立、統合と政治秩序の発生、中央集権化の過程といった問題と直接関連があったということができる。

　土器生産システムの地域的な分化‐組織化に対する記述が、土器様式の分布の分析から出発せざるをえないのには、それなりの理由がある。つまり土器の生産・分配システムが分化‐組織化される過程は、形態的なものであれ技術的なものであれ、土器の分布地域に反映されるものであり、そのため考古資料である土器の器種構成‐形態のヴァリエイション‐製作技術の特徴などが分布する地域を、まずは分析してみざるをえないためである。

　生産方式と分布範囲がたがいに異なる生産システムが専業的生産システムに統合される4世紀代、いわゆる陶質土器の分布地域はそうした過程を反映するのであろう。4世紀代の嶺南地方の土器を共通様式とひとくくりにしたり、そうでなければ二つ、三つに大別したりして様式群を設定する作業は、地域様式に対する記述に終始したとしても、問題がある。何故なら、専業的生産システムの器種構成が専業化する過程に地域差があるためで、地域様式群のあいだの相対的な比較が不可能なためである。つまり、諸地域の土器生産システム間の不均衡な器種構成により、土器様式の分布がきちんとまとめられていないのである。したがって硬質陶器を中心にした4世紀代の嶺南地方の土器様式分布問題は、諸地域の専業的生産システムが展開する段階的な過程に対する理解が先行してこそ、はじめて解決できるだろう。

　実際、この段階から諸政治体間の政治経済的関係が、土器様式の分布にどのように作用したのかを検討するにはむずかしい点がある。何故なら、比較的限定された地域において、政治体と関連する土器様式の特徴が観察できるためである。たとえばたがいに異なる政治体の中心的な古墳群である金海大成洞古墳群と釜山福泉洞古墳群に埋納された土器様式が同一であるからといって、同一の政治体に包括することはできないだろうし、咸安地域で先に形成された様式の土器が嶺南地方で広範囲に拡散するという現象を、5世紀代の慶州様式の土器や高霊様式の土器の拡散と同一の意味をもつとは解釈できないからである。

　はじめに、土器様式の分布状況を、諸政治体間の相互作用と関連させて解釈

しようとすると、諸地域の器種構成が完備した状態で、その政治体と関連した土器様式が形成されていなければならない。少なくとも墳墓副葬用の土器を基準にしたとき、諸地域でその器種構成が完備する時期は、5世紀にあたる。とりわけ各地域の政治体の中心的な古墳群へ副葬された土器に、その地域の形態的‐技術的特徴を観察できることも、5世紀代になってはじめて可能となった。諸地域の中心的な古墳群ごとに少しずつ異なるものの、主要な器種はおおまかに、有蓋高杯・無蓋高杯・長頸壺・有台長頸壺・短頸壺・有台壺・大型壺・有台把手付壺・把手付杯・有台鉢形器台・筒形器台・蓋杯・鉢・有蓋鉢・有蓋盒など、10種類以上に分けられる。このような器種のあいだの形態的なヴァリエイションを相対的に比較できるようになるという意味である。

多くの研究者たちは諸地域の土器遺物群を相互に比較し、遅くとも5世紀代の嶺南地方の土器に、政治体ごとに生産された土器の形態的‐技術的な特徴が存在することを認めている。すなわち、政治体‐土器様式の存在を認め、それを定義しうるのだという意味である。あわせて、政治体の範囲を越えた広い地域にわたって、土器様式が相対的に大きく類似する地域群を設定でき、それが特定の政治体様式の拡散だと、暗黙のうちに同意してきたようだ。しかし、政治体の領域を越えての様式の拡散について検討する作業には、拡散の中心地がはたして存在するのかについての徹底した検証作業を必要とする。もし仮に、拡散の中心地が存在することを立証することさえできれば、それは特定の政治体様式の拡散と述べることができるだろう。そこで形態の比較だけでも、特定の地域で生産された土器が政治体の境界を越えて広い地域に拡散する現象も認めることができるだろう。しかし、拡散の中心地の存在とその地域において時期的に先行することがともに認められなければ、特定の政治体様式の拡散について言及することができず、さらに土器様式の拡散をその政治体の勢力拡大の証拠として採用してはならないだろう。

2　4世紀代における土器様式の分布と生産システム

（1）4世紀代における土器様式の成立

①　4世紀代における焼成技術の出現

よく古式陶質土器とよばれる4世紀代の硬質陶器は、4世紀代の焼成技術と

いってもよいほど特徴的な焼成技法によって作られていた。4世紀代の硬質陶器は、胎土の質において他のどの時期の土器よりも硬く、緻密な組織をもっていた。このような土器が副葬品のリストに登場する時点は3世紀後半頃であるが、それと関連した専業的土器生産システムの成立は、さらに早い時期にまで遡るものとみられる。3世紀前半代から、格子タタキを施した短頸壺の類には成形における効率性もみられ、焼成温度の上昇も観察される。この間、陶質土器を窯で焼成する方法が発明されて、それと関連した縄蓆文短頸壺、小型丸底短頸壺、双耳付短頸壺、平底陶罐（大成洞29号の場合［李海蓮：1993］）などといった器種が、新しい焼成技術と組み合わさって類型化されたのではないかと考えるのである。

　主に短頸壺の類いを生産するために営まれた、硬質陶器生産システムの初期段階を第1段階とするならば、生産と分配という側面からつぎのような疑問が生じる。一つ目は、どの地域で最初の専業的生産システムが成立したのか、そして、どの地域ではじめて4世紀代の焼成技術が発明されて拡散したのだろうか。二つ目に、最初の専業的土器生産システムのレベルは、どの程度であって、その分配範囲はどのくらいの領域と推定できるのか。三つ目に、特定の地域で4世紀代の焼成技術と生産システム、および器種構成が出現したのであれば、それがどのような過程を経て各地へと拡散したのか。四つ目に、もし仮に地域ごとの専業的硬質陶器生産システムが同時に、独自に成立したのならば、広範囲にあらわれた土器製作技術の同質性を、はたしてどのように説明することができるのか、などの問題が解決されてこそはじめて、4世紀代の専業的な生産システムの形成過程について説明することができるだろう。

　最初に硬質陶器の専業的な生産が成立した地域の問題である。現在までの資料でみる限り、3世紀後半から4世紀初までの副葬用土器が知られている遺跡には慶州隍城洞、蔚山中山里・同下垈、釜山老圃洞、金海礼安里・同大成洞・同良洞里、馬山県洞、咸安篁沙里遺跡などがある。そのうちでも3世紀後半頃、硬質陶器短頸壺の類いの存在が確認された遺跡は、蔚山中山里と下垈、釜山老圃洞、大成洞など、慶州から金海にかけての何ヶ所かの遺跡に限られている。古くから数多くの研究者たちが、洛東江下流域、あるいは金海地域を陶質土器の発生地とみなしてきたが、実際、この地域で発掘調査が集中して実施されたという理由以外に、特記するだけの根拠はない。つまり、現在までのところ一定の地域で、まず硬質陶器が専業的に生産されはじめたという仮定は成り立つ

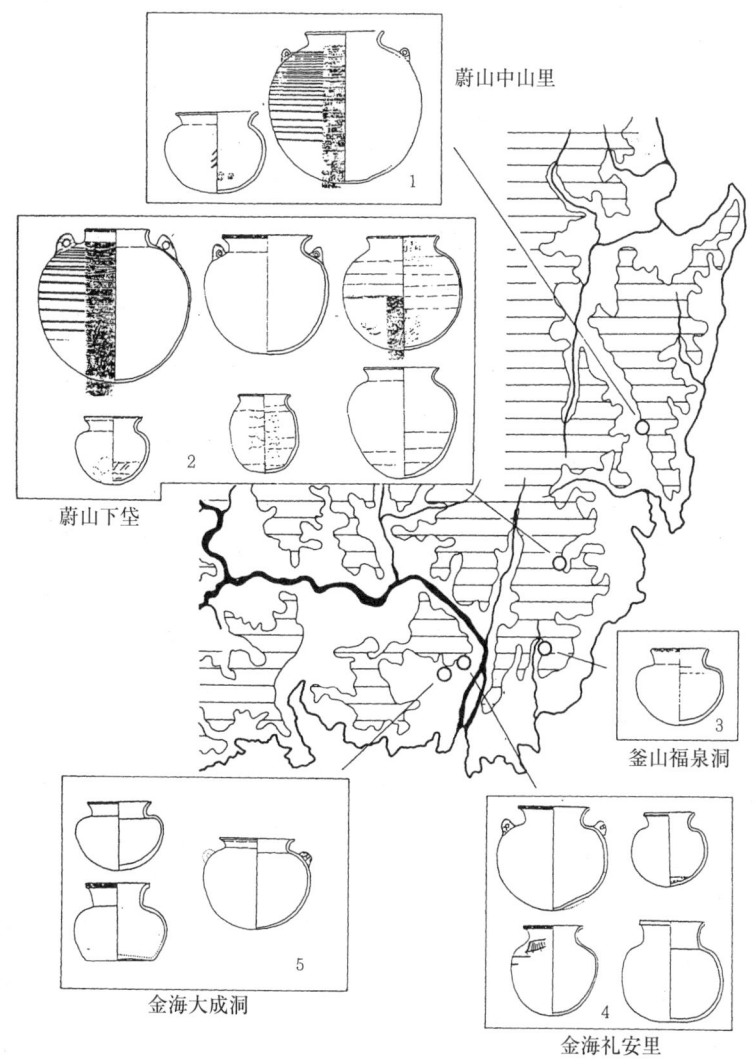

2　4世紀代における土器様式の分布と生産システム　239

図 5-1　3世紀後半～4世紀初の墳墓副葬用硬質陶器の器種構成と分布状況

ものの、その地域を特定するのは至難の技であるようだ。しかしながら、製作技術が拡散したにせよ、分配範囲が拡大したにせよ、第1段階硬質陶器の分布は短期間のうちに拡散したことが明らかである。

　二つ目は、最初の専業的生産システムのレベルと分布範囲に関連する問題で

ある。この問題を適切に解決しようとすれば、この時期の土器生産窯が相当数、調査されなければならない。これまで、4世紀代の土器生産窯と窯業の実態についての情報が得られた遺跡には、大邱新塘洞窯址［金鍾徹：1986］[1]と昌寧余草里窯址［金誠亀：1992］、咸安苗沙里窯址［昌原文化財研・昌原大学校博：1996 10頁］などがある。これらの土器窯址は廃棄された土器片が野積みされた量がきわめて少なく、操業期間がいずれも短かったものと推測される。特に大邱新塘洞窯址は、鎮川山水里窯址［崔秉鉉：1990］のように縄蓆文短頸壺という単一の器種を生産した4世紀代の窯址であるため、第1段階の窯である可能性が高い。つまり現時点の資料でみる限り、4世紀代に大規模で長期間にわたって操業した土器窯の存在は認めがたく、こうした事実が、第1段階の専業的生産システムのレベルを示しているのではないかと思う。そうであれば、この時期にひとつの地域で多量に生産されて、広範囲に分配された可能性は少ないのではないかと思う。

　この時期の土器生産と分配の問題を解明するためには、土器の外形上の特徴に対する観察も重要だろうが、生産用具と関連する土器の属性、窯による焼成法と関連する特徴、符号、あるいは木製の刀子により付けられた記号（日本の須恵器研究者たちは「ヘラ記号[2]」と称する）といったものに対する観察が意味をなすようだ。特に製作技術を使う際に定型化した行為（主として生産用具の使用方法、範囲などから確認されるもの）を見出すことが重要だろう。この時期、嶺南地方東南部に分布する硬質陶器には、かなりの共通点がある。最初の段階においては、口の狭い小型丸底短頸壺、肩部のタタキ目をナデ消した縄蓆文短頸壺、双耳付縄蓆文短頸壺、双耳付短頸壺など、器種構成のうえでの共通性をあげることができ、こうした土器は細部の特徴においても共通点を指摘することができる。一つ目は、縄蓆文短頸壺にみられる円形や半円形の符号と、同一器種を焼成する際、土器を窯の中に置いた時に土器の胴部側面に生じた焼成痕をあげることができる。二つ目に、タタキを施す際に使用した道具の共通性をあげることができよう。この時期の縄蓆文は、細かい目の施文道具を使用して、たたいてゆく方向に共通点をみせることが多い。三つ目に、色調の問題などだが、たとえば小型丸底短頸壺はきちんと積み重ねて焼成するのが普通であり、色調は青灰色あるいは黒青色であり、双耳付縄蓆文短頸壺は若干赤みを帯び、肩部のタタキ目をナデ消す短頸壺は黄色に近い。

　初期段階でこうした共通性をみせることから推察して、硬質陶器の生産シス

テムの成立とは別に、4世紀代の焼成技術による硬質陶器は、器種ごとに製作された場所が一定か、あるいは特定の生産地でこの手の器種の生産を専業的に供給した可能性について、考慮する必要があると考える。そうでなければ、ひとつの地域で専業的生産システムが成立して以降、短期間のうちに生産システムと工人(集団)が拡散した可能性がある。

② 古墳副葬用土器の器種構成形成の地域差と時期差

　出土する土器のようすからみても、そこから推定される土器生産分配システムでみても、第1段階において土器様式の地域分化について言及することは困難だろう。4世紀中葉近くになってはじめて、嶺南地方の副葬用土器が地域的なヴァリエイションをみせるようになる。この時期を専業的生産システム形成の第2段階として設定してみるならば、この段階における土器様式のヴァリエイションは、つぎのような専業化への過程での地域差に起因するものと理解できる。

　一つ目は、前段階の副葬用軟質陶器の地域的なヴァリエイションのためである。副葬用軟質陶器の器種のうち、硬質陶器生産システムへと引き継がれて専業化したものは、炉形器台、有台壺、有蓋台付直口壺、それに東南部地域の高杯であり、その他の器種は3世紀代を過ぎると消滅した。この軟質陶器類が専業化する前段階で地域的特徴があらわれる。その代表的な例が炉形器台である。

　嶺南地方東南部では、蔚山中山里と釜山老圃洞遺跡で軟質陶器炉形器台の器形が分化し、大・中・小型に分かれたが、小型炉形器台は小型台付直口壺などと関わりをもちつつ小型有台壺へと器種が変わり、大・中型は中山里Ⅰ-A78号・同Ⅰ-D15号、礼安里74号・同160号の出土品のように、大きさというよりは器形の上で2～3の型式に分かれる。4世紀代には、礼安里138号、礼安里117号→七山洞20号の硬質炉形器台へと変化した。2種類の型式から帯状把手がつく幅広の1型式が選択され、台脚が高く上へ広がる型式は消滅し、高杯形器台がそれに置き換わった。

　最近報告された高霊の盤雲里遺跡［洪鎮根：1992］、大邱八達洞遺跡［尹容鎮ほか：1993］、慶山林堂洞遺跡［権奐九・梁道栄・金龍星・姜裕信・金上益：1991　鄭永和・金龍星・具滋奉・張容碩：1994］の資料からみると、洛東江中流域の軟質陶器の炉形器台は、嶺南地方東南部のそれと若干の違いをみせている。3世紀後半の林堂洞EⅠ-3号墓［鄭永和・金龍星・具滋奉・張容碩：1994］の軟

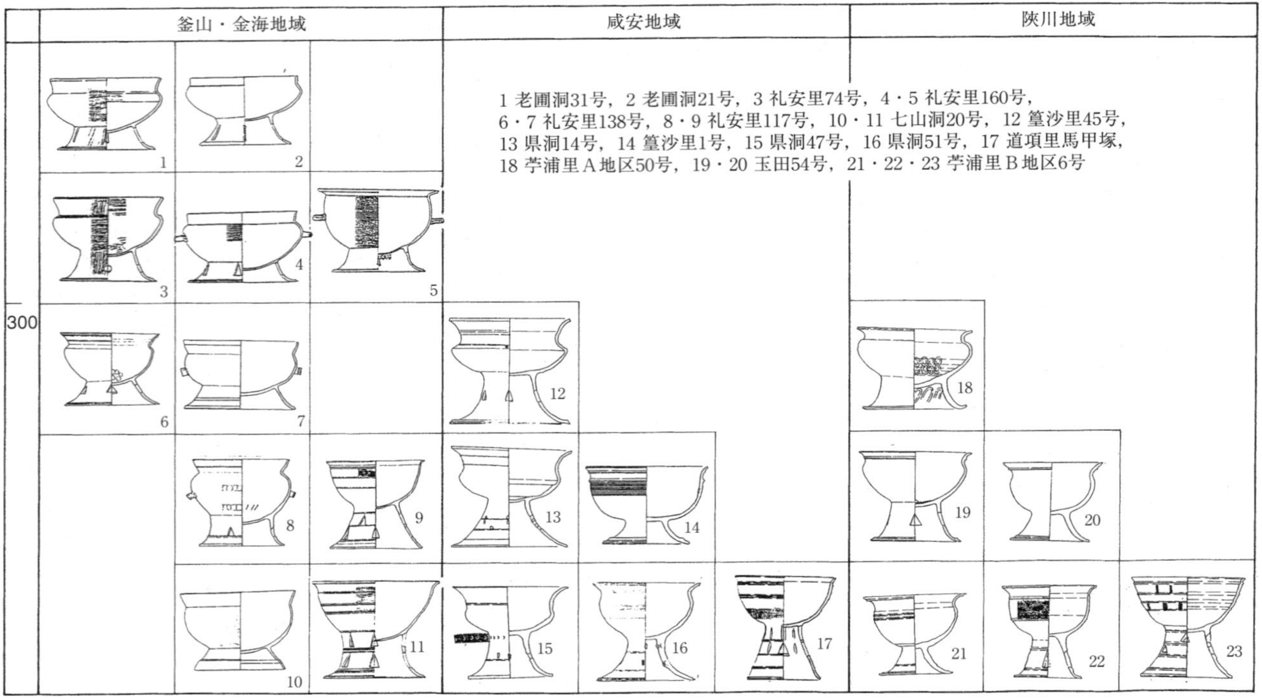

242　V　政治体の階層化・統合と生産システムの組織化

1 老圃洞31号，2 老圃洞21号，3 礼安里74号，4・5 礼安里160号，6・7 礼安里138号，8・9 礼安里117号，10・11 七山洞20号，12 篁沙里45号，13 県洞14号，14 篁沙里1号，15 県洞47号，16 県洞51号，17 道項里馬甲塚，18 宇浦里A地区50号，19・20 玉田54号，21・22・23 宇浦里B地区6号

図5-2　嶺南諸地域の硬質陶器　炉形器台－高杯形器台の発生と展開

質陶器炉形器台から同古墳群ⅠA19号［権彝九・梁道栄・金龍星・姜裕信・金上益：1991］の硬質陶器炉形器台への変化には、地域的な特徴が認められる。黄江流域の苧浦里A・B地区古墳群［鄭永和・梁道栄・金龍星：1987　朴東百・秋淵植：1988］、玉田古墳群［趙栄済：1988］に多数の硬質陶器炉形器台・高杯形器台の資料があるが、前段階の軟質陶器製品はいまだ発見されていない。しかし、高霊盤雲里で表面採集された軟質陶器炉形器台の器形の特徴は、陜川苧浦里A地区50号［鄭永和・梁道栄・金龍星：1987］→玉田54号の硬質陶器への変化を示している。

　咸安を中心とする南江流域および嶺南地方西南部では、4世紀代の硬質陶器製品が多く出土するものの、三韓段階に属する軟質陶器の炉形器台の事例は最近まで報告されていなかった［趙栄済：1989］[3]。西南部では、後期軟質陶器の炉形器台の様相がはっきりしなかった。ところで、（最近、慶南考古学研究所によって調査された咸安道項里遺跡出土の軟質陶器製炉形器台をみると）4世紀初に登場するこの地域の硬質陶器炉形器台は、強い地域色をもっている。そこで咸安篁沙里遺跡［趙栄済ほか：1994］や馬山県洞遺跡［李盛周・金亨坤：1990］で発見された初期形式の硬質陶器炉形器台は、他の地域におけるものと同じく、西南部の特色である軟質陶器炉形器台から器種および器形を受け継いだものだろうと推定される。

　3世紀後半の軟質陶器の炉形器台→4世紀代硬質陶器炉形器台→4世紀末の高杯形器台への過程は、半専業的軟質陶器の器種から専業的硬質陶器の器種へと交替するもっとも典型的な例になる。この硬質陶器の炉形器台は、わずかずつ地域差を示す軟質陶器炉形器台が転化したものであり、そのモデルや過程が地域ごとに相違するため地域的なヴァリエイションが生じている。

　二つ目に、前段階の日常用赤色土器、軟質陶器、または木器のなかで、どのようなものが専業化して、硬質陶器の副葬用器種に追加されたのかという、その選択が諸地域の硬質陶器生産システムごとに異なっていたという点である。たとえば、東南部においては軟質陶器高杯を硬質陶器化したのだが、嶺南地方西南部では赤色土器高杯を硬質陶器化している。硬質陶器の副葬用器種として新しく出現した器種のうち、あるものは木器を陶器化した可能性もある。このような過程が諸地域の生産システムごとに、若干異なった様相をみせているのである。

　図5-3は、慶州と金海を結ぶ嶺南地方東南部において、硬質陶器高杯が専

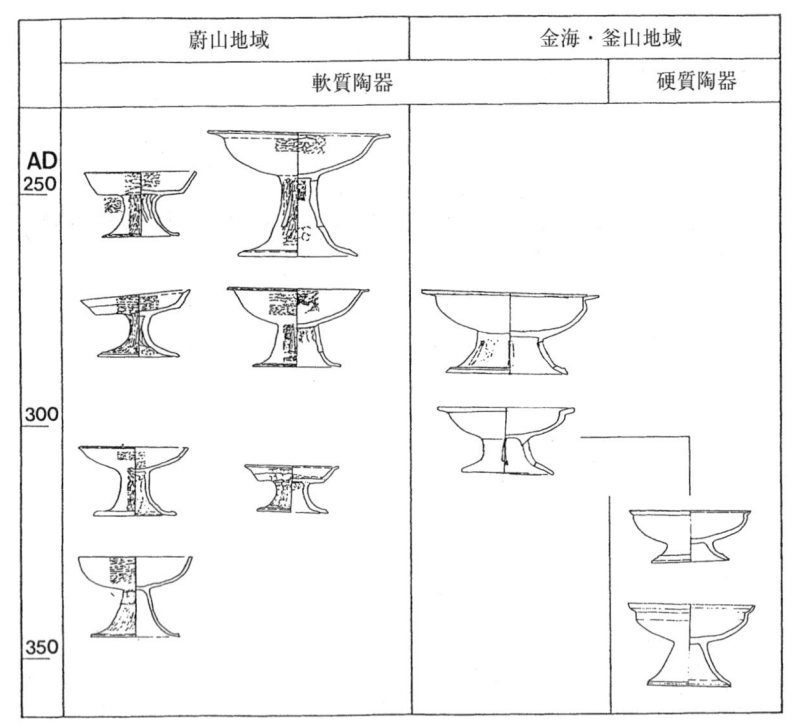

244　V　政治体の階層化・統合と生産システムの組織化

図 5-3　嶺南地方東南部の硬質陶器高杯発生過程

業化する過程を示したものである。蔚山中山里遺跡と釜山老圃洞遺跡から発見された軟質陶器高杯が、釜山・金海地域の硬質陶器の外反口縁短脚高杯として専業化したものとみられる。つぎの図 5-4 は昌原‐馬山‐咸安‐固城など、西南部の硬質陶器高杯の発生過程についてのものである。固城貝塚［金鍾徹・徐五善・申大坤：1992］と昌原内洞貝塚のほぼ 3 世紀代と推定される層には、独特の成形‐調整技法で製作された赤色土器高杯があり、西南部の工字形硬質陶器高杯の祖形であるようだ。こうしたタイプの高杯で最古式とみられている馬山県洞24号・同67号墳の高杯［李盛周・金亨坤：1990］は、たとえ硬質陶器質であっても、貝塚から発見される赤色土器高杯の調整‐成形技法をそのまま引き継いだものと考えられる。

　このような硬質陶器化の過程とともに、ひじょうに興味深い現象としては、地域によって軟質陶器の器種が硬質陶器化せずに消滅してしまい、極度に単純な副葬用土器の器種構成を示す場合もあることである。蔚山中山里遺跡と浦項

赤色土器	硬質陶器

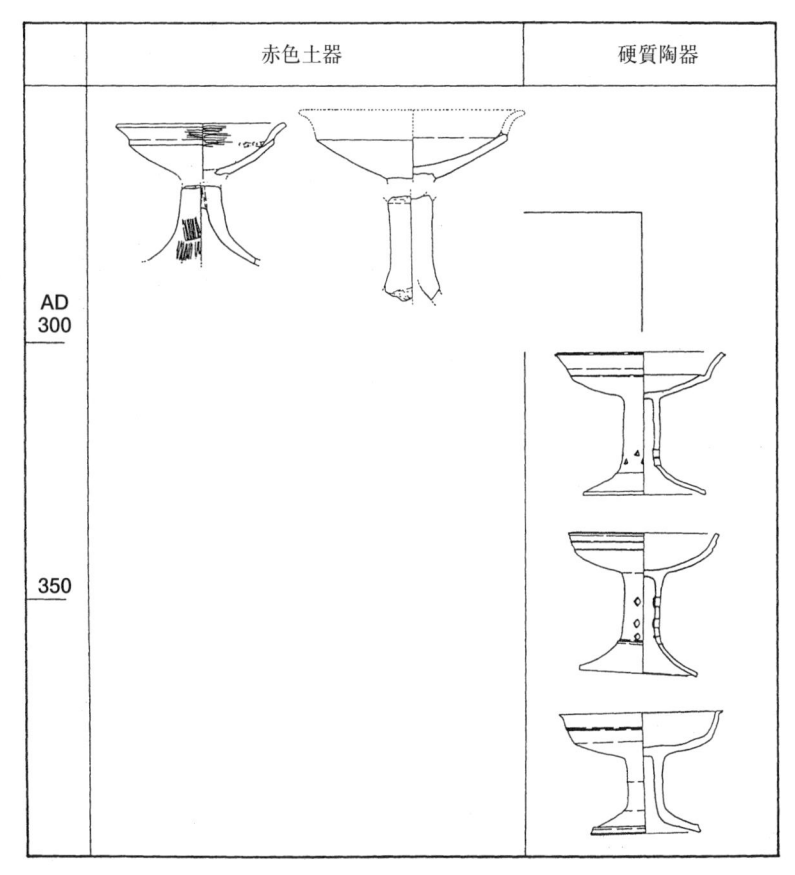

図5-4 嶺南地方西南部の硬質陶器高杯発生過程

玉城里遺跡［韓道植：1995］の発掘により知られた事実ではあるが、慶州とその周辺地域は他の地域とは異なり、有台壺が硬質陶器化する代わりに高杯、炉形器台などの主要器種はまったく硬質陶器化されず、新たな硬質陶器の器種も生産されず、4世紀の全期間にわたって短頸壺類を中心としたごく単純な器種構成を示す［李盛周：1992］。これに比べ、咸安と金海をそれぞれ中心とする地域の生産システムには、ひじょうに豊富な副葬用硬質陶器の器種をみることができる。このことは、各地域の生産システムにおいて副葬用の器種の選択範囲が大きく異なっていたことを示している。

　三つ目に、副葬用硬質陶器として専業化した時期の差である。まず高杯の場

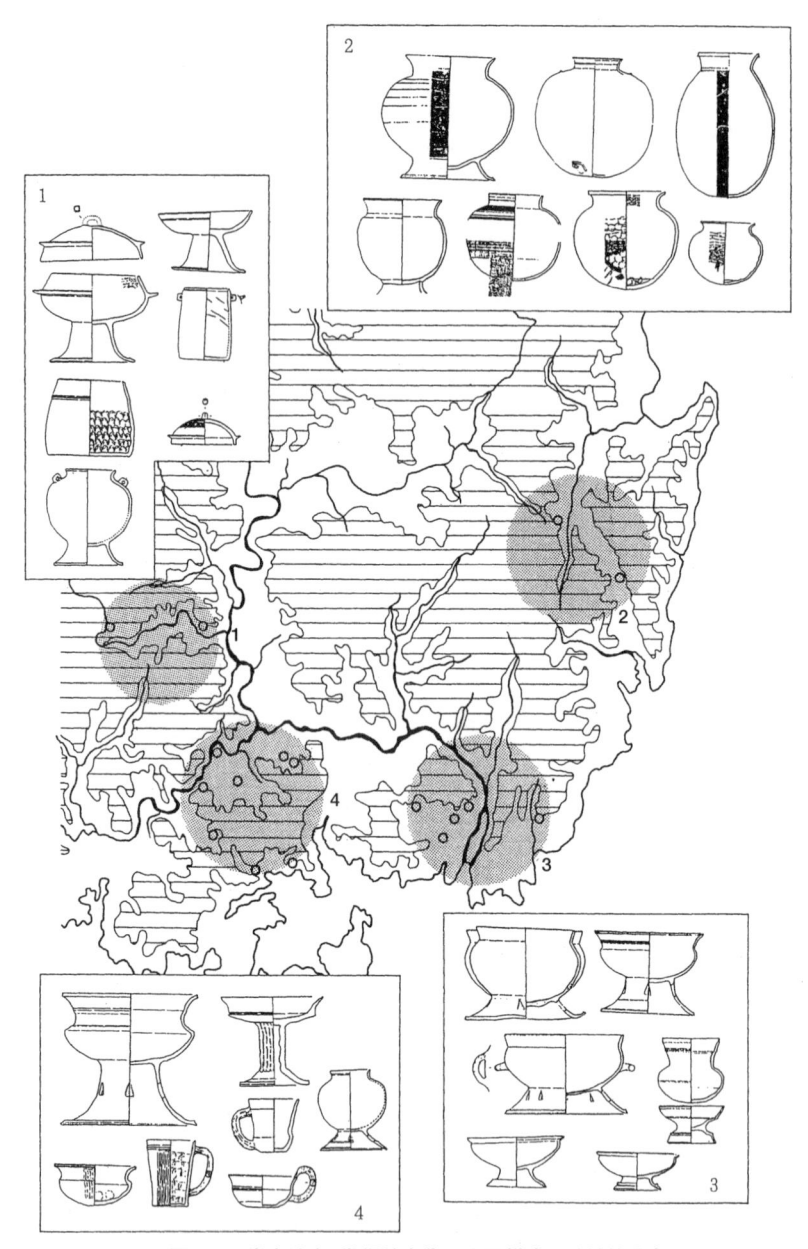

246　Ⅴ　政治体の階層化・統合と生産システムの組織化

図 5-5　嶺南地方4世紀前半代の土器様式の地域的分布
1 陝川玉田古墳群，2 慶州月城路古墳群・蔚山中山里古墳群，
3 金海礼安里古墳群・同七山洞古墳群，4 馬山県洞古墳群・咸安篁沙里古墳群

合、もっとも早い時期に硬質陶器化したと推定される地域は、咸安一帯と金海一帯である。そのなかでも咸安地域は、より早い時期であった可能性がある。玉田古墳群から発見された咸安地域様式の硬質陶器高杯は、咸安を中心とする地域よりは若干遅れた形式であり、芋浦里遺跡では4世紀後半以後になってはじめて硬質陶器高杯自体が出現している。慶州地域に位置する中山里古墳群では、4世紀末頃に硬質陶器高杯が出現した。コップ形土器の場合、早い時期から硬質陶器として多様なものが作られた地域は嶺南地方西南部、すなわち咸安一帯であり、つぎが陝川地域の玉田古墳群である。金海地域は、コップ形土器が早い時期から製作されたが、数量面では大きく及ばず、西南部から流入した可能性も排除できない。

　4世紀前半から中葉まで、各地域の土器群が器種構成のうえに違いをみせている理由は、それぞれの地域でさまざまな器種が硬質陶器化する過程が異なっていたためである。先に検討したように、高杯の場合、慶州地域では4世紀後葉まで、硬質陶器の専業的生産システムのもとでは生産されず、軟質陶器として製作が続いており、陝川地域でも4世紀前半代と想定できる硬質陶器高杯の存在を認めることがむずかしい。炉形器台の場合、ほとんどの地域で軟質陶器の炉形器台が硬質陶器へと交替する時点である4世紀の初めに、慶州地域では炉形器台という器種自体が消滅するとみられる。すなわち他の生産システムにすでに存在していた副葬用器種あるいは日常用の器種を、硬質陶器の副葬用器種へ転化させる過程、あるいは硬質陶器生産システムのなかで、新たな副葬用器種が発明される過程などは、4世紀前半から4世紀中葉まで継続したのだが、各地域で成立した生産システムごとにこの過程が個別に進行したということである。

（2）4世紀代における土器流通の問題と地域様式の希薄化

　4世紀代の土器の生産状況を知ることのできる慶州地域、陝川地域、釜山‐金海地域、咸安地域などは、すべて独自の硬質陶器生産システムを営んでいた。この各地域の生産システムは副葬用硬質陶器の器種構成を違えていて、特に同じ器種であっても器形の相違は明らかで、これを地域様式の成立と述べてもよいだろう。4世紀代の、いわゆる古式陶質土器の地域色に対する研究から最近出された見解のひとつは、釜山‐金海地域の様式的独立性のみを認め、釜山‐金海様式対他の嶺南地方様式として単純化する見方である［安在晧：1993a］。そ

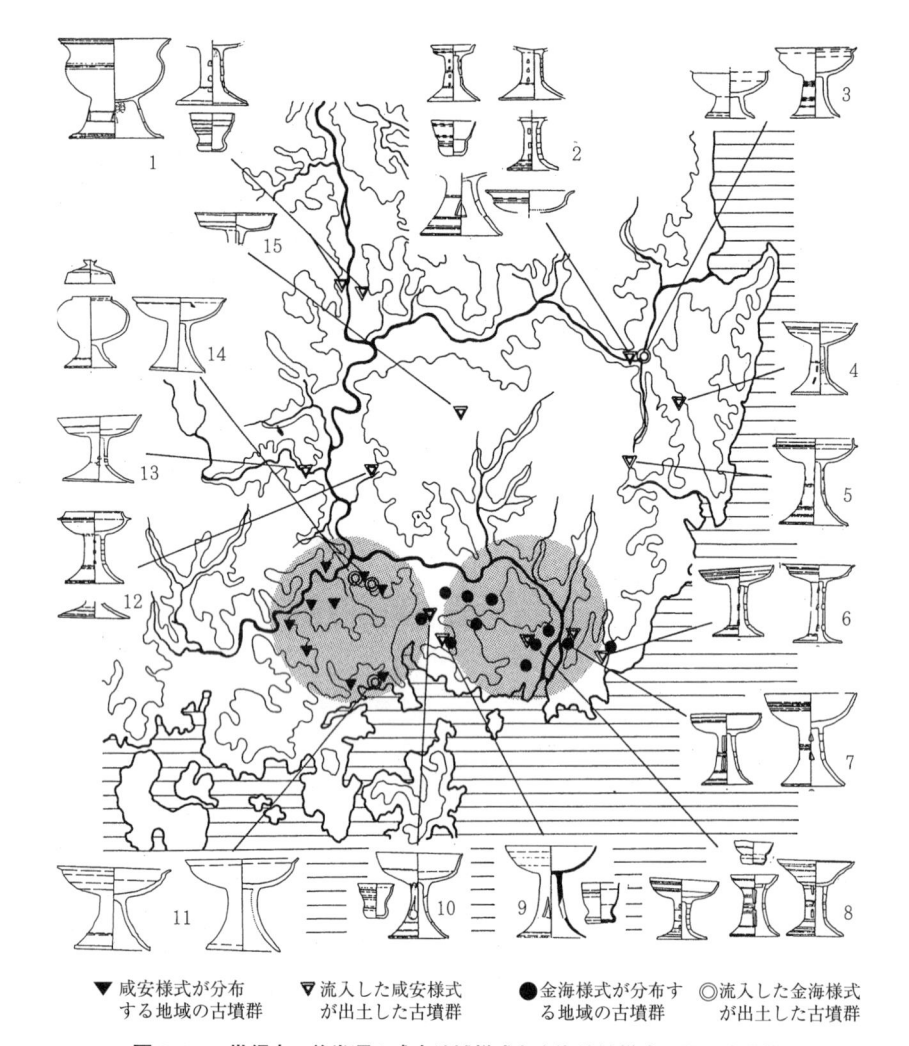

248　V　政治体の階層化・統合と生産システムの組織化

▼ 咸安様式が分布　▽ 流入した咸安様式　● 金海様式が分布す　◎ 流入した金海様式
　する地域の古墳群　　が出土した古墳群　　る地域の古墳群　　が出土した古墳群

図 5-6　4世紀中～後半頃の咸安地域様式と金海地域様式土器の流通状況
　1 漆谷黄桑洞古墳群・深川洞古墳群，2・3 慶州月城周辺，4 蔚山中山里古墳群，
　5 蔚山茶里古墳群，6 釜山福泉洞古墳群，7 釜山華明洞古墳群，8 金海大成洞古墳群，
　9 昌原加音丁洞古墳群，10 昌原道渓洞古墳群，11 馬山県洞古墳群，12 昌寧地域採集品，
13 陝川玉田古墳群，14 咸安梧谷里古墳群・会山里古墳群，15 清道地域採集品

してその原因を日本の土師器系土器の影響としている［安在晧：1993b］。4世紀代に硬質陶器生産システムへと技術的に移行する土師器系土器の器種、あるいは器形を取り入れたり、製作技術を受容したりしたであろう可能性については、若干の検討を要する。

本研究では、4世紀代に、釜山‐金海地域とその他の嶺南地方というかたちで対比されるようにみえる土器様式の不均等な対比を、土器自体の流通経路と流通範囲に関連した問題に置き換えて理解してみたい。4世紀中葉頃までに副葬用硬質陶器のすべての器種が完備した地域は、咸安を中心とする嶺南地方西南部と、金海を中心とする東南部の2ヶ所である。そして、嶺南の各地域にはすべてそれなりの硬質陶器生産システムの成立をみたものの、器種構成をすべて満足させられず、限定された器種のみを生産していた。このような状況のもと、若干の特定器種が一定の範囲で交易されたものとみられる。もちろん、土器自体の流通関係であるのか、それとも様式的相互作用による模倣関係であるかどうかは土器の外形上の特徴に対する観察だけでは判断しがたく、微量成分分析による産地推定で検証してみなくてはならない[4]。

そうした検証手続きは、今後継続して進めなくてはならないであろうが、現在までの土器遺物群の外形的特徴に対する観察のみで、土器の流通を想定してみれば、つぎのようないくつかの特徴をあげることができる。一つ目は、流通関係を示唆するような器種は、高杯、広口小壺、有台壺、小型器台など小型の器種に限定されるという点である。二つ目に、流通の時期についての問題として、小型の器種が成立した時期、あるいはその直後の段階ではなく、若干遅れた4世紀中葉頃から近隣の地域にその流通が始まったのだろうという点である。三つ目に、流通量に関して調べてみると、二つの場合がある。すなわち1〜2点ずつ少量で流通して、その地域様式の土器と混ざって埋納される場合もあるが、福泉洞54号墳［宋桂鉉：1989］のように多量の土器が流入し、一つの古墳に副葬される土器の大部分を占めている例もある。

土器の流通が諸地域の土器様式の展開過程に与えた影響や、諸地域の専業的生産システムのあいだに生じた相互作用を理解するためには、土器流出の起点と流入地域、および流入した地域の範囲に関する検討が必要である。現在までの資料では、4世紀代の土器流通の起点には、咸安を中心とする地域と釜山‐金海地域の2ヶ所をあげることができる。両方の地域様式はそれぞれ一定の分布中心領域があり、領域内の土器の器種・器形を通じて地域様式が定義される。

咸安地域様式の中心領域に分布する古墳群は、道項里古墳群［李盛周・金奭周・キムヤンファン：1992］、篁沙里古墳群［趙栄済ほか：1994］、礼屯里古墳群［趙栄済・朴升圭・柳昌煥・李瓊子：1994a］、大坪里古墳群［昌原大学校博：1996］、県洞古墳群［李盛周・金亨坤：1990］、梧谷里古墳群［朴東百ほか：1995］、坪村里古墳群［金亨坤：1990］、鴨沙里古墳群［安在晧・宋桂鉉：1986］、会山里古墳群［金亨坤：1990］などであって、金海地域様式の中心領域に分布する古墳群は、大成洞古墳群［李相憲：1994］、良洞里古墳群［禹順姫：1985］、礼安里古墳群［釜山大学校博：1985, 1993］、福泉洞古墳群［金東鎬：1983　釜山大学校博：1990, 1996　宋桂鉉：1989　宋桂鉉・洪潽植・李海蓮：1995］[5]、七山洞古墳群［申敬澈・李相憲・李海蓮・金宰佑：1989］、退來里古墳群［孫秉憲・池炳穆・李一容・金性泰：1989］、華明洞古墳群［金廷鶴・鄭澄元：1979］、加音丁洞古墳群［昌原文化財研：1994］、道渓洞古墳群［朴東百・秋淵植：1987］[6]、牛洞里古墳群［林孝沢：1974］、茶戸里古墳群[7]などがある。この各古墳群は、咸安と金海盆地の中心から一定の距離の内に分布し、領域を区分することが可能である。
　まずこの両地域様式の相互流通について調べてみると、興味深い現象をみることができる。咸安地域様式は道渓洞古墳群や加音丁洞古墳群のように、金海地域様式分布地域の周縁に位置する古墳群に浸透することはもちろんのこと、金海地域様式の中心的古墳群である大成洞や福泉洞古墳群まで、奥深く流通している。これに比べて金海地域様式土器は、近距離にもかかわらず、咸安地域様式が分布する地域の外郭に位置する梧谷里古墳群や県洞古墳からごく少量が発見されるにとどまり、咸安地域様式土器の中心地である咸安盆地の内側では、今までのところただの1点も発見例がない。
　つぎに、この両地域様式が嶺南地方へと拡散する過程を探ってみると、ふたつの様式のあいだには、はっきりとした流通のし方の違いがみられる。咸安地域様式は嶺南地方のほぼ全域へと拡散している。もちろん他地域で発見された咸安地域様式の土器が、咸安地域で製作されもちこまれたものなのか、単に様式の類似があるかどうかは、肉眼観察だけでは確実なことはいえない。
　蔚山中山里古墳群で発掘調査された4世紀代の遺構は、50基をはるかにこえるものとみられるが、釜山・金海地域と近距離にあって、咸安地域とは相当な距離をおいていながらも、2点の無蓋高杯は咸安様式をとり、産地推定分析の結果、咸安産とみることが妥当と判断される［崔夢龍・姜炯台・李盛周・金昇源：1995］。しかし、釜山‐金海地域の様式は1点も発見されていない。4世紀後

2　4世紀代における土器様式の分布と生産システム　251

半ば頃に属する嶺南諸地域の咸安地域様式の土器がすべて咸安産とはいうことができないものの、中山里古墳群の咸安地域様式高杯のように、咸安産は一定量存在している可能性が高いのである。昌寧と清道［朴天秀：1993］、玉田54号［趙栄済：1988］、大邱深川洞・漆谷仁洞［朴光烈：1992］、慶州月城垓字と周辺の住居址［李汎泓：1992］、蔚山中山里、蔚山茶里［洪潽植・李賢珠：1988］、釜山華明洞、金海退來里、金海大成洞、釜山福泉洞などからは、咸安地域様式ということができる土器が出土している。

　このような咸安地域様式の分布に比して、金海地域様式は慶州月城垓字での

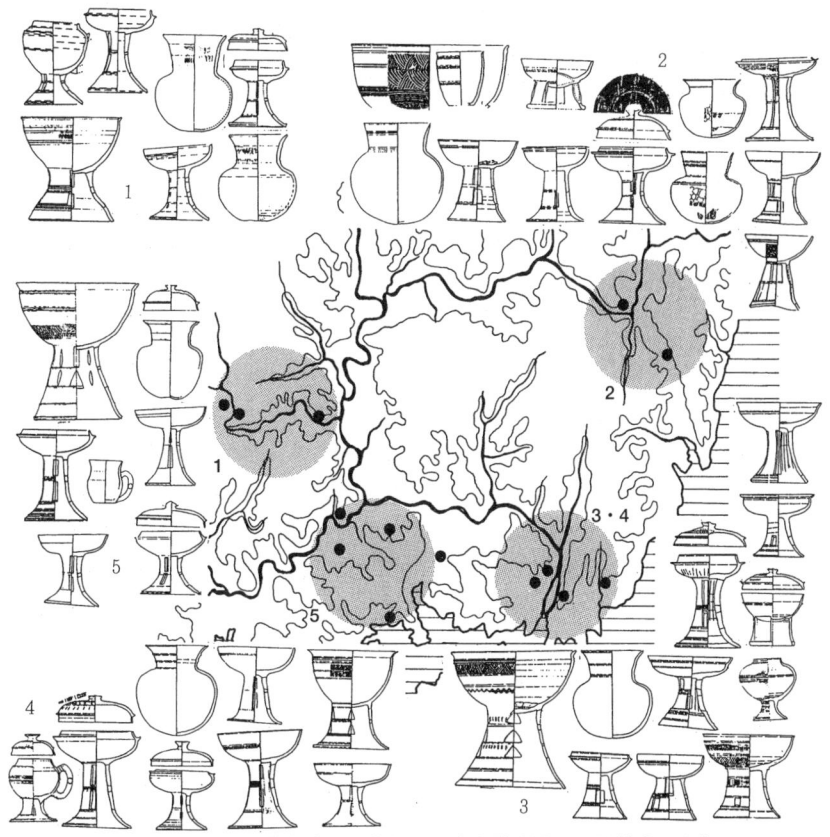

図5-7　4世紀末～5世紀初の嶺南諸地域の土器様式の分布
1 陜川玉田古墳群・同鳳渓里古墳群, 2 慶州月城路古墳群・蔚山中山里古墳群,
3 釜山福泉洞古墳群・同華明洞古墳群, 4 金海礼安里古墳群,
5 咸安道項里古墳群・馬山県洞古墳群・宜寧礼屯里古墳群

み発見されており、明白な分布範囲の対比をみせる。嶺南地方に分布する咸安地域様式の土器がすべて咸安産とはいえないことは認めることができる。しかし、咸安地域様式ということのできる器種および器形の出現時期は、咸安の中心地がもっとも早いことは自明のことである。

　咸安地域様式土器の生産にあたり咸安地域が先行することを認めるならば、他地域は咸安地域様式の影響を受け、ほとんどそっくり同じように模倣したということになり、その様式の分布が嶺南地方全域にみられる場合には、咸安地域様式土器一部器種の広範囲にわたる流通を前提とせずには、それを理解するのはむずかしい。硬質陶器生産システムの成立の第2段階から、特定の地域が他の地域にない器種を専業的に生産した場合、つぎの段階に、その器種は広範に流通するようになり、やがてその器種を製作した工人は他地域へと移住して、技術を伝授した可能性がある。そのため政治体により土器生産システムが組織化され独自の器種構成・器形上の特徴があらわれる前段階で生じる土器様式の地域差だけをもっては、政治権力の範囲やその関係について簡単には推論するのは困難である。咸安地域様式土器が広範囲に流通することによる、嶺南地方のいわゆる古式陶質土器における咸安と金海両地域土器の不均衡な地域性を考えたとしても、それ以前の段階における地域様式の違いを解消していった。

　4世紀末〜5世紀初の各地域の土器様式のあいだにはひじょうに細かな地域的特徴も観察されるが、このような個性を支配するかのように様式および成形技法、焼成技術のうえで共通性がみられる。特に有蓋高杯、初期の長頸壺、高杯形器台においては、ある程度細かな地域差も十分に指摘できて、洛東江東西両岸の違いも指摘できただろうが、特定のものを選び出して対比しても、その共通性をこえてまで地域様式の差を見出すことはむずかしい［朴広春：1992］ようである。このような共通性は、その前段階の広範な土器流通に起因すると推定される。そうした土器流通が発生するようになった理由は、硬質陶器のさまざまな器種が専業的生産システムで生産されるものの、各地域ごとに時間差があったためであり、諸地域で政治体を中心に土器生産システムを組織化できなかったためである。したがって、4世紀代の土器様式の分布は、限定された意味で政治体の相互作用と関連させたうえで解釈できるかもしれないが、政治体の領域やその勢力の拡がりの問題と関連させることはできない。

3　5・6世紀代における土器様式の分布と生産システムの組織化

(1) 政治体の土器様式と生産システムの組織化

　先に、4世紀代の嶺南地方の土器様式の分布空間が不均衡な状態だったという点と、その要因について述べた。まずもって、それぞれの地域ごとに硬質陶器を中心とする生産システムの組織化の過程が相違して、時期的な違いもあったためである。諸地域の政治体を中心におこった土器生産システムが組織化され、土器様式の特徴があらわれる前段階の事情がそれに反映される。4世紀中葉頃までの土器様式の地域的特徴は、諸政治体に当てはまるものではない。この時期に土器様式の地域差は存在したものの、政治体別の土器様式の特徴は定義することができない。このような状況のもと、特定地域で形成された製作技法・器種・器形が周辺地域へと拡散したり、土器そのものが流通する現象がおこったりした。これを諸地域間の様式の交流とすることができれば、この過程によって嶺南地方全体を地域様式群として区分するような共通性があらわれている。まさにこの様式の共通性を基盤として、諸政治体と関連した様式が登場する。諸政治体ごとに専業的な生産システムが組織化され、諸政治体の生産システムが様式的なアイデンティティを表現して政治体の土器様式が成立したならば、間違いなくその直前の段階には広範な様式共通性をみることができるのである。

　同じく、5世紀代の嶺南地方各地における中心的古墳群の分布をもって、政治体の分布も推論したところである。中心的古墳群の分布が独立した政治体の位置と範囲を正確には反映していないとしても、5世紀代の嶺南地方政治権力の分布をある程度反映しているという点は認められる。それゆえ、このような中心的古墳群に副葬される土器に地域様式化の進行過程が見出される点は、重要な意味をもっている。政治体と関連した生産システムの組織化により、土器様式の特徴があらわれるのは5世紀前半からである。

　4世紀末から5世紀中葉頃までの土器資料をえることのできた地域は、慶州・蔚山、金海・釜山、陜川、咸安、慶山などであるが、この各地域にはひとつの政治体の中心的古墳群にふさわしいものが分布する。5世紀中葉頃までに各政

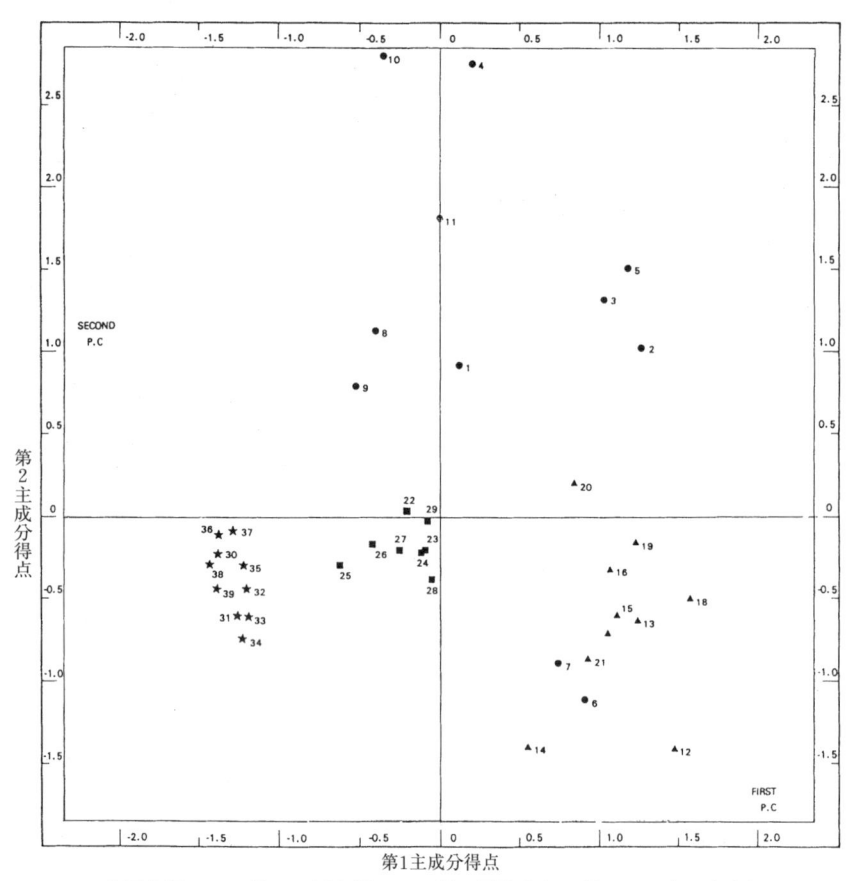

254　V　政治体の階層化・統合と生産システムの組織化

●福泉洞21・22号，▲福泉洞10・11号，■礼安里41号，★北亭里金鳥塚

図 5-8　5世紀～6世紀前半の各政治体別生産システムの組織化による二段透孔高杯の器形定型化の過程(8)

治体の中心的古墳群からおこった地域様式化の過程は、少しずつ異なる様相をみせるが、一般的な現象として指摘することのできるふたつの傾向がある。
　一つ目は、小地域的な様式が登場する以前に、すでに嶺南地方ではふたつの様式のグループ、すなわち新羅様式群（洛東江東岸様式群）、伽耶様式群（洛東江西岸様式群）としばしば称されるふたつの様式群に分離して、それぞれが充分にまとまり、より大規模な地域の大様式群が形成されはじめた。各政治体の小地域様式は地理的な近さによって2大様式群のどれかに含まれ、自身の属す

3　5・6世紀代における土器様式の分布と生産システムの組織化　255

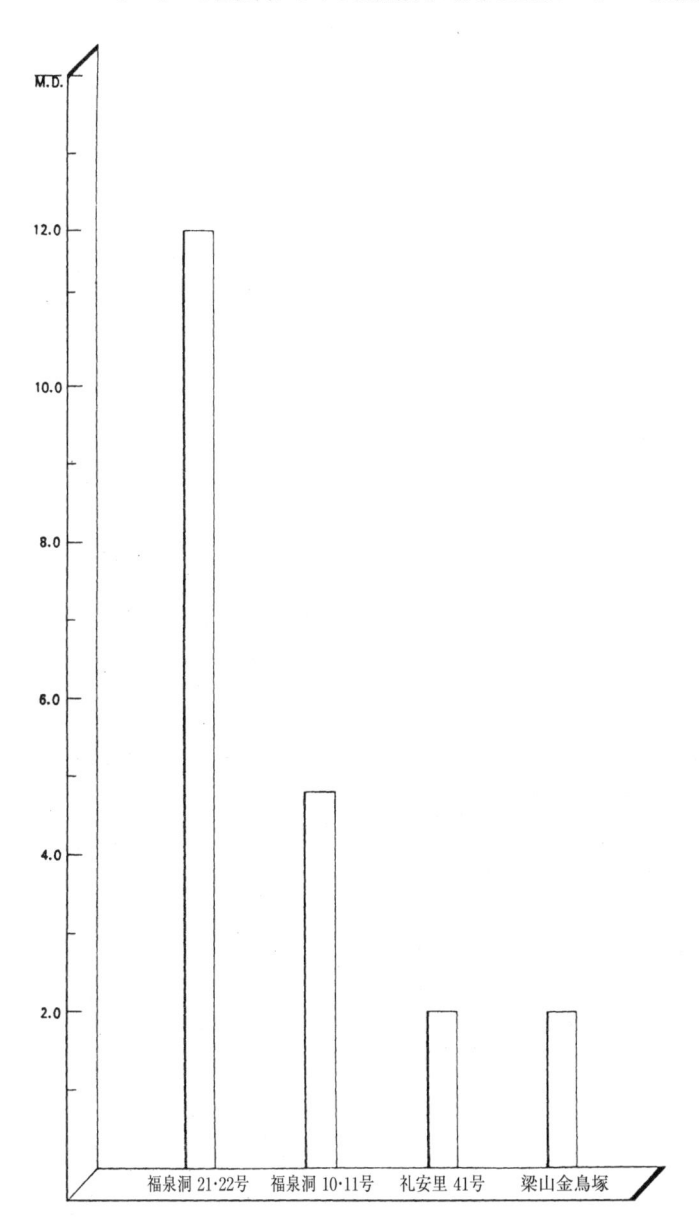

図 5-9　各中心的古墳群副葬土器器形のヴァリエイションの縮小過程
（各古墳の器形グループ内でMahalanobisの距離〔MD〕の平均値）

る大様式群によって提供される様式の範囲内で地域様式化の過程を進行させていった。

二つ目に、地域様式化の過程で器種は多様化するのであるが、それぞれの器種のヴァリエイションの幅はかえって狭まる。言い換えれば、器種の分化はさらに進行し、新たな器種が出現もするが、同一器種のうちで同時期（あるいは同一古墳に埋納される）の器形上のヴァリエイションは縮小する過程にある。

釜山・金海地域の大型墓のなかで、5世紀初を代表する釜山福泉洞21・22号、5世紀中葉を代表する同10・11号、5世紀後半を代表する金海礼安里41号、6世紀初を代表する梁山金鳥塚で出土した同一器種（高杯）の外形上のヴァリエイションの幅（ユークリッド距離）を測定し、主成分分析により平面に図示（第1主成分と第2主成分による）して、各群において個々の土器の、マハラノビス距離の平均値を計算してみた（図5-8・9）。この分析を通じてはっきりと認められたことは、4世紀末から、同一古墳に埋納された、限られた器種の土器は、その器形上のヴァリエイションが大きく減少していった点である。このように器形上のヴァリエイションが減少してゆく理由は、土器製作行為における規則が定型化していったという意味だと、第一に解釈を加えることができる。特に成形技法や焼成技術においてヴァリエイションの幅がきわめて狭くなり、調整の仕方、突帯の位置のような細かな属性、土器の質感や色調にも、同一古墳に埋納された土器と思えるような一致をみせる。

5世紀中葉以降、同一古墳群内に埋納された土器のヴァリエイションの幅が狭くなる現象が存在する理由は、その遺跡に土器を生産・供給した工房が長期間変わらなかったためだともいうことができる。そうであれば、同一地域の古墳群に供給する土器生産地が単一である場合、各地域の生産システムは大規模になり、複数の工人たちが同一の土器生産施設を共有し、生産を営んだ可能性がある。しかし、限られた地域の古墳群に土器を供給する生産方式は何ヶ所か認められるが、その複数の生産窯が政治権力によって組織化され、製作行為と様式が統一化された可能性もある。もしもこのふたつの場合でなければ、たとえ器種別に専門化し、いくつかの生産窯で同一古墳群に供給したとしても、個々の器種のなかでのヴァリエイションは極小となったであろう。

実際、こうした諸問題は、産地推定の分析を通じて、さらに明確に検証されるべきことであるが、この時期の土器窯址に対する地表調査［李殷昌：1982］によっても、興味深い情報を得ることができる。高霊地域と慶州地域の土器窯

址の場合、古墳に埋納された土器の器種全体が1ヶ所の窯で生産された場合が多い。ところが、清道地域と慶州地域の一部の大型甕のみが出土する窯址の例や、5世紀後半代の長頸壺と高杯のみが出土する窯址、あるいは大型壺と甑など主として生活用の土器だけが出土する窯址などが別に存在する場合もあるので、器種ごとに専門化して、ひとつの政治体のなかで何ヶ所かの古墳群に供給した生産システムも形成されていたのであろう。

蔚山中山里古墳群において4世紀末～5世紀初にあたる土器類を、製作技術、胎土の質によって大きくCとDの2群に分けて、各群から抽出した土器資料の微量成分を中性子放射化分析により定量分析して、産地の推定を試みた結果からも、土器生産システムの組織化に対する情報を得ることができる[崔夢龍・姜炯台・李盛周・金昇源：1995]。この分析でC群として定義したものは、4世紀代の焼成技術と製作技術が用いられた土器群であり、D群は胎土と製作技法において新羅土器化した土器群である。興味深い事実は、C群からD群への移り変わりこそが新羅土器化の過程であり、それが同時に慶州・蔚山地域の地域様式化の過程ともいうことができるのだが、この過程において、産地がひとつの群から三つのそれへと分解したという点である。C群とD群が厳格に分かれることは、両土器群がたがいに異なる窯で製作されたことを物語るものであり、新羅土器化の過程だということも、ひとまずは生産された窯の交替とみることができる。しかし、この交替の過程が一度におきたものとみるのはむずかしい。編年のうえでC群とD群は相当期間、共存したことがわかっている。さらにC群は同一の産地と推定されるひとつの群にまとまるが、これに反してD群はたがいに産地を異にするとみられる三つの群に細分される点が注目される。このことは、ひとつの古墳群にひとつの生産地から土器が供給され、かつ、同一古墳群にたがいに異なる生産窯から土器が供給されることを意味すると考えられるのである。

このような観点からみれば、たがいに異なる生産窯から生産・供給されても、ひとつの政治体の土器様式ということができるほど、相当に定型化した技術が用いられ、器形自体のヴァリエイションも小さな土器が製作されたのである。言い換えれば、土器のヴァリエイションの幅が広い製作技術システムと様式の選択幅の広い生産システムから、各地域ごとに生産システムが組織化されることによって、ヴァリエイションが小さく、製作技術上でも様式でもさらに組織化（＝定型化）された生産システムが出現するのである。筆者はこれを「小地

域的様式化の過程」と定義しようとするのであり、この過程は政治体ごとに生産システムが組織化されたことで成立したとみている。
　各政治体の中心的古墳群に副葬された土器に表象される地域的様式化の過程は、一般的な傾向を示しもするが、各地域において少しずつ異なる様相もあらわれている。
　慶州盆地とその周辺地域も、他の地域と同じように、5世紀中葉になると洛東江東岸様式土器群のある程度できあがった器種構成のなかに、この地域の特徴があらわれる。慶州盆地内における大型墳の変遷を皇南洞109号3・4槨→皇南洞110号→皇南大塚南墳とみて、109号直前段階の様相が月城路가6号・8号→同가13号［国立慶州博：1990］の過程として、対応する蔚山中山里古墳群Ⅷ地区14号→同Ⅰ‐A地区51号→同Ⅰ‐B2号の土器の様相［李盛周：1996b］から、この地域の様式的特徴を見出すことができる。この変化は慶州式洛東江東岸様式土器の器種・器形・製作技術に対する厳格な原型modelが設定されてゆく過程ということができる。慶州とその周辺地域は、このような過程が、外部の土器が流入することなく自発的に行われたという点がひとつの大きな特徴であり、むしろ皇南洞110号段階以降に慶州盆地の土器が外部へ流出している現象がみられる。
　釜山‐金海地域は、早くとも5世紀前半代になるまでは、それ以前の4世紀代の土器様式が持続するため、他地域と様式上の違いを比較的強くみせている。たとえば、咸安地域様式の高杯は様式的に強い地域色をもちながら、ある時期には嶺南地方全域へ流通し消滅してしまうのに反し、この地域の外反口縁高杯は、外へ流出することがほとんどなく、5世紀代までは器形の変遷を重ねつつ強い地域色を残している。この地域の代表的な中心的古墳群である福泉洞古墳群では、遅くとも5世紀初から洛東江東岸様式への土器様式の変遷過程が始まる。この過程の始まりと関連して、慶州地域との様式的交流、あるいは相互作用が、ひろく洛東江東岸の様式的相互作用だという意味で、今後重点的に検討されなければならないだろう。この過程の契機が慶州地域の一方的な影響だという主張は、編年を恣意的に造作しない限り成立しない。
　福泉洞古墳群を5世紀前半にあてる古墳の編年［申敬澈：1986］は、土器生産システムの組織化という面において検討の余地がある。たとえば性格の似ている53号・39号が、10・11号よりも年代が後にならなければならない理由を、典型的な新羅様式の高杯と台付長頸壺の出現にもとめて推定しているが［全玉

年・李尚律・李賢珠：1989　釜山直轄市立博：1992]、それは慶州式洛東江東岸様式土器と釜山‐金海式洛東江東岸様式を混同しており根本的な問題を抱えている。

　5世紀前半代の福泉洞古墳群では、以下のそれぞれに異なる三つの土器群が共存していた。4世紀代の釜山‐金海地域様式から後続する土器群、慶州系の洛東江東岸様式として流入した土器群、慶州地域から流入した土器の影響のもと独自に生産された釜山‐金海系洛東江東岸様式土器群がそれである。これを略して後続土器群、流入土器群、釜山式洛東江東岸様式土器群と称すれば、後続土器群と流入土器群が共存するうち、後続土器群の比率が減少するようになって、釜山式洛東江東岸様式が出現するのである。福泉洞古墳群で東岸様式土器が地域様式となる現象は、慶州系土器の流入に伴う影響を多くうけたことに、その特徴を求めることができる。福泉洞10・11号段階から、地域様式となった東岸様式土器の生産システムが整備され、組織化された。この過程は端的にいって慶州地域よりも遅く、慶州地域の影響を強く受けたものであり、慶州地域のように独力で漸進的におきるものではなかった。

　咸安地域は洛東江西岸様式において、明らかにひとつの地域群を形成する場所である。ただ、咸安盆地のなかでは4世紀末～5世紀初の遺構が満足に調査されておらず、4世紀末と推測される道項里馬甲塚から、完全な咸安式の洛東江西岸様式土器が出土する咸安末山里4号（日本植民地時代の34号）への過程はよくわかっていない。5世紀中葉頃になると、高霊池山洞古墳群、陝川玉田古墳群、咸安道項里古墳群など、洛東江西岸地域の諸政治体の中心的古墳群には洛東江西岸様式としてひとくくりできるような器種構成および器形的な特徴のうえで共通点をもつ土器群が埋納されている。ところで、この各地域の中心的古墳群の土器には、器形の細部における特徴や特定の器種が強調されるなかで、明らかに地域様式化する現象があらわれるのである。洛東江西岸地域においても西岸様式の設定は可能であり、政治体ごとに西岸様式土器として明らかに地域化する過程があった。その過程は東岸地域様式土器のそれと同じく、多様な型式・器形・製作技法をみせた4世紀後半頃の状況から、地域ごとに一定の方向で選択が働いた結果である。結果的に5世紀中葉頃にあらわれた洛東江西岸の各地域様式は、それ自体で内部的一致性 (internal cohesion) があり、咸安式あるいは高霊式という命名が可能となる。このような選択の働いた背景は、もちろん東岸地域と同様に生産システムの組織化であり、それは首長層、

すなわち支配的親族集団の古墳群に埋納された土器を中心にしているという点で、政治権力による組織化ということができる。

　咸安地域の場合、4世紀代には、咸安圏域といってもよい盆地を中心にした半径20km内の地域はいわゆる咸安式土器の分布圏であって、様式のうえの一致をみせる。しかし、5世紀代になり咸安式洛東江西岸様式土器の地域様式化が始まると、咸安盆地内の土器と咸安盆地外の咸安圏域外郭地帯に分布する土器は微妙な形態の違いをみせつつ、純粋な咸安様式の分布範囲は盆地内に縮小する現象がはっきりしてくる［李盛周・金奭周・キムヤンファン：1992］。この点は慶州系洛東江東岸様式土器と、きわめて対照的である。慶州系土器は、地域様式としての出発点から、他の政治体へ流出する現象が明らかである。

　陝川地域においては、盆地内の中心的古墳群である玉田古墳群で4世紀～5世紀代の遺構が多く調査されており、地域様式化する過程が明らかにされている。玉田68号・47号→同38号→同31号→同M1号・M2号→同69号・81号への過程をみると、陝川地域の西岸様式土器は、遅くとも5世紀初から始まり、5世紀末まで存在した。そこで興味を引く点は、この陝川地域化した洛東江西岸様式土器は外部へ流出することはもちろんないのだが[9]、中心的古墳群である玉田古墳群内でも支配的な様式にはなれなかったという事実である。主として中・下位の封土墳および小型墳に一定の比率で埋納されるものの、大型墳の副葬用土器としては入り込むことができなかった。普通、他の政治体の地域様式は、中心的古墳群に埋納される土器を中心に地域様式化される傾向が顕著で、地域様式化をもたらす生産システムの組織化を、政治権力によるものと推論した。ところが陝川地域の場合、明らかに生産システムの組織化があって、地域様式として整えられたこともあったようであるにもかかわらず、その在地様式の土器は権力の中心において埋葬儀礼に使用することが忌避されて、むしろ昌寧や高霊地域から流入した土器を選択して首長墓に埋納したという点は、興味深い現象である。

　5世紀代の小地域的様式化過程を端的に言いあらわせば、ひとつの政治体内部に複数存在した生産地‐窯が、内部で組織化されていった過程だということができる。このことは、4世紀代に起こった生産システムの変化とはまったく性格を異にする。つまり、4世紀代に起こった変化を、生産システムの置き換わりと統合だとすれば、5世紀初以降に起きた変化は、生産システムの組織化として表現することができる。副葬用土器の器種の生産が、非専業あるいは半

専業的な生産システムから生まれて、専業的生産システムに置き換えられたことが4世紀前半代の様相だとするならば、各地域で成立したいくつかの生産地・窯が、政治体ごとに組織化され、内部におけるヴァリエイションの幅が縮小する過程が、5世紀初の状況だということができるだろう。

(2) 特定の政治体様式の拡散と生産システムの分化

嶺南諸地域における各政治体の中心的古墳群には、遅くとも5世紀中葉頃になるとその地域特有の特徴をもつ土器が埋納される。もちろん各政治体の中心的古墳群の土器群のあいだには、微細ではあるが違いがある。これを政治体様式とは断定できないため、とりあえず「小地域様式」と定義することにした。しかし、5世紀代の土器様式の分布については、地域様式というよりは大きな規模の類似性、すなわち新羅土器・伽耶土器という様式群の存在が、さらに注目されてきた。

早くから多くの研究者たちが指摘してきたように、洛東江を境界とした東・西岸様式の差が顕著で、そのなかの各政治体の小地域様式というものは微々たるものとして認識されている。星州、昌寧、釜山・金海、慶州地域などには小地域様式が分布するが、そのあいだには相違性よりも相似性の方が大きいとされ、全体で洛東江東岸様式とよばれることもあった［李殷昌：1970　李盛周：1993］。高霊・陜川・咸安などにも小地域様式が分布するのはもちろんのこと、やはりそのあいだには類似性の方が相違性を凌駕していて、これを洛東江西岸様式としてまとめられるとみる考え方が一般的である。

現在までに知られた資料のうえでは、洛東江西岸の広範囲で土器様式の類似度が高まるのかについて自信をもって主張することはできないし、高まるとしてもその過程については説明がむずかしい。そして5世紀代の咸安地域の土器様式や、高霊地域の土器様式が特徴的にあらわれてくる時期についても明らかでなく、両地域の土器群が、東岸様式と比べて相対的に類似することが、はたして土器様式の相互作用に起因するものなのかもはっきりとしない。しかし、東岸地域では、最近になって4～5世紀代の古墳群に対する発掘資料が蓄積され、検討が可能になった。釜山福泉洞古墳群をはじめとして、最近では慶山林堂洞古墳群と蔚山中山里古墳群の発掘資料が、洛東江東岸様式土器の成立過程について検討するのに重要な資料である。

福泉洞21・22号の発掘報告書によると、同古墳からは慶州皇南洞109号3・

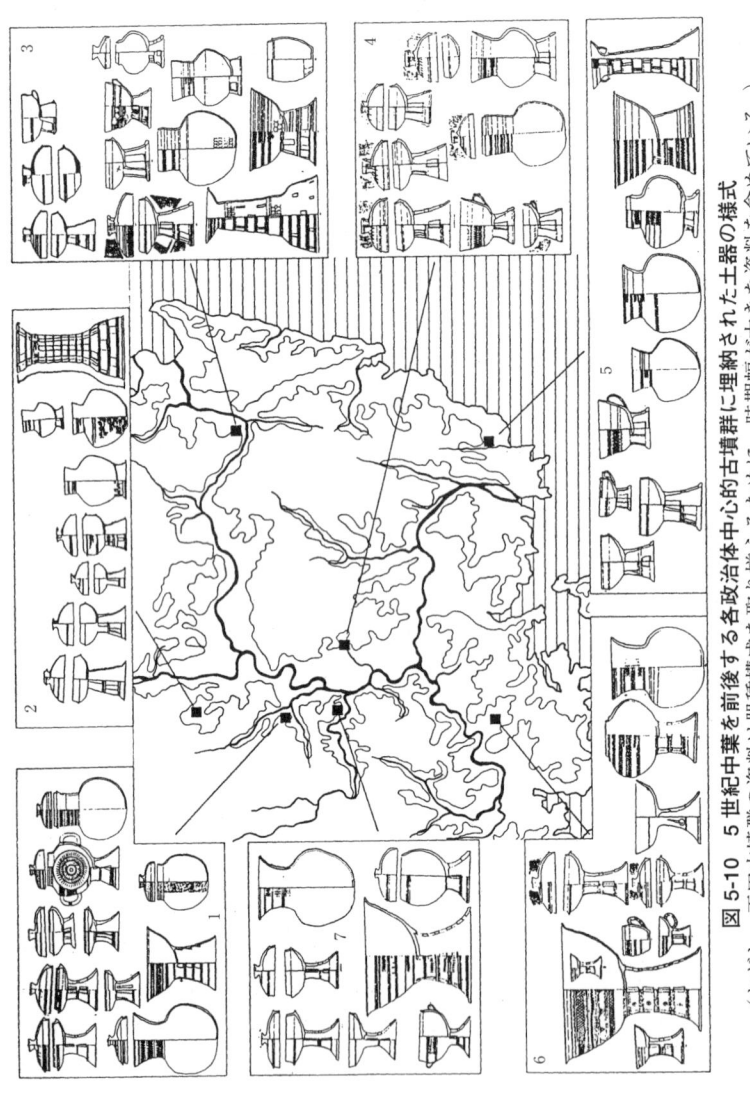

262　V　政治体の階層化・統合と生産システムの組織化

図 5-10　5 世紀中葉を前後する各政治体中心的古墳群に埋納された土器の様式
（ただし、王田古墳群の資料は器種構成を取り揃えるために、時期幅が大きな資料を含めている。）
1 高霊池山洞32・33・35号、2 星州星山洞1号、3 慶州皇南洞110号・皇南大塚南墳、4 昌寧校洞3号、
5 釜山福泉洞10・11号、6 咸安34号（道項里末山里4号）、7 陝川玉田31・47・69号

4槨からも出土するⅡB類という高杯が共伴するものの、他のものは型式的に前段階の釜山地域の高杯と結びつく点から、慶州地域からの直接的な影響はさほど受けていないことがわかる。これに対して福泉洞10・11号の土器は、慶州地域からの文化の波及によって成立したといわれる［全玉年：1990］。しかし、ⅡB類の高杯自体が問題なのではなく、ⅡB類の高杯を含めた釜山‐金海地域様式の特徴である外反口縁高杯に洛東江東岸様式へと向かう過程がみられる点が重要なのである。ⅡB類の高杯は、遅くとも蔚山中山里古墳群あたりで4世紀末頃から出現し、2段階の型式変化を経た器形であり、もちろん福泉洞古墳群ではその祖形がみつかっていない。そこで筆者は先述したように、福泉洞21・22号段階から慶州地域の土器が流入して、そのつぎの段階である福泉洞53号・39号では多量に流入するようになり、釜山地域で独自に生産された土器とともに埋納されたのだろうと考える。

　まず慶州地域でⅡB類高杯が出現し、釜山→慶州の土器流入はないが、慶州→釜山の流入は多量だという事実が認められる。しかし、慶州地域の影響により釜山地域洛東江東岸様式へ至る過程が始まったとは考えがたい。その理由は、釜山地域における4世紀代の土器の地域的特徴である外反口縁高杯に、すでに東岸様式へ至る過程が始まっていたためであり、そこに独自性を認めなくてはならない。このように慶州地域からの影響によるものでないとすれば、慶州地域で東岸様式への過程が始まった4世紀末と同時並行する時期に編年しない限りおそらく時期的な前後関係を決定しがたいためである。福泉洞21・22号はもちろんのこと、その前段階である35・36号、25・26号段階の無蓋高杯のうち、方形に近い透孔をあける技法だとか、幅の広い脚部の流行が、すでに東岸様式の始まりといってもよいだろう。福泉洞10・11号段階は、前段階に流入した慶州地域様式の土器を積極的に模倣することによる在地的な生産段階であるので、むしろ慶州の影響とみてもよいかもしれないが、より大きな視点でみれば、各地域様式の相互作用の結果として理解しておく必要がある。なぜならば、個々の政治体内部の過程に注目すれば、それは地域的な生産システムの組織化へと帰結した結果である。

　洛東江東岸様式土器を、慶州地域で発生した土器様式の一方的な影響によるものとみる見解の根底には、いくつかの前提が横たわっているようだ。

　一つ目は、新羅の中心地において政治・経済的、軍事的な権力が発生する際、それは土器様式をはじめとする文化の変質をももたらす。

二つ目に、その文化の変質は新羅という政治体の強いアイデンティティを表象して、新羅土器という独特の様式を生み出す。
　三つ目に、新羅の中心地で発生した力が洛東江東岸へと膨張するなかで、新羅の様式的なアイデンティティが輸出されたという方式である。
　このように主張される社会・文化各分野の相関関係や変化の論理は、そう考えることもできるという仮定でしかなく、現在までの資料収集のレベルでは論証しがたいもののようにみえる。
　もちろん、洛東江東岸の各政治体の小地域様式がすべて同時に出現して、諸地域の古墳群に同時にそれが埋納されたとみることはむずかしい。たとえば、金海地域の礼安里古墳群の場合、5世紀中葉頃になってはじめて[10]他地域で完成した東岸様式土器の埋納が開始されたものとみられる。そして、慶尚北道北部の安東地域では、東岸様式への過程がはるかに遅れていた［李盛周：1992a,1992c］。東岸様式土器への転換が相対的に遅れたこうした地域では、周辺地域の土器様式の移入と影響を考慮してみなければ、その過程を理解することが困難である。ただし、東岸様式土器が慶州盆地という限定された地域に出現し、周辺に拡散したのだろうという主張は立証がむずかしいのである。特に、高句麗軍の南征、新羅による周辺地域の服属、あるいはいわゆる北方系遊牧民の南下と関連し新羅土器が出現したとか［崔秉鉉：1992b 622-623頁］、そうでなければ積石木槨墳発生のような別の物質文化の変動と連動して、慶州を中心に土器様式を一変させたのだという考え方［崔秉鉉：1993　申敬澈：1996a］は、成立しがたい［李盛周：1996c 35頁］。
　釜山福泉洞古墳群の資料を、慶州月城路古墳群、蔚山中山里古墳群などと比較してみる限り、少なくとも洛東江東岸様式への移り変わりは広い範囲に及ぶ土器様式の相互作用の産物であり、時間的にもかなり長期間続いていた過程とみるべきである。洛東江東岸の諸政治体を中心として各地域の東岸様式が成立する時期は、5世紀中葉を前後する時期に編年される。そして、この小地域様式は、地域によって時期的に前後するが、おおむね6世紀初まで存続する。この地域様式は、相互に高い類似度を示すので、ひとくくりにして東岸様式ということができる。このような類似性は広範囲に展開した土器様式の相互作用によるものということができるだろう。こうした土器様式の相互作用が強いほど、様式の類似度もやはり高くなるであろうと予測される。そして、様式の相互作用は、ある空間のなかで起きるため、地理的に近い様式は近縁性をもつだろう

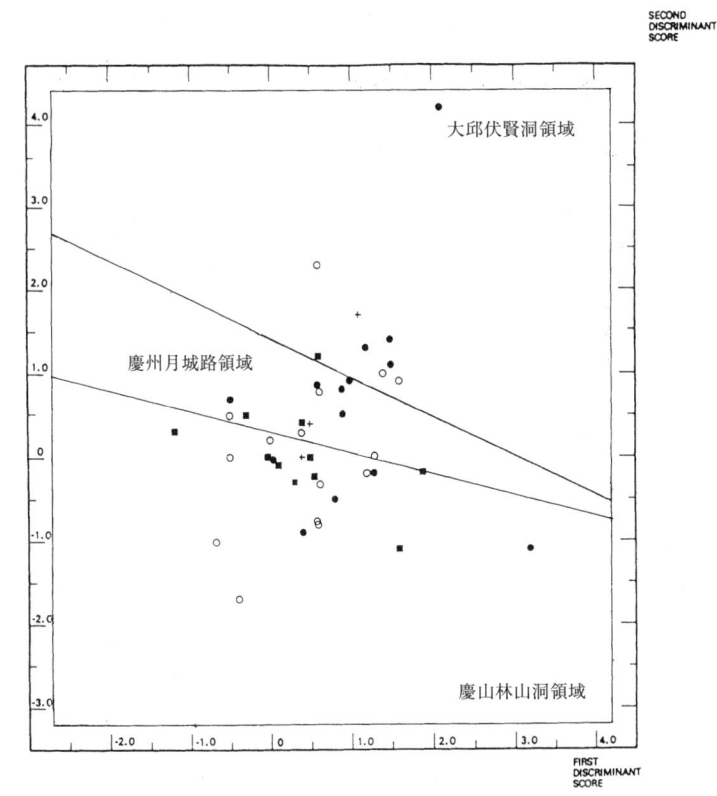

3 5・6世紀代における土器様式の分布と生産システムの組織化　265

図中のラベル：
- 大邱伏賢洞領域
- 慶州月城路領域
- 慶山林山洞領域
- SECOND DISCRIMINANT SCORE
- FIRST DISCRIMINANT SCORE

○慶州月城路，●大邱伏賢洞，■慶山林堂洞，＋Group Centroid

図 5-11　線形判別式分析（ＳＬＤ）による慶州・慶山・大邱地域の土器様式相互識別
（慶州月城路－慶山林堂洞－大邱伏賢洞古墳群出土2段透孔有蓋高杯）

と考えられる。そのためここでは洛東江東岸様式のなかで特定器種の形態上のバヴァリエイションに注目して、様式の類似度がはたしてどのように生じたのかを観察してみようと思う。

5世紀後半から6世紀初にかけて洛東江東岸の諸地域の古墳から出土したあらゆる形式の2段透孔高杯を集め、出土地によって各地域群を設定して、Statistical Linear Discriminant analysis（線形判別式分析）という多変量解析を行ってみた。分析の結果、慶州地域の東岸様式土器を基準にして様式の類似度を比べてみると、ほぼ三つのカテゴリーに分かれるとみられる。

一つ目は、地域色が見出されたとしても器形上ほとんど分離されず、慶州地

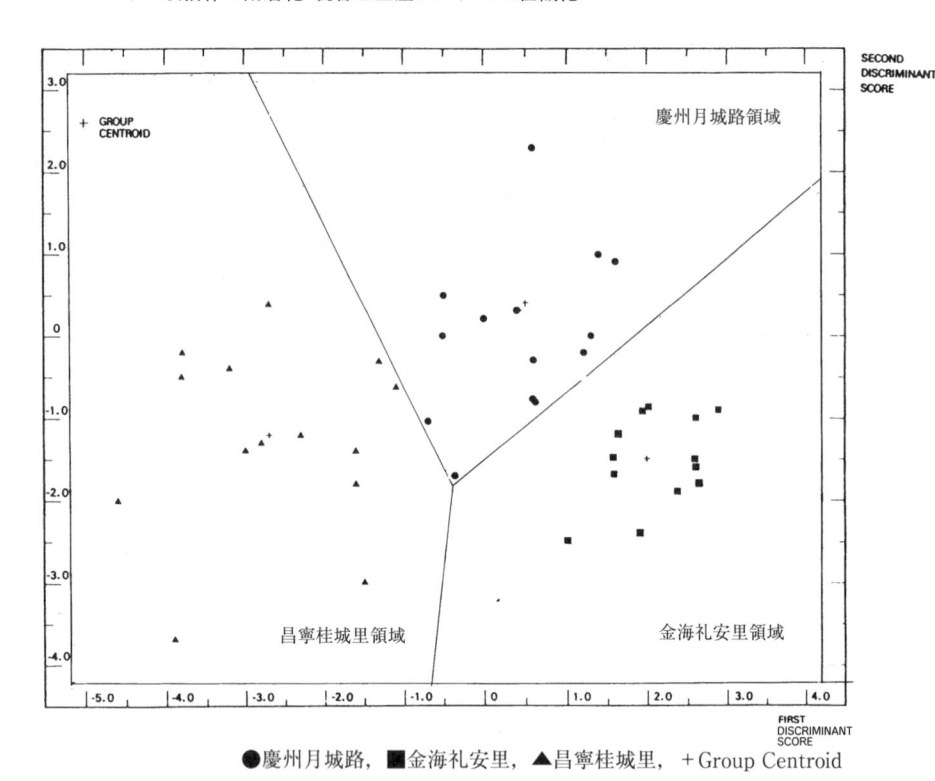

図5-12 線形判別式分析（ＳＬＤ）による慶州・金海・昌寧地域の土器様式相互識別
（慶州月城路－金海礼安里－昌寧桂城里古墳群出土２段透孔有蓋高杯）

●慶州月城路，■金海礼安里，▲昌寧桂城里，＋Group Centroid

域土器と重複するグループがあるが、慶山 - 大邱 - 慶州のグループがそれである（図5-11）。

二つ目に、金海、昌寧、慶州などは、慶州地域土器の器形のデータが分布する領域と5世紀後半から6世紀前半に及ぶ全期間にわたってひとつも重ならず分離する（図5-12）。

三つ目に、釜山の福泉洞、堂甘洞古墳群の遺物や漆谷多富洞古墳群の遺物は、それぞれ金海 - 慶州、安東 - 慶州の領域を共有している（図5-13）。

洛東江東岸様式や西岸様式のすべてにおいて、特定政治体の様式がまずは支配的な位置を占め、その影響下で各小地域様式が成立したとは考えがたい。4世紀末から各地域の政治権力ごとに、政治権力によって独自の生産システムを組織化する過程、すなわち新羅・伽耶内部における普遍的な地域様式の成立過

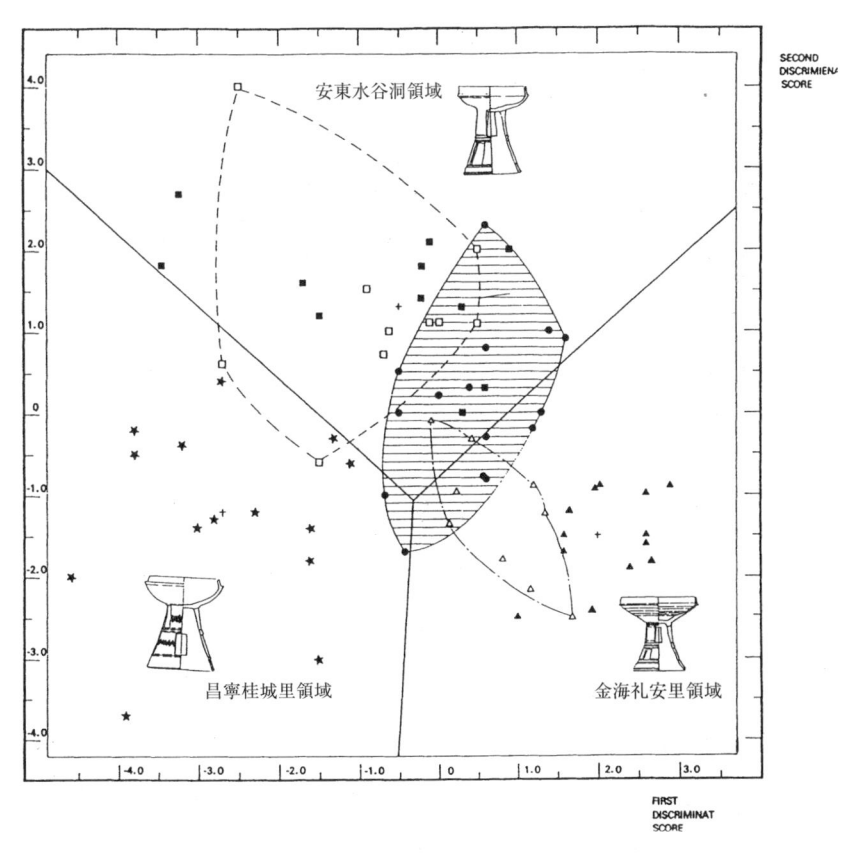

3 5・6世紀代における土器様式の分布と生産システムの組織化 267

●慶州月城路, ▲金海礼安里, △釜山福泉洞・堂甘洞, ■安東水谷洞,
□漆谷多富洞, ★昌寧桂城里, ＋Group Centroid

図 5-13 線形判別式分析（ＳＬＤ）による昌寧・金海・安東地域の土器様式相互識別と慶州・釜山・漆谷地域土器への応用

程というものがあった。こうした地域様式化する過程のまた別の側面は、いくつかの政治体の土器生産システムが集団的、相互緊密的に様式の交流をし合う過程として描写することができる。

　それゆえ、5世紀中葉頃、結果的にあらわれる各政治体における土器の地域様式化の過程が、特定地域の優越した地位というものは認めることができないとしても、大きくみて洛東江東岸と洛東江西岸の二つのグループに分かれて進行するという事実は、認めることができる。こうした集団的な様式交流の具体

的な過程は説明することができないが、様式の相互作用として概念化しようと思う。

個々の政治体における、土器生産システムのあいだに生じたこのような様式相互作用は、ひとつの政治体の内部で起きた生産システムの組織化とは異なっている。個々の政治体の領域内で、少なくとも生産・分配システムの組織化の過程が認められれば、生産と分配の過程で以下に例示した場合のうち、少なくともそのいくつかの現象を条件として備えなければならず、それが土器遺物群の分布から確認されなければならないだろう。

① 一定範囲に分散する工房を1ヶ所に集結させる場合、
② 組織化された一定地域内の工房間に、生産用具、生産施設、生産工程の統一、あるいは定型化がみられる場合、
③ 組織化された生産システムのなかで、当該社会内部の需要を満足させるために、工房のあり方が器種別に分業したり、地域ごとに一定の供給先をもっていたりして、それが競合によるものではなく、相互に補完するような機能別・地域別の分業として見られる場合、
④ 一定の器種について、器形や原料および窯を使った焼成法によって、土器の質が一定レベルに標準化されることが認められる場合、

上述のような現象をみせる生産システムの組織化と比較すると、土器様式の相互作用は相当に異なる概念である。たとえば諸地域の土器群のうち、同一器種のあいだに相当程度器形上の類似が観察されると、それは様式相互作用の結果だとはいうことができるものの、それを組織化や標準化と言いあらわすことはむずかしい。そして、窯による焼成法や、同じ製作工程のうえでも同一の基準を適用したものとみなすことができなければ、やはり組織化ということはできない。

土器様式の相互作用がさらに緊密に行われるような集団を仮定して、土器様式の類似度を評価し区分することは相対的なものということができる。たとえば高霊地域様式と咸安地域様式は距離が近いにもかかわらず、慶州地域様式と釜山地域様式相互に比べ、はるかに相違する点が多い。結局のところ、われわれが洛東江東岸様式や西岸様式として区分するにあたり、あまり厳密な基準で判別することもなく、地域的に明確な境界をひくこともできない場合も指摘されるだろう。調べてみると、先に示した洛東江東岸地域土器の分析結果からも

わかるように、様式の類似度による地域群の設定については、地理的に近縁であることで区分するより適切な区分法を、現時点では求めることができないでいる。土器様式の相互作用が盆地と盆地を結びつけるルートに沿って生じたように、土器様式の拡散もそうしたルートの役割が重要である［李盛周：1992a, 1992c, 1993a 李熙濬：1995］。

　土器様式の相互作用により生じた様式群は、いくつかの小地域様式を統合した大地域様式と概念を同じくするということができる。つまり、よく洛東江東・西岸様式とか、新羅・伽耶様式とかよばれる様式群は、そうした大地域様式群だということができる。これは広い範囲に及ぶ生産・分配システムの組織化を通じてあらわれたものではなく、土器様式の集団的な相互作用によって形成されたものなので、この様式群を客観化することはむずかしいだろうし、相対的に定義せざるをえない土器様式のグループである。こうした集団的な様式の相互作用はなぜ起こり、また、どのくらいの期間持続したのだろうか。〈まだ地域差が顕在化しない〉4世紀末頃からは局地的にそうした集団的な様式の相互作用をみることができ、その段階においてすら、ごくわずかではあるが洛東江の両岸における地域差も否定しがたい。そして、遅くとも5世紀後半までは持続する。皮相的な見方に過ぎないが、特別な自然地形上の障壁がなく、地理的に近距離に位置する政治体のあいだに、そうした集団的な様式の相互作用が生じたと考える［李盛周：1993a］。

　洛東江東・西岸様式の分化過程は、特定政治体の様式の拡散としてみることはできず、いくつかのグループによって様式の相互作用が進行した結果、5世紀中葉の2～3の大様式群と各政治体の小地域様式が発生したのだと考えるのが妥当である。ところで、特定地域の土器様式が相対的に優位にたち、他地域の古墳群に埋納されたり、文様や器形に影響を与えたりする現象が、5世紀中葉頃を起点にあらわれるようになる。もちろん、5世紀前半代にも、特定政治体の中心地で生産された土器が他地域の政治体内部、あるいはその中心的古墳群にまで持ち込まれ埋納される事例がある。たとえば慶州地域様式土器が福泉洞53号、39号に埋納された事例だとか［鄭澄元・洪潽植：1994］、昌寧地域様式とみられるものが、金海七山洞33号、陝川玉田31号、同38号に埋納される例などを指摘することができる［朴天秀：1993　鄭澄元・洪潽植：1995］。こうした事例は、これから述べようとする特定の政治体の様式がひとつの求心点から徐々に空間的に拡大していった過程とはひとまず別にして、考えてみなければなら

ない。ここで議論しようと思うことは、土器が一時的に他地域へと流出する現象のことではない。そうした現象は、単に5世紀代に限定されたものではなく、4世紀代にも見出される。ここで検討することは、特定地域のシステムで生産された土器がしだいに分配範囲を拡大し続けたり、あるいは特定の地域様式が空間的に密度を高め拡散したりする現象についてのことである。

　大伽耶と新羅に代表される若干の特定政治体の様式が空間的に拡散する過程は、5世紀中～後葉頃から始まるものとみられる［禹枝南：1987　李熙濬：1995　李盛周：1993a］。高霊系土器あるいは大伽耶土器というものが5世紀後葉頃に拡散したという点は早くから注目されてきたが、洛東江東岸に対しては、すでに東岸様式自体が新羅土器、すなわち慶州系土器の拡散と影響によるものだと、あらかじめ決めつけられてしまっているために、5世紀中葉頃に始まった慶州系土器の拡散について関心をもつ研究者はほとんどいない。

　5世紀後半頃を始まりとして、特定の地域様式の拡散現象と関連し、早くから議論されてきたのが高霊地域の大伽耶様式土器の拡散であり、その間何人かの研究者たちがそれについて言及している［禹枝南：1987　李熙濬：1995］。そのため墓制［金世基：1995］と土器様式［李熙濬：1995］の拡散による大伽耶の圏域、あるいは大伽耶連盟の領域に関しては、いろいろな角度で論証がすでになされており、その結論は文献史学研究による大伽耶連盟の領域［田中：1992　金泰植：1995, 1993 155-158頁　朴天秀：1993］とも似通ったものである。5世紀後半から始まった大伽耶様式の拡散は、黄江流域と南江流域に沿って、そして小白山脈をこえて南原地域にまで拡大している。そして前述したように、他地域からの土器の流入がまったく認められなかった咸安の中心的古墳群である道項里古墳群でも、6世紀前半代の古墳になると、少量の高霊系土器の出土がみられる［李盛周・金奭周・キムヤンファン：1992］。

　昌寧地域様式土器も拡散する土器様式のなかのひとつであるが、これについても論証がある［朴天秀：1993　鄭澄元・洪潽植：1995］。昌寧系土器の流出は、5世紀後半代という比較的限定された時期にあらわれる現象とみられる。陜川玉田古墳群ではM1・M2号段階［趙栄済・朴升圭・柳昌煥・李瓊子・金貞礼：1992］に、昌寧系土器が流入、埋納されて、金海地域の生谷洞加達古墳群［宋桂鉉・洪潽植：1993］や釜山堂甘洞古墳群［鄭澄元・洪潽植：1994］などでも同じような時期に出土例が目立つようになる。

　慶州系土器は5世紀中葉頃以降、近隣の地域から徐々に分布範囲を拡げる様

相がはっきりする。筆者の洛東江東岸様式土器編年［李盛周：1993a］によれば、慶州系の文様と器形ということのできる土器の様式的特徴は、東岸様式Ⅱ期とⅢ-1期の境界あたりに該当する皇南洞110号［金宅圭・李殷昌：1975］と皇南大塚南墳［韓国文化財研：1993・1994］段階で完成されたが［李盛周：1993a］、こうした特徴は同時期の他の地域ではみることができない。ここで、慶州系土器が洛東江東岸様式に占める位置、あるいはその意味に対する検討を試みるのは、それなりに価値があることである。筆者の編年［李盛周：1993a］が適切ならば、筆者のⅠ期、Ⅱ期（5世紀前半代）には、洛東江東岸地域のどこにも様式的に先行するところがあるとは考えられず、慶州地域を中心とする土器様式の先行性も認めがたいことを、それは意味している。しかし、Ⅲ-1期（5世紀中～後葉）になると、慶州地域で様式上先行する要素を見出すことができるようになる。高杯や長頸壺、その蓋などを装飾する文様と、赤色軟質有蓋鉢の副葬といったいくつかの要素をそこに指摘できるのだが、この諸要素が慶州地域で皇南洞110号、皇南大塚南墳、月城路가11-1号、同나8号・나9号・나12号［国立慶州博：1990］などにはじめて出現するのである。これはまっさきに大邱-慶山-慶州-蔚山を結ぶ線に沿って拡散して、6世紀初にあたるⅣ-1期になると釜山、梁山、安東、漆谷、義城地域でもみられるようになり、昌寧校洞11号でもみられ、Ⅳ-2期の資料は金海礼安里古墳群でも何点か出土している。

　このような慶州系土器の拡散が土器自体の流入であるのか、あるいは諸地域の土器生産システムで慶州系土器を模倣するようになったのかについては、はっきりと言うことができない。慶州系土器の拡散と同じような時期に起こった高霊系土器の拡散現象を検討した李煕濬教授の見解によれば、三つの場合を想定することができるという。一つ目は在地の工人の模倣であり、二つ目としては土器自体の流入であり、三つ目としては生産システムの掌握という表現をとることのできる場合である［李煕濬：1995］。高霊系土器もそうであるが、他地域へ拡散した慶州系土器を仔細に観察してみると、慶州地域の土器とは容易に識別できないものがほとんどである。そして、すでにその地域には、慶州系に対して在地系ということができるような小地域様式が存在し、慶州地域はもちろんのこと、これは洛東江東岸様式として包括できるほど広範囲にわたる様式上の類似性をもつものである。

　そこで、洛東江東岸各地域の土器群に対する精密な観察から様式群を識別し、図式的に理解することができるのであれば、図5-14のような分類が可能であ

272　V　政治体の階層化・統合と生産システムの組織化

```
                  ┌─ 慶州産土器：慶州で生産され流入した土器
      ┌─ 慶州系土器 ─┤
      │           └─ 慶州様式模倣土器：慶州地域土器を模倣して
      │                              在地で生産された土器
      └─ 在地系土器：洛東江東岸様式の小地域様式として存続する土器
```

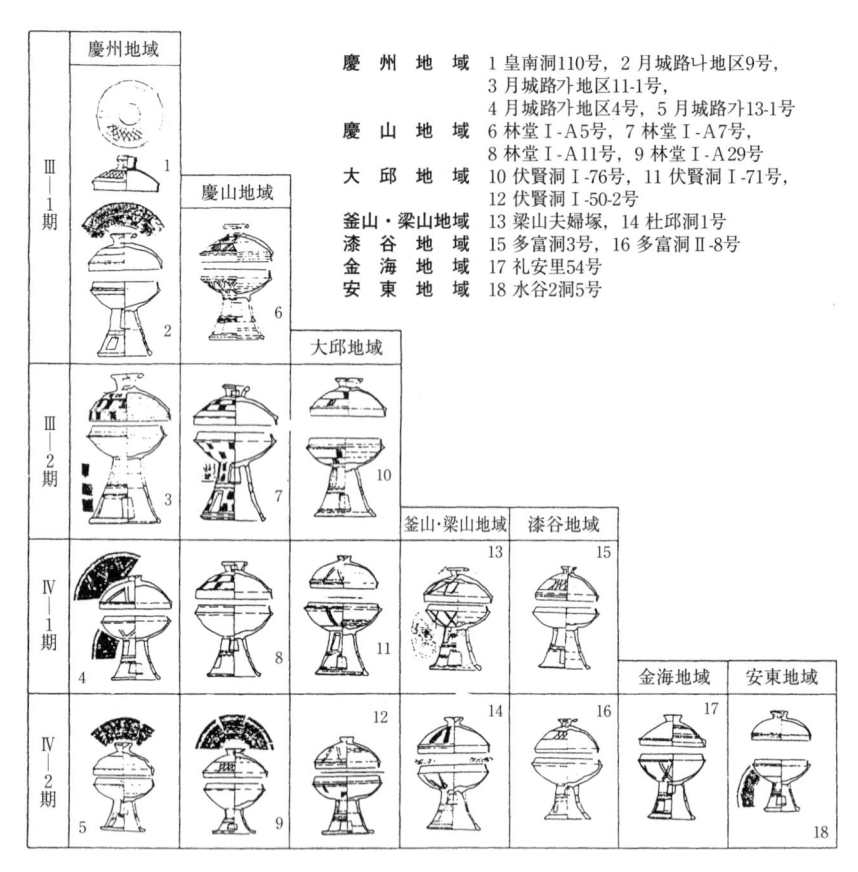

	慶州地域	慶山地域	大邱地域	釜山・梁山地域	漆谷地域	金海地域	安東地域
Ⅲ―1期	1, 2	6					
Ⅲ―2期	3	7	10				
Ⅳ―1期	4	8	11	13	15		
Ⅳ―2期	5	9	12	14	16	17	18

慶　州　地　域　1 皇南洞110号，2 月城路나地区9号，
　　　　　　　　3 月城路가地区11-1号，
　　　　　　　　4 月城路가地区4号，5 月城路가13-1号
慶　山　地　域　6 林堂Ⅰ-A5号，7 林堂Ⅰ-A7号，
　　　　　　　　8 林堂Ⅰ-A11号，9 林堂Ⅰ-A29号
大　邱　地　域　10 伏賢洞Ⅰ-76号，11 伏賢洞Ⅰ-71号，
　　　　　　　　12 伏賢洞Ⅰ-50-2号
釜山・梁山地域　13 梁山夫婦塚，14 杜邱洞1号
漆　谷　地　域　15 多富洞3号，16 多富洞Ⅱ-8号
金　海　地　域　17 礼安里54号
安　東　地　域　18 水谷2洞5号

図 5-14　慶州系様式土器の洛東江東岸への拡散

ろう。器形の観察による慶州系と在地系の土器区分は、ある程度のレベルでは妥当なものとなっているとみられる。しかし、慶州系土器のなかで慶州産と慶州様式を識別することは至難の技と考えられる［定森：1988］。土器の外見上の形態のみで何らかの妥当な判断を下すこと自体がむずかしいことであるが、慶

州地域で出土した土器群においても、器種ごとのヴァリエイションの幅を認知することができるような資料分析が、いまだに蓄積されてはいないようだ。結局、この識別には化学分析と統計学的方法を応用した産地推定方法以外にないのであろう。

　このような慶州地域の東岸様式、すなわち慶州系土器の拡散は、新羅の領域拡張、軍事的征服、地方支配などと関連づけて解釈される場合が多い。たとえば梁山夫婦塚の年代に関する議論［藤井：1978　李殷昌：1981　禹順姫：1989　沈奉謹：1991］のなかには、夫婦塚に追葬で入れられた慶州系土器を、金官伽耶の滅亡と関連づけて解釈することもあった［藤井：1978　禹順姫：1989］。梁山夫婦塚は横口式石室で、釜山・梁山地域の東岸様式から展開[11]してきた在地系土器が先に埋納されて、追葬の際には慶州地域土器とほとんど識別できない慶州系土器が入れられている。そのことをもって、古墳築造の時点と追葬の時点のあいだに金官伽耶の仇衡王が新羅法興王に降伏して本国を食邑として賜ったとみなす、という論理である。

　慶州系土器の拡散現象を政治的なできごとと直接に関連づけるようなレベルの推論から抜け出すためには、諸地域の生産・分配システムの復原と、出土状況に対する綿密な分析と考察が伴わなければならないであろう。慶州系土器の拡散による古墳への副葬のあり方は、高霊系土器の拡散によるそれと、若干対比されるべき面がある。高霊系土器は、各地域の中心的古墳群中で最上位の古墳群にまず埋納されはじめ、徐々に下位の古墳群の墳墓へと副葬が拡大し、結局その地域の副葬土器を完全に支配するというあり方を示す。これに比べて慶州系土器の場合は、最初の段階で上位古墳群の上位古墳にのみ副葬される、といったあり方をみせない。しかし古墳のランクによって、慶州系土器の副葬のされ方には格差がある。最初に慶州系土器がある地域に流入する場合、最下位古墳群の最下位の古墳には副葬されず、少なくとも下位古墳群中の上位古墳にまでは副葬されている。しかも古墳群のランクによる副葬のされ方の格差は存在するものと考えられるが、それは上位古墳群と下位古墳群のあいだの在地系土器との混在比率が異なることにあらわれている。

　結局、慶州系土器であれ高霊系土器であれ、古墳の階層の上では上位から下位へ〈高霊系土器は最上位から、慶州系土器は必ずしも最上位のみに限られることなく上〜中位から下位へ〉、空間的にはひとつの求心点から周縁へと、その拡散過程が進行していった。そして、それは6世紀中〜後葉に嶺南地方の全域に及

ぶ新羅後期様式化へと帰結する［崔秉鉉：1987］。

　慶州系土器と高霊系土器の拡散が、はたしていかなる要因によって成立していったのかについて、在地の工人による模倣、土器自体の流入、生産システムの掌握など、三つの場合のうち、いずれであるのかは判断しがたい点を指摘したことがある。妥当な結論へと到達するためには、拡散中心地域の土器の器形や、製作技法上のヴァリエイションの範囲が明確に規定されなければならず、微量成分分析による土器の産地推定を導入する必要がある。ここではつぎのような出土状況を分析し、その拡散過程を検討してみたい。

① 　中心的古墳群（一政治体の最上位の古墳群）のなかの上位古墳から拡散する土器様式（慶州系または高霊系、昌寧系も同様である）と在地系土器が一定の比率で混在し出土する状況。
② 　中心的古墳群のなかの、中小の古墳や、中〜下位の古墳群のなかで上位古墳に至るまで出土して、中心的古墳群においても在地系土器が消滅したり、ごくわずかな存在として残存したりする場合。
③ 　中心的古墳群自体が消滅した地域で、中〜下位の古墳群全体に支配的に副葬される状況をみせる場合。

　①の段階では、在地の土器生産がひとつの政治体内部の中心的な生産システムとして存在するために、拡散してきた土器群は少なくとも拡散の中心地から生産システムが組織化（生産システムの掌握）［李熙濬：1995］された結果あらわれたものとは考えられないであろう。むしろ土器自体が流入した可能性が相対的に高い。しかし、②と③の段階へと移行すればするほど、しだいに在地の生産システムによる土器が占める比重が軽くなり、中心的な土器生産から遠ざかって、下位古墳群のなかの下位古墳のための土器生産となった。そして結局のところ、既存の在地生産システムは消滅してゆくのだが、この最終段階が、嶺南地方全体が新羅後期様式土器化する段階だと述べることができる。つまり②と③の段階に至っては、すべての土器が慶州や高霊から流入したと考えることはむずかしくなる。少なくともこの段階になると、在地の土器生産システムでは、既存の様式を放棄して、慶州系あるいは高霊系様式と製作技法を受容した可能性について考慮してみる必要がある。このような過程は、生産システムの交替とか、様式の相互作用として理解しがたく、土器様式の拡散の中心地から生産システムが組織化されたのだとするのが適切であるようだ。

結局、②と③の段階で慶州系土器や高霊系土器などが拡散して、土器生産の支配的な地位を占めるようになる過程は、拡散の中心地からの土器生産システムの組織化とみなければ理解できないだろう。5世紀後半から始まる特定の政治体様式の広範囲にわたる拡散とその影響により新たに開始される土器生産システムの変動過程を「広域にわたる土器生産システムの組織化」と定義しようと思う。

　こうした過程は、もちろん拡散する土器様式がだんだんと支配的になるために、当然、そちらが注目されるようになるが、実は在地系土器生産システムの動向をもっと重点的に考慮しなければならないのではないだろうか。

　各政治体の小地域様式の土器生産システムは、5世紀中～後葉以降、中心的古墳群からその比重を軽くしはじめ、結果中下位古墳群のための土器生産システムへと変容するようになった。まさにこの5世紀中～後葉に嶺南地方の古墳文化にあらわれる、ひじょうに顕著なこととして注目されなければならない現象は、この時点で新しく形成される古墳群がきわめて多いという点である。もちろん、新しく墓域を選択し移動した中心的古墳群もあるが、この時期に一般化できる現象ではなく、さらに下位の中小型墳が群集する古墳群がいたるところで新しく開始されたことがこの時期の一般的現象なのである。それは、このような古墳文化の変動と軌を一にして、中下位の古墳群に埋納するための小規模な在地の土器生産システムが出現したことも意味している。この生産システムは、以前の一政治体を中心にした生産システムの組織化とも異なり、先に述べた広域にわたる生産システムとも異なっている。上記したような生産システムと比較したとき、新たな小規模生産システムは、分配の範囲がきわめて局地的で製作技法も退化したものだったようである。

　新羅の中央集権化過程を説明するのに、6世紀代の嶺南地方の古墳群とその分布に対する認識というものが非常に重要となる［洪潽植：1994a］。中央集権化の完成は、嶺南地方全域における古墳群の消滅としてあらわれる。古墳群の消滅は、徐々にというよりも、急激におこった過程である。慶州とその周辺を除いた嶺南諸地域で、古墳群が消滅する前までは、古墳群の数はむしろ増加する傾向がある。それは大型古墳群の数が増えるのではなく、中小型古墳群が増加するのである。

　漆谷鳩岩洞古墳群［金宅圭・李殷昌：1978］、陜川三嘉古墳群［沈奉謹：1982］や、義城長林洞古墳群［尹容鎮：1981］、大邱伏賢洞古墳群［尹世英・李弘鍾：

1989]などのような中小型古墳群から発掘された土器資料のなかには、その古墳群にだけあらわれる技術‐形態的特徴が抽出される。言い換えれば、大きくみると東岸様式／西岸様式としてまとめられるだろうが、器種によっては器形の細部に違いがみられ、ひじょうに限定された地域にのみ分布する様式が存在するのである。そして、そうした土器は、先に列挙した中小型古墳群から主として出土するのである。

このような様式の土器遺物群を、器形の細部と製作技法上の特徴を観察して地域間の比較を行ってみれば、生産地

表5-1　図5-15の遺跡名と出典

番号	遺　跡　名	出　　典
1	安東造塔洞古墳群	尹容鎮：1992
2	安東臨河洞古墳群	任世権：1989
3	安東水谷洞古墳群	尹容鎮：1989
4	義城長林洞古墳群	尹容鎮：1981
5	慶山林堂洞古墳群	権奨九ほか：1991　鄭永和ほか：1994
6	清道薺池里古墳群	李殷昌・朴普鉉・金庚周：1994
7	釜山杜邱洞古墳群	朴志明・宋桂鉉：1990
8	梁山北亭里古墳群	沈奉謹：1994
9	金海礼安里古墳群	釜山大学校博物館：1985, 1993
10	固城蓮塘里古墳群	朴淳発・李相吉：1994
11	陜川三嘉古墳群	沈奉謹：1982
12	陜川倉里古墳群	沈奉謹：1987
13	陜川鳳渓里古墳群	沈奉謹：1986
14	大邱伏賢洞古墳群	尹容鎮・李浩官：1989
15	大邱鳩岩洞古墳群	金宅圭・李殷昌：1978
16	善山洛山里古墳群	李殷昌：1988
17	漆谷多富洞古墳群	朴東百・李盛周・金亨坤：1990

と古墳が1：1だとか、1：2～3程度で対応するというものとしてあらわれる。このことは、一生産システム単位の供給先がきわめて制限されている現象としてみなすことができる。広範囲に土器生産システムが組織化されるなかで、むしろ小規模な地域単位として形成された生産システムがあらわれるようになった。このように、新たな性格の生産システムの形成過程を、「局地的な生産システムの組織化過程」と定義しようと思う。

4　政治体の階層化・統合による生産システムの組織化

嶺南地方の5～6世紀代の土器研究において、当初から関心を集めてきた問題は、新羅と伽耶土器の区分といった、政治勢力の範囲と土器様式のあいだの関連についてのものであった。政治的実体の領域、政治権力の範囲、政治体間の相互関係を、土器様式の分布により推論しようという視点からの研究は、初

4 政治体の階層化・統合による生産システムの組織化 277

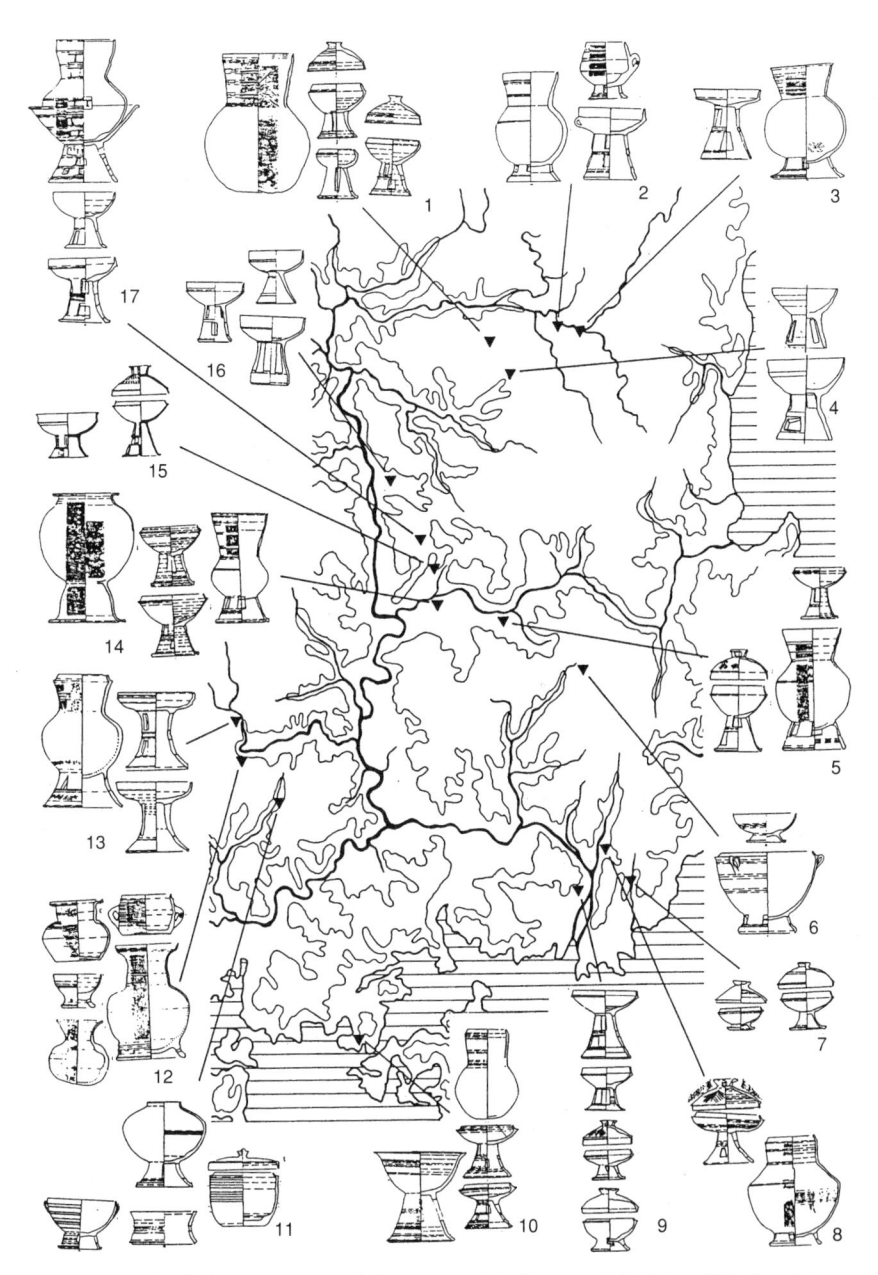

図 5-15 局地的生産システムで生産された 5 世紀後半〜 6 世紀前半土器様式の分布

期の研究から現在まで行われてきている。

　新羅・伽耶土器全体を概括してみると、おおむね5世紀前半頃には洛東江を境界に東岸と西岸様式の2大様式が分立して、5世紀中葉頃になるとこの大様式群の内部に各政治体と関連する小地域様式が成立する［李盛周：1993a 36頁］。5〜6世紀には、嶺南地方は新羅と伽耶という二つの領域にまずは区分されなければならないという点が前提にされるために、土器様式と政治体のあいだの関係も、そのように説明される。そして、土器様式と政治体のあいだの関係は、洛東江東岸では、新羅を中心にする中央‐地方間の政治秩序として理解され［李熙濬：1996a］、西岸、つまり伽耶では、連盟体内部の諸政治体間の相互作用［権鶴洙：1994b］や、連盟体の内部構造として解釈されなければならないだろうと私は信ずる［禹枝南：1987　李熙濬：1995　朴天秀：1996a］。

　洛東江東岸をひとつの土器様式としてまとめることができる理由を、新羅の勢力の拡大［崔鍾圭：1983c　崔秉鉉：1992b 616-623頁］、あるいは新羅を中心とする政治連合［申敬澈：1989 424頁］とする見解が表明されてきた。しかし、洛東江東岸様式の分布圏がただちに新羅政治体の領域、新羅地方支配の領域だという図式には、早くから疑問が投げかけられていた。土器は容積が大きくて破損し易い遺物であるため、特定地域で生産され広範囲に分配することが困難であろうし、何より日用品であるので、威信財のように、所有関係あるいは埋葬儀礼において、政治秩序を表象する余地が少ないだろうと考えるためである。そこで、土器様式よりも身分秩序をよく反映しうる装身具や儀仗用武器のような遺物の分配・所有に関心をもって、洛東江東岸一帯におけるある種の政治秩序［朴普鉉：1995　李漢祥：1994　李仁哲：1993b］について解明が試みられてきた。

　政治権力の領域と土器様式の分布域のあいだには、何らかの相関関係が存在しうる。政治権力と土器様式の分布のあいだに、ある種の相関関係が存在するという前提は、政治権力についての定義とともに、それに相応する土器様式の類似の度合いを決定する方式について、さらに多くの付随的な諸前提を必要とするだろう。したがって、任意の様式群を設定して、それをある政治体の領域にあてはめるとか、あるいは文献に記されている特定政治体の領域を仮定して、その領域内の土器様式の分布に某政治体の名を冠さなければならないとかいうことは、理論的に単純すぎるいう問題だけでなく、経験的にも主張が通りがたい面がある［李盛周：1993b］。

土器様式と政治体との関連に対する近年の諸研究を、いくつかの傾向に分けてみると、まず、器種構成や器形の細部の微視的なレベルに至るまで同一の特徴を示す場合においてのみ、その土器様式群の分布範囲を、政治体あるいは政治連盟体の範囲と推論する見方がある [12]。そして、このように定義された様式の土器群が、一定の範囲をこえて他地域へ混在していった場合、諸政治体間の政治・経済的な交流やそれと関連した政治的なでき事が反映されたとみる見解もあり [13]、各地域間の土器様式の類似度を客観的な尺度で測定して、それが諸政治体間の相互作用を反映するとみる見方も提出されている［権鶴洙：1994b］。

　本研究では、土器様式の分布と政治権力が関連するという前提自体を否定しはしない。政治体の権力が及ぶ領域空間の推定や、政治体の相互作用に対する尺度として、土器様式の分布と類似度を利用せざるをえず、土器を通じて新羅や伽耶の政治体の規模、あるいは内部構造を解明することがまったく無意味な作業ともいえない。ただし、5～6世紀代の嶺南地方の土器は、専業化したシステムで生産され、分配されたという点を、まずは前提にしておかなければならないのである。非専業的に生産された先史時代の土器のように、土器様式の類似度が諸集団間の相互作用の強さと比例する［Plog：1976］とは考えられない。そのため、土器様式の分布と政治体の領域が一致して、様式の類似の度合いと政治的相互作用が比例するという、単純な推論には問題がある。土器生産システムの存在、生産と分配の範囲、生産システムによって維持されたり消滅したりする器種や様式などをまず分析してこそ、そのような生産システムを管理して生産と分配を組織化する政治権力の領域とその相互作用を推論することができるのである。つまり、まずは土器を生産と分配という経済行為の産物としてみて、その経済行為を通じて諸政治体間の関係を検討しなければならない。

　われわれが、土器から観察・測定できることは、土器の物質的な属性と出土地、および出土状況についての情報であるため、こうした資料によりまず推論できることは、政治体の領域や相互関係の問題ではなく、土器の製作技法、工人、様式的あるいは技術的な伝統、その分配範囲などだという点を前提としなければならない。そのため、われわれが土器という資料をもってまずアプローチのできることが、まさに土器の生産と分配行為、およびそのシステムだという点を念頭に置かなければならない。

　5～6世紀代における嶺南地方の土器の様式分析を通じ、直接に政治体の相

互関係を推論することには無理がある。それよりも、土器生産システムと分配組織を復原することが先決問題である。そのつぎに、そうした生産と分配を、政治権力がどのようにコントロールしていたのかを検討し［Fienman・Blanton・Kowalski：1984］、諸政治体間の相互作用を推論することができるのである。小規模な村落共同体の生産と分配においてあらわれる土器様式の交流と、専業的生産システムによる生産と分配に反映された様式の交流を分けて考えなくてはならないのはもちろんである。なぜなら、土器生産システムと分配組織が、土器様式の分布を決定するであろうということは当然だからである［中村：1981　Hantman・Plog：1982］。

　5世紀代の嶺南地方の土器様式が、洛東江を境界にして東岸様式と西岸様式に分かれるとすれば、それは地域内部の類似度が両地域間のそれを上回るためである。土器様式の分布を二つの地域群に分けるにせよ、あるいは三つに分けるにせよ、それは地域群の内部で個々の生産システムのあいだに様式上の相互作用があったためである。さきに検討したように、4世紀後半以降、各政治体を中心に、社会の内部における土器生産が専業的生産システムへと統合されつつ、若干の政治体における専業的生産システム間の相互作用がさらに強く働くようになったことを反映しているのである。しかしこの段階では、特定政治体の土器様式が、周辺の政治体に影響を与えて生じた変化ではない。たとえば慶州地域の土器様式が拡散して洛東江東岸様式が成立したのではない、ということである［李盛周：1993a］[14]。仮に、5世紀前半から特定の政治体の土器様式が拡散して洛東江東岸様式や大伽耶様式が成立したのであれば、5世紀中葉に各地域の中心的古墳群で小地域様式の特徴はあらわれないだろう。

　5世紀中葉頃になると、各政治体の中心的古墳群に埋納される土器群に、各政治体固有の様式だということができるほどの特徴が目立つようになる。洛東江西岸でははっきりしないが、東岸では若干の政治体の土器様式が東岸様式群としてまとめられるような様式の類似を示すが、細かな差異によって様式群のなかに小地域様式があらわれる。まさにこの時点で、特定政治体の土器群の文様や器形上の特徴が拡散する。諸地域に拡散する様式と在地系の様式を区分できるのも、そうした理由からである。

　小地域的な土器様式が形成されて地域に展開する過程は、諸地域の政治体ごとに少しずつ異なる。慶州地域は5世紀中葉頃に地域的な特徴が形成され、器形や文様が他地域に絶えず拡散したり、慶州地域の製品ということができるよ

うな土器が周辺地域へと分配されたりすることもある。釜山‐金海地域は、釜山式洛東江東岸様式土器だということができるような地域的な特徴が形成される前に、慶州地域から多量の土器が流入し首長の大型墓に埋納されたために、小地域様式化過程でその影響を受けなかったとは考えられない。

　拡散する政治体土器様式には、慶州系土器以外にも高霊系土器と昌寧系土器がある。昌寧系土器が周辺政治体へと流入する現象は、5世紀後半代の土器生産と分配の特徴的な一断面をみせる［朴天秀：1993　鄭澄元・洪潽植：1994, 1995］。5世紀の後半、近隣の政治体の中心的古墳群である陜川玉田古墳群においては副葬された土器の主流をなすが、釜山、金海、咸安盆地周辺に流入したものは下位の古墳群に埋納された。諸政治体の小地域様式のうち、長期にわたり地域的特徴を示していた咸安系土器は、咸安盆地の外郭に様式的上の影響を与えるが、周辺地域へと大きく拡散することはない。玉田古墳群から出土する土器群のうち、3～4の器種に限っては、陜川の小地域様式ということのできる特徴をもつ。しかし玉田古墳群でも、この小地域様式は下位の古墳に埋納されるのみで、首長墓には昌寧系土器や高霊系土器が埋納されるという、特異な現象があらわれている。

　諸政治体の土器様式ということができる小地域様式化の過程は、その過程を土器群それ自体の変化としてみれば、器種構成の定型化、製作技法‐器形上のヴァリエイションの縮小として認識できる。つまり、器種・器形・製作技法における厳格な model が設定されてゆく過程だということができる。さきの器形の分析と産地の推定分析の結果に基づき、生産システムの変動としてその過程を理解するのであれば、複数存在した窯が内部的に組織化されてゆくと過程だと説明することができる。これはつまり、4世紀後半代に起こった生産システムの変化を、生産システムの統合と一元化だとすれば、4世紀末～5世紀初に起きた変化は、生産システムの組織化だということができる。すなわち、各地域に成立したいくつかの専業的な窯が、政治体ごとに組織化されてゆく過程が、5世紀前半の状況だということができるのである。

　個々の政治体の小地域様式が形成された5世紀中葉から、特定政治体の土器様式が拡散する。その拡散は、拡散の中心地で生産された土器自体が外部へと流出するとか、あるいは器形と文様のような要素を在地の生産システムで模倣したりする過程としてあらわれる。拡散する土器様式のなかでもっとも顕著なものが、慶州系土器と高霊系土器である。地域的にみれば中心地に近い側から

遠くへ、古墳（群）の階層の上では上位古墳（群）から下位古墳（群）へと拡散の過程が進行する。ここでは、拡散の過程が比較的秩序だって進行する点と、6世紀代になると遠隔地の下位古墳群から出土する土器群に至るまで拡散する様式が支配的な位置を占めるという点に、注目する必要がある。こうした過程は、さきに検討したように、拡散の中心地から生産システムが組織化される過程を排除しては理解しがたい。

　5世紀代の土器様式の各地域における展開過程と、政治体の成長・階層化・統合過程のあいだには相互に関連があるという点は認めることができる。しかし、前者の過程に対する検討から、後者を直接に推論するのはむずかしい。ただし、政治体の権力により土器の生産・分配システムがコントロールされるので、それによって土器様式の特徴的な分布もあらわれるのである。個々の政治体が内部を統合して成長しつつ、独自に専業化した土器生産システムを組織化して、結果的に小地域様式というアイデンティティをもつようになった。このような政治体の土器様式のなかには5世紀中葉以降、他地域へと拡散するものもあり、あるいは政治体自体の領域を越えることができず一定地域内に限定されるものもあり、また、ある政治体の固有様式は拡散してきた様式に押しやられて、自己の領域内の中心的古墳群にも支配的な位置を占めることができないまま、すぐに消滅する場合もあった。そのため土器様式の拡散が特定政治体の勢力拡散の証拠として採用されもするが、土器の生産・分配システムを政治権力がどのようにコントロールしていたのかはいまだはっきりということができない状態である。したがって、政治権力の拡散と、特定政治体を中心にする統合過程において、土器の生産・分配システムがどのようにコントロールされていたのかについては、今後さらに検討する余地が残っている。

　しかしながら、5世紀前半代の洛東江東岸様式土器群の成立が慶州・新羅の勢力拡散による結果ではなく、東岸様式と西岸様式の分立が新羅‐伽耶連盟の勢力圏形成と直接的に関わっていないという事実を、これまでの分析を通じて論証することができた。4世紀後半代に諸政治体の土器生産システムが形成されながら、政治体を単位とする生産システム内部の組織化と、生産システムどうしの様式的な相互作用が同時に進行してきたのが、5世紀前半代の状況であり、そこに特定政治体様式が拡散したという証拠は求めがたいためである。このことは、5世紀中葉に諸政治体の小地域様式が成立したという結果から遡って解釈しても、特定政治体の相対的な優位を認めることはむずかしい。

4 政治体の階層化・統合による生産システムの組織化 283

　ところで5世紀後半以降、ひじょうに特徴的な土器様式の地域化傾向があらわれる。5世紀前半代の一政治体を中心とする土器生産システム組織化の過程が、一政治体を単位とする生産システムの成立を意味するのであれば、5世紀後半から始まる局地的な生産システムの組織化は、邑よりも下位のレベルで成立した生産システムを意味するようだ。この5世紀後半代は、特定政治体を中心に周辺の政治体が自律性を一部喪失して統合されてゆく時期、中央集権化の前段階として二元的な地方支配が試行された時期、諸地域の既存の共同体組織が急速に分解していった時期などとして知られている。新羅の地方支配制度にたとえれば、5世紀後半の局地的な土器生産システムは、城（村）あるいは自然村にあたる地域の土器生産の組織化ということができる。

　後期古墳群への転換、すなわち後期古墳の変質は、上からの変化ではなくて、下からの変化だということができるが、これは技術革新、あるいは文化変動の過程において、ひじょうに重要なものとして取り扱われるべき事項である[Papousek：1989]。つまり物質文化の変動は、社会階層の構造上、上層部の要請によってのみ生じるものではなく、また下層階級の必要によってのみ生じるものでもない。そのため、物質文化の変動が下の方から始められたのか、上の方から起こったのかは、その変動のつぎの段階を予測するにあたっても重要な問題となる。5世紀中～後葉頃から始まった中小型群集墳の出現と激増は、下からの古墳変動として規定することができる［李盛周：1992a, 1993b 207頁］。

　この中小型群集墳に副葬される遺物は、鉄鎌・鉄斧・素環頭大刀・刀子・鉄鏃などの鉄器が数種類、それに土器数点で、きわめて疎略なものである。この遺物は、もちろん質と量の両面で、中心的古墳群で出土した遺物とは比較にならない格差がみられるが、製作技法のうえでもレベルがむしろ退化する様相をみせている。土器だけではなく鉄器生産においても、中心部の政治権力により組織化された生産システムの産物とはみなしがたいことを、指摘できよう。また、個々の古墳の配置や葬法においても、家族墓的な性格を強めている。結局、このような様相は、政治体の支配権力による生産とは異なる生産システムを考慮させる。言い換えれば、これは政治体の中心的権力によって生産が直接コントロールされる貢納生産方式から社会が要請する一部の物品が遊離してゆき、親族単位で生産が行われて労働が分化する生産様式が出現したということを意味するのではないだろうか。こうした親族生産様式[15]の成立は、租税制度の定着と何らかの関連があっただろうと考えているが、5世紀後半から始まる局

地的な土器システムの成立を「親族生産様式」と定義しようと思う。

　社会内部のあらゆる物品が、中心権力がコントロールする専門工人によって生産されるものではなく、土器や鉄器のような日用品の一部は村落における親族生産様式にゆだねられ、このように分化した地域単位から、租税のみを徴収するシステムへと転換してゆくことを意味している。こうした生産様式の変動をもっともよく示すものが、中小型群集墳に埋納された土器様式だと推測される。

　小規模な土器生産システムは、下からの古墳の変質と関連する生産様式の変動により成立し、それは5世紀中〜後葉の中小型群集墳の副葬用土器によくあらわれている。4世紀末から5世紀の前半代まで、中心的古墳群の内部で、大型墓に副葬された土器の地域様式化の過程が上からの変化であり、政治体の中心的権力により行われた生産システムの組織化という側面で説明できるとすれば、5世紀中葉頃から始まった局地的な土器生産システムの成立は、中小型群集墳と関連をもちつつ新たに社会単位として分化した村落内部［李宇泰：1981　権悳永：1985　金在弘：1991　朱甫暾：1992］の親族生産様式だと考えられる。このような生産様式の例は、いたる所でみることができる。

原注

（1）本遺跡で採集された高杯形器台片は、窯の操業期間との関連が少なくないのではないかと思う。

（2）実際、この符号は須恵器研究者たちの注目を早くから集めてきた。須恵器に「○、×、＋、－、サ」などの符号がしばしばみられるが、○を除いたのこりの符号は、朝鮮半島の場合、筆者が実見したところによれば、伽耶西南部で多く発見されるようである。須恵器の研究者たちは、これを生産の場である窯あるいは供給の場所についての記号とみなすことが一般的である。中村浩教授は、自身の和泉陶邑窯の発掘資料に基づいて、同一の窯を使用していた複数工人が、相互に自身の製品を表示するため使用した記号、ということを立証した［中村：1977］。

（3）図面上でみれば、晋陽郡竹山B遺跡で採集された台脚1点が軟質陶器炉形器台でないかと思われるが不確実である。

（4）この分野の研究は、現在始まったばかりの段階で、窯址の相互判別がまずは優先されなければならない。最近の分析結果によれば、中山里古墳群から出土した咸安式土器高杯（蔚山中山里古墳群で4世紀末を除けば4世紀代の硬質陶器高杯は、少なくとも50基をこえる4世紀代の古墳のうちで2点にしかすぎない）は、咸安産である可能性が高いことを示している。

（5）以上の報告書と報文から、釜山福泉洞古墳群における4世紀代の土器の様相

を探ることができる。
(6) この古墳群からは咸安地域様式も多く出土したが、金海地域様式が優勢を占める。そしてこの古墳群は、もちろん木棺墓の時期から築造されはじめるが、報告された資料は4世紀末頃から5世紀初にかけての限定された時期に属する。
(7) 昌原大学校博物館の地表調査資料による。
(8) 釜山福泉洞21・22号（5世紀初）、10・11号（5世紀前半）、金海礼安里41号（5世紀後半）、梁山北亭里金鳥塚（6世紀前半）などの古墳から出土した2段透孔高杯を器形ごとに選び、各器形をグループに分けて形態のヴァラエティを計測し主成分分析（PCA）を試みた。その結果を示したものが、第1・第2主成分の2次元平面に投影した点の分布である。時期が下がってゆくほど点の分散が少なくなって集中するようになる。
(9) 陜川地域の土器様式と外形上の特徴が類似するものには、金海礼安里36号出土高杯をあげることができるが、脚部上段と下段の透孔の長短が陜川地域様式高杯とは反対になっている。
(10) 安在晧：1993a の編年による。
(11) 大型墳としては蓮山洞4号から出土した土器から変遷過程が推定される。
(12) 定森秀夫の type についての定義のように、政治体あるいは地域集団が生産したと仮定する土器群に対する定義としてみれば、最近の李熙濬による高霊様式の定義と分布密度からみた大伽耶連盟についての主張が、その例にあたると思う［定森：1983, 1988b　朴升圭：1993　李熙濬：1995］。
(13) たとえば昌寧系土器というものが定義されて、それが釜山‐金海地域や陜川玉田古墳群へ流入する契機を説明する方法が、それである。あるいは、特定の器種が出現して分布する事実をとりあげて、歴史上のできごととの関連を推論することもある［趙栄済：1985, 1990, 1992　鄭澄元・洪潽植：1994］。
(14) 諸地域の土器編年に手を加えない限り、洛東江東岸様式土器の要素が慶州地域で最初に出現して周辺に拡散したという事実を論証することはむずかしい。
(15) 本来、生産様式という概念は、マルクス（Karl Marx）に由来する。マルクスは、資本主義生産様式の分析に没頭して、相対的に先資本主義社会を概念化することにはおろそかなところがあった。そのため、他のどのような社会関係よりも、商品の交換関係が支配的である資本主義社会の特性から類推して、物的基礎、下部構造により上部構造が決定されることを定式化したということができる。以後、アルチュセール（Louis Althusser）のように、マルクスを再解釈したフランスの理論家たちにより、マルクスの下部構造による上部構造決定の定式は修正をうけた。とりわけフランスのマルクス主義的人類学者たちは、主としてアフリカ社会の研究を通じて、先資本主義社会では生産関係と社会関係がたがいに分離していないことを発見する［Meillasoux：1979　Terray：1975］。そこでは親族関係が生産関係として機能し、経済・社会的な関係から派生したもの、あるいは合理化の仮面をかぶることがないので、宗教・理念的形態を分離させることができないとした［Godelier：1978　Rey：1975］。生産様式の時間的・空間的展開［Gailey & Patterson：1988］と関連して、Eric R.Wolfの説明［Wolf：1982］は、参考となることが多い。それは生産様式を親

族生産様式（kin-ordered mode of production, lineage mode of production）、貢納生産様式（tributary mode of production）、資本主義生産様式（capitalist mode of production）の三つに分けて規定し、それが決して進化論的な関係にはないことを強調している。そして、ひとつの社会が、ひとつの生産様式で定義されることなく、ひとつの生産様式に対していくつかの社会が関わることもあるのだと主張する。

　新羅伽耶社会の変動を、生産様式が時の流れのなかで変形していったものとして話をすれば、つぎのような説明が可能となる。われわれが、いわゆる支石墓社会を、低レベルの階級社会、あるいは生産物の再分配経済に基づく社会と規定できれば、そこから新羅伽耶政治体への過程は、階層化が深まり、社会のいくつかの単位と機能が支配的親族集団の首長権へと統合される過程として考えることができる。そうならば、再分配経済に基づいて、ごくわずかなレベルであった貢納生産様式が、新羅伽耶政治体の成長とともに、より組織化され強化されたのだとみることができる。そのため、親族生産様式として規定できる集落以下の生産機能は退化したのであろうと考えられる。しかし、新羅の場合のように周辺の小国を支配して、より大規模に統合された社会の内部には、以前の単位としての小国が分解し、村あるいは自然村のような下位単位の自律性が相対的に増加した。実際、後期古墳に埋納された大部分の遺物は村落単位で生産されたと推測されるが、製作技法が退化した感がある。そして、この頃急増する小型群集墳は、新たな単位集団としての村落の共同墓地であり、親族を単位とすると考えられる。そして、新しい下位単位の生産様式を「親族生産様式」と定義できると考える。

VI 結　語

　この研究では、紀元前1世紀代から紀元後6世紀代にかけての嶺南地方の考古資料を分析し、新羅・伽耶社会の起源と変動過程を解明するのが目的であった。本研究の対象とする時期が注目を集める理由は、低いレベルの小規模な階級社会から、より大きな規模で統合された複合社会が形成されて成長するという、社会進化の過程をみることができるためである。この期間、新羅・伽耶には、小規模な諸政治体が分立し成長したのち、中央集権化された新羅により統合される過程が進行する。

　新羅・伽耶社会の起源と成長の過程を解明するのに、単位社会というものを定義して、その発展段階を内部から観察する作業も必要であるが、本研究が対象とする期間に、実際、嶺南地方には多数の政治体が共存して、相互に作用し合いながら成長したのであり、それを考察する作業も必要である。もちろん、単位社会それ自体の成長もあったが、単位社会どうしの関係や相互作用を無視することはできない。そして一定の時期には、諸政治体間の階層化や統合の過程があり、この過程を経て新羅の中央集権化が完成した。したがって、新羅・伽耶社会の成長を、単位社会内部におけるものよりも、多数の政治体の総体的な成長過程とみて、アプローチする視点が生産的であるようだ。たとえば、ひとつの政治体を領域空間として定義する際にも、他の諸政治体との境界をもって定義せざるをえず、政治権力に対する認識も他の政治体と比べ相対的に評価せざるをえない。

　本研究では、新羅・伽耶の政治体の起源に対する検討、その個々の形態の復原、そしてその成長と統合の過程に対する解明など、三つの問題点を提起した。一つ目は、新羅・伽耶の政治体の原初形態である弁辰韓小国の形成過程を、小国の内部における下位単位と、政治経済的機能を統合する支配権力の成長過程から解明した。二つ目に、個々の政治体の規模と内部組織といった外見上の形態を、嶺南地方の独特な環境という側面と、古墳（群）の分布類型を分析して推論してみた。三つ目に、生産・分配システムが政治権力によって統合され一元化する状況を分析し、単位政治体が内部から統合されて成長する過程について述べてみた。最後に、個々の政治体ごとに組織化された生産システムとその

様式上の特徴が登場し、そのうちに特定の地域様式が拡散して、生産システムが広範囲に組織化される過程、および生産システム内部の分化による局地的な様式の分布状態などに関して検討し、政治体の階層化・統合過程を理解してみようとした。

(1) 新羅・伽耶　政治体の起源

おおむね、三韓小国の形成過程は、青銅器時代から存在した単位社会が、規模の大きな政治体へと統合される過程としてのみ理解されることが普通であった。そのような過程をまったく排除するわけではないが、青銅器時代の集落や支石墓の分布から階層化を検討した最近の研究成果をみると、単位社会の規模が拡大する過程だけで社会の変動を説明するのはむずかしいのではないかと思う。そのため本研究では、単位社会やその内部の機能を統合する政治権力の本質が変化する過程だということを前提にして、その要因について解明しようとした。

『三国志　魏書　東夷伝』の記録によると、嶺南地方で最古の政治体は、辰韓・弁韓の24ヶ国であり、政治体についての文献史学からのアプローチは、ここから出発するほかはない。ところで、文献上での辰韓・弁韓についての認識は、3世紀前半あるいはそれ以前のある時期の状態のものにとどまらざるをえないために、多くの研究者たちが辰韓・弁韓という新たな時代の展開を定義して、その変動の過程を説明するため考古資料を分析してきた。考古学的な見地から、陶器・鉄器などの新技術の受容、新たな墳墓群の分離と集団化、漢の郡県に由来する威信財の登場のような変化に注目して、社会の変動に対し、新しい技術がもたらした連鎖的な技術・経済的な発展の結果と、辰韓・弁韓社会のはじまりを捉えてきた。

本研究では、鉄・鉄器生産技術の受容と生産拡大の過程を検討するなかで、新しい技術が自動的に社会経済的な変化をもたらしたという事実を認めることが困難であるとしてきた。それよりも、青銅器時代以来の社会の漸進的な変化、とりわけ支配的な親族集団と首長たちの政治権力が徐々に成長するなかで、新たな技術およびそれと関連した生産システムを受容することができたこと、さらに変化のより直接的な契機は、朝鮮半島南部が中原文明と政治経済のうえで直接的な相互作用を行うことができるように、文明の拠点が朝鮮半島の西北部にまで拡大設置されるという歴史的経緯に求めなければならないと考えた。

発達した生産システムの受容が可能になるのは、朝鮮半島南部在地の首長層の政治権力が徐々に成長したためであって、こうした社会の進化を農耕社会自体の成長過程の結果と理解したい。すなわち、青銅器時代以来の農耕社会の成長というものを前提としなければ、朝鮮半島南部に新たな文化要素が受容される過程も、政治体を統合する権力の発展も解明することができないだろう。文明社会とその周辺社会のあいだの、マクロな視点でみた政治経済上の相互作用のシステムが変形し、朝鮮半島南部の諸政治体が文明地域と直接的な接触が可能になった歴史的経緯について考慮しなければ、同様にその変化の適切な解明はできないであろう。青銅製の威信財の流入、および威信財自体の生産と分配の契機、最初の鉄製品の流入、発達した生産システムの受容などは、順に中原文明の中心地の拠点が拡大設置され、朝鮮半島南部も直接的に政治経済上の相互作用システムにとりこまれてこそ可能となったと考えられる。

　そのなかでも鉄器生産システムの受容過程は、中原文明の拠点と朝鮮半島南部の相互作用において、重要な特徴をみせる。辰韓・弁韓の鉄器遺物群の内容を分析してみると、朝鮮半島南部自体の需要や生産の拡大要因によって鉄生産が増加したのではなく、外部の要請によるものである可能性を大いに提起した。三韓の鉄器類に対する分析を通じて、当時の技術は同時期の中原地域の製鉄技術よりも後進的であるので、労働集約的な性格をもっていたと推論することができた。そして武器と農工具の様相を分析し、実用的な鉄製品の需要が拡大して大量に製作・使用されることで鉄生産が刺激されたようでもないという結論に到達することとなった。鉄器製作の原料である鉄素材が多量に生産されて、それを簡単に鍛造して作った非実用的な鉄製武器が首長墓に複数、大量に埋納される現象をみるとき、当時の政治体の支配者（集団）の権力が、鉄器製作に直接的に介入していた可能性についても考慮せざるをえない。

　特に、鉄素材類の大量生産と墳墓埋納に重点を置く辰韓・弁韓の鉄生産の特徴からみて、当時の鉄生産が、内部の消費のためというよりも、外部の需要によって拡大した可能性も提起される。地域形式としての実用的鉄製品ではなく、鉄器生産の中間素材でありながら売買に利用された鉄素材類の生産は、鉄の交易と無関係とは考えられない。したがって、文献の記録を尊重するならば、周辺の弁辰韓社会で労働と生産システムが組織化され鉄生産が拡大する過程は、とりわけ楽浪のような拠点の要請と関連させて解釈することができると考える。前漢中期の鉄生産と供給が中原によって一元化されることで、楽浪のような辺

境の郡は、周辺の三韓地域の労働力を組織して、鉄原料を生産したものとみられる。そうした組織化は、在地の首長層を媒介として成り立ったために、周辺地域の政治権力が拡大して変質しうる契機として作用したようである。つまり、農耕社会が形成されて以降、単位社会をイデオロギーの上でゆるやかに統合しえた首長権力は、自身の成長とともに中心地との関係が適切に整えられることによって、さらに実効力のある政治経済上の権力、あるいは軍事力へと変質していったと考えられる。

(2) 政治体の形態とその変動

　新羅による中央集権化が達成されるまで、嶺南地方には多数の政治体が存在し、各時期によってその形態を変形させてきた。この政治体の形態に関して、まず投げかけられるだろう質問は、その領域空間と内部組織に対するものである。すなわち、単位政治体の政治権力が及ぶ社会的な空間が地理的には、どのくらいの規模として決定できるのかという問題と、日常の生活空間である自然村から始まって、この村落のいくつかをコントロールした2～3次的中心地、さらにその上位にある最高中心地とのあいだを階層化した組織がどのようなものだったのかという問題が解明されなければならない。また一方では、複数の政治体が共存しつつ、たがいの関係を形成して相互に作用しあったことを前提にしたとき、その過程について説明しようとすれば諸政治体間の階層化と統合の問題を検討せざるを得ない。個々の政治体における過程からみるよりも、いくつかの政治体の相互作用、階層化から統合への過程を通じて新羅による中央集権化が達成されたとみれば、そのような過程から政治権力の及ぶ領域とその内部の階層化が、地域ごとにそのレベルを異にしつつ展開していっただろうということは予測可能とみられる。

　本研究では、政治体の領域空間、階層化された内部組織、諸政治体間の階層化と統合などの問題にアプローチするのに、嶺南地方の地形、資源の分布、交通路のような環境と、古墳(群)の階層化された分布類型を重要な資料とみなして分析した。例外もあるものの、この地域でひとつの政治体が成立したことを意味する考古資料上の指標は、嶺南地方で、ひとつの盆地のなかへと伸びる丘陵の稜線上に立地した大型墓群、すなわち中心的古墳群の形成である。盆地内部を統合する政治権力の象徴のようにあらわれるのが、この中心的古墳群を頂点として盆地内部の古墳群が階層化された状況で分布する類型である。この

ようにして成立した諸政治体のなかで、特定の政治体が相対的に早くから成長して周辺を統合してゆきながら、より広い領域内の古墳群が階層化された状況の分布を示す。

　最初に統合された政治体の領域は、ひとつの盆地とその周辺一帯に限定される傾向がある。そして、統合された政治体が成長し、その領域が拡張する方向性は、一定の地形上のルートにしたがって進行したと推定することができる。さらに、諸政治体の相互作用や政治体自体の統合過程からも、一定の方向性に沿って進行した様相をうかがい知ることができる。こうした点において、嶺南地方の環境の特徴が重要な要因として考慮される必要があると思う。本研究では、この地域の環境面でのあり方と、政治体の成長と階層化・統合過程との関連を検討してみた結果、いくつかの特徴を推論することができた。一つ目は、半ば閉鎖された多数の盆地で構成された嶺南地方の地形は、諸政治体の形成と成長に空間的な枠組みを提供したという点である。二つ目に、この地域の重要な資源が不均等に分布することは、諸政治体間の相互作用を誘発して、その階層化と統合の契機を提供したものとみられる。三つ目に、盆地と盆地を結びつける交通路、あるいは河川ネットワークに沿って発達した交通路は、政治体の領域拡張、その相互作用と統合の進行方向を指し示すという事実である。

　中心的古墳群は、紀元前1世紀代を前後して、従来の墓域から分離して別に集団化しはじめた墳墓群の造営集団のうち、他の集団を淘汰するなかで成長した支配者集団、および支配者によって造営されてきたものということができ、また政治体の解体とともに消滅する。さらに嶺南地方では、朝鮮半島における他のどの地域よりも古墳群が稠密に分布して、その階層化の状況が際立っている。こうした点から、政治権力の領域空間と階層化した組織へとアプローチするためには、階層化された古墳群の分布類型を地域レベルで分析することが適切だということができる。おおむね、古墳群の類型およびその分布が時間をおって展開する過程における重要な変化は、3世紀後半と5世紀中葉頃にあった。特に3世紀後半には特定の大型墓が他の墳墓から分離して丘陵頂部へと移り、支配的な位置を表象するかたちで配置されるのだが、こうした配置の仕方で造営された古墳群は、ひとつの政治体のとる規模と推定された領域空間内で、唯一の存在として浮かび上がる。そこで、辰韓・弁韓社会のはじまりとともに支配的な親族集団が登場し、その古墳が従来の墓域から分離して別に集団化したのであれば、諸集団のなかの特定集団内部において支配者の登場することが、

古墳群のなかにおける支配的立地の選定としてあらわれると解釈することができる。

われわれが古墳とするものは、限定された意味で定義し使用するならば、小国の成立、あるいは中心的古墳群の形成と合わせて出現し、諸地域の政治体ごとに階層化された分布状況をもって存続したのち、新羅の中央集権化が完成するなかで政治体とともに消滅するものと理解することができる。古墳が存在した時期は、おおむね3世紀後半から6世紀後半あたりとなる。本研究では、政治体の形態とその変動過程にアプローチするためには、それは墓制や遺物の様式に対する分析を通じ解明できるものではなく、古墳の規模、古墳群内部の分布類型と合わせて、諸古墳群がその地域でみせる階層化された分布類型と、その時間をおった変化の状況などを分析することで可能だという考えに基づいていた。言い換えれば、古墳群の類型と階層化された分布パターンの時間的・空間的な展開は、造営集団の権力の及ぶ範囲とその階層的位置づけをよく反映してくれるものと考えられるので、古墳群の時間的・空間的な展開は、政治体の形態とその変動を推定しうる考古資料となる。

古墳群内部の分布パターンによって、古墳群は何種類かの類型に分かれる。このような古墳群の類型は、古墳群の造営原理が時期的に変遷し、古墳群の階層に沿って分化が進行したために生じるものである。時期的に特定支配集団の共同墓域内に、王墓が支配的な立地を占めることで、一政治体の中心的古墳群の類型が出現する。5世紀前半代まで古墳群の基本的な造営原理は変わりないが、5世紀中葉から古墳群内の遺構分布パターンに、新たな造営原理が登場する。この原理は、家族墓的な多槨式墳墓の造営だということができるが、このような分布パターンは中位以下の墳墓群に顕著に観察される。この5世紀中葉あたりを基準にして前期と後期に古墳の展開を分けたとき、古墳（群）の変動の前期的な傾向と後期的な傾向があらわれる。おおむね、前期的な傾向というのは、ひとことでいえば上からの変動過程だと要約できる。首長（王）墓を頂点として、より上位の古墳ほど副葬品の量が拡大してゆき、階層化が深まることによって副葬のあり方が変質し、古墳の変動が下位の古墳へと拡散する過程だということができる。これに比べ後期的な傾向は、下からの変化が上へと拡散してゆく過程だということができる。5世紀中葉以降、中小型群集墳が激増して、それにより古墳群の階層化はさらに顕著になるものの、上位古墳の規模と副葬のあり方が拡大する傾向は停滞する。むしろ、下位古墳群の簡素な埋葬

儀礼が、時間の経過とともに上へと拡大する。

　この当時まで古墳群を造営できなかった共同体による小型群集墳が出現し、単位地域内の古墳群の密度が増加して、短期間のうちに大規模な群集状況をみせる。この古墳群に副葬された何点かの土器と鉄器のセットは、局地的に生産され分配された小規模で新しい形態の生産システムの出現を推定させるので、それは下からの変化として規定できる。事実、古代史で想定されてきたように、一政治体の国邑 - 村落 - 自然村落という階層化された内部組織は、後期的な傾向がはっきりとする5世紀中葉頃から、古墳群の分布においてよく認められる。

（3）政治権力による生産の社会的統合

　いくつかある政治権力の根源のうち、経済をコントロールする力がきわめて重要な点であることは、社会進化についての諸研究において共通して指摘されたりもする。経済的な基盤なしに政治システムと支配者集団を維持することができないためでもあるが、社会における労働力、資源あるいは生産・分配システムをコントロールすることで政治的統合も可能になると考えるためであるようだ。経済の次元でみれば、技術の革新や専業化した生産システムの組織化が自然発生的に起こったとするにはむずかしい点が多い。たとえば、新たな生産システムが組織化されようとすると、多くの資本と労働力が強制的に投入されなければならないためである。当時の経済的な効率性に縛られず、経済システムの変形を導いてゆく政治権力の役割を考慮しなければならないだろう。

　本研究でも、社会内部の生産・分配が、どのように統合され組織化されたのかを検討し、単位政治体の成長過程を解明しようとした。ここでは、社会内部の生産と分配の過程を分析してみるための考古資料として、嶺南地方の古墳（墳墓）から出土する土器を主な対象とした。この地域の考古資料のなかで、もっとも豊富に残っているものが古墳に副葬された土器だという点で、検討してみるにふさわしい資料であるが、実際、新羅・伽耶の土器はそれ以上の意味をもっている。この地域で、土器は他の物品とは異なり、二重の意味をもって生産され消費されていた。つまり土器というものは、日常的に生産・消費される、ありふれたものではあるが、新羅・伽耶においては埋葬儀礼の際、墳墓に多量に埋納された品目でもある。あわせて土器副葬のあり方からは、支配集団の共同墓地である中心的古墳群の王墓から、後期古墳になって成立した下位階層の古墳にいたるまでの、階層化された現象も観察することができる。

VI 結　語

　土器研究の重要な目的のひとつは、当時の社会に対する理解へと到達することである。しかしながら、長い間新羅・伽耶における土器に対する研究は、土器遺物群を文化単位の産物とみて、編年の道具としてのみ追求する傾向が強かった。そして他方では、土器様式の分布を記述・要約し、直接的に政治権力の及ぶ領域にあてはめて、政治体の相互作用の強さを測定するという素朴な見方で土器を分析してきた。本研究では、考古資料としての土器を、当時の社会内部での需要により生産・分配されたものだという視点からアプローチした。そこで必要となる概念が土器生産システムである。

　この研究では、土器生産システムを、製作技法の伝統、専業化のレベル、機能および使用のされ方により認識しようと思い、専業的・半専業的・非専業的生産システムの3種類に類型化した。この3種類の生産システムは、胎土の化学的・鉱物学的性質、焼成技術といった製作技法の伝統、生産された土器の器種構成と出土状況などから、たがいに異なる特徴をもっている。たとえば非専業的土器生産システムというものは、先史時代の土器のように非専業的な土器製作者によって生産され、家内で消費されたり集落内に分配されたりするレベルの生産システムであり、専業的生産システムの発達した4世紀代の遅い時期までも継続する。紀元前後の時期の、墳墓副葬用土器の生産と関連した半専業的生産システムの出現は、支配集団の要請によって時期を限って生産されて、消費にも制限をうけた生産方式としてひじょうに重要な意味をもっている。早くは1世紀代にはじめて辰韓・弁韓にあらわれた灰色陶器の技術的特徴については、多くの研究者たちが注目したものの、生産システムの変動としては理解しなかった。しかし、この半専業的生産システムの出現は、技術発展はもちろんのこと、以後の生産分配システムの変動過程において専業化された生産システムの形成へと導いてゆくのに重要な役割を果たしたものと評価することができる。

　土器の外見上の変化にのみとらわれることなく、土器生産分配システムの変動過程を当時の社会的な位置づけのなかで説明することが重要ならば、たがいに異なる時期に形成された3種類の土器生産システムが一定期間共存したり、ときにはひとつの生産システムが他の生産システムの機能を吸収したり、置き換わりもしつつ、ひとつの専業化された生産システムとして統合される過程に注目せざるを得ない。結局のところ、3種類のたがいに異なる生産システムは、社会の内部でもたがいに別の機能をもつところから出発したが、4世紀末〜5

世紀初のある時点からは、専業的生産システムとして統合され、一元化される過程へと要約することができる。このような過程が認められれば、ひとつの単位政治体の権力がその統合の機能を強化させつつ、社会内部の諸機能をもさらに統合して組織化する過程として進行していったのだろうとする推論が可能である。

（4）生産システムの組織化を通じてみた中央集権化の一断面

4世紀末から5世紀初になると、単位社会内部のあらゆる土器生産が専業化した生産システムへと統合される。この統合されたシステムで生産された土器遺物群を、いわゆる陶質土器とよぶこともある。古墳や集落遺跡からは多様な質感の土器が発見されるが、焼成段階を除いた製作工程の大部分では、ほとんど同一の技術を用いている。事実、これまで陶質土器は副葬用土器としてのみ概念規定されてきたが、多くの研究者たちは土器様式の分布について述べ、その意味を解釈するための労力を費やしてきた。

多くの研究者たちが共通してもっている見方でもあるが、様式の分布をもって政治体の領域や政治体の相互作用を直接的に推定することができるという視点を、本研究では批判的に検討して採用しなかった。もし仮に、土器様式の分布や類似の度合いが、政治体の領域や相互作用と直接的に関連があるという点を論証しようとすれば、政治体の権力が土器生産システムを組織化して、生産された土器に様式上の伝統が反映され、一定空間における分配をコントロールしたという事実から論証しなければならない。そうはいっても否定しがたい事実として、遅くとも5世紀前半代、すなわち専業的生産システムとして統合された初期段階では、土器様式が各政治体の領域内部で類型化されたのである。そして、この様式上のアイデンティティの存在は、政治体権力の中心にある古墳群に副葬された土器に優先的に確認することができる。そこで土器様式のアイデンティティを認めたうえで、いわゆる政治体の土器様式が成立するようになる過程に、政治体単位の生産システムが組織化される過程とそれによる小地域様式化の進行を認めることができた。

4～6世紀代の新羅・伽耶土器に対する分析を通じ、土器様式の分布および生産システムの組織化と関連した複雑な過程を推論できるだろう。一方で、政治体間の様式上の相互作用による結果として、諸地域の土器様式の類似性が増加する現象を予想することができるとすれば、他方では特定政治体を中心に生

産分配システムが広域にわたって組織化され出現する様式の拡散過程を想定することができるだろう。そして、このような過程とは別個に、諸政治体が階層化し統合されることにより、その内部で単位社会の分化が起こり、分化の過程のなかで局地的に土器生産システムが組織化されることによって、地域限定の土器様式があらわれもしたのだろう。

実際、このような過程について、より明晰な理解に到達しようとすれば、2方向からの研究の蓄積が必ず行われなければならない。一つ目には、これまで古墳や集落のような消費地で出土した土器だけが調査・分析されてきたが、今後は生産地である土器窯址に対する調査・研究が必要と考える。二つ目に、実際の土器生産・流通の過程を復元できる物理化学的微量成分分析と、統計学的な産地推定の研究が進められなければならないであろう。こうした資料分析の経験と、考古学的事実に対する信頼しうる知識が蓄積されていない状態で主張された本研究が、多くの限界をもっていることはいうまでもない。しかし、4～6世紀の土器様式の分布に対する本研究の分析や統計的な整理、生産システムの組織化の過程についての推論を通じて主張することができるのは、政治体間の相互作用・階層化・統合の過程が、土器の生産・分配システムの変動によく反映されているであろうという事実である。

4世紀代から5世紀前半にかけて、土器様式の集団的な相互作用を通じ、土器様式の類似の度合いが高まる現象とは異なり、5世紀中葉以降、特定政治体を中心にしてその土器様式が拡散する過程を認めることができる。そして、単位政治体の内部で下位単位が相対的に自律性を増しつつ、独立した生産システムが営まれ、土器様式に小規模ではあるが独自性があらわれる現象は、古墳群の類型が展開するなかで小型群集墳が形成される過程と軌を一にしている。もちろん、政治権力がどのように生産システムを組織化し、そしてその結果、土器様式の分布にどのように作用したのかを解明するためには、多くの研究課題が残っている。ただし、本研究では4～5世紀代の土器様式の分布に対する簡単な検討を通じ、一定した中心地をもたない相互作用を経て、特定の中心地から拡散する過程があらわれるという事実を、まず示しておきたい。そして、5世紀中葉以降に生産システムが組織化される過程は、特定政治体の上層部からの影響力による組織化が優先して認められるが、この現象は下部単位の自律性の増加による小規模な組織化と連動しているという事実から目をそらすことはできない。結局、中央集権化の過程は、新たな権力の領域が設定され、新しい

政治システムが突如として出現する過程ではなく、既存の単位とその相互関係、そしてそれをコントロールする政治権力の本質が変形する過程として理解しておく必要があるのではないだろうか。

引用文献・参考文献

<訳者注記>

1　原著では、脚注の形で引用文献が提示され、さらに巻末に「参考文献」として、あらためて一括して提示されている。しかしながら、脚注に提示された文献のなかには、巻末にないものもままあった。そのため本書としては、本文中に［　］でくくった文献注に示したものを、まず「引用文献」としてここに一括して配置することとした。そして、原著で「参考文献」として示されたものの、本文脚注にはふれられなかったものを、「参考文献」として区別して、「引用文献」の後に一括して示すことにした。

2　原著では、上記の「参考文献」を、韓国文献・外国文献（日本・中国・英文）に分けてそれぞれについて、英文のアルファベット順以外は、韓国・朝鮮語による読みでハングル文字の字母の順に配置してある。日本の読者の検索の便を考えた結果、ひとまず英文とその他に分け、英文はアルファベット順、他は一括して日本語の音（日本人はそのままの読み）により、五十音順に配置した。ただし、原著においてハングル文字で表記されている部分は適宜日本語訳し、簡体・繁体漢字表記部分は、常用漢字の表記に適宜改めたことをご了承願いたい。

3　原著では必ずも示されることのなかった（示されたものもあるが）、文献の書誌的情報についてもわかる範囲で補って記載することにした。そのためやや煩雑になった部分もある。この点についても、日本の読者が少しでも原著に示された文献に接近できるようにとの配慮の結果であるので、ご寛恕願いたい。また、特に韓国・朝鮮側の人名・地名等固有名詞の表記にあたっては、漢字表記が判明している場合はその漢字を、判明しない場合は便宜上原音（韓国・朝鮮音）に近いと訳者が考えたカタカナで表記した。

4　原著で日本語訳された文献をそのまま示しているものは、他の文献と同じサイズの文字で示したが、原著では韓国・朝鮮語で書かれたものを示しており、それについて別に日本語訳があるものは、できる限り調査して、もとの文献のすぐ後に＊をつけて示した。

5　原著では、概報、もしくは説明会資料等のかたちで示され、その後正式な報告書が刊行されたものと、雑誌等に一旦発表された論文が後に単行本等に収録された場合については、やはりわかる範囲で調査し、もとの文献のすぐ後に→をつけて示した。

　　なお、原著において発表要旨として示されている一部文献のうち、その後その発表要旨をもとに刊行された同名の単行本がある場合，それを代わりにあげているものもある。

6　4と5については、筆者の浅学のためもれも多々あると考えられる。その点についてはおおかたのご教示を賜れば幸いである。

7　なお、文献の配置は基本的に西暦による発行年順であるが、同じ年の場合は原

著に出てくる順に配置し、その際引用文献については発行年の後にアルファベットを付けて区別した。

A　引用文献

秋山進午
　1995　「遼寧省東部地域の青銅器再論」『東北アジアの考古学的研究』日中共同研究報告　246-276頁　秋山進午編　同朋舎出版刊　京都。

東潮
　1982　「東アジアにおける鉄斧の系譜」『古文化論集　森貞次郎博士古稀記念』上　511-549頁　森貞次郎博士古稀記念論文集刊行会編　新日本教育図書刊　福岡。
　1991　「弁辰と伽耶の鉄」『東アジアの古代文化』68　70-83頁　大和書房刊　東京。

穴沢咊光・馬目順一
　1975　「昌寧校洞古墳群 - 『梅原考古資料』を中心とした谷井済一氏発掘資料の研究」『考古学雑誌』67‐4　23-74頁　日本考古学会編　東京。

安在晧
　1990　「木棺・木槨について」『東萊福泉洞古墳群Ⅱ』釜山大学校博物館遺跡調査報告　14　55-66頁　釜山。
　1992　「蔚山下垈가地区古墳の性格」『第1回嶺南考古学会学術発表要旨』　5-24頁　嶺南考古学会編　慶山。
　1993a「金海釜山の地域相」『金海礼安里古墳群Ⅱ』釜山大学校博物館遺跡調査報告　15　248-258頁　釜山。
　1993b「土師器系軟質土器考」『伽耶と古代東アジア』　163-184頁　小田富士雄編　新人物往来社刊　東京。
　1994　「三韓時代後期瓦質土器の編年」『嶺南考古学』14　63-87頁　嶺南考古学会編　釜山。

安在晧・宋桂鉉
　1986　「古式陶質土器に関する若干の考察 - 義昌大坪里出土品を通じて」『嶺南考古学』1　17-54頁　嶺南考古学会編　大邱。
　*1988　「古式陶質土器に関する若干の考察 - 義昌大坪里出土品を通して」『古代文化』40‐2　21-32頁, 同40‐3　33-49頁　高正龍訳　古代学協会編　京都。

安春培
　1984　『昌原三東洞甕棺墓』釜山女子大学校博物館遺跡調査報告1　釜山。
　1991　『釜山蓮山洞4号墳発掘調査報告』釜山女子大学校博物館編　釜山。

安春培・金元経・潘鏞夫
　1990　「伽耶社会の形成過程研究」『伽耶文化研究』1　45-114頁　釜山女子大学編　釜山。

安徳任
　1987　『漢江流域初期鉄器時代文化』漢陽大学校大学院碩士学位論文　ソウル。

安秉佑
　1990　「迎日冷水里新羅碑と5～6世紀新羅の社会経済相」『韓国古代史研究』3

113-136頁　韓国古代史研究会編　知識産業社刊　ソウル。

アン　ヨンジュン
1966　「咸鏡南道で新たに知られた細形銅短剣関係遺跡と遺物」『考古民俗』
　　　1966‐4　33-37頁　社会科学院出版社刊　平壌。

尹世英・李弘鍾
1994　『渼沙里 5』渼沙里先史遺跡発掘調査団編　ソウル。

尹東錫
1989　『三国時代鉄器遺物の金属学的研究』高麗大学校出版部刊　ソウル。

尹東錫・申璟煥
1981　「漢江流域の初期鉄器遺物についての金属学的解釈」『大韓金属学会誌』19
　　　661-674頁　大韓金属学会編　ソウル。
1982a「韓国初期鉄器時代に土壙墓で出土した鉄器遺物の金属学的考察」『韓国考古
　　　学報』13　97-134頁　韓国考古学研究会編　ソウル。
*1984　「韓国初期鉄器時代土壙墓出土の鉄器遺物の金属学的考察」『古文化談叢』14
　　　133-169頁　東潮訳　九州古文化研究会編　北九州。
1982b「貝塚遺跡から発掘された初期鉄器遺物についての金属学的研究」『大韓金属
　　　学会誌』20　231-239頁，375-389頁，463-470頁　大韓金属学会編　ソウル。

尹武炳
1976　「韓国青銅遺物の研究」『韓国史論文選集』（Ⅰ）先史編　1-56頁　一潮閣刊
　　　ソウル。
*1978　「韓国青銅遺物の研究」『朝鮮考古学年報』3（1972年版）　33-84頁　朝鮮考
　　　古学年報編集委員会編　東出版寧楽社刊　東京。
→1991　『韓国青銅器文化研究』芸耕芸術理論叢書　芸耕産業社刊　ソウル。

尹容鎮
1974　「大邱の初期国家形成過程　考古学的資料を中心に」『東洋文化研究』1
　　　231-243頁　慶北大学校東洋文化研究所編　大邱。
→1976　『韓国史論文選集』（Ⅰ）先史編　歴史学会編　一潮閣刊　ソウル。
1981a「韓国青銅器文化研究」『韓国考古学報』10・11　1-22頁　韓国考古学研究会
　　　編　ソウル。
1981b『義城長林洞廃古墳群』慶北大学校博物館調査報告3　大邱。
1984　「中原苛川里F地区遺跡発掘調査報告」『忠州ダム水没地区文化遺跡発掘調査
　　　報告書考古・古墳分野（2）』　385-476頁　忠北大学校博物館編　清州。
1992　『安東造塔里古墳群（'92）　大邱‐春川間高速道路建設予定地内文化遺跡発
　　　掘調査報告書：軍威‐安東間』慶北大学校博物館叢書17　大邱。
1993　『漆谷宅地（2）地区文化遺跡基礎調査報告』慶北大学校博物館叢書19　大
　　　邱。

尹容鎮ほか
1989　『臨河ダム水没地域文化遺跡発掘調査報告Ⅱ』　安東郡・安東大学博物館・
　　　慶北大学校博物館編　安東。
1993　『大邱八達洞遺跡』慶北大学校博物館叢書18　大邱直轄市・慶北大学校博物
　　　館編　大邱。

尹容鎮・李浩官
1989 『大邱伏賢洞古墳群Ⅰ』慶北大学校博物館・大邱直轄市編　大邱。

禹枝南
1987 「大伽倻古墳の編年‐土器を中心に‐」『三佛金元龍教授停年退任紀念論叢』Ⅰ（考古学篇）　617-652頁　三佛金元龍教授停年退任紀念論叢刊行委員会編　一志社刊　ソウル。
*1990 「大伽倻古墳の編年‐土器を中心として‐」『古代朝鮮と日本』　221-270頁　定森秀夫訳　西谷正編　名著出版刊　東京。

禹順姫
1989 『慶尚地域の6世紀土器研究』慶北大学校大学院碩士学位論文　大邱。
1995 「金海郡酒村面良洞里遺跡地表調査報告」『伽倻通信』11・12　27-56頁　伽倻通信編集部編　釜山。

梅原末治・藤田亮策
1947 『朝鮮古文化綜鑑』1（楽浪前期）　養徳社刊　天理。

王巍
1993 「夏商周時期遼東半島和朝鮮西北部的考古学文化階層及其相互関係」『中国考古学論叢』192-223頁　中国社会科学院考古研究所編　科学出版社刊　北京。

黄基徳
1963a 「豆満江流域鉄器時代開始について」『考古民俗』4　1-10頁　社会科学院出版社刊　平壌。
1963b 「黄海北道鳳山郡松山里ソルメ谷護石墓」『考古学資料集』3　71-81頁　科学院考古学・民俗学研究所編　科学百科事典出版社刊　平壌。
1974 「最近に新たに知られた琵琶形短剣と細形銅剣関係の遺跡・遺物」『考古学資料集』4　161-163頁　社会科学院考古学研究所編　科学百科事典出版社刊　平壌。

黄基徳・キム　ソプヨン
1983 「我が国古代冶金技術」『考古民俗論文集』8　159-180頁　社会科学院考古学研究所編　社会科学出版社刊　平壌。

黄基徳・朴晋煜・鄭燦永
1971 『紀元前5世紀～紀元3世紀西北朝鮮の文化』考古民俗論文集3　社会科学院考古学研究所編　社会科学出版社刊　平壌。

大沢正己
1984 「冶金学的見地からみた古代製鉄」『古代を考える』36（古代鉄生産の検討）1-54頁　古代を考える会編　大阪。
1993 「日本の初期鉄器時代（弥生時代）の鉄器、鉄滓の冶金学的解析」『国際シンポジウム　東アジアの古代鉄文化その起源と伝播』146-180頁　たたら研究会編　広島。

大沢正己・山本信夫
1977 「鉄鋌の新例に関する検討‐福岡県花筵2号墳の出土遺物」『考古学雑誌』62‐4　280-310頁　日本考古学会編　東京。

王増新
1964 「遼寧撫順市蓮花堡遺址発掘簡報」『考古』1964‐6　286-293頁　考古編集委

員会編　科学出版社刊　北京。

河真鎬
1995　「高霊快賓洞古墳群収拾発掘調査概報」『嶺南考古学』15　57-84頁　嶺南考古学会編　大邱。
→1996　『高霊快賓洞古墳群』嶺南埋蔵文化財研究院学術調査報告3　漆谷。

河真鎬・朴貞花・李在興
1996　「慶州市舎羅里古墳群発掘調査概報」『第4回調査研究発表会』35-62頁　嶺南埋蔵文化財研究院編　大邱。
→1999　『慶州舎羅里遺跡Ⅰ』嶺南埋蔵文化財研究院学術調査報告32　漆谷。

河日植
1991　「6世紀新羅の地方支配と外位制」『学林』12・13　1-68頁　延世大学校刊　ソウル。

郭鍾喆
1988　「韓国慶尚南道陶質土器の地域相研究‐所謂高霊系土器を素材として」『古代文化』40‐2　23-43頁　古代学協会編　京都。
1992　「韓国と日本の古代農業技術‐金海地域と北九州地域との比較検討による基礎作業」『韓国古代史論叢』4（特集　伽耶の社会と文字）61-137頁　韓国古代社会研究所編　駕洛国史蹟開発研究院刊　ソウル。

河南省文物研究所・中国歴史博物館考古部（編）
1992　『登封王城崗與陽城』　文物出版社刊　北京。

河北省文物管理所（編）
1975　「河北易県燕下都44号墓発掘報告」『考古』1975‐4　228-243頁　考古編集部編　科学出版社刊　北京。

河北省文物研究所（編）
1993　『燕下都』　文物出版社刊　北京。

伽耶文化研究所（編）
1992　「1991年度伽耶遺跡発掘成果」『伽耶考古学論叢』1　163-166頁　駕洛国史蹟開発研究院編　ソウル。

川越哲志
1979a　「金属器の普及と性格」『日本考古学を学ぶ』2（原始・古代の生産と生活）84-109頁　大塚初重・佐原真・戸沢充則編　有斐閣刊　東京。
1979b　「弥生時代の鋳造鉄斧をめぐって」『考古学雑誌』65‐4　323-345頁　日本考古学会編　東京。
1984　「弥生時代農工具鉄器化の諸段階」『たたら研究』26　45-48頁　たたら研究会編　広島。
1993a　『弥生時代の鉄器文化』雄山閣出版刊　東京。
1993b　「弥生時代の鉄斧と鉄釿」『考古論集』潮見浩先生退官記念論文集　392-432頁　広島大文学部考古学研究室編　潮見浩先生退官記念事業会刊　広島。

韓国文化広報部文化財管理局（編）
1974　『八堂、昭陽ダム水没地区遺跡発掘綜合調査報告』　ソウル。
1976　『馬山外洞城山貝塚発掘調査報告書』　ソウル。

韓道植
1995 「浦項玉城古墳群発掘調査」『嶺南埋蔵文化財研究院調査研究発表会』2　1-18頁　漆谷。
→1998 『浦項玉城古墳群Ⅰ・Ⅱ』嶺南埋蔵文化財研究院学術調査報告14　大邱。

韓炳三
1984 「星州出土一括瓦質土器」『尹武炳博士回甲紀念論叢』169-182頁　尹武炳博士回甲紀念論叢刊行委員会編　通川文化社刊　ソウル。

韓国国立文化財研究所（編）
1989 『金海良洞里古墳発掘調査報告書』文化財管理局遺跡調査研究室編　文化財研究所刊　ソウル。
1993・1994 『皇南大塚　慶州市皇南洞第98号古墳南墳発掘調査報告書』慶州文化財管理局編　文化財管理局・文化財研究所刊　ソウル。

吉林省文物考古学研究所（編）
1987 『楡樹老河深』文物出版社刊　北京。

吉林省文物工作隊・吉林市博物館（編）
1982 「吉林樺甸西荒山屯青銅短剣墓」『東北考古与歴史』1　141-153頁　東北考古与歴史編集委員会（吉林考古学会）編　文物出版社刊　北京。

木村光一
1990 「釜山市堂甘洞古墳群の研究」『古文化談叢』22　73-88頁　九州古文化研究会編　北九州。
1992 「義城長林洞古墳群の研究」『古文化談叢』28　107-125頁　九州古文化研究会編　北九州。

許玉林
1980 「遼寧寛甸発現戦国時期燕国的明刀銭和鉄農具」『文物資料叢刊』3　125-129頁　文物編輯委員会編　文物出版社刊　北京。

許明綱
1960 「旅順口区后牧城駅戦国墓清里」『考古』1960‐8　12-17頁　考古編集委員会編　科学出版社刊　北京。

姜鍾薫
1991 「新羅上古紀年の再検討」『韓国史論』26（韓国史研究の回顧と展望4）　1-58頁　国史編纂委員会編　民族文化社刊　ソウル。

姜鳳龍
1987 「新羅中古期「州」制の形成と運用」『韓国史論』16　63-126頁　ソウル大学校人文大学国史学科編　ソウル。

姜裕信
1995 「大邱大谷宅地開発地区文化遺跡発掘調査概報」『嶺南考古学』16　85-103頁　嶺南考古学会編　大邱。

金栄珉
1994 「三韓時代　鉄器文化‐下垈遺跡出土鉄器武器類を中心に」『三韓時代と弥生時代　中・後期　韓日考古学の諸問題』第8回釜山・九州考古学会共同研究会論文集　57-79頁　釜山大学校博物館編　釜山。

金永祐
1964 「細竹里遺跡発掘調査報告（2）」『考古民俗』1964-4　286-293頁　社会科学院出版社刊　平壤。

金吉植
1993 『松菊里Ⅴ』　国立公州博物館編　公州。
1994 「扶余松菊里遺跡調査概要と成果」『マウルの考古学』第18回韓国考古学全国大会発表要旨　177-193頁　韓国考古学会編　ソウル。
→2000 『松菊里Ⅵ』国立扶余博物館古蹟調査報告6　扶余。

金権九
1995 「住居址考古学資料分析方法のいくつかの例と問題点の一考察」『韓国上古史学報』21　195-229頁　韓国上古史学会編　ソウル。

金元龍
1952 「慶州九政里出土金石併用期遺物について」『歴史学報』1　3-14頁　歴史学会編　ソウル。
1960 『新羅土器の研究』国立博物館叢書4　乙酉文化社刊　ソウル。
1964 『新昌甕棺墓地』国立ソウル大学校考古人類学叢刊1　ソウル大学校博物館編　ソウル大学校出版部刊　ソウル。
1971 「加平 馬場里冶鉄住居址」『歴史学報』50・51　112-134頁　歴史学会編　ソウル。
→韓永熙　1982 「馬場里住居跡出土遺物」『中島進展報告3　付録』国立中央博物館古蹟調査報告14　ソウル。
1983 「所謂瓦質土器について」『歴史学報』99・100　1-21頁　歴史学会編　ソウル。
1986 『韓国考古学概説（第3版）』　一志社刊　ソウル。
*1984 『韓国考古学概説』　西谷正訳　六興出版刊　東京（上掲書第2版の訳本）。

金弘株
1992 「丹陽下里出土一括遺物に対する考察」『考古学志』4　172-203頁　国立中央博物館考古部編　韓国考古美術研究所刊　ソウル。

金在弘
1990 「新羅中古期村制と地方社会の構造」『韓国史研究』72　1-50頁　韓国史研究会編ソウル。
1995 「新羅中古期の低湿地の開発と村落構造の再編」『韓国古代史論叢』7（特集6～7世紀の韓国古代社会）　57-101頁　韓国古代社会研究所編　駕洛国史蹟開発研究院刊　ソウル。

金寿起
1993 『中山里出土鉄斧の金属学的研究』漢陽大学校産業大学院碩士学位論文　ソウル。

金洙鎮
1986 『韓国の鉱物種』　民音社刊　ソウル。

金鍾一
1994 「韓国中西部地域青銅遺跡・遺物の分布と祭儀圏」『韓国史論』31　1-47頁　ソウル大学校人文大学国史学科編　ソウル。

金正完
　1994　『咸安圏域陶質土器の編年と分布変化』慶北大学校碩士学位論文　大邱。
金鍾徹
　1981　『高霊地山洞古墳群 - 32～35号墳・周辺石槨墓』啓明大学校博物館遺跡調査報告　1　啓明大学校出版部刊　大邱。
　1986　「大邱市新塘洞土器窯址」『嶺南考古学』1　181-189頁　嶺南考古学会編　釜山。
金鍾徹・徐五善・申大坤
　1992　『固城貝塚発掘調査報告』国立中央博物館古蹟調査報告24　ソウル。
金世基
　1987　「星州星山洞古墳発掘調査概報」『嶺南考古学』3　183-213頁　嶺南考古学会編　釜山。
　1995　「大伽耶墓制の変遷」『伽耶史研究』301-364頁　慶尚北道刊　発行地不明。
金誠亀（編）
　1992　『昌寧余草里土器窯Ⅰ』国立晋州博物館遺跡調査報告書7　晋州。
金泰植
　1985　「5世紀後半大加耶の発展に対する研究」『韓国史論』12　35-103頁　ソウル大学校人文大学国史学科編　ソウル。
　1986　「後期伽耶の成長基盤考察」『釜山史学』11　15-16頁　釜山史学会編　釜山。
　1990　「加耶の社会発展段階」『韓国古代国家の形成』39-103頁　民音社刊　ソウル。
　1991　「伽耶史研究の時間的・空間的範囲」『韓国古代史論叢』2（特集　伽耶史の諸問題）　5-82頁　韓国古代社会研究所編　駕洛国史蹟開発研究院刊　ソウル。
　1993　『加耶連盟史研究』　一潮閣刊　ソウル。
　1994　「咸安安羅国の成長と変遷」『韓国史研究』86　29-70頁　韓国史研究会編　ソウル。
金宅圭・李殷昌
　1975　『皇南洞古墳発掘調査報告』嶺南大学校博物館古蹟調査報告1　慶山。
　1978　『鳩岩洞古墳発掘調査報告 - 開校30周年紀念』嶺南大学校博物館古蹟調査報告2　慶山。
金廷鶴
　1982　「古代国家の発達（伽耶）」『韓国考古学報』12　1-19頁　韓国考古学研究会編　ソウル。
金廷鶴・鄭澄元
　1979　『釜山華明洞古墳群』釜山大学校博物館遺跡調査報告2　釜山。
金亨坤
　1990　「咸安一円古墳出土器類」『伽倻通信』19・20　168-177頁　伽倻通信編集部編　釜山。
　1995a　「阿羅伽耶の形成過程研究」『加羅文化』12　5-69頁　慶南大学校加羅文化研究所編　馬山。
　1995b　「新羅前期墓制の一考察」東義大学校大学院碩士学位論文　釜山。

金貞培
　1977　「韓国の鉄器文化」『韓国史研究』16　3-27頁　韓国史研究会編　ソウル。
　1986　『韓国古代の国家起源と形成』高麗大学校出版部刊　ソウル。
金哲埈
　1962　「新羅上古世界とその紀年」『歴史学報』17・18（東浜金庠基教授華甲記念史学論叢）151-200頁　歴史学会編　東亜出版社刊　ソウル。
　1964　『韓国古代国家発達史』韓国文化史大系Ⅰ（民族・国家史）　高麗大学校民族文化研究所編　高麗大学校民族文化研究所出版部刊　ソウル。
　1990　『韓国古代社会研究』ソウル大学校出版部刊　ソウル。
金斗喆
　1995　「嶺南地方騎乗文化の受容と発展」『加耶古墳の編年研究Ⅲ』第4回嶺南考古学会学術発表会　25-50頁　嶺南考古学会編　大邱。
金東鎬
　1983　「東莱福泉洞古墳群」『上老大島』東亜大学校博物館古蹟調査報告8　274-360頁　釜山。
金徳在
　1990　「新羅州郡制の成立背景研究」『韓国史論』22　3-59頁　ソウル大学校人文大学国　史学科編　ソウル。
金萬亭
　1990　『韓国の河川地形』古今書院刊　東京。
金龍星
　1989　「慶山・大邱地域 三国時代階層化と地域集団」『嶺南考古学』6　29-58頁　嶺南考古学会編　釜山。
*1992　「慶山・大邱地域 三国時代階層化と地域集団」『歴史と構造』20　23-44頁　木村光一訳　南山大学大学院文化人類学研究室編　名古屋。
　1996　「林堂ⅠA‐1号墳の性格について」『碩晤尹容鎮教授停年退任紀念論叢』311-343頁　碩晤尹容鎮教授停年退任紀念論叢刊行委員会編　大邱。
慶星大学校博物館（編）
　1992　『金海大成洞遺跡第3次発掘調査発表資料』（簡易印刷物）　釜山。
啓明大学校博物館（編）
　1985　『伽耶文化圏遺跡精密地表調査報告　高霊郡』　大邱。
権彝九・梁道栄・金龍星・姜裕信・金上盆
　1991　『慶山林堂地域古墳Ⅰ‐造永1A地域』学術調査報告12　嶺南大学校博物館・韓国土地開発公社慶北支社刊　慶山。
権鶴洙
　1992　「伽耶の複合社会出現」『第8回韓国上古史学会学術発表会発表要旨』　23-30頁　韓国上古史学会編　ソウル。
　1994a「歴史時代集落考古学の成果と課題」『マウルの考古学』第18回韓国考古学全国大会発表要旨　27-44頁　韓国考古学会編　ソウル。
　1994b「加耶諸国の相互関係と連盟構造」『韓国考古学報』31　137-162頁　韓国考古学会編　ソウル。

権五栄
1995a 「三韓社会"国"の構成についての考察」『韓国古代史研究』10　11-53頁　韓国古代史研究会編　新書苑刊　ソウル。
1995b 「三韓国邑の機能と内部構造」『釜山史学』28　27-54頁　釜山史学会編　釜山。
1996 『三韓の「国」についての研究』ソウル大学校文学博士学位論文　ソウル。

権相烈
1992 「昌寧余草里土器窯址発掘調査概報」『第8回韓国上古史学会学術発表要旨』9‐22頁　韓国上古史学会編　ソウル。
1995 『昌寧余草里土器窯Ⅱ』国立晋州博物館遺跡調査報告書10　晋州。

権悳永
1985 「新羅外位制の成立とその機能」『韓国史研究』50・51　79-112頁　韓国史研究会編　ソウル。

権丙卓
1970 「蔚山郡達川鉄産業の史的研究（Ⅱ）-鉄器使用の開始問題を中心に‐」『新羅・伽倻文化』2　177-205頁　嶺南大学校新羅伽倻文化研究所編　大邱。
1972 『韓国経済史特殊研究』　嶺南大学校産業経済研究所刊　大邱。

呉建煥
1991 「完新世後半の洛東江三角州ならびにその周辺海岸の古環境」『韓国古代史論叢』2（特集　伽耶史の諸問題）83-133頁　韓国古代社会研究所編　駕洛国史蹟開発研究院刊　ソウル。

呉世筵
1995 「中部地方原三国時代文化についての研究」『韓国上古史学報』19　257-302頁　韓国上古史学会編　ソウル。

小泉顕夫・野守健
1931 『慶尚北道達城郡達西面古墳調査報告』大正十二年度古蹟調査報告1　朝鮮総督府刊　京城。

小泉顕夫・梅原末治・藤田亮策
1925 『南朝鮮に於ける漢代の遺跡』大正十一年度古蹟調査報告2　朝鮮総督府刊　京城。

隍城洞遺跡発掘調査団（編）
1991 『慶州隍城洞遺跡第一次発掘調査概報』『嶺南考古学』8　嶺南考古学会編　慶山。

項春松・李義
1995 「寧城小黒石溝石槨墓清里報告」『文物』1995‐5　4-21頁　文物編輯委員会編　文物出版社刊　北京。

高青山
1987 「朝陽袁台子漢代遺址発掘報告」『遼海文物学刊』1987‐1　30-44頁　遼海文物学刊編集部編　遼寧省考古博物館学会・遼寧省博物館・遼寧省文物考古研究所刊　瀋陽。

洪性彬・李柱憲
1993 「咸安馬甲出土古墳発掘調査概報」『文化財』26　116-164頁　文化広報部文化

財管理局編　ソウル。
→1997　『咸安道項里古墳群Ⅳ』昌原文化財研究所学術調査報告13　昌原。

洪鎮根
1992　「高霊盤雲里瓦質土器遺跡」『嶺南考古学』10　69-86頁　嶺南考古学会編　慶山。

洪潽植
1993　「嶺南地域横口式・横穴式石室墓の型式分類と編年」『嶺南考古学』12　71-107頁　嶺南考古学会編　釜山。
1994a　「古墳文化を通じてみた6～7世紀代の社会変化」『韓国古代史論叢』7（特集6～7世紀の韓国古代社会）103‐182頁　韓国古代社会研究所編　駕洛国史蹟開発研究院刊　ソウル。
1994b　「竪穴式石槨墓の型式分類と編年」『伽倻古墳の編年研究』Ⅱ　第3回嶺南考古学会学術発表会発表ならびに討論要旨　5-44頁　嶺南考古学会編　釜山。

洪潽植・李賢珠
1988　「蔚州郡汎西面茶里遺跡地表調査報告」『伽倻通信』18　71-90頁　伽倻通信編集部編　釜山。

甲元眞之
1990　「燕の成立と東北アジア」『東北アジアの考古学　天池』67-86頁　田村晃一編　六興出版刊　東京。

国立慶州博物館（編）
1990　『慶州市月城路古墳群‐下水道工事による収拾発掘調査報告』国立慶州博物館・慶北大学校博物館・慶州市編　慶州。

崔鍾圭
1982　「陶質土器成立前夜と展開」『韓国考古学報』12　213-243頁　韓国考古学研究会　編　ソウル。
*1983　「陶質土器成立前夜とその展開」『古文化談叢』12　163-194頁　後藤直訳　九州古文化研究会編　北九州。
*1983a　「慶州市朝陽洞遺跡発掘調査概要とその成果」『古代文化』35‐8　1-17頁　定森秀夫訳　古代学協会編　京都。
1983b　「慶州九政洞一帯発掘調査」『博物館新聞』139　3頁　国立中央博物館刊　ソウル。
→韓炳三・朴方龍・金吉植・徐正株ほか『慶州朝陽洞遺跡Ⅰ』国立慶州博物館学術調査報告11　慶州。
1983c　「中期古墳の性格に対する若干の考察」『釜大史学』7　1-45頁　釜山大学校史学会編　釜山。
*1984　「韓国中期古墳の性格に対する若干の考察」『古代文化』36‐12　17-37頁　定森秀夫訳　古代学協会編　京都。
1983d　「瓦質土器の検討と意義」『古代を考える』34（古代伽耶の検討）1-19頁　古代を考える会編　大阪。
1991　「墳墓から見た三韓社会の構造ならびに特徴」『韓国古代史論叢』2（特集伽耶史の諸問題）135-158頁　韓国古代社会研究所編　駕洛国史蹟開発研究院

刊　ソウル。
　1993　『三韓社会についての考古学的研究』東国大学校大学院博士学位論文　大邱。
→1995　『三韓考古学研究』書景新書考古学1　書景文化社刊　ソウル。
　1994a「考古学的に見た3・4世紀の韓国嶺南地方」『(古代)東亜細亜の再発見　第4回アジア史学会ソウル研究大会』湖巌美術館学術叢書　98-133頁　三星美術文化財団湖巌美術館編　ソウル。
*1994　「考古学的に見た3・4世紀の韓国嶺南地方」『古文化談叢』33　191-203頁　毛利和雄・武末純一訳　九州古文化研究会編　北九州。
　1994b「陶質土器の起源」『考古学志』6　59-80頁　国立中央博物館考古部編　韓国考古美術研究所刊　ソウル。
　1996　「韓国原始の防御集落の出現と展望」『韓国古代史論叢』8（特集　韓国古代の集落と城）5-36頁　韓国古代社会研究所編　駕洛国史蹟開発研究院刊　ソウル。

崔鍾沢
　1994　「渼沙里遺跡の住居様相と変遷」『マウルの考古学』第18回韓国考古学全国大会発表要旨　97-129頁　韓国考古学会編　ソウル。

崔盛洛
　1988　「原三国期土器の変遷と問題点」『嶺南考古学』5　1-17頁　嶺南考古学会編　釜山。
　1989　『海南郡谷里貝塚Ⅲ』木浦大学校博物館学術叢書15　木浦。
　1993　『韓国原三国文化の研究　全南地方を中心にして』考古学叢書1　学研文化社刊　ソウル。
　1995　「韓国考古学における伝播論的解釈の検討」『韓国上古史学報』19　177-194頁　韓国上古史学会編　ソウル。

崔秉鉉
　1987　「新羅後期様式土器の成立試論」『三佛金元龍教授停年退任紀念論叢』Ⅰ（考古学篇）563-596頁　三佛金元龍教授停年退任紀念論叢刊行委員会編　一志社刊　ソウル。
　1990　「鎮川地域土器窯址と原三国時代土器の問題」『昌山　金正基博士華甲紀念論叢』550-583頁　昌山金正基博士華甲紀念論叢刊行委員会編　ソウル。
　1991a「新羅の成長と新羅古墳文化の展開」『韓国古代史研究』133-181頁　韓国古代史研究会編　知識産業社刊　ソウル。
　1991b「新羅の成長と新羅古墳」『韓国古代国家形成期の考古学的研究』51-98頁　韓国精神文化研究院編　城南。
　1992a「新羅と伽耶の墓制」『韓国古代史論叢』3（特集　新羅・伽耶文化特徴比較）5-59頁　韓国古代社会研究所編　駕洛国史蹟開発研究院刊　ソウル。
　1992b『新羅古墳研究』　一志社刊　ソウル。
　1993　「新羅古墳の編年の諸問題 - 慶州月城路古墳群・福泉洞古墳群・大成洞古墳群の相対編年を中心に」『韓国考古学報』30　101-143頁　韓国考古学会編　ソウル。

崔夢龍
1983 「古代国家形成に対する一考察」『金哲埈博士回甲紀念史学論叢』61-77頁　金哲埈博士回甲紀念史学論叢刊行準備委員会編　知識産業社刊　ソウル。
1985 「衛満朝鮮と貿易」『韓国古代の国家と社会』57-76頁　歴史学会編　一潮閣刊　ソウル。
1989 「歴史考古学研究の方向」『韓国上古史‐研究の現状と課題』97-102頁　韓国上古史学会編　民音社刊　ソウル。
1993 「鉄器時代：最近15年間の研究成果」『韓国史論』23（韓国史研究の回顧と展望　1）113-166頁　国史編纂委員会編　民族文化社刊　ソウル。

崔夢龍・姜炳台・李盛周・金昌源
1995 「新羅・伽耶土器の生産と分配に関する研究」『韓国上古史学報』18　157-207頁　韓国上古史学会編　ソウル。

崔茂蔵
1979 「梨谷里鉄器時代住居址発掘報告書」『建国大学校人文科学論叢』12　113-154頁　建国大学校人文科学研究所編　建国大学校出版部刊　ソウル。

定森秀夫
1981 「韓国慶尚南道昌寧地域出土陶質土器の検討‐陶質土器に関する一私見」『古代文化』33‐4　1-34頁　古代学協会編　京都。
1982 「韓国慶尚南道釜山・金海地域出土陶質土器の検討‐陶質土器に関する一私見」『平安博物館紀要』7　63-96頁　古代学協会編　京都。
1983 「韓国慶尚南道泗川・固城地域出土陶質土器について」『角田文衞博士古稀記念　古代学叢論』285-296頁　平安博物館研究部編　同朋舎出版刊　京都。
1987 「韓国慶尚北道高霊地域出土陶質土器の検討」『東アジアの考古と歴史』岡崎敬先生退官記念論集　上　412-463頁　岡崎敬先生退官記念事業会編　同朋舎出版刊　京都。
1988a「韓国慶尚北道義城地域出土陶質土器について」『日本民族文化の生成』永井昌文教授退官記念論文集1　811-826頁　六興出版刊　東京。
1988b「韓国慶尚北道星州地域出土陶質土器について」『伽倻通信』17　23-37頁　伽倻通信編集部編　釜山。
1988c「韓国慶尚北道星州地域出土陶質土器について」『朱雀』1　67-79頁　京都文化博物館編　京都。

定森秀夫・吉井秀夫・内田知昭
1990 「韓国慶尚南道晋州水精峰2号墳玉峰7号墳出土遺物」『伽倻通信』19・20　19-43頁　伽倻通信編集部編　釜山。
*1990 「韓国慶尚南道晋州水精峰2号墳玉峰7号墳出土遺物‐東京大学工学部建築史研究室所蔵資料の紹介」『朱雀』3　71-105頁　京都文化博物館編　京都。

朱甫暾
1979 「新羅中古の地方統治組織について」『韓国史研究』23　1-39頁　韓国史研究会編　ソウル。
1986 「新羅中古期村落構造について（Ⅰ）」『慶北史学』9　1-36頁　慶北大学校人文大学史学科編　大邱。

1992 「新羅村落構造とその変化」『国史館論叢』35　55-94頁　国史編纂委員会編　果川。
1995 『新羅中古期の地方統治と村落』啓明大学校大学院博士学位論文　大邱。
1996 「新羅国家形成期大邱社会の動向」『韓国古代史論叢』8（特集　韓国古代の集落と城）83-146頁　韓国古代社会研究所編　駕洛国史蹟開発研究院刊　ソウル。

集安県文物管理所（編）
1984 「集安発現青銅短剣墓」『考古』1984‐5　467-468頁　考古編集部編　科学出版社刊　北京。

秋淵植
1994 「集落考古学の世界的研究傾向」『マウルの考古学』第18回韓国考古学全国大会発表要旨　45-62頁　韓国考古学会編　ソウル。

昌原大学校博物館（編）
1993 『蔚山中山里遺跡2次発掘調査成果』　昌原。
1994a『昌原郡文化遺跡精密地表調査報告書』学術調査報告6　昌原大学校博物館・昌原郡刊　昌原。
1994b『昌原加音丁洞遺跡다区間発掘調査過程』現場説明会資料　昌原。
→1994 『昌原加音丁洞遺跡』昌原文化財研究所学術調査報告2　昌原。
1996 『昌原大坪里古墳群』　昌原。
1997 『昌原南山環濠集落遺跡　発掘成果中間報告』（簡易印刷物）　昌原。
→1998 『蔚山茶雲洞雲谷遺跡』学術調査報告19　昌原。

昌原文化財研究所（編）
1992 『咸安道項里古墳群発掘調査（第1次年度）指導委員会資料』（簡易印刷物）　昌原。
→1997 『咸安道項里古墳群I』学術調査報告4　昌原。
1994 『昌原加音丁洞遺跡』学術調査報告2　昌原。

昌原文化財研究所・昌原大学校博物館（編）
1995 『阿羅伽耶文化圏遺跡精密地表調査報告書』　昌原。

申環煥
1982 『貝塚遺跡で発掘された初期鉄器遺物についての金属学的研究』高麗大学校大学院碩士学位論文　ソウル。
1993 「南韓地域における初期鉄器の冶金学的特性」『国際シンポジウム　東アジアの古代文化・その起源と伝播』94-117頁　たたら研究会編　広島。
1995 「三韓の鉄器製造技術」『鉄鋼報』95‐5　39-46頁　韓国鉄鋼協会編　ソウル。

申環煥・李南圭
1995 「楽浪の鉄器文化と冶金学的考察」『鉄鋼報』95‐3　50-56頁　韓国鉄鋼協会編　ソウル。

申敬澈
1982 「釜山慶南出土瓦質系土器」『韓国考古学報』12　39-88頁　韓国考古学研究会編　ソウル。
1983 「伽耶地域における四世紀代の陶質土器と墓制」『古代を考える』34（古代伽

耶の検討）20-58頁　古代を考える会編　大阪。
1986a 「新羅土器の発生について」『韓日古代文化の諸問題』1-74頁　韓日文化交流基金編　ソウルプレス刊　ソウル。
1986b 「釜山久端洞出土の瓦質土器」『嶺南考古学』2　115-122頁　嶺南考古学会編　釜山。
1989a 「伽耶地域の陶質土器」『陶質土器の国際交流』47-74頁　柏書房刊　東京。
1989b 「三韓・三国統一新羅時代の釜山（考古學的考察）」『釜山市史』Ⅰ　383-436頁　釜山直轄市史編纂委員会　釜山。
1990 「嶺南地方の4・5世紀代陶質土器と甲冑」『韓国大学博物館協会第33回発表要旨』25-35頁　韓国大学校博物館協会編　ソウル。
1992a 「金官伽耶の成立と対外関係」『伽耶と東アジア』伽耶史国際学術会議　45-60頁　金海。
1992b 「最近伽耶地域の考古学的成果」『加耶史研究の成果と展望』57-66頁　高麗大学校韓国学研究所編　ソウル。
1992c 「金海礼安里160号墳について」『伽耶考古学論叢』1　107-167頁　駕洛国史蹟開発研究院編　ソウル。
1994 「加耶初期馬具について」『釜山史学』18　263-295頁　釜山史学会編　釜山。

申敬澈・李相憲・李海蓮・金宰佑
1989 『釜山七山洞古墳群Ⅰ』慶星大学校博物館遺跡調査報告1　釜山。

申叔静
1993 「我が国新石器文化研究の傾向 - 1945年まで」『韓国上古史学報』12　149-182頁　韓国上古史学会編　ソウル。
1994 『我が国南海岸地方の新石器文化研究　東三洞・金海・南海島嶼地方を中心にして』考古学叢書4　学研文化社刊　ソウル。

申鍾煥
1996 「鎮川石帳里鉄生産遺跡の調査成果」『新羅考古学の諸問題』第20回韓国考古学全国大会　273-298頁　韓国考古学会編　ソウル。
→1997 『韓国古代鉄生産遺跡発掘調査』国立清州博物館・浦項産業科学研究院編　清州。

辛鍾遠
1992 『新羅初期仏教史研究』民族社刊　ソウル。

石永士
1982 「河北易県燕下都第21号遺址第1次発掘報告」『考古学集刊』2　69-92頁　考古編輯部編　社会科学出版社刊　北京。

宣石悦
1996 『「三国史記」新羅本紀初期記録問題と新羅国家の成立』釜山大学校大学院博士学位論文　釜山。

全玉年
1988 『嶺南地域における後期瓦質土器の研究』慶北大学校大学院碩士学位論文　大邱。
1990 「土器」『東萊福泉洞古墳群Ⅱ』釜山大学校博物館遺跡調査報告書14　73-86頁

釜山。

全玉年・李尚律・李賢珠
1989 「東莱福泉洞古墳群第2次調査概報」『嶺南考古学』6 173-211頁 嶺南考古学会編 釜山。
→1990 『東莱福泉洞古墳群Ⅱ』釜山大学校博物館遺跡調査報告書14 釜山。

全南大学校博物館（編）
1993 『麗川 積良洞サンチョク支石墓』 光州。

曺永鉉
1994 「嶺南地方横口式古墳の研究（Ⅰ）」『伽耶古墳の編年研究Ⅱ（墓制）』第3回嶺南考古学会学術発表会 53-74頁 嶺南考古学会編 釜山。

宋桂鉉
1984 「慶南鎮北大坪里遺跡採集鉄器類」『伽倻通信』10 40-45頁 伽倻通信編集部編 釜山。
1989 「東莱福泉洞52〜54号墳発掘調査概要」『釜山市立博物館年報』12 67-68頁 釜山。
→1992 『東莱福泉洞53号墳』釜山直轄市立博物館遺跡調査報告書6 釜山。
1994 「三韓鉄器変化の段階」『嶺南考古学会・九州考古学会合同考古学会』55-71頁 嶺南考古学会・九州考古学会編 福岡。
1995 「洛東江下流域の古代鉄生産」『加耶諸国の鉄』加耶研学術叢書1 129-154頁 仁済大学校加耶文化研究所編 新書苑刊 ソウル。

宋桂鉉・河仁秀
1990 『東莱福泉洞莱城遺跡』釜山市立博物館調査報告書5 釜山。

宋桂鉉・洪潽植
1993 『生谷洞加達古墳群Ⅰ』釜山直轄市立博物館遺跡調査報告8 釜山。

宋桂鉉・洪潽植・李海蓮
1995 「東莱福泉洞古墳群第5次発掘調査概報」『博物館研究論集』3 1-117頁 釜山 広域市立博物館編 釜山。

孫守道
1960 「"匈奴西岔溝文化"古墓群的発現」『文物』1960‐8・9 25-32頁 文物編輯委員会編 文物出版社刊 北京。

孫守道・徐秉琨
1960 「遼寧寺兒堡等地青銅短劍墓與大夥房石棺墓」『考古』1960‐8 277-285頁 考古編集委員会編 科学出版社刊 北京。

孫秉憲・池炳穆・李一容・金性泰
1989 『金海退来里遺跡』成均館大学校博物館編 ソウル。

孫明助
1997 「慶州隍城洞製鉄遺跡の性格について」『1〜3C慶州地域の遺跡と文化』1997年度16回学術発表会義 31-40頁 東国大学校新羅文化研究所編 大邱。

大韓鉱業振興公社（編）
1968 『韓国の鉱床』1（総論および銅、鉛、亜鉛篇） ソウル。
1970a『韓国の鉱床』2（蛍石、滑石、蝋石篇） ソウル。

1970b 『韓国の鉱床』3（珪石、石灰石、その他非金属篇）　ソウル。
1972　『韓国の鉱床』4（鉄、タングステン篇）　ソウル。
1973　『韓国の鉱床』5（金、銀篇）　ソウル。
1974　『韓国の鉱床』6（稀元素鉱ならびに増補篇）　ソウル。

高久健二
1992a「楽浪墳墓の階層性について」『韓国上古史学報』10　325-362頁　韓国上古史学会編　ソウル。
1992b「韓国出土鉄矛の伝播過程に対する研究」『考古歴史学誌』8　113-147頁　東亜大学校博物館編　釜山。
1997　「楽浪郡と三韓との交渉形態について‐三韓地域出土の漢式遺物と非漢式遺物の検討を中心に」『文物研究』1　77-96頁　東アジア文物研究学術財団編　ソウル。

武末純一
1985　「慶尚道の瓦質土器と古式陶質土器」『古文化談叢』15　125-150頁　九州古文化研究会編　北九州。
→1991　『土器から見た日韓交渉』学生社刊　東京。
1992　「金海礼安里古墳群の階層構造」『古文化談叢』28　91-106頁　九州古文化研究会編　北九州。

田中俊明
1992　『大伽耶連盟の興亡と任那』吉川弘文館刊　東京。

谷豊信
1984「楽浪土城址出土の土器　上」『東京大学文学部考古学研究室紀要』3　41-58頁　東京。
1985「楽浪土城址出土の土器　中」『東京大学文学部考古学研究室紀要』4　159-187頁　東京。
1986「楽浪土城址出土の土器　下」『東京大学文学部考古学研究室紀要』5　73-124頁　東京。

譚英杰・越虹光
1993　「黒龍江中流鉄器時代文化分期浅論」『考古与文物』1993‐4　80-93頁　考古与文物編輯部編　西安人民出版社刊　西安。

池健吉
1990　「長水南陽里出土青銅器・鉄器一括遺物」『考古学志』2　5-22頁　国立中央博物館考古部編　韓国考古美術研究所刊　ソウル。

池健吉・韓永熙
1982　『中島　進展報告Ⅲ』国立中央博物館古蹟調査報告14　ソウル。

チェ　サンジュン
1966　「我国原始時代ならびに古代の金属遺物の分析」『考古民俗』3　43-47頁　社会科学院出版社刊　平壌。

中国社会科学院考古研究所（編）
1984　「1981-1983年瑠璃河西周燕国墓地発掘簡報」『考古』1984‐5　405-416頁　考古編集部編　科学出版社刊　北京。

趙栄済
- 1985 「水平口縁壺に対する一考察」『慶尚史学』1　1-36頁　慶尚大学校史学会編　晋州。
- 1988 『陝川玉田古墳群Ⅰ‐木槨墓』慶尚大学校博物館調査報告3　晋州。
- 1989 「西部慶南炉形土器に対する一考察」『慶尚史学』2　1-30頁　慶尚大学校史学会晋州。
- 1990 「三角透窓高杯に対する一考察」『嶺南考古学』7　43-70頁　嶺南考古学会編　釜山。
- *1991 「三角透窓高杯に対する一考察」『韓式土器研究』Ⅲ　157-186頁　高正龍訳　韓式土器研究会編　大阪。
- 1994 「陝川玉田古墳群の墓制について」『陝川玉田古墳群試掘調査報告書』慶尚大学校博物館学術調査報告10　67-87頁　晋州。
- *1994 「陝川玉田古墳群の墓制について」『朝鮮学報』150　1-28頁　竹谷俊夫訳　朝鮮学会編　天理。

趙栄済ほか
- 1994 『咸安篁沙里墳墓群』慶尚大学校博物館学術調査報告9　晋州。

趙栄済・朴升圭
- 1990 『陝川玉田古墳群Ⅱ　M3号墳』慶尚大学校博物館調査報告7　晋州。

趙栄済・朴升圭・柳昌煥・李瓊子
- 1994a 『宜寧礼屯里墳墓群』慶尚大学校博物館学術調査報告11　晋州。
- 1994b 『宜寧中洞里古墳群』慶尚大学校博物館学術調査報告12　晋州。

趙栄済・朴升圭・柳昌煥・李瓊子・金貞礼
- 1992 『陝川玉田古墳群Ⅲ　M1・M2号墳』慶尚大学校博物館調査報告7　晋州。

趙栄済・朴升圭・柳昌煥・李瓊子・金相哲
- 1993 『陝川玉田古墳群Ⅳ　M4・M6・M7号墳』慶尚大学校博物館調査報告8　晋州。

趙栄済・柳昌煥・李瓊子
- 1995 『陝川玉田古墳群Ⅴ　M10・M11・M18号墳』慶尚大学校博物館調査報告13　晋州。

趙現鍾・張斉根
- 1992 「光州新昌洞遺跡‐第1次調査概報」『考古学志』4　31-134頁　国立中央博物館考古部編　韓国考古美術研究所刊　ソウル。

趙青雲・李京華・韓汝玢・丘亮輝・柯俊
- 1985 「鞏県鉄溝漢代冶鋳遺址在探討」『考古学報』1985‐2　157-183頁　中国社会科学院考古研究所編　科学出版社刊　北京。

朝鮮民主主義人民共和国社会科学院考古学研究所（編）
- 1978 『考古学資料集』5　科学百科事典出版社刊　平壌。
- 1983 『考古学資料集』6　科学百科事典出版社刊　平壌。

朝鮮民主主義人民共和国社会科学院考古学民俗学研究所（編）
- 1958 『考古学資料集』1　科学百科事典出版社刊　平壌。
- 1959a 『考古学資料集』2　科学百科事典出版社刊　平壌。

1959b 『台城里古墳群発掘報告』遺跡発掘調査報告5　平壌。
朝中共同考古学発掘隊（編）
1965a 『中国東北地方の遺跡発掘報告 - 1963〜1965』社会科学院出版社刊　平壌。
*1986 『崗上・楼上 - 1963〜1965中国東北地方遺跡発掘報告』東アジア考古学研究会訳　六興出版刊　東京。
1965b 「趙公家と鄭家窪子」『中国東北地方の遺跡発掘報告 1963〜1965』129-140頁　社会科学院出版社刊　平壌。
1965c 「尹家村」『中国東北地方の遺跡発掘報告　1963〜1965』107-128頁　社会科学院出版社刊　平壌。
陳応祺
1965 「燕下都第22号遺址発掘報告」『考古』1965 - 11　562-570頁　考古編集委員会編　科学出版社刊　北京。
沈奉謹
1981 『金海府院洞遺跡』東亜大学校博物館古蹟調査報告5　釜山。
1982 『陝川三嘉古墳群』東亜大学校博物館古蹟調査報告6　釜山。
1986 『陝川鳳渓里古墳群』陝川ダム水没地区遺跡発掘調査報告7　慶山南道・東亜大学校博物館編　釜山。
1987 『陝川倉里古墳群』陝川ダム水没地区遺跡発掘調査報告8　東亜大学校博物館編　釜山。
1991 『梁山金鳥塚・夫婦塚』東亜大学校博物館古蹟調査報告書19　釜山。
1992 「가遺構」『昌寧校洞古墳群』東亜大学校博物館古蹟調査報告書21　243-245頁　釜山。
1994 「梁山北亭里古墳群」『考古歴史学志』10　7-360頁　東亜大学校博物館編　釜山。
沈奉謹・朴恩貞
1992 「韓国式青銅剣系譜とその同伴遺物」『韓国上古史学報』10　83-131頁　韓国上古史学会編　ソウル。
沈奉謹・朴広春・李東注・辛勇旻・高久健二
1992 『昌寧校洞古墳群』東亜大学校博物館古蹟調査報告書21　釜山。
沈奉謹・李東注
1993 『金官伽耶圏遺跡精密地表調査報告』昌原文化財研究所・東亜大学校博物館編　釜山・昌原。
都出比呂志
1967 「農具鉄器化の二つの画期」『考古学研究』13 - 3　167-181頁　考古学研究会編　岡山。
鄭永和
1982 「林堂洞古墳発掘概報」『韓国考古学年報』10　3-26頁　ソウル大学校文理大学考古人類学科編　ソウル。
鄭永和・金龍星・具滋奉・張容碩
1994 『慶山林堂地域古墳Ⅱ - 造永E 3 - 8号墳ほか』嶺南大学校博物館学術調査報告19　慶山。

鄭永和・梁道栄・金龍星
 1987 『陝川苧浦里古墳群（A地区）』陝川ダム水没地区遺跡発掘調査報告3　慶尚南道・嶺南大学校博物館編　釜山。

鄭澄元・安在晧
 1987 「福泉洞38号墳とその副葬遺物」『三佛金元龍教授停年退任紀念論叢』I（考古学篇）　653-672頁　三佛金元龍教授停年退任紀念論叢刊行委員会編　一志社刊　ソウル。
 *1989 「韓国福泉洞38号墳とその副葬遺物」『古文化談叢』21　143-162頁　武末純一訳　九州古文化研究会編　北九州。

鄭澄元・洪潽植
 1994 「釜山地域の古墳文化」『釜大史学』18　299-348頁　釜山大学校史学会編　釜山。
 1995 「昌寧地域の古墳文化」『韓国文化研究』7　27-89頁　釜山大学校韓国民族文化研究所編　釜山。

鄭白雲
 1957 『朝鮮金属文化起源に対する考古学的検討』科学院出版社刊　平壌。
 1958 「朝鮮における鉄器使用の開始に関して」『文化遺産』3　52-58頁　朝鮮文化保存社刊　平壌。
 *1960 「我が国で鉄器使用の開始について」『朝鮮学報』17　171-182頁　朴文国訳　朝鮮学会編　天理。

田疇農
 1963 「伏獅里マンアム洞土壙墓と甕棺墓」『考古学資料集』3　91-101頁　科学院考古学・民俗学研究所編　科学百科事典出版社刊　平壌。

東亜考古学会（編）
 1929 『貔子窩　南満州碧流河畔の先史時代遺跡』東方考古学叢刊甲種1　東京。
 1931 『牧羊城　南満州老鉄山麓漢及漢以前遺跡』東方考古学叢刊甲種2　東京。

佟桂臣
 1956 「考古学上漢代及漢代以前的東北彊域」『考古学報』1951‐1　23-43頁　中国科学院考古研究所編　科学出版社刊　北京。

中村幸史郎（編）
 1982 『方保田東原遺跡』山鹿市立博物館調査報告書2　山鹿市立博物館・山鹿市教育委員会刊　山鹿。

中村浩
 1977 「須恵器生産に関する一試考 和泉陶邑窯における陶工組織について」『考古学雑誌』63‐1　30-44頁　日本考古学会編　東京。
 →1981 『和泉陶邑窯の研究‐須恵器生産の基礎的考察』柏書房刊　東京。
 1981 「須恵器生産の諸段階 地方窯成立に関する一試考」『考古学雑誌』67‐1　37-55頁　日本考古学会編　東京。
 →1985 『古代窯業史の研究』柏書房刊　東京　（改題）。

西川宏
 1970a「日本帝国主義下における朝鮮考古学の研究」『朝鮮史研究会論文集』7（古

代東アジアにおける日朝関係）94-116頁　朝鮮史研究会編　東京。
- 1970b「日本考古学の帝国主義的思想」『考古学研究』16‐3　2-7頁　考古学研究会編　岡山。
- 1970c「朝鮮考古学系統論」『考古学研究』17‐1　1-6頁　考古学研究会編　岡山。

西谷正
- 1966　「朝鮮におけるいわゆる土壙墓と初期金属器について」『考古学研究』13‐2　70-90頁　考古学研究会編　岡山。
- 1967　「朝鮮における金属器の起源問題」『史林』50‐5　90-110頁　史学研究会編　京都。
- 1970　「朝鮮における初期鉄製品の問題」『日本製鉄史論』たたら研究会創立十周年記念論集　46-65頁　たたら研究会編　示人社刊　広島。

任孝宰
- 1982　「韓国考古学の歩み」『古代文化』34‐9　3-15頁　古代学協会編　京都。

任世権
- 1989　『安東ダム水没地域文化遺跡発掘調査報告書Ⅰ』安東郡・安東大学博物館編　安東。

裵基同・尹叉埈
- 1994　『渼沙里』第2巻　漢陽大学校発掘調査団調査報告（1992年度）　渼沙里先史遺跡発掘調査団編　ソウル。

白承忠
- 1995　『伽耶の地域連盟史研究』釜山大学校大学院博士学位論文　釜山。

橋口達也
- 1983　「ふたたび初期鉄製品をめぐる二、三の問題について」『日本製鉄史論集』たたら研究会創立二十五周年記念論集　1-42頁　たたら研究会編　広島。
- 1987　「聚落立地の変遷と土地開発」『東アジアの考古と歴史』岡崎敬先生退官記念論集　中　703-754頁　岡崎敬先生退官記念事業会編　同朋舎出版刊　京都。

浜田耕作・梅原末治
- 1922　『慶尚北道慶尚南道古蹟調査報告』大正七年度古蹟調査報告1　朝鮮総督府刊　京城。

潘鏞夫・郭鍾詰
- 1991　「洛東江河口金海地域の環境と漁労文化」『伽耶文化研究』2　59-86頁　釜山女子大学編　釜山。
- *1993　「洛東江河口金海地域の環境と漁労文化」『古文化談叢』31　255-284頁　中島達也訳　九州古文化研究会編　北九州。

釜山大学校博物館（編）
- 1985　『金海礼安里古墳群Ⅰ』遺跡調査報告8　釜山。
- 1989　『勒島住居址』遺跡調査報告13　釜山。
- 1990　「東莱福泉洞古墳群第3次調査概報」『嶺南考古学』7　113-150頁　嶺南考古学会編　釜山。
- 1993　『金海礼安里古墳群Ⅱ』遺跡調査報告15　釜山。
- 1995　『蔚山検丹里マウル遺跡』研究叢書17　釜山。

1996　『東萊福泉洞古墳群Ⅲ』研究叢書19　釜山。

釜山直轄市立博物館（編）
1992　『東萊福泉洞53号墳』遺跡調査報告書6　釜山。

藤井和夫
1978　「梁山夫婦塚出土陶質土器の編年に就いて‐伽耶地域古墳出土陶質土器編年試案Ⅰ」『神奈川考古』3　95-106頁　神奈川考古同人会編　横浜。
1981　「昌寧地方古墳出土陶質土器の編年に就いて‐伽耶地域古墳出土陶質土器編年試案Ⅲ」『神奈川考古』12　135-178頁　神奈川考古同人会編　横浜。
1982　「洛東江中流域古墳出土陶質土器の編年（Ⅰ）‐伽耶地域古墳出土陶質土器編年試案Ⅳ」『神奈川考古』13　127-168頁　神奈川考古同人会編　横浜。
1990　「高霊池山洞古墳群の編年‐伽耶地域古墳出土陶質土器編年試案Ⅴ」『東北アジアの考古学　天池』165-204頁　田村晃一編　六興出版刊　東京。

藤田亮策
1934　「朝鮮発見の明刀銭と其遺跡」『朝鮮考古学研究』162-292頁　高桐書院刊　京都。

文暻鉉
1973　「辰韓の鉄産と新羅の強盛」『大邱史学』7・8　87-119頁　大邱史学会編　大邱。
1976　「辰韓の鉄産と新羅の強盛」『韓』5‐10　80-120頁　韓国研究院編　東京。

北京鋼鉄学院学報編集部（編）
1986　「我国古代鋼鉄冶金技術的重大成就」『中国冶金史論文集』147-151頁　北京鋼鉄学院科技資料室刊　北京。

彭曦
1993　「戦国秦漢鉄業数量的比較」『考古与文物』1993‐3　97-103頁　考古与文物編輯部編　西安人民出版社刊　西安。

朴広春
1990　「韓国陜川地域における土壙墓出土土器の編年的研究」『古文化談叢』22　121-150頁　九州古文化研究会編　北九州。
1992a　「釜山金海地域の古墳出土土器の編年的研究（上・下）」『古代文化』43‐2　29-39頁，同43‐3　43-53頁　古代学協会編　京都。
1992b　「日本九州北部地域の新羅・伽耶系遺物・遺跡」『韓国古代史論叢』3（特集　新羅・伽耶文化特徴比較）　347-417頁　韓国古代社会研究所編　駕洛国史蹟開発研究院刊　ソウル。

朴光烈
1992　「琴湖江流域古墳の編年と性格」『嶺南考古学』11　35-79頁　嶺南考古学会編　慶山。

朴志明・宋桂鉉
1990　『釜山杜邱洞林石遺跡』釜山直轄市立博物館遺跡調査報告書4　釜山。

朴淳発
1989　「漢江流域原三国時代の土器の様相と変遷」『韓国考古学報』23　21-58頁　韓国考古学会編　ソウル。

1993 「漢江流域の青銅器・初期鉄器文化」『漢江流域史』大宇学術叢書　115-223頁　民音社刊　ソウル。
1995 「漢江流域の青銅器初期鉄器ならびに原三国時代に対する編年的考察」『韓国上古史学報』18　943-973頁　韓国上古史学会編　ソウル。

朴淳発・李相吉
1994 『固城蓮塘里古墳群』慶南大学校博物館叢書5　馬山。

朴升圭
1993 「慶南西南部地域陶質土器に対する研究」『慶尚史学』9　1-34頁　慶尚大学校史学会編　晋州。
*1994 「慶南西南部地域における陶質土器の研究」『天理参考館報』7　115-140頁　竹谷俊夫訳　天理大学附属天理参考館編　天理。
1994 『宜寧の先史・伽耶遺跡』慶尚大学校博物館編　晋州。

朴晋煜
1974 「咸鏡南道一帯の古代遺跡調査報告」『考古学資料集』4　165-182頁　社会科学院考古学研究所編　科学百科事典出版社刊　平壤。
1987 「吉林、長春地方の小型青銅短剣関係遺跡・遺物の性格（1）」『朝鮮考古研究』1987-3　6-11頁　社会科学出版社刊　平壤。
1988 「吉林、長春地方の小型青銅短剣関係遺跡・遺物の性格（2）」『朝鮮考古研究』1988-1　2-6頁　社会科学出版社刊　平壤。

朴天秀
1993 「三国時代昌寧地域集団の性格研究」『嶺南考古学』13　157-207頁　嶺南考古学会編　釜山。
1996a「大伽耶の古代国家形成」『碩晤尹容鎮教授停年退任紀念論叢』　377-402頁　碩晤尹容鎮教授停年退任紀念論叢刊行委員会編　大邱。
1996b「日本の中の伽耶文化」『伽耶史の新たな理解』慶尚北道開道100周年紀念伽耶文化学術大会　55-86頁　韓国古代史研究会編　発行地不明。
1997 「政治体の相互関係に見る大伽耶王権」『伽耶諸国の王権』加耶研学術叢書2　179-210頁　仁済大学校伽耶文化研究所編　新書苑刊　ソウル。

朴東百ほか
1991 「漆谷多富洞古墳群」『大邱-春川間　高速道路建設予定地域内文化遺跡発掘調査報告書　大邱-軍威間』慶北大学校博物館叢書14　307-556頁　慶北大学校博物館・大邱教育大学博物館・昌原大学校博物館編　慶北大学校博物館・韓国道路公社刊　大邱。
1995 『咸安梧谷里遺跡』昌原大学校博物館学術調査報告9　昌原大学校博物館・韓国道路公社刊　昌原。

朴東白・金亨坤・崔憲変
1995 『阿羅伽耶文化圏遺跡精密地表調査報告』国立昌原文化財研究所・昌原大学校博物館編　昌原。

朴東白・秋淵植
1987 『昌原道渓洞古墳群Ⅰ』昌原大学校博物館学術調査報告1　昌原。
1988 『陜川苧浦里B古墳群』昌原大学校博物館学術調査報告2　昌原。

朴東白・李盛周・金亨坤・金奭周
 1992 『咸安安羅伽耶の古墳群Ⅰ』昌寧大学校博物館学術調査報告5 昌原。

朴普鉉
 1988a「積石木槨墳時代Ⅰ期の性格」『歴史教育論集』12 31-45頁 歴史教育学会編 慶北大学校師範大学歴史科刊 大邱。
 1988b「冠帽前立飾金具を通じてみた積石木槨墳時代社会組織」『古代研究』1 23-42頁 古代研究会編 公州。
 1990 「洛東江東岸地域高塚古墳の地域性」『郷土文化』5 35-58頁 大邱郷土文化研究所編 大邱。
 1991 「積石木槨墳文化地域の帯金具」『古文化』38 29-41頁 韓国大学博物館協会編 ソウル。
 1992a「積石木槨墳の階層性試論」『古代研究』3 5-14頁 古代研究会編 公州。
 1992b「積石木槨分類型の様相」『嶺南考古学』10 53-67頁 嶺南考古学会編 慶山。
 1995 『威勢品で見た古新羅社会の構造』慶北大学校大学院博士学位論文 大邱。

朴魯植
 1971 「韓国の地形区」『地理学』6 1-24頁 大韓地理学会編 ソウル。

馬山大学校博物館（編）
 1984 『伽耶文化圏遺跡精密地表調査報告』 馬山。

松井和幸
 1982 「大陸系磨製石器類の消滅とその鉄器化をめぐって」『考古学雑誌』68‐2 169-209頁 日本考古学会編 東京。

松本正信
 1975 「鉄鋌に関する一試論」『考古学研究』22‐2 49-55頁 考古学研究会編 岡山。

村上英之助
 1977 「鉄鋌の本質とその編年序説」『考古学研究』24‐2 33-51頁 考古学研究会編 岡山。
 1983 「鉄鋌（枚鉄）ふたたび」『日本製鉄史論集』たたら研究会創立25周年記念論文集 191-236頁 たたら研究会編 広島。

村上恭通
 1988 「東アジアの二種の鋳造鉄斧をめぐって」『たたら研究』29 1-20頁 たたら研究会編 広島。
 1992 「吉野ヶ里遺跡における弥生時代の鉄製品」『吉野ヶ里：神崎工業団地計画に伴う埋蔵文化財発掘調査概要』佐賀県埋蔵文化財調査報告書113 471-481頁 佐賀県教育庁文化財課編 佐賀県教育委員会刊 佐賀。
 1994a「弥生時代における鍛冶遺構の研究」『考古学研究』41‐3 60-87頁 考古学研究会編 岡山。
 1994b「弥生時代における鉄器文化の特質」『第1回合同考古学会』 1-31頁 九州考古学会・嶺南考古学会編 福岡。

門田誠一
 1987 「鉄鋌始原の一様相」『考古学と地域文化』同志社大学考古学シリーズ3

481-494頁　森浩一編　同志社大学考古学シリーズ刊行会刊　京都。
1988　「古代伽耶の戦士」『考古学と技術』同志社大学考古学シリーズⅣ　497-517頁　森浩一編　同志社大学考古学シリーズ刊行会刊　京都。

柳田康雄
1992　「原三国時代の朝鮮半島南部に見られる日本文化」『三韓・三国時代　韓・日文化交流』第7回韓国上古史学会学術発表会　31-40頁　韓国上古史学会編　ソウル。

兪炳一
1996　「蔚山茶雲洞遺跡」『第39回全国歴史学大会発表要旨』　366-379頁　韓国考古学会編　ソウル。
→李盛周・金亨坤・兪炳一・朴文洙・金眩希　『蔚山茶雲洞雲谷遺跡』昌原大学校博物館学術調査報告19　昌原。

楊寛
1982　『中国古代冶鉄技術発展史』上海人民出版社刊　上海。

翟徳芳
1988　「中国北方地区青銅短剣分群研究」『考古学報』1988-3　277-299頁　中国科学院考古研究所編　科学出版社刊　北京。

李殷昌
1970　「伽耶地域土器の研究」『新羅・伽耶文化』2　85-175頁　嶺南大学校新羅伽耶文化研究所編　大邱。
*1973　「伽耶地域土器の研究‐洛東江流域出土土器の様相を中心にして」『朝鮮考古学年報』1970年　107-168頁　伊藤秋男訳　西谷正編　東出版刊　東京。
1981　「新羅伽耶土器編年に関する研究」『研究論文集』23　724-853頁　大邱暁星カトリック大学校編　大邱。
1982　『新羅・伽耶土器窯址』暁星大学校博物館学術調査報告書1　大邱。
1988a　「陝川苧浦里C・D地区遺跡」陝川ダム水没地区遺跡発掘調査報告5・暁星大学校博物館学術調査報告書3　大邱。
1988b　『善山洛山洞古墳群』暁星大学校博物館学術調査報告書6　暁星大学校博物館・善山郡編　大邱。
1992　「善山洛山洞古墳群の研究Ⅰ」『嶺南考古学』1　87-128頁　嶺南考古学会編　釜山。

李殷昌・朴普鉉・金奭周
1994　『清道薥池里C地区古墳群』雲門ダム水没地区文化遺跡発掘調査報告3　大田保健専門大学校博物館・清道郡・雲門ダム水没地区発掘調査団編　大田。

李宇泰
1981　「新羅の村と村主」『韓国史論』7　69-120頁　ソウル大学校人文大学国史学科編　ソウル。
1989　「蔚珍鳳坪新羅碑を通じてみた新羅の地方統治体制」『韓国古代史研究』2　191-205頁　韓国古代史研究会編　知識産業社刊　ソウル。

李栄文
1989　「全南地方馬韓小国比定地についての考古学的検討」『韓国上古史　研究の現

状と課題』303-320頁　民音社刊　ソウル。
1993　「全南地方支石墓社会の領域圏と構造についての検討」『先史と古代』5　41-69頁　韓国古代学会編　ソウル。

李海蓮
1993　『金海大成洞29号墳に関する研究』慶星大学校大学院碩士学位論文　釜山。

李漢祥
1994　『5〜6世紀新羅の辺境支配方式』ソウル大学校大学院碩士学位論文　ソウル。

李熙濬
1994　「高霊様式土器出土古墳の編年」『嶺南考古学』15　89-113頁　嶺南考古学会編　釜山。
1995　「土器でみた大伽耶の発展に対する研究」『加耶史研究』　365-444頁　慶尚北道編　大邱。
1996a「新羅の成立と成長過程に対する考察」『新羅考古学の諸問題』第20回韓国考古学全国大会　11-37頁　韓国考古学会編　ソウル。
1996b「慶州皇南大塚の年代」『嶺南考古学』17　33-67頁　嶺南考古学会編　大邱。
1996c「洛東江以東地方4・5世紀古墳資料の定型性とその解釈」『4・5世紀の韓日考古学』第2回合同討論会 1-25頁　嶺南考古学会・九州考古学会編　啓明大学校博物館刊　大邱。

李基白
1976　『韓国史新論（改正版）』一潮閣刊　ソウル。
*1979　『韓国史新論　改訂新版』武田幸男ほか訳　学生社刊　東京。

李基白・李基東
1982　『韓国史講座』1（古代編）　一潮閣刊　ソウル。

李京華
1993　「秦漢時代の冶鉄技術と周辺地域との関係」『国際シンポジウム 東アジアの古代鉄文化-その起源と伝播-』1-28頁　たたら研究会編　広島。
1994a「試論日本九州早期鉄器来源問題」『中原古代冶金技術研究』205-210頁　中洲古籍出版社刊　鄭州。
1994b「漢代鉄農器銘文試釈」『中原古代冶金技術研究』158-165頁　中州古籍出版社刊　鄭州。

李亨求
1992　「旅順後牧城駅樓上第3号墓出土渤海沿岸式青銅短剣年代検証」『韓国上古史学報』10　133-149頁　韓国上古史学会編　ソウル。

李炯佑
1993　「斯盧国の東海岸進出」『建大史学』8　25-46頁　建国大学校史学会編　ソウル。

李慶発・張克奉
1991　「遼西地区燕秦長城調査報告」『遼海文物学刊』1991-2　40-50頁　遼海文物学刊編集部編　遼寧省考古博物館学会・遼寧省博物館・遼寧省文物考古研究所刊　瀋陽。

李賢恵
1976 「三韓の"国邑"とその成長について」『歴史学報』69 1-40頁 歴史学会編 ソウル。
1984 『三韓社会形成過程研究』一潮閣刊 ソウル。
1987 「韓半島青銅器文化の経済的背景」『韓国史研究』56 1-32頁 韓国史研究会編 ソウル。
1990 「三韓社会の農業生産と鉄製農機具」『歴史学報』126 45-70頁 歴史学会編 ソウル。
1991 「三国時代の農業技術と社会発展」『韓国上古史学報』8 45-78頁 韓国上古史学会編 ソウル。
1993a 「原三国時代論の検討」『韓国古代史論叢』5 (特集1～3世紀の韓国古代社会) 5-36頁 韓国古代社会研究所編 駕洛国史蹟開発研究院刊 ソウル。
1994 「1～3世紀韓半島の対外交易体系」『(古代) 東亜細亜の再発見 第4回アジア史学会ソウル研究大会』湖巌美術館学術叢書 165-178頁 三星美術文化財団湖巌美術館編 ソウル。

李健茂
1990 「扶余合松里遺跡出土一括遺物」『考古学志』2 23-67頁 国立中央博物館考古部編 韓国考古美術研究所刊 ソウル。
1991 「唐津素素里遺跡出土一括遺物」『考古学志』3 112-134頁 国立中央博物館考古部編 韓国考古美術研究所刊 ソウル。
1992 「韓国青銅儀器の研究‐異形銅器を中心に‐」『韓国考古学報』28 131-216頁 韓国考古学会編 ソウル。

李健茂ほか
1980 『中島 進展報告Ⅰ』国立中央博物館古蹟調査報告12 ソウル。
1989 「義昌茶戸里遺跡発掘進展報告（Ⅰ）」『考古学志』1 5-174頁 国立中央博物館考古部編 韓国考古美術研究所刊 ソウル。
*1990 『義昌茶戸里遺跡発掘進展報告 日本語篇』西谷正監訳 しこう社刊 京都。
1991 「昌原茶戸里遺跡発掘進展報告（Ⅱ）」『考古学志』2 5-111頁 国立中央博物館考古部編 韓国考古美術研究所刊 ソウル。
1993 「昌原茶戸里遺跡発掘進展報告（Ⅲ）」『考古学志』5 5-113頁 国立中央博物館考古部編 韓国考古美術研究所刊 ソウル。
1995 「昌原茶戸里遺跡発掘進展報告（Ⅳ）」『考古学志』7 5-178頁 国立中央博物館考古部編 韓国考古美術研究所刊 ソウル。
→1997 『昌原茶戸里遺跡』国立中央博物館古蹟調査報告27 ソウル。

李弘鍾
1991 「中島式土器の成立過程」『韓国上古史学報』6 59-81頁 韓国上古史学会編 ソウル。

李在賢
1995 「弁・辰韓社会の発展過程」『嶺南考古学』17 11-32頁 嶺南考古学会編 大邱。

李銖勲
    1988 「新羅中古期州の構造と性格」『釜大史学』12 1-37頁 釜山大学校史学会編 釜山。

李衆
    1975 「中国封建社会前期鋼鉄冶錬技術発展探討」『考古学報』1975‐2 1-21頁 中国科学院考古研究所編 科学出版社刊 北京。

李淳鎮
    1963 「載寧郡富徳里スヨク洞の土壙墓」『考古学資料集』3 200-227頁 科学院考古学・民俗学研究所編 科学百科事典出版社刊 平壌。
    1974 「雲城里遺跡発掘報告」『考古学資料集』4 200-227頁 社会科学院考古学研究所編 科学百科事典出版社刊 平壌。

李鍾旭
    1974 「南山新城碑を通じてみた新羅の地方統治体制」『歴史学報』64 1-69頁 歴史学会 ソウル。
    *1976 「南山新城碑からみた新羅の地方統治体制（1）」『韓』5‐10 3-57頁 畑山康幸・村上四男訳 韓国研究院 東京。
    *1977 「南山新城碑からみた新羅の地方統治体制（2）」『韓』6‐6 107-131頁 畑山康幸・村上四男訳 韓国研究院 東京。
    1980 「斯盧国と辰韓の政治的性格の変化」『新羅文化祭学術発表会論文集』Ⅰ 81-91頁 新羅文化宣揚会編 書景文化社刊 慶州。
    1982 『新羅国家形成史研究』 一潮閣刊 ソウル。
    1987 「新羅時代の血族集団」『歴史学報』115 1-42頁 歴史学会編 ソウル。
    1989 「韓国初期国家の形成・発展段階」『韓国史研究』67 1-26頁 韓国史研究会編 ソウル。

李仁哲
    1989 「新羅中古期の地方統治体系」『韓国学報』56 27-55頁 一志社刊 ソウル。
    1994 「6～7世紀の武器・武装と軍事組織の編制」『韓国古代史論叢』7（特集 6～7世紀の韓国古代社会）5-55頁 韓国古代社会研究所編 駕洛国史蹟開発研究院刊 ソウル。

李清圭
    1982 「細形銅剣の形式分類ならびにその変遷について」『韓国考古学報』13 1-37頁 韓国考古学研究会編 ソウル。
    1989 『龍潭洞古墳 済州市龍潭洞遺跡発掘調査報告』済州大学校博物館遺跡調査報告 5 済州。

李盛周
    1988a「原三国土器胎土の類型」『嶺南考古学』5 19-41頁 嶺南考古学会編 釜山。
    1988b「三国時代前期土器の研究」『韓国上古史学報』1 93-187頁 韓国上古史学会編 ソウル。
    1991 「原三国時代土器 類型・系譜・編年・生産体制」『韓国古代史論叢』2（特集伽耶史の諸問題）270-278頁 韓国古代社会研究所編 駕洛国史蹟開発研究院刊 ソウル。

1992a 「新羅・伽耶社会分立と成長についての考古学的検討」『第8回韓国上古史学会学術発表会発表要旨』31-44頁　韓国上古史学会編　ソウル。
1992b 「蔚山中山里遺跡発掘を通じてみた新羅墓制の起源」『嶺南考古学会第1回学術発表会発表討論要旨』31-53頁　嶺南考古学会編　慶山。
1992c 「新羅・伽耶社会の分立と成長についての考古学的検討」『韓国上古史学報』13　295-308頁　韓国上古史学会編　ソウル。
1993a 「洛東江東岸様式土器について」『第2回嶺南考古学会学術発表ならびに討論要旨』31-82頁　嶺南考古学会編　晋州。
1993b 「1～3世紀伽耶政治体の成長」『韓国古代史論叢』5（特集　1～3世紀の韓国古代社会）69-209頁　韓国古代社会研究所編　駕洛国史蹟開発研究院刊　ソウル。
1995a 「辰・弁韓社会についての考古学的接近」『三韓の社会と文化』韓国古代史研究会第8回合同討論会　39‐50頁　韓国古代史研究会編　ソウル。
1995b 「帝国主義時代考古学とその残迹」『古文化』47　27-70頁　古文化研究会編　ソウル。
1996a 「新羅式木槨墓の展開と意義」『新羅考古学の諸問題』第20回韓国考古学全国大会　39-64頁　韓国考古学会編　ソウル。
1996b 「新羅・伽耶古墳文化時期区分試案」『碩晤尹容鎮教授停年退任紀念論叢』237-273頁　碩晤尹容鎮教授停年退任紀念論叢刊行委員会編　大邱。
1996c 「青銅器時代・東アジア世界体系と韓半島の文化変動」『韓国上古史学報』237-78頁　韓国上古史学会編　ソウル。
1997 「木棺墓から木槨墓へ」『新羅文化』14　1-17頁　東国大学校新羅文化研究所編　大邱。

李盛周・金亨坤
1990 『馬山県洞遺跡』昌原大学校博物館学術調査報告3　昌原。

李盛周・金奭周・キム　ヤンファン
1992 「阿羅伽耶中心古墳群の編年と性格」『韓国上古史学報』10　295-324頁　韓国上古史学会編　ソウル。

李鮮馥
1988 『考古学概論』学術叢書 222-240頁　理論と実践刊　ソウル。
1991 「新石器・青銅器時代住民交替説についての批判的検討」『韓国上古史論叢』1　41-65頁　韓国古代社会研究所編　駕洛国史蹟開発研究院刊　ソウル。
1992 「北韓考古学試論」『東方学志』74　1-74頁　延世大学校国学研究院編　ソウル。

李相吉
1992 『漢江流域鉄器時代土器編年』慶北大学校大学院碩士学位論文　大邱。
1993 「昌原徳川里遺跡発掘調査報告」『三韓社会と考古学』第17回韓国考古学全国大会　103-117頁　韓国考古学会編　ソウル。
*1994 「韓国昌原徳川里遺跡発掘調査概要」『古文化談叢』32　237-256頁　武末純一訳　九州古文化研究会編　北九州。
1996 「青銅器時代墳墓に対する一視覚」『碩晤尹容鎮教授停年退任紀念論叢』91-

113頁　碩晤尹容鎮教授停年退任紀念論叢刊行委員会編　大邱。
李相憲
1994　『洛東江下流域伽耶墓制に関する研究』東義大学校大学院碩士学位論文　釜山。
李柱憲
1995　「咸安地域古墳文化の調査と成果」『加羅文化』12　71-125頁　慶南大学校加羅文化研究所編　馬山。
李殿福
1983　「従東北地区出土的戦国両漢鉄器看漢代東北農業的発展」『農業考古』1983‐2　177-185頁　農業考古編集部編　江西省社会科学院歴史研究所・江西省中国農業考古研究中心刊　南昌。
1994　「東北遼内燕秦長城考」『東北考古学研究』2　49-57頁　中洲古籍出版社刊　鄭州。
李南珪
1982　「南韓初期鉄器文化の一考察」『韓国考古学報』13　39-59頁　韓国考古学会編　ソウル。
1992　「燕国鉄器考」『第35回全国歴史学大会発表要旨』351-355頁　韓国考古学会編　ソウル。
1993a「三韓鉄器生産の成長過程」『三韓社会と考古学』第17回韓国考古学全国大会発表要旨　45-55頁　韓国考古学会編　ソウル。
1993b「南韓初期鉄器文化の形成と発展過程」『東アジアの古代鉄文化』たたら研究会国際シンポジウム　66-93頁　たたら研究会編　広島。
1993c「1～3世紀楽浪地域の金属器文化」『韓国古代史論叢』5（特集　1～3世紀の韓国古代社会）211-281頁　韓国古代社会研究所編　駕洛国史蹟開発研究院刊　ソウル。
李凡泓
1992　「斯盧国地域の3～4世紀代土器研究」『韓国上古史学報』10　199-254頁　韓国上古史学会編　ソウル。
李文基
1990　「新羅上古期の統治組織と国家形成問題」『韓国古代国家の形成』247-284頁　民音社刊　ソウル。
李柄善
1967　「鴨緑江流域の鉄器時代の始まり」『考古民俗』1　12-17頁　社会科学院出版社刊　平壌。
李矛利
1993　「昌図発現青銅短剣墓」『遼海文物学刊』1993‐1　16-18頁　遼海文物学刊編集部編　遼寧省考古博物館学会・遼寧省博物館・遼寧省文物考古研究所刊　瀋陽。
柳昌煥
1994　「遺跡の位置と周辺環境」『宜寧中洞里古墳群』慶尚大学校博物館学術調査報告11　17-20頁　晋州。

遼寧省昭烏達盟文物工作站・中国科学院考古学研究所東北工作隊（編）
1973　「寧城南山根的石槨墓」『考古学報』1973‐2　27-40頁　中国科学院考古研究所編　科学出版社刊　北京。
遼寧省博物館文物工作隊・朝陽地区博物館文物組（編）
1981　「遼寧建平県喀喇沁河遺址試掘簡報」『考古』1981‐11　973-981頁　考古編集部編　科学出版社刊　北京。
林澐
1993　「西岔溝遺跡型銅柄鉄剣與老河深，彩嵐墓地的族属」『馬韓百済文化』13　249-265頁　円光大学校馬韓百済文化研究所編　礼里。
林孝沢
1974　「洛東江下流加耶土壙墓の研究」『韓国考古学報』4　75-120頁　韓国考古学研究会編　ソウル。
1985　「副葬鉄鋌考」『東義史学』2　1-24頁　東義大学校史学会編　釜山。
1993a「洛東江下流域土壙木槨墓の登場と発展」『三韓社会と考古学』第17回韓国考古学全国大会発表要旨　9-37頁　韓国考古学会編　ソウル。
1993b「洛東江下流域伽耶墓制の系統」『先史と古代』4　3-24頁　韓国古代学会編　ソウル。
1993c『洛東江下流域伽耶墓制の土壙木槨墓研究』漢陽大学校大学院博士学位論文　ソウル。
林孝沢・郭東哲
1996　『昌原道渓洞古墳群』東義大学校博物館学術叢書4　釜山。
瑠璃河考古工作隊（編）
1975　「北京附近発見的西周奴隷殉葬墓」『考古』1975‐5　309-321頁　考古編集部編　科学出版社刊　北京。
嶺南埋蔵文化財研究院（編）
1996a『慶州舎羅里古墳群発掘調査現場説明会資料 130号墳を中心に』　漆谷。
→1999　『慶州舎羅里古墳群I』学術調査報告19　漆谷。
1996b『高霊快賓洞古墳群』学術調査報告3　漆谷。
1997　『大邱八達洞古墳群発掘調査現場説明会資料』　漆谷。
→2000　『大邱八達洞遺跡I』学術調査報告20　漆谷。

Adams, William Yewdale & Adams, Ernest W.
1991 *Archaeological Typology and Practical Reality* Cambridge university press Cambridge.
D'Altroy, T. & Earle, Thimothy K.
1985 State finance, wealth finance, and storage in the Inca political economy *Current Anthoropology* 26 pp.187-206 The University of Chicago Press Chicago.
Arnold, Dean E.
1972 Mineralogical analysis of ceramic materials from Quinua, Department of Ayacucho, Peru *Archaeometry* 14 pp.93-101 Research Laboratory for

Archaeology and History of Art Oxford.
1985 *Ceramic, Theory and Cultural* Process Cambridge University Press Cambridge.
1993 *Ecology and Ceramic Production in Andean Community* Cambridge University Press Cambridge.

Arnold, Philip J. Ⅲ
1991 *Domestic Ceramic Production and Spatial Organization: A Mexican Case Study in Ethnoarchaeology* Cambridge University Press Cambridge.

Beck, Lane Anderson (edited)
1995 *Regional Approaches to Mortuary Analysis* Florida Museum of Natural History Gainesxille.

Binford, Lewis Roberts
1971 Mortuary practicestheir study and potential *Approaches to the Social Dimensions of Mortuary Practices: Memoirs of the Society for American Archaeology* 25 pp.6-29 edited by James A. Brown The Society for American Archaeology New York.

Blanton, Richard E. & Feinman, Gary M.
1984 The Mesoamerican world system : A comparative perspective *American Anthropologist* 86 pp.673-682 American Anthropological Society Arlington.

Braun, David P.
1982 Radiographic analysis of temper in ceramic vessels: goals and initial methods *Journal of Field Archaeology* 9 pp.183-192 Boston University Boston.

Brown, James A. (edited)
1971 *Approaches to the Social Dimensions of Mortuary Practices: Memoirs of the Society for American Archaeology* 25 The Society for American Archaeology New York.

Brumfiel, Elizabeth M.
1987 Elite and Utilitarian crafts in the Aztec state Specialization, *Exchange and Comprex Societies* pp.102-118 edited by Elizabeth M. Brumfiel & Thimothy K. Earle Cambride University Press Cambridge.

Brumfiel, Elizabeth M. & Earle, Thimothy K. (edited)
1987 *Specialization, Exchange, and Comprex Societies* Cambride University Press Cambridge.

Carneiro, Robert Leonard
1974 A reappraisal of the roles of technology and organization in the origin of civilization *American Antiquity* 39 pp.179-186 The Society for American Archaeology New York.

Chandler, H.
1981 Thermal Stress in Ceramics *Transactions of British Ceramic Society* 80

pp.191-195   British Ceramic Society   London.
Chapman, Robert C.   Kinnes, Ian Randsborg, Klavs (edited)
1982 *The Archaeology of Death*   Cambridge University Press   Cambridge.
Earle, Thimothy K.
1977 A reappraisal of redistribution : Complex Hawaiian chiefdoms   *Exchange Systems in Prehistory*   edited by Thimothy K. Earle & Jonathan E. Ericson   Academid Press   New York.
1987 Chiefdoms in archaeological and ethnological perspective *Annual Review of Anthropology*   16 pp.279-308   Annual Reviews   Palo Alto.
1989 The evolution of Chiefdoms   *Current Anthropology*   30 pp.84-88   The University of Chicago Press   Chicago.
1991 Paths and roads in evolutionary perspectives   *Ancient Road Networks and Settlement hierarchies in the New World*   pp.10-26   edited by Charles D. Trombold   Cambridge University Press   Cambridge.
1994 Political domination and social evolution   *Encycloprdia of Anthropology* pp.940-961   edited by Ingold T. Companion   Routledge   New York・London.
Fienman, Gary M.   Blanton, Richard E. & Kowalski, Stephen V.
1984 Market System development in the prehispanic Valley of Oaxaca, Mexico *Trade and Exchange in Early Mesoamerica*   pp.157-178   edited by Kenneth G. Hirth   New Mexico State University Press   Albuquerque.
Frankenstein, Susan & Rowlands, Michael J.
1978 The internal structure and regional context early Iron Age society in South-Western Germany *Bulletin of the Institute of Archaeology*   15 pp.73-11   University of London   London.
Gailey, Christine Ward & Patterson, Thomas C.
1988 State formation and Uneven development *State and Society* pp.73-100   edited by Jhon Barbara Gledhill   M.Bender & Tord Larsen   Unwin Hyman   London.
Gilman, Antonio
1981 The development of social stratification in Bronze Age Europe *Current Anthropology*   22 pp.1-23   The University of Chicago Press   Chicago.
Godelier, Maurice
1978 Infrastructures, societies, and history *Current Anthropology*   19 pp.763-771 University of Chicago Press   Chicago.
Goldstein, Lynne G.
1981 One-diminsional archaeology and multi-dimensional people: spatial organization and mortuary analysis   *The Archaeology of Death*   pp.53-69   edited by Richard Chapman et. Al   Cambridge University Press   Cambridge.
Hantman, Jeffrey L. & Plog, Stephen
1982 The relationship of stylistic stimilarity to patterns of material exchange

Contexts for Prehistoric Exchange pp.237-263 edited by Jonathon E.Ericson & Thimothy K.Earle　Academic Press　New york.

Haselgrove, C. Colin

1982 Wealth, prestige and power: The Dynamics of Late Iron Age political centralization in South-East England　*Ranking, Resource and Exchange* pp.78-88　edited by Colin Renfrew & Stephen Shennan　Canbridge University Press　Cambridge.

Hassing, Ross

1991 *Roads, routes, and ties that bind, Ancient Road Networks and Settlement hierarchies in the New World* pp.17-27　edited by Charles D. Trombold　Cambridge University Press　Cambridge.

Hill, James N. & Evans, Robert

1972 A model for classification and typology *Models in Archaeology* pp.231-273　edited by David L.Clarke　Metheum　London.

Jhonson, Gregory Alan

1972 A test of the utility of Central Place Theory in archaeology　*Man Settlement and Urbanism* pp.769-785　edited by Peter J. Ucko　Ruth Tringham　Geoffery W. Dimbleby　Duckworth　London.

1978 Information sources and the development of decision making organization　*Social Archaeology: Beyond Subsistance* and Dating pp.87-112　edited by Charles Redman L. Academic press　New York.

1982 Organization structure and scala stress　*Theory and Explanation in Archaeology* pp.389-421　edited by Colin Renfrew et. al.　Academic press　New York.

Jhonson, Gregory Alan & Earle, Thimothy K.

1987 *The Evolution of Human Societies* : *From Foraging Group of Agrarian State* pp.11-15　Stanford University Press　Palo Alto.

Kolb, Charles C.

1989 Ceramic ecology in retrospect: A critical review of methodology and results　*Ceramic Ecology1988　BAR (British Archaeological Reports)*　513 International series pp.261-375　edited by Cherles C. Kolb　John and Erica Hedges　Oxford.

Kristiansen, Kristian

1987 From stone to bronze:the evolution of social complexity in Northern Europe　*Specialization, Exchange, and Complex Societies* pp.30-51　edited by Elizabeth M. Brumfiel & Thimothy K.Earle　Cambridge Universities Press　Cambridge.

Kwon, H.S.

1992 Evolution of social complexity in Kaya, Korea, 『韓国上古史学報』 10 pp.255-293　韓国上古史学会編　ソウル。

Lauer, Peter K.
1974 Pottery traditions in the D'Entrecasteaux islands of Papua *Occasional Papers in Anthropology* 3 Anthropoligy Museum University Queensland Brisbane.van der Leeuw, Sander Emst
1977 Towards a study of the economics of pottery making *Ex Horreo* 4 pp.68-76 Society Ex Horeo Amsterdam.

Matson, Frederick R.
1965 Ceramic Ecology：An approach to the study of the early cultures of the Near East *Ceramic and Man* pp.277-287 edited by Frederick R.Matson Viking Fund Publication in Anthropology41 New York.

Meillasoux, Claude
1979 Historical modalities of the exploitation and overexploitation of labour *Critique of Anthropology* 4 pp.7-16 Sage Publications London.

O'Shea, John M.
1984 *Mortuary Variability: An Archaeological Investigation* Academic Press New York.

Papousek, Dick A.
1989 Technological Change as social rebellion *What's New?* pp.140-166 edited by van der Leeuw Sander Emst & Robin Torrence Unwin Hyman London.

Peacock, David P. S.
1981 Archaeology,ethnology and ceramic production *Production and Distribution: A Ceramic Viewpoint, BAR (British Archaeological Reports) International Series* 120 pp.187-194 edited by Helen Howard & Ian Morris John and Erica Hedges Oxford.
1982 Pottery in the Roman World：An Ethnoarchaeological Approach Longmans London.

Pearson, Richard J. Lee Jeong Woo Koh Won Yong & Underhill, Anne.
1989 Social ranking in the Kingdom of Old Silla: analysis of burial *Journal of Anthropological Archaeology* 4 pp.1-50 Academic press New York.

Plog, Stephen
1976 Measurement of prehistoric interaction between communities *The Early Mesoamerican Village* pp.255-272 edited by Kent V.Flanney Academic Press New York.

Renfrew, Colin
1975 Trade as Action at a Distance *Ancient Civilization and Trade* pp.3-59 edited by Jeremy Arab Sabloff & Clifforc Charles Lamberg‐Karlovsky New Mexico State University Press Albuquerque.

Renfrew, Colin & Level, Eric V.
1979 Exploring dominance: Predicting polities from centres *Tranceformation, Mathematical Approraches to Culutural Change* pp.145-168 edited by Colin

Renfrew & Kenneth L.Cooke   Academic Press   New York.
Rey, Pierre - Philippe
1975 The lineage mode of production   *Critique of Anthropology*   3 pp.27-79   Sage Publications   London.
Rice, Prudence M.
1981 Evolution of specialized pottery production : A trial model   *Current Anthropology*   22 pp.219-240   University of Chicago Press   Chicago.
1987 *Pottery Anarlysis*   University of Chicago Press   Chicago.
Rye, Owen S.
1976 Keeping your temper under control   *Archaeology and physical Anthropology in Oceania*   11 pp.106-137   Oceania Publication   Sydney.
1977 Pottery manufacturing technique : X - ray studies   *Archaeometry*   19 pp.205-211   Research Laboratory for Archaeology and the History of Art   Oxford.
1981 Pottery Technology : Principles and Reconstruction   *Manuals of Archaeology*   14, pp.67-95   Taraxacum Press   Washington D.C.
Schortman, Edward Mark & Urban, Patricia A.
1987 Modelinig interregional interaction in prehistory   *Advances in Archaeological Method and Theory* pp.37-95   edited by Michael Brian Schiffer   Academic Press   New York.
Schortman, Edward Mark & Urban, Patricia A. (edited)
1992 *Resources, Power, and Interregional Interaction*   Plenum Press   New York.
Shepard, Anna D.
1956 Ceramics for the Archaeologist   *Carnegie Institution of Washington Publication*   609 pp.18-31, 374-374   Washington D.C.
Sinopoli, Carla M.
1988 The organization of craft production at Vijayanagara, South India   *American Anthropologist*   90 pp.580-597   American Anthropological Society   Arlington.
Tainter, Joseph A.
1973 The social correlates of mortuary patterning at Kaloko, North Kona, Hawaii   *Archology and Physical Anthropology in Oceania*   8 pp.1-11   Oceania Publication   Sydney.
Terray, Emmanuel
1975 Classes and consciousness in Abron kingdom of Gyaman   *Marxist and Social Anthropology* pp.85-135   edited by Maurice Bloch   Malaby Press   London.
Trombold, Charles D.
1991 An introduction to the study of ancient New world road networks   *Ancient Road Networks and Settlement hierarchies in the New World* pp.1-

9 edited by Charles D. Trombold　Cambridge University Press　Cambridge.
Vierra, Robert K.
 1982 Typology, classification and the theory building *Essaays on Archaeological Typology* pp.162-175　edited by Robert Whallon & James A.Brown Center for American Archaeology Press　Kampsville.
Wolf, Eric R.
 1982 *Europe and the People without History*　University of California Press　Berkeley.
Wright, Henry T. & Jhonson, Gregory Alan
 1975 Population exchange, and early state formation in Southwestern Iran　*American Anthropology*　77 pp.267-289, American Anthropology Association　Arlington.
Yoffee, Norman
 1993 Too many Cheifs?（or, Soft texts for the '90 s）Archaeological Theory: *Who sets the Agenda?* pp.60-78　edited by Norman Yoffee & Andrew Sherratt　Cambridge University Press　Cambridge.

B　参考文献

東潮
 1991 「鉄素材論」『古墳時代の研究』5（生産と流通Ⅱ）22-36頁　石野博信ほか編　雄山閣出版刊　東京。
安在晧
 1989 「三角形粘土帯土器の性格と年代」『勒島住居址』釜山大学校博物館遺跡調査報告 13　132-145頁　釜山。
 1990 「蔚州検丹里遺跡発掘調査概報」『韓国支石墓の諸問題‐湖南地方を中心に』第14回韓国考古学全国大会発表要旨 109-118頁　韓国考古学会編　ソウル。
 1993 「古墳の編年」『金海礼安里古墳群Ⅱ』釜山大学校博物館遺跡調査報告15　230-247頁　釜山。
今尾文昭
 1989 「素環頭鉄刀考」『季刊 邪馬台国』40（特集　弥生時代の鉄）49-113頁　梓書院刊　福岡。
今津啓子
 1989 「朝鮮系軟質土器流通の背景」『生産と流通の考古学』横山浩一先生退官記念論文集Ⅰ　467-486頁　横山浩一先生退官記念事業会編　福岡。
今西龍
 1920 『大正六年度朝鮮古蹟調査報告』朝鮮総督府刊　京城。
尹容鎮・朴淳発
 1991 『慶州新院里古墳群発掘調査報告書』慶北大学校博物館・慶南大学校博物館編　大邱。

大塚初重
　1967　「古墳の変遷」『日本の考古学』Ⅳ（古墳時代　上）39-100頁　河出書房刊　東京。

岡村秀典
　1993　「後漢鏡の編年」『国立歴史民俗博物館研究報告』55（共同研究「日本出土鏡データ集成」1 - 日本出土鏡にかかわる諸問題 - ）39-84頁　国立歴史民俗博物館編　佐倉。

小田富士雄・武末純一
　1983　「朝鮮の初期冶鉄研究とその成果」『日本製鉄史論集』たたら研究会創立25周年記念論集　641-738頁　たたら研究会編　広島。

郭大順
　1996　「遼河流域器"北方青銅器"的発現與研究」『中国考古学集成』東北巻　青銅器2　1318-1321頁　北京出版社　北京。

郭東哲
　1992　「嶺南地方出土組合式牛角把手付壺についての研究」『考古歴史学志』8　193-230頁　東亜大学校博物館編　釜山。

片岡宏二
　1990　「日本出土の朝鮮系無文土器」『古代朝鮮と日本』75-116頁　西谷正編　名著出版刊　東京。
　1993　「韓国出土の弥生土器」『二十一世紀への考古学』桜井清彦先生古稀記念論集　114-125頁　桜井清彦先生古稀記念会編　雄山閣出版刊　東京。

河北省文化局文物工作隊（編）
　1965　「燕下都第22号遺址発掘報告」『考古』1965 - 11　562-570頁　考古編集部編　科学出版社刊　北京。

咸舜燮
　1995　「大邱飛山洞37号墳2石室出土冠」『古代研究』4　81-105頁　古代研究会編　ソウル。

韓炳三・李健茂
　1976　『朝島貝塚』国立中央博物館古蹟調査報告9　ソウル。

金栄珉
　1996　『嶺南地域三韓社会後期文化の特徴と地域性』釜山大学校大学院碩士学位論文　釜山。

金元龍
　1982　「金海府元洞期の設定」『韓国考古学報』12　21-37頁　韓国考古学研究会編　ソウル。

金元龍・任永珍
　1987　『石村洞3号墳東方古墳群整理調査報告』国立ソウル大学校考古人類学叢刊　ソウル大学校出版部刊　ソウル。

金元龍・任孝宰・朴淳発
　1988　『夢村土城』東南地区発掘調査報告　ソウル大学校博物館編　ソウル。

金宰佑
1994 『3～4世紀代伽耶武器に関する一考察』慶星大学校大学院碩士学位論文　釜山。

金正完
1993 「咸安地域陶質土器の編年研究」『第2回嶺南考古学会学術発表会発表および討論要旨』　5-28頁　嶺南考古学会編　釜山。

金廷鶴
1976 「熊川貝塚研究」『亜細亜研究』10‐4　1-63頁　高麗大学校亜細亜問題研究所編　ソウル。

金廷鶴・鄭澄元
1975 「味鄒王陵地区第5区域古墳発掘調査報告」『慶州地区古墳発掘調査報告書』1　153-262頁　文化広報部文化財管理局　ソウル。
*1976 「味鄒王陵地区第5区域古墳発掘調査報告」『慶州地区古墳発掘調査報告書』1　153-262頁　文化広報部文化財管理局　思文閣出版刊　京都。

金貞培
1972 『韓国民族文化の起源』高麗大学校出版部刊　ソウル。
*1978 『韓国民族文化の起源』鄭早苗・溝口健二・東潮・武末純一訳　学生社刊　東京。
1978 「蘇塗の政治的意味」『歴史学報』79　1-27頁　歴史学会編　ソウル。
1979 「君長社会の発展過程試論」『百済文化』12　75-87頁　公州師範大学百済文化研究所編　公州。

金哲埈
1977 『韓国史』2（民族の成長）　国史編纂委員会編　ソウル。

金斗喆
1992 「新羅と伽耶の馬具」『韓国古代史論叢』3（特集　新羅・伽耶文化特徴比較）　179-261頁　韓国古代社会研究所編　駕洛国史蹟開発研究院刊　ソウル。

金東鎬
1984 「固城東外洞貝塚発掘調査報告」『上老大島』東亜大学校博物館古蹟調査報告8　361-434頁　釜山。

金龍星
1997 『大邱・慶山地域高塚古墳の研究』嶺南大学校大学院博士学位論文　慶山。

薫学増
1987 「関于我国東北系觸角式剣的探討」『中国考古学会第六次年会論文集』　106-119頁　中国考古学会編　文物出版社刊　北京。

慶尚南道（編）
1977 『昌寧桂城古墳群発掘調査報告』　釜山。

啓明大学校博物館（編）
1995 『高霊本館洞古墳群‐第34・35・36号墳ならびに石槨墓群』遺跡調査報告4　大邱。

権鶴洙
1995 「多次元尺度法からみた相対年代測定法の計算研究」『韓国考古学報』32　5-40

頁　韓国考古学会編　ソウル。
湖南省博物館（編）
　1984　「湖南資興東漢墓」『考古学報』1984‐1　53-120頁　中国社会科学院考古研究所編　科学出版社刊　北京。
小林行雄・近藤義郎
　1959　「古墳の変遷」『世界考古学大系』3（日本Ⅲ　古墳時代）11-50頁　平凡社刊　東京。
近藤義郎
　1983　『前方後円墳の時代』岩波書店刊　東京。
崔盛洛
　1987　『海南郡谷里貝塚Ⅰ』木浦大学博物館学術叢書8　木浦。
　1988　『海南郡谷里貝塚Ⅱ』木浦大学博物館学術叢書11　木浦。
　1991　「韓国鉄器文化の形成過程に対する研究」『第5回韓国上古史学会学術発表要旨』　5-33頁　韓国上古史学会編　ソウル。
崔秉鉉
　1981　「古新羅積石木槨墳の変遷と編年」『韓国考古学報』10・11　137-228頁　韓国考古学研究会編　ソウル。
崔夢龍
　1976　「西南区貝塚発掘調査報告」『馬山外洞城山貝塚発掘調査報告』105-174頁　文化広報部文化財管理局編　ソウル。
崔夢龍・申叔静
　1991　「韓国考古学における土器の科学的分析に対する検討」『韓国上古史学報』6　1-35頁　韓国上古史学会編　ソウル。
　1992　「初期鉄器時代」『韓国先史考古学史　研究現況と展望』289-380頁　崔夢龍ほか編　カチ書（クル）房刊　ソウル。
潮見浩
　1982　『東アジアの初期鉄器文化』雄山閣出版刊　東京。
朱甫暾
　1995　「序説‐伽耶史の新たな定立のために」『伽耶史研究』　5-54頁　慶尚北道刊　発行地不明。
秋淵植
　1987　「咸安道項里伽耶古墳群と発掘調査予報」『嶺南考古学』3　215-238頁　嶺南考古学会編　大邱。
周仁・張福康・鄭永圃
　1964　「我国黄河流域新石器時代和殷周時代製陶工芸的科学的総結」『考古学報』1964‐1　1-28頁　考古学報編集委員会編　文物出版社刊　北京。
申敬澈
　1993　「伽耶成立前後の諸問題」『伽耶と古代東アジア』115-160頁　小田富士雄編　新人物往来社刊　東京。
宋義政
　1991　『慶州月城路出土遺物分析』ソウル大学校大学院碩士学位論文　ソウル。

高久健二
 1995 『楽浪古墳文化の研究』考古学叢書13　学研文化社刊　ソウル。
高倉洋彰
 1989 「韓国原三国時代の銅鏡」『九州歴史資料館研究論集』14　45-70頁　九州歴史資料館編　太宰府。
 1991 『弥生時代社会の研究』寧楽社刊　東京。
 1993 「後漢・原三国時代・弥生時代後期の銅鏡」『（古代）東亜細亜の再発見　第4回アジア史学会ソウル研究大会』湖巌美術館学術叢書　98-133頁　三星美術文化財団湖巌美術館編　ソウル。
武末純一
 1988 「朝鮮半島の布留式系甕」『日本民族文化の形成』永井昌文教授退官記念論文集1　827-843頁　永井昌文教授退官記念論文集刊行会編　六興出版刊　東京。
 →1991 『土器からみた日韓交渉』学生社刊　東京。
池健吉
 1990 「南海岸地域漢代貨幣」『昌山金正基博士華甲紀念論叢』534-549頁　昌山金正基博士華甲紀念論叢刊行委員会編　ソウル。
中国社会科学院考古学研究所（編）
 1959 『洛陽焼溝漢墓』中国田野考古報告輯考古学専刊6　科学出版社刊　北京。
 1980 『満城漢墓発掘報告』中国田野考古報告輯考古学専刊丁20　文物出版社刊　北京。
 1981 『広州漢墓』中国田野考古報告輯考古学専刊丁21　文物出版社刊　北京。
趙栄済
 1992 「年代ならびに性格」『陜川玉田古墳群Ⅲ』慶尚大学校博物館調査報告7　220-225頁　晋州。
朝鮮民主主義人民共和国社会科学院考古学研究所（編）
 1976 『古朝鮮問題研究論文集』　社会科学出版社刊　平壌。
 *1975 「馬韓の文化（1）」『朝鮮学術通報』12‐2　31-44頁　金亨圭訳　在日朝鮮人科学者協会編　東京。
 *1975 「馬韓の文化（2）」『朝鮮学術通報』12‐3　44-55頁　金亨圭訳　在日朝鮮人科学者協会編　東京。
 *1975 「馬韓の文化（3）」『朝鮮学術通報』12‐4　42-48, 53頁　金亨圭訳　在日朝鮮人科学者協会編　東京。
 *1975 「馬韓の文化（4）」『朝鮮学術通報』12‐5.6　60-66頁　金亨圭訳　在日朝鮮人科学者協会編　東京。
 *1976 「馬韓の文化（完）」『朝鮮学術通報』13‐1　27-38頁　金亨圭・呂南喆・金洪圭訳　在日朝鮮人科学者協会編　東京。
沈奉謹
 1982 「金海池内洞甕棺墓」『韓国考古学報』12　89-99頁　韓国考古学研究会編　ソウル。
 1990 「韓国の墓とクニ」『日本考古学協会1990年度大会発表資料集』　15-16頁　日本考古学協会編　東京。

都出比呂志
　1989　「タタキ技法」『弥生文化の研究』3（弥生土器Ⅰ）42-51頁　金関恕・佐原真編　雄山閣出版刊　東京。
　1991　「日本古代国家形成論序説‐前方後円墳体制の提唱」『日本史研究』343　5-39頁　日本史研究会編　京都。
鄭澄元・申敬澈
　1987　「終末期無文土器に関する研究」『韓国考古学報』20　113-131頁　韓国考古学研究会編　ソウル。
東義大学校博物館（編）
　1992　『金海良洞里第162号土壙木槨墓発掘調査概要』（簡易印刷物）。
西谷正
　1991　「慶州月城路古墳群が提起する問題」『東アジアの古代文化』68　43-54頁　大和書房刊　東京。
橋口達也
　1982　「甕棺のタタキ痕」『古文化論集　森貞次郎博士古稀記念』上　243-296頁　森貞次郎博士古稀記念論文集刊行会編　新日本教育図書刊　福岡。
ビョン　サソン・アン　ヨンジュン
　1986　「カンサン里遺跡の土器の状態について」『朝鮮考古研究』1986‐2　16-23頁　社会科学出版社刊　平壌。
釜山大学校博物館（編）
　1983　『東萊福泉洞古墳群Ⅰ』遺跡調査報告5　釜山。
　1988　『釜山老圃洞遺跡』遺跡調査報告12　釜山。
　1990　『東萊福泉洞古墳群Ⅱ』遺跡調査報告14　釜山。
藤井和夫
　1979　「慶州古新羅古墳編年試案　出土新羅土器を中心にして」『神奈川考古』6　121-170頁　神奈川考古同人会編　横浜。
朴広春
　1990　「陜川地域土器の編年的研究」『考古歴史学志』5・6　87-105頁　東亜大学校博物館編　釜山。
　1995　「3～4世紀における伽耶土器地域色研究」『韓国上古史学報』19　303-324頁　韓国上古史学会編　ソウル。
朴晋煜
　1987　「琵琶形短剣文化の発源地と創造者について」『琵琶形短剣文化に関する研究』5-92頁　チュ　チョンシク編　科学百科事典出版社刊　平壌。
朴天秀
　1994　「伽耶新羅地域の首長墓における筒形器台」『考古学研究』40‐4　27-50頁　考古学研究会編　岡山。
村上英之助
　1994　「日本古代の金属生産とリカード・モデル‐銅と鉄との国際分業仮説‐」『考古学研究』41‐3　88-97頁　考古学研究会編　岡山。

毛利光俊彦
- 1995 「朝鮮古代の冠‐新羅」『古墳文化とその伝統』西谷真治先生古稀記念論文集 683-718頁　西谷真治先生の古稀をお祝いする会編　勉誠社刊　東京。

兪炳一
- 1992 「馬山県洞Ⅲ区域貝塚遺跡報告」『韓国上古史学報』10　709-776頁　韓国上古史学会編　ソウル。

李殷昌・梁道栄・金龍星・張正男
- 1991 『昌寧桂城里古墳群　桂南1～4号墳』嶺南大学校博物館学術調査報告書9　慶山。

李家治
- 1978 「我国古代陶器和瓷器工芸発展過程研究」『考古』1978‐3　179-188頁　考古編集部編　科学出版社刊　北京。

李熙濬
- 1987 「慶州皇南洞第109号墳の構造再検討」『三佛金元龍教授停年退任記念論叢』Ⅰ（考古学篇）597-616頁　三佛金元龍教授停年退任記念論叢刊行委員会編　一志社刊ソウル。

リ　ギュテ
- 1983 「殷栗郡雲城里木槨墳と木室墳」『考古学資料集』6　189-196頁　科学百科事典出版社刊　平壌。
- 1983 「黄州郡クムソク里木槨墳」『考古学資料集』6　197-202頁　科学百科事典出版社刊　平壌。

李京華
- 1994 『中国古代冶金技術研究』中州古籍出版社刊　鄭州。

李賢恵
- 1988 「4世紀伽耶社会の交易体系の変遷」『韓国古代研究』1　157-180頁　韓国古代史研究会編　知識産業社刊　ソウル。

李賢珠
- 1995 「鴨形土器考‐3～4世紀を中心に」『博物館研究論集』4　25-48頁　釜山広域市立博物館　釜山。

李健茂
- 1990 「茶戸里遺跡出土筆について」『考古学志』4　5-29頁　国立中央博物館考古部編　韓国考古美術研究所刊　ソウル。

李庚美
- 1992 「楽浪古墳出土漆器に対する一考察」『韓国上古史学報』11　7-95頁　韓国上古史学会編　ソウル。

李淳鎮
- 1983 「我が国西北地方の木槨墳に対する研究」『考古民俗論文集』8　99-158頁　社会科学院考古学研究所編　社会科学出版社刊　平壌。
- 1992 「我が国西北地方での木槨墳の起源と発生時期について」『朝鮮考古研究』1992‐1　17-23頁　社会科学出版社刊　平壌。
- 1993 「統一通り建設場で発掘された木槨墳の性格について」『朝鮮考古研究』

1993 - 4　17-22頁　社会科学出版社刊　平壌。

李清圭
1993　「青銅器を通じて見た古朝鮮」『国史館論叢』42　1-31頁　国史編纂委員会編　果川。
1995　『済州島考古学研究』考古学叢書10　学研文化社刊　ソウル。

李盛周
1991　「伽耶集落遺跡の諸問題（上）　芋浦里集落遺跡出土土器・穀物分析資料」『韓国上古史学報』5　77-109頁　韓国上古史学会編　ソウル。

李柱憲・金大成
1994　「昌原加音丁洞古墳群発掘調査報告」『昌原加音丁洞遺跡』昌原文化財研究所学術調査報告2　1-133頁　昌原。

李柱憲・兪炳一・金良美
1994　「昌原加音丁洞貝塚発掘調査報告」『昌原加音丁洞遺跡』昌原文化財研究所学術調査報告2　135-209頁　昌原。

李道学
1991　『百済集権国家形成過程研究』漢陽大学校大学院博士学位論文　ソウル。

李南珪
*1989　「最近に発見された韓国鉄戈の意義」『たたら研究』30　34-45頁　たたら研究会編　広島。
1991　「最近に発見された韓国鉄戈の意義」『韓国上古史学報』5　55-76頁　韓国上古史学会編　ソウル。

李文基
1989　「蔚珍鳳坪新羅碑と中古期の六部問題」『韓国古代史研究』2（蔚珍鳳坪新羅碑特集号）139-174頁　韓国古代史研究会編　知識産業社刊　ソウル。

李文信
1985　「中国北部長城沿革考」『遼寧省博物館学術論文集』1（1949-1984）1-26頁　遼寧省博物館編　瀋陽。

劉景文
1991　「古扶余農牧業探索」『農業考古』23　314-320頁　農業考古編集部編　江西省社会科学院歴史研究所・江西省中国農業考古研究中心刊　南昌。

林永珍
1995　「馬韓の形成と変遷に対する考古学的考察」『三韓の社会と文化』韓国古代史研究10　93-122頁　韓国古代史研究会編　新書苑刊　ソウル。

林孝沢
1993　「良洞里遺跡の諸問題」『東北アジアにおける伽耶と倭』韓日国際学術討論会　95-129頁　慶尚南道　昌原。

盧泰敦
1975　「三国時代部に関する研究　成立と構造を中心に」『韓国史論』2　1-79頁　ソウル大学校人文大学国史学科編　ソウル。
1990　「古朝鮮中心地変遷に対する研究」『韓国史論』23　3-55頁　ソウル大学校人文大学国史学科編　ソウル。

Algaze, Guillermo
1993 Expansionary dynamics of some early pristime states *American Anteropologist* 95 pp.304-333 American Anthropological Society Arlington.
Annis, M. Beatrice
1985 Resistance and Change: Pottery Manufacture in Sardinia *World Archaeology* 17 pp.240-255 Routlege London.
Arnold, Dean E.
1971 Ethnomineralogy of Ticul, Yucatan, potters: Etics and emics *American Antiquity* 36 pp.20-40 The Society for American Archaeology New York.
1978 *Ceramic variability, environment and culture history among the Pokon in the valley of Guatemala* pp.39-59 The Spatial Organization of Culture edited by Ian Hodder Gerald Duckworth London.
崔夢龍・姜炳台
1990 「Provenance Study of Archaeological Materials by The Analysis of Trace Elements」『昌山金正基博士華甲記念論叢』 pp.353-376 昌山金正基博士華甲紀念論叢刊行委員会編 ソウル。
Crumley, Caroke L. & Marquadt, William
1987 Regional Dynamics: *Burgudian landscapes in historical perspectives* Academic Press New York.
Friedman, J. & Rowlands, M.J. (edited)
1979 *The Evolution of Political Systems* University of Pittsburgh Press Pittsburgh.
Goldstein, Lynne G.
1980 *Mississipian Mortuary Practices: A case study of two cemeteries in the Lower Illinois Valley* Northwestern University Archaeological Program Chicago.
Hyslop, John
1985 *The Inka Road System* Academic Press New York.
Kramer, Carol
1985 Ceramic Ethnoarchaeology *Annual Review of Anthropology* 14 pp.77-102 Annual Reviews Palo Alto.
Olin, Jacqueline S. & Franklin, Alan D. (edited)
1982 *Archaeological Ceramics* Smithonian Institution Washington D.C..
Renfrew, Colin
1974 Space, time and polity *The Evolution of Social Systems* pp.89-114 edited by Michael J.Rowlands & Jonathan Friedman The University of Pittsburgh Press Pittsburgh.
Renfrew, Colin & Cherry, Jane F. (edited)
1986 *Peer Polity Interaciton and Socio‐political Change* Cambridge University Press Cambridge.

Rice, Prudence M.
1984 The archaeological study of specialized pottery production: some aspects of method and theory *Pots and Potters, Institute of Archaeology Monograph* 24 pp.45-54　edited by Prudence M. Rice　University of California Press.
1989 Ceramic diversity, production, and use *Quantifying Diversity in Archaeology* pp.109-117　edited by Robert D.Leonard & George T.Jones　Cambridge University Press　Cambriddge.

Rottlander, R.C.A.
1967 Is provincial Roman pottery standardized? *Arcaheometry* 9 pp.76-91 Research Laboratory for Archaeology and History of Art　Oxford.
1968 Standardization of Roman provincial pottery2 *Arcaheometry* 10 pp.35-46 Research Laboratory for Archaeology and History of Art　Oxford.

Tainter, Joseph A.
1978 Motuary practices and study of social systems　Advances in Archaeological *Method and Theory* 1 pp.105-141　edited by Michael Brian Schiffer Academic Press　New York.

Yoffee, Norman
1979 The decline and rise of Mesopotamian Civilization: An ethnoarchaeological perspective on the evolution of social complexity　*American Antiquity* 44 pp.1-35　The Society for American Archaeology　New York.

索　引

＊各項目は日本語読みによる五十音順に配列し、アルファベット表記の項目は末尾に付した。

ア行

亜共昌白鋳鉄　56
阿戸良国　147
窖窯　186, 207
阿羅伽耶　147, 148, 161
安羅国　147, 148
移住-征服（仮）説　15, 16, 32
遺物複合体　13, 19, 32, 34, 37, 38, 73, 75, 76, 78, 185, 210, 227, 228, 233
尹家村上層遺跡　73
雲城里遺跡　38, 55
燕（国）　36, 37
燕下都　49, 72, 75,
鴨沙里古墳群　250

カ行

会山里古墳群　250
灰陶　19, 32, 72, 73, 74
快賓洞1号　126
開封洞古墳群　127, 165
塊錬鉄　56, 58, 59, 60, 68
カオリナイト　188
加音丁洞古墳群・遺跡　124, 125, 225, 250
夏家店上層文化　71
河川ネットワーク　94, 102, 103, 105, 291
荷川里F地区遺跡　40, 41
家族墓　120, 121, 132, 165, 283, 292
下垈遺跡　54, 112, 113, 130, 131, 151, 156, 159, 238
可鍛鋳鉄　55, 58
葛峴里遺跡　38, 87

樺甸県西荒山屯遺跡　75
華明洞古墳群　250, 251
伽耶里古墳群　129, 149, 150
伽耶連盟体　13, 14, 90, 178, 180
漢　16, 19, 20, 32, 36, 39, 40, 42, 43, 49, 53, 54, 55, 58, 59, 60, 61, 62, 65, 66, 70, 72, 74, 76, 78, 80, 83, 84, 85, 86, 87, 88, 111, 158, 170, 288, 289
咸安式洛東江西岸様式土器　260
咸安地域様式土器　250, 252
漢式遺物　19, 32, 40, 158
寛甸遺跡　36, 73
咸陽邑遺跡　165
鳩岩洞古墳群　122, 166, 275
九政洞遺跡　39, 55, 56, 180
久端洞遺跡　158
魚隠洞遺跡　158
鞏県鉄生溝遺跡　42
玉田古墳群　113, 122, 126, 127, 140, 141, 146, 148, 169, 243, 247, 259, 260, 270, 281, 285
（梁山）金鳥塚　256, 285
百済　16
狗邪国　13, 29, 96, 147
郡谷里貝塚　58, 59
慶州系土器　259, 260, 270, 271, 272, 273, 274, 275, 281
慶州系洛東江東岸様式土器　260
月城垓字　251
月城路가13号　134
検丹里遺跡　81
県洞遺跡　225, 238, 243, 244, 250

建平県喀喇沁　73
原料粘土　187, 188, 189, 190, 191, 194, 195, 197, 199, 200, 201, 208
後期瓦質土器　16
高句麗　16, 101, 133, 264
篁沙里遺跡　238, 243, 250
硬質陶器生産システム　204, 205, 206, 207, 221, 238, 241, 243, 247, 249, 525
隍城洞製鉄遺跡　62
合松里遺跡　37, 75, 78
校洞古墳群　134, 148, 161, 271
皇南大塚南墳　134, 258, 271
皇南洞109号　134, 258, 261
皇南洞110号　258, 271
貢納生産様式　28, 79, 232, 286
高麗寨遺跡　36, 73
後漢書　15
黒橋里遺跡　38
国邑　18, 19, 24, 30, 82, 86, 89, 130, 151, 155, 156, 159, 172, 180, 231, 293
虎谷遺跡　37, 38, 42, 55, 60
梧谷里古墳群　250
古式陶質土器　185, 211, 213, 220, 227, 228, 233, 237, 247, 252
固城貝塚　87, 244
胡族系馬具　134
古朝鮮　17, 32, 37, 181
五洞遺跡　37, 38
五道溝門　76

サ行

細竹里遺跡　36, 55, 60, 73
三韓　13, 15, 17, 18, 19, 20, 21, 29, 30, 31, 32, 33, 49, 53, 54, 56, 58, 59, 60, 62, 65, 66, 70, 71, 80, 81, 82, 83, 85, 86, 88, 97, 100, 102, 103, 107, 132, 134, 135, 146, 147, 155, 156, 175, 180, 181, 186, 188, 189, 190, 210, 243, 288, 289, 290

三国志　魏書　東夷伝　15, 18, 21, 24, 33, 62, 66, 76, 82, 87, 89, 100, 155, 180, 288
三国史記　14, 15, 21, 124, 147, 148, 151
山水里窯址　240
三東洞3号　59, 61, 69
七山洞古墳群・類型　113, 117, 122, 124, 125, 138, 140, 156, 161, 169, 180, 241, 250, 269
舍羅里130号　68, 83
主成分分析　213, 214, 256, 285
松鶴洞古墳群　165, 180
松菊里遺跡　81
炒鋼法　59, 60, 61, 66, 70
城山貝塚　87
松山里ソルメ谷遺跡　37, 75
焼失成分　191
昌図県長発郷翟家村　75, 79
焼鈍工程　55
昌寧系土器　270, 281, 285
昌寧地域様式土器　270
上里遺跡　38, 53
助王部落遺跡　76
初期鉄器時代　37, 39, 41, 54, 55, 56, 58
所羅里遺跡　38, 53
斯盧国　13, 29, 130, 147, 151, 156, 161, 175
新音里古墳群　129, 149, 150
辰韓　13, 14, 17, 18, 24, 29, 30, 34, 35, 54, 80, 89, 288, 289, 291, 294
真興王　101
新昌里遺跡　39, 55, 56
親族生産様式　283, 284, 286
新塘洞窯址　240
瀋陽鄭家窪子遺跡　73
水精峰・玉峰古墳群　165
（洛東江）西岸様式　16, 254, 259, 260, 261, 266, 268, 269, 276, 278, 280, 282
西荒山屯　75, 76

索 引 347

生産と分配　24, 25, 26, 27, 183, 184, 185, 186, 187, 211, 227, 234, 238, 240, 268, 279, 280, 281, 289, 293
星州邑　158
青銅器時代　19, 29, 33, 79, 80, 94, 96, 101, 185, 202, 229, 288, 289
西豊県西岔溝　42, 43, 49, 75
石巌里9号　59
石山里遺跡・土壙墓　37
赤色土器生産システム　222
石帳里遺跡　62
積良洞支石墓群　81
世宗実録　98
前期瓦質土器　16
線形判別式分析　213, 265
銑鉄　55, 56, 59, 60, 62, 88
鮮卑　133
倉里古墳群　119, 121, 122, 128, 129, 141, 145
素素里遺跡　37, 75, 78

タ行

「大河五」銘鋳造鉄斧　76
大伽耶　14, 90, 103, 104, 126, 131, 165, 180, 270, 280, 285
台城里遺跡　38
大心里遺跡　40, 41
大青山型　75
大成洞古墳群　66, 68, 86, 102, 112, 113, 122, 124, 125, 126, 130, 134, 138, 140, 148, 156, 158, 159, 166, 167, 171, 236, 238, 250, 251
大坪里遺跡　81, 250
帯方　62, 85
大也里住居址　205
退來里古墳群　124, 138, 250, 251
達西古墳群　165, 166
達川鉱山　100

竪穴式石槨　133, 134, 141, 180
竪炉　59
多富洞古墳群　121, 123, 266
池山洞古墳群　117, 121, 122, 126, 259
茶戸里墳墓群・古墳群　23, 39, 41, 67, 83, 102, 107, 111, 124, 125, 158, 167, 250
茶里遺跡　130, 153, 251
中原文明　19, 20, 32, 33, 34, 38, 41, 42, 43, 54, 71, 72, 74, 76, 80, 288, 289
中山里古墳群　54, 59, 61, 111, 123, 130, 131, 151, 153, 159, 167, 168, 180, 211, 220, 238, 241, 244, 247, 250, 251, 257, 258, 261, 263, 264, 284
鋳造鉄器　42, 53, 56, 58, 59, 60, 61, 76, 78, 79, 88
鋳鉄脱炭鋼　55, 58
中島遺跡　40, 41
朝島貝塚　87
朝陽市袁台子　73
朝陽市建平　71
朝陽洞遺跡　39, 158
苧浦里古墳群　113, 123, 127, 140, 141, 169, 188, 194, 202, 204, 205, 225, 243, 247
積石木槨墓　16
貞柏洞遺跡　38, 39
鉄官　62, 64, 76, 85, 88
添加剤　195, 196, 197
（洛東江）東岸様式　166, 254, 258, 259, 260, 261, 263, 264, 265, 266, 268, 270, 271, 272, 273, 276, 278, 280, 281, 282, 285
道渓洞遺跡　124, 125, 158, 167, 250
同穴合葬木槨墳　39, 40
道項里古墳群　113, 122, 126, 128, 129, 130, 147, 148, 149, 150, 158, 159, 171, 180, 243, 250, 259, 270

道項里馬甲塚　113, 128, 159, 259
桃氏剣　49
陶質土器　16, 19, 25, 27, 32, 210, 211, 221, 222, 227, 234, 235, 236, 238, 295
土器生産様式　25, 184, 209
徳川里支石墓　81
土壙石槨墓　37
土壙木槨墓　16, 19, 39, 40
土壙木棺墓　16, 31, 37, 40, 107
登封県陽城製鉄遺跡　61

ナ行

内二洞　158
奈曼旗沙巴営子　73
南山環濠集落　82
軟質陶器生産システム　207, 221, 222
南陽里遺跡　37, 75, 78
「日」字状配置　166
日本書紀　147
入室里　39

ハ行

灰鋳鉄　55
八達洞遺跡　158, 241
馬場里遺跡　40, 55, 56
盤雲里遺跡　126, 241, 243
盤亀台岩刻画　101
磻渓堤古墳群　119, 121, 122, 128, 141, 146
非可塑性粒子　194, 201
渼沙里遺跡　40, 87
百錬鉄　60
苗沙里窯址　240
琵琶形銅剣　71, 73, 74, 78, 79, 81, 82
府院洞遺跡　225
福岡赤井手遺跡　62
福岡県小郡市三沢字花轡遺跡　68, 88
伏賢洞古墳群　119, 121, 122, 123, 129, 275
伏獅里遺跡　38
福泉洞莱城遺跡　39
仏教公認　135
富徳里遺跡　38
武陵里古墳群　127
坪村里古墳群　250
坪里洞遺跡　39
ヘラ記号　240
弁韓　13, 14, 17, 18, 24, 29, 30, 34, 35, 54, 80, 89, 288, 289, 291, 294
変形琵琶形銅剣　73
弁辰安邪国　147
弁辰韓　13, 17, 18, 20, 21, 30, 32, 33, 34, 35, 38, 41, 49, 53, 54, 62, 82, 84, 85, 86, 89, 155, 174, 180, 183, 287, 289
鳳渓里古墳群　121, 127, 128, 130, 141, 145, 153
北亭里古墳群　122, 124, 148, 161, 166, 285
浦上八国の乱　148
細形銅剣　32, 37, 38, 39, 41, 43, 53, 73, 74, 75, 78, 79, 80, 82, 87, 101
北方系青銅器文化　71
本館洞古墳群　126

マ行

満城漢墓　42
明刀銭　36, 73

ヤ行

弥生時代　61, 65, 70, 85
冶炉鉄鉱　100
熊川貝塚　58, 59
楡樹県老河深遺跡　42, 49, 53, 75
熔融法　58
余草里　225, 231, 240

索引 349

ラ行

洛山洞古墳群　165
洛陽焼溝漢墓　42
楽浪（郡）　16, 33, 71
梨花洞遺跡　37, 75
梨谷里遺跡　40, 41
龍淵洞遺跡　36, 43, 49, 73
龍潭洞古墳　87
遼中蓮花堡遺跡　73
良洞里古墳群・遺跡　39, 49, 68, 102, 107, 111, 112, 113, 124, 125, 138, 156, 158, 167, 168, 169, 180, 238, 250
遼陽二道河子1、3号墓　73
旅順后牧城駅　73
旅大市牧羊城　73
礼安里古墳群　23, 113, 121, 123, 124, 138, 140, 156, 238, 241, 250, 256, 264, 271, 285
礼屯里古墳群　250
蓮花堡遺跡　36, 73
蓮山洞古墳群　165, 166, 285
老圃洞遺跡・類型　113, 122, 156, 161, 169, 238, 241, 244
勒島遺跡　39, 67, 84

pit furnace→竪炉　59
Shaft 形炉　59
SIMCA 法　213
Thiessen polygon モデル　92, 93, 159, 166
XTENT モデル　92, 159

B-X

bloating　201
complex→遺物複合体　13, 19, 93, 104
ferrite　56
Linear Discriminant Analysis→線形判別分析　213, 265
martensite　59
mode of ceramic production→土器生産様式　25, 184
PCA→主成分分析
pearlite　56
pearlite-cementite　56

訳者あとがき

　まず、原著と著者について。この本は、

　　李盛周氏　著　新羅・伽倻社會의　起源과成長　学研文化社考古学叢書17
　　学研文化社（ソウル）刊　1998年11月初版　　（原文韓国語）

を底本とし、その全訳です。
　また、原著は、序文にもあるように、李盛周氏が

　　新羅　伽倻社會의　政治・經濟的　起源과　成長

という題名で、1998年にソウル大学校大学院に博士学位論文として提出したものがもとになっています。
　李盛周氏は著者略歴にもあるように1961年生まれ。慶北大学校史学科を経て、ソウル大学校大学院で考古学を学ばれました。また序文にもあるように昌原大学校博物館などを歴任し、現在は江原大学校史学科に籍をおかれています。考古学による新羅・伽耶に対する幅広い研究で知られ、現在の韓国考古学における理論的主柱を担うひとりでしょう。
　訳者のひとり木村は、以前より韓国考古学、そのなかでも三国時代の古墳・墳墓を通じてみた社会構造の復原に関心をもち、勉強しておりました。いまから6年前、もうひとりの訳者原久仁子の紹介で、ソウル特別市九老区にある学研文化社を訪ねており、そこでみつけたのが原著でした。自身が関心をもっているテーマを取り扱ったものでもあり、一読してその面白さにひかれるとともに、これから自分がまとめようとしたことの先を越されてしまった、という思いを強くいだきました。
　それと同時に、本書の日本語版が出版できればと思いました。しかし、拙い語学力でもあり逡巡していたところ、幸いにも、原著者からも翻訳に対し快諾をいただき、かつ韓国精神文化研究院韓国学大学院へ留学の経験もあり韓国語の造詣も深い原の協力をえることとなり、こうして翻訳原稿を作成することができました。内容としては当然のことながら韓国考古学のものですが、訳者としては日本考古学、そのなかでも群集墳研究に資するところは大きいのではないかと考えています。

翻訳にあたっては、以下のような方針で進めました。

1　原著の表記（ハングル＋漢字）について

なるべく尊重しましたが、訳者ふたりの協議により、とくに漢字語について、韓国語で通常用いられる表記のものを、日本語で使われる表記に改めたところがあります。個々の具体例は煩瑣になるので述べませんが、その他韓国語の漢字表記が、同じ表記の日本語の漢字語があるものの、その意味するところが微妙に異なる場合、より適切な意味を表す日本語の漢字語、または外来語に改めたところもあります。

2　専門的な用語、外来語について

この著書は、単に考古学だけにとどまらず、金属工学、統計学、地理学などの該博な知識・用語もふんだんに用いられています。訳者にとって専門外のところもあり、翻訳にあたりここで簡単に述べきれないほどの文献を参考にしましたが、不十分な部分があるかもしれません。今後ご教示を賜れば幸いです。そのあたりの専門的な語句については、流れを損なわない限り、〈　〉内に語釈を挿入しましたが、語釈が長くなる場合は、訳注にして、別記しました。なお、金属工学に関する部分については、白銅株式会社が運営するサイト、「金属用語解説」に負うところが大でした。ここに明記して、あらためて謝意を示したいと思います。

なお、白銅株式会社の金属用語解説のURLは下記の通りです（2005年1月現在）。

http://www.coguchi.com/yougo_s/kinzoku_yougo/a_o.html

また、原著において、外来語等がそのまま示される場合には、読者の便を考え訳文の流れをなるべく損なわないよう日本語の意味を補った場合もあります。

3　原注について

引用文献と参考文献の冒頭でも述べましたが、原著では、本文に対する補注・文献注を含め章ごとに通番をふり脚注にしています。これを日本語版では、まず本文に対する補注と文献注を分離し、前者は章ごとに通番をふり、章末におきました。文献注はすべて本文中に［　］で挿入し、その内容はすべて巻末に一覧表にしました。

4　挿図、表について

原著における挿図は、原著者による提供をうけ、キャプションを日本語にあらためた以外は、ほぼそのままのかたちで掲載しました。

表については、原著における表を訳者の責任で整理し、原著の複数の表をひとつにまとめた場合があります。

5　本文について

本書は当初木村がだいたいの訳をし、本書の体裁を作成したところで、原により、本文において意味のうえでも文法のうえでも、より適切になるよう訳し直したものを、再度木村のほうで文体の統一等、全体にわたって推敲したものです。その意味で、原に多くの力を得ています。木村ひとりでは、本書の訳を成し遂げることはできなかったでしょう。ただ最後の推敲の段階では、原と木村の間できちんとした議論のもと訳稿を作成したというわけではなく、推敲にあたり木村の訳稿が明らかに誤りである部分、日本語として練れていない部分については原の指摘に基づき、木村が書き改めましたが、微妙な部分についてはふたりの間で意見の一致をみないまま、木村の責任で全体の統一感がとれるよう、また日本語として意味が取れるようなかたちで訳稿を作成しました。その際、原の指摘に基づいて、それに沿って文体の統一を図った部分もあれば、木村の判断で統一を図った部分もあります。したがって、訳稿のどの部分が木村、どの部分が原、というように明確に分かれるわけではありません。その意味で、本書は木村と原の共訳・共編でありますが、最終的には木村が文責を負うということになります。したがって編集は木村が行ったことになります。

6　文法について

韓国語と日本語は文法が近似しているとはいえ、細かな部分で用法に若干の差異があります。翻訳にあたっては、原著者の意図する文意を損うことのないように配慮しつつ、前後の文脈と流れを考慮し、日本語の文章として適切なものに改めました。

その点について、正直なところ今回の翻訳にあたっては、原著者とは必ずしも頻繁に意見を交わしたとは言いがたいところがあります。上述したように韓国語を日本語にするにあたっては、同じような漢語を使い、近似した文法を用いながらその使われる意味・文脈がたがいに若干異なるのは否めません。その部分については、原著者とも意見をかわし、なるべく共通の認識に立つようにしました。それでもまだ原著者の意を充分に汲んだものとなっていない部分があるとすれば、その責は訳者にあり、最終的には上記したように木村が負うべきものと考えます。かといって、これも繰り返しになりますが、原の力が小さいわけではなく、実感として原の存在がなければ本書の完成は決してなかった

と、断言することができます。

　本書がこうして日の目をみたのは、原著の著者である李盛周氏と出版元である韓国学研文化社のご配慮、日本語版の刊行をおすすめいただいた方々、それに雄山閣の羽佐田真一氏の尽力におうところが大きいことを、ここに感謝の意をこめて明記しておきたいと思います。

　　　　　　　　　　　　　　　　　　　　　　編集　木村光一　記

【著者略歴】
李盛周（Lee Sung Joo）
1961年、現在の大韓民国忠清南道瑞山市生まれ。慶北大学校史学科卒業、ソウル大学校考古美術史学科大学院卒業(碩士　博士)。現在、江原大学校人文大学史学科助教授。
主な著作として
『韓国先史考古学史』（共著）(까치書房刊　1992年)
『韓国支石墓遺跡綜合調査研究』（共著）(文化財庁発行　1999年)
主な論文は
「1‐3世紀伽耶政治体の成長」(韓国古代社会研究所編『韓国古代史論叢』5　駕洛国史蹟開発研究院　1993年)
「新羅式木槨墓の展開」(韓国考古学会編『第20回韓国考古学全国大会発表資料』1995年)
「木棺墓から木槨墓へ」(東国大学校新羅文化研究所編『新羅文化』14　1997年)
「韓国の環濠聚落」(九州考古学会編『環濠聚落と農耕社会の形成』九州考古学会・嶺南考古学会第3回合同考古学会　1998年)
「墳丘墓の認識」(韓国上古史学会編『韓国上古史学報』32　2000年)
「伽耶土器の生産分配体系」(釜山大学校韓国民族文化研究所編『伽耶考古学の新たな照明』2003年)
「打捺文短頸壺の研究」(韓国国立文化財研究所編『文化財』33　2000年)
「様式と社会」(江陵考古学会編『江陵考古学報』2　2003年)
「技術,埋葬儀礼そして土器様式」(韓国考古学会編『韓国考古学報』52　2004年)
ほか多数。

【編者・訳者略歴】
木村光一（きむら　こういち）
1960年生まれ。南山大学文学部大学院研究科文化人類学専攻博士前期課程修了。現在、名古屋市立御幸山中学校勤務。韓国考古学専攻。韓国考古学会、日本考古学協会会員。
主な論文に
「洛東江水系一帯の首長層の性格」(古代学協会編『古代文化』42-11　1990年)
「義城長林洞古墳群の研究」(九州古文化研究会編『古文化談叢』28　1992年)
「岡崎市所蔵の陶質土器」(三河考古刊行会編『三河考古』13　2000年)
などがある。

原久仁子（はら　くにこ）
1970年生まれ。南山大学大学院研究科文化人類学専攻博士後期課程修了、文学博士。韓国精神文化研究院（現・韓国学中央研究院）韓国学大学院留学、延世大学校言語研究教育院韓国語学堂卒業。現在、大口町歴史民俗資料館嘱託、愛知学院大学・南山大学非常勤講師。韓国考古学専攻。日本考古学協会会員。
主な論文に
「한‧일 출토 筒形銅器에 대한 비교 검토」(姜仁求編『三国時代研究』1　清渓古代学研究学術叢書1　2001年)
「筒形銅器의 用途推定論에 대한　再檢討」(清渓史学会編『悠山姜仁求教授停年紀念東北亜古文化論叢』　2002年)。
などがある。

2005年6月10日　初版発行		《検印省略》

新羅・伽耶社会の起源と成長

著　者	李　盛　周
編訳者	木村光一
共訳者	原久仁子
発行者	宮田哲男
発行所	株式会社雄山閣
	〒102-0071　東京都千代田区富士見2-6-9
	ＴＥＬ　03-3262-3231㈹／ＦＡＸ　03-3262-6938
	ＵＲＬ　http://www.yuzankaku.co.jp
	E-mail　info@yuzankaku.co.jp
	振　替　00130-5-1685
印　刷	ヨシダ印刷株式会社
製　本	協栄製本株式会社

Ⓒ Lee Sung Joo, Koichi Kimura & Kuniko Hara 2005　　Printed in Japan
ISBN4-639-01891-6 C3022